高等学校应用型本科创新人才培养计划指定教材

高等学校金融与财务外包专业"十三五"课改规划教材

企业财务报表分析

（第二版）

青岛英谷教育科技股份有限公司

吉林工程技术师范学院

编著

西安电子科技大学出版社

内 容 简 介

随着资本市场的逐步开放以及经济的不断发展，财务报表分析在现代经济中的地位和作用日益凸显，对从业人员的专业能力也提出了更高的要求。

本书分为理论篇和实践篇，主要针对现代企业财务报表进行解读与分析。其中，理论篇包括财务报表分析概述、资产负债表分析、利润表分析、现金流量表分析、所有者权益变动表分析、财务报表附注分析、财务报表综合分析等内容；实践篇则包括资产负债表分析、利润表分析、现金流量表分析、杜邦财务分析和沃尔评分法等内容。

本书内容精练、涉及面广，可作为高等院校会计学、财务会计、财务管理等相关财经类专业的教材，也可作为在职财务人员岗位培训、自学进修的参考书。

图书在版编目(CIP)数据

企业财务报表分析/青岛英谷教育科技股份有限公司，吉林工程技术师范学院编著. —2 版. —西安：西安电子科技大学出版社，2019.2(2019.4 重印)

ISBN 978-7-5606-5227-6

Ⅰ.① 企…　Ⅱ.① 青…　② 吉…　Ⅲ.① 企业管理—会计报表—会计分析　Ⅳ.① F275.2

中国版本图书馆 CIP 数据核字(2019)第 019423 号

策　　划	毛红兵
责任编辑	刘炳桢　毛红兵
出版发行	西安电子科技大学出版社(西安市太白南路 2 号)
电　　话	(029)88242885　88201467　　　邮　编　710071
网　　址	www.xduph.com　　　　电子邮箱　xdupfxb001@163.com
经　　销	新华书店
印刷单位	咸阳华盛印务有限责任公司
版　　次	2019 年 2 月第 2 版　　2019 年 4 月第 4 次印刷
开　　本	787 毫米×1092 毫米　1/16　印 张 20
字　　数	472 千字
印　　数	6801～8800 册
定　　价	54.00 元

ISBN 978-7-5606-5227-6/F

XDUP 5529002-4

如有印装问题可调换

高等学校金融与财务外包专业
"十三五"课改规划教材编委会

主　编　睢忠林

副主编　王　燕　李敬锁　刘建波

编　委　（以姓氏拼音为序）

❖❖❖ 前　　言 ❖❖❖

随着资本市场的逐步开放以及经济的不断发展，财务报表分析在投资决策、经营管理中的作用日趋重要，越来越多的投资者和决策者开始重视财务报表分析。财务报表分析为投资者和决策者提供了不可缺少的信息支持：企业的投资人需要评价企业预期收益的实现程度，以便进行投资决策；企业的债权人需要正确评价企业的偿债能力，以便做出信贷决策；审计、税务部门需要通过对财务报表的审核，及时对企业做出正确的判断和评价，并发现企业经营中存在的问题；企业的内部管理人员需要深入分析企业的成本费用以及利润的变化趋势，以便做出正确的管理决策。总之，企业所处内外环境的各相关利益群体，需要从不同的方面了解、分析和评价企业。

财务报表分析在现代经济中的地位和作用日益凸显，也对从业人员的专业能力提出了较高的要求。但是在实践中，很多财务报表分析人员只能掌握比率分析等基本原理和方法，用财务报表数据去"硬套"公式，难以根据企业的具体情况进行深入的分析，导致分析结果与实际相差甚远。为改变这种状况，提高从业人员的实际操作能力，我们编写了本书第一版。由于近两年会计准则、相关处理原则发生变动，我们又根据最新准则规定进行了修改，编写了本书。

除了处理原则的变动外，本书较第一版还做了以下改动：

(1) 为了便于有效学习和教学，在理论篇每一章的开头都增加了案例导读，用于引导读者采用问题导入的思维方式进行学习和研究。

(2) 正文中每章都增加了经典案例，部分章节增加了知识链接，用于加深对知识点的理解和掌握。

(3) 理论篇每章正文中都增加了二维码，用于解析书中的重点和难点问题。

(4) 几乎在理论篇每章的最后都增加了案例分析题，用于引导读者对问题开展研究与分析，促进读者不断思考，以提高解决问题的能力。

本书分为理论篇和实践篇，具体内容如下：

第 1 章为财务报表分析概述，简要说明了财务报表分析的含义、目的、内容和原则，并概括性地叙述了财务报表分析的方法和局限性。

第 2 章到第 6 章系统地介绍了资产负债表、利润表、现金流量表、所有者权益变动表及财务报表附注的基本分析方法等内容，同时结合企业实际情况，对企业的偿债能力指标、营运能力指标、盈利能力指标和发展能力指标等内容进行了深入的剖析。

第 7 章则在财务报表单项分析的基础上介绍了杜邦财务分析体系和沃尔评分法，以及财务报表分析报告的编写。

实践篇共 5 章，分别为资产负债表、利润表、现金流量表、杜邦财务分析、沃尔评分法，并设计了多个案例，旨在通过对企业真实案例的分析讲述，使读者真正领会企业实际业务的处理方法，力争最大程度上避免读者"只懂理论不会实操"现象的出现。

本书具有以下特点：

(1) 理论知识针对性强。本书在编写时充分考虑了财务相关专业的培养目标，简化了理论知识的阐述，紧紧围绕分析财务报表所需技能选取理论知识。

(2) 以培养应用型人才为目标。本书在原有传统课程的基础上进行了改革，强化了"应用型"财务技能的学习。

(3) 以新颖的教材架构来引导学习。本书打破了以理论讲述为主导的传统教材编写方法，采用"理论+案例+二维码"+"实践"的模式来对知识进行讲解。

(4) 案例一体性和针对性强。本书在选取案例时，理论部分采用一体化的综合案例，体现了学做结合的完整工作流程，语言表述通俗易懂。实践部分则为读者设计了一些有针对性的案例，以帮助读者有效地学习企业财务报表分析。

本书由青岛英谷教育科技股份有限公司和吉林工程技术师范学院编写，参与编写工作的有王莉莉、宁孟强、戴娟娟、刘明燕、邓宇、金成学、王燕等。本书在编写期间得到了各合作院校专家及一线教师的大力支持与协作。在此，衷心感谢每一位老师与同事为本书出版所付出的努力。

教材问题反馈

由于编者水平有限，书中难免有不足之处，欢迎广大读者批评指正。读者在阅读过程中如发现问题，可通过邮箱(yinggu@121ugrow.com)联系我们，或扫描右侧二维码进行反馈，以期进一步完善。

本书编委会
2018 年 10 月

❖❖❖ 目　　录 ❖❖❖

理　论　篇

第 1 章　财务报表分析概述..........3

　1.1　认识财务报表分析..........5

　　1.1.1　财务报表分析的起源..........5

　　1.1.2　财务报表分析的含义与目的..........6

　1.2　财务报表分析的内容和原则..........8

　　1.2.1　财务报表分析的内容..........8

　　1.2.2　财务报表分析的原则和依据..........10

　1.3　财务报表分析的程序、方法与局限性....12

　　1.3.1　财务报表分析的程序..........12

　　1.3.2　财务报表分析的方法..........13

　　1.3.3　财务报表分析的局限性..........17

　本章小结..........19

　本章练习..........19

第 2 章　资产负债表分析..........21

　2.1　认识资产负债表..........23

　　2.1.1　资产负债表的内容..........23

　　2.1.2　资产负债表的结构..........23

　　2.1.3　资产负债表的填列方法..........26

　2.2　资产负债表的分析..........30

　　2.2.1　资产负债表的分析目的..........31

　　2.2.2　资产负债表分析内容..........31

　　2.2.3　资产负债表结构分析..........32

　　2.2.4　资产负债表趋势分析..........42

　　2.2.5　资产负债表具体项目质量分析..........45

　2.3　企业偿债能力分析..........57

　　2.3.1　短期偿债能力和长期偿债能力的
　　　　　区别与联系..........58

　　2.3.2　短期偿债能力分析..........58

　　2.3.3　长期偿债能力分析..........63

　2.4　企业营运能力分析..........68

　　2.4.1　应收账款周转率..........68

　　2.4.2　存货周转率..........69

　　2.4.3　固定资产周转率..........70

　　2.4.4　流动资产周转率..........71

　　2.4.5　总资产周转率..........72

　本章小结..........73

　本章练习..........74

第 3 章　利润表分析..........77

　3.1　认识利润表..........79

　　3.1.1　利润表的内容..........79

　　3.1.2　利润表的结构..........80

　　3.1.3　利润表的编制..........83

　3.2　利润表分析..........87

　　3.2.1　利润表分析的目的..........87

　　3.2.2　利润表结构分析..........87

　　3.2.3　利润表趋势分析..........90

　　3.2.4　利润表具体项目质量分析..........93

　3.3　企业盈利能力分析..........100

　　3.3.1　企业盈利能力基础分析..........101

　　3.3.2　反映投资报酬的财务指标..........104

　　3.3.3　上市公司盈利能力特殊分析..........108

　　3.3.4　影响盈利能力的其他因素..........111

　本章小结..........112

　本章练习..........112

第 4 章　现金流量表分析..........115

　4.1　认识现金流量表..........116

　　4.1.1　现金流量表的内容..........116

　　4.1.2　现金流量表的结构..........117

　　4.1.3　现金流量表的编制..........119

　4.2　现金流量表分析..........127

　　4.2.1　现金流量表分析的目的..........129

　　4.2.2　现金流量表结构分析..........129

　　4.2.3　现金流量表趋势分析..........133

　　4.2.4　现金流量表质量分析..........137

4.3　与现金流量表有关的比率分析............142
　　4.3.1　与现金流量表有关的现金流动性
　　　　　　比率分析............143
　　4.3.2　与现金流量表有关的获取现金
　　　　　　比率分析............144
　　4.3.3　与现金流量表有关的其他常用
　　　　　　比率分析............145
本章小结............145
本章练习............146

第5章　所有者权益变动表分析............149
5.1　认识所有者权益变动表............150
　　5.1.1　所有者权益变动表的内容............150
　　5.1.2　所有者权益变动表的结构............151
　　5.1.3　所有者权益变动表的填列............152
　　5.1.4　所有者权益变动表的作用............154
5.2　所有者权益变动表分析............154
　　5.2.1　所有者权益变动表的分析内容............154
　　5.2.2　所有者权益变动表结构分析............155
　　5.2.3　所有者权益变动表趋势分析............158
　　5.2.4　所有者权益变动表主要项目的
　　　　　　质量分析............160
5.3　所有者权益变动表相关指标分析............164
　　5.3.1　资本保值和增值绩效的指标分析...164
　　5.3.2　企业股利分配指标分析............166
本章小结............166
本章练习............167

第6章　财务报表附注分析............169
6.1　认识财务报表附注............170
　　6.1.1　财务报表附注的主要内容............170
　　6.1.2　财务报表附注编写实例............172
6.2　财务报表附注分析............201
　　6.2.1　企业实际情况分析............201
　　6.2.2　偿债能力分析............202
　　6.2.3　营运能力分析............203
　　6.2.4　盈利能力分析............205

6.2.5　会计政策和估计变更分析............206
6.2.6　资产负债表日后事项分析............207
6.2.7　关联方交易事项分析............207
6.3　财务报表附注的优劣............208
　　6.3.1　财务报表的局限性............208
　　6.3.2　财务报表附注的优势............208
　　6.3.3　财务报表附注的局限性............209
　　6.3.4　财务情况说明书............209
　　6.3.5　财务报表附注和财务情况
　　　　　　说明书比较............210
本章小结............210
本章练习............211

第7章　财务报表综合分析............212
7.1　认识财务报表综合分析............213
　　7.1.1　财务报表综合分析的意义............214
　　7.1.2　财务报表综合分析的特点............214
　　7.1.3　财务报表综合分析的方法............215
7.2　杜邦财务分析体系............215
　　7.2.1　杜邦财务分析指标分解及分析............215
　　7.2.2　杜邦财务分析的作用............219
　　7.2.3　杜邦财务分析体系的局限性............220
7.3　沃尔评分法............220
　　7.3.1　实施沃尔评分法的应用步骤............220
　　7.3.2　沃尔评分法的实例............221
　　7.3.3　沃尔评分法的评价............222
7.4　财务报表分析报告............222
　　7.4.1　财务报表分析报告的作用............222
　　7.4.2　财务报表分析报告的种类............222
　　7.4.3　财务报表分析报告的内容............223
　　7.4.4　财务报表分析报告的编写步骤......224
　　7.4.5　财务报表分析报告实例............225
本章小结............245
本章练习............245

实 践 篇

实践1　资产负债表分析............249
实践指导............249

实践1.1　资产负债表结构分析............249
实践1.2　资产负债表趋势分析............252

实践 1.3 资产负债表具体项目
　　　　　质量分析 255
实践 1.4 资产负债表相关比率分析 257

实践 2 利润表分析 260
　实践指导 260
　实践 2.1 利润表结构分析 260
　实践 2.2 利润表趋势分析 263
　实践 2.3 利润表相关比率分析 264

实践 3 现金流量表分析 266
　实践指导 266

实践 3.1 现金流量表结构分析 266
实践 3.2 现金流量表趋势分析 269
实践 3.3 经营现金流量具体项目质量及
　　　　　其相关比率分析 272

实践 4 杜邦财务分析 275
　实践指导 275
　实践内容 275

实践 5 沃尔评分法 280
　实践指导 280
　实践内容 280

附录 284

参考文献 309

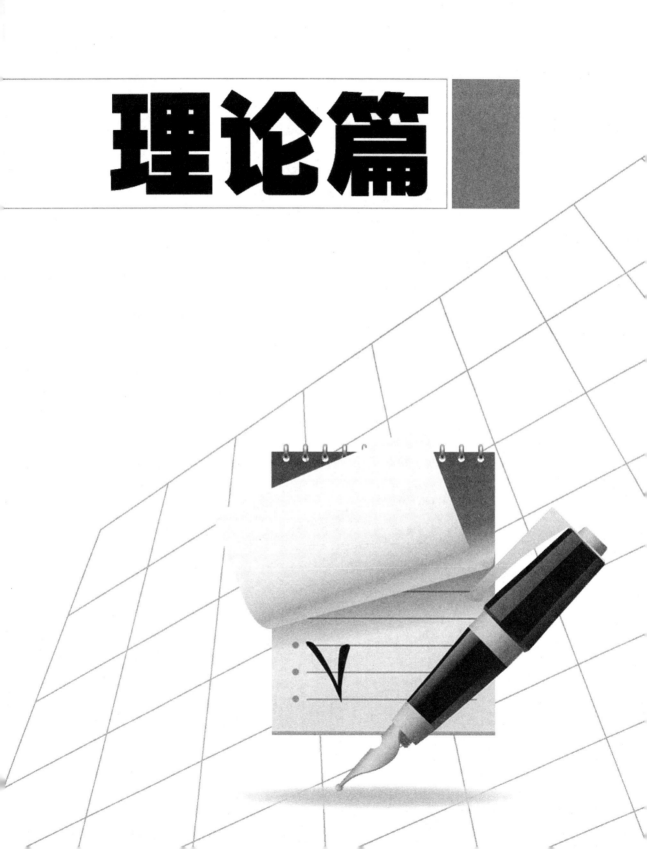

理论篇

第1章 财务报表分析概述

📖 本章目标

- ■ 了解财务报表分析的产生和发展
- ■ 熟悉财务报表分析的含义和目的
- ■ 熟悉财务报表分析的内容
- ■ 熟悉财务报表分析的原则和依据
- ■ 掌握财务报表分析的程序和方法

📖 重点难点

重点：

1. 财务报表的分析内容
2. 财务报表的分析方法

难点：

1. 因素分析法
2. 财务报表的局限性

2018 年 3 月 1 日，中国证监会发布行政处罚决定书，对金亚科技股份有限公司信息披露违法违规进行处罚。

金亚科技 2013 年大幅亏损，为了扭转公司的亏损，公司时任董事长在 2014 年年初定下了公司当年利润为 3,000 万元左右的目标。金亚科技的会计核算设置了 003 和 006 两个账套。003 账套核算的数据用于内部管理，以真实发生的业务为依据进行记账。006 账套核算的数据用于对外披露，伪造的财务数据都记录于 006 账套。

2015 年 4 月 1 日，金亚科技依据 006 账套核算的数据对外披露了《金亚科技股份有限公司 2014 年年度报告》。

金亚科技通过虚构客户、伪造合同、伪造银行单据、伪造材料产品收发记录、隐瞒费用支出等方式虚增利润。经核实，金亚科技 2014 年年度报告合并财务报表共计虚增营业收入 73,635,141.10 元，虚增营业成本 19,253,313.84 元，少计销售费用 3,685,014.00 元，少计管理费用 1,320,835.10 元，少计财务费用 7,952,968.46 元，少计营业外收入 19,050.00 元，少计营业外支出 13,173,937.58 元，虚增利润总额 80,495,532.40 元，占当期披露的利润总额的比例为 335.14%，上述会计处理使金亚科技 2014 年年度报告利润总额由亏损变为盈利。

2014 年末，金亚科技中国工商银行成都高新西部园区支行账户银行日记账余额为 219,301,259.06 元，实际银行账户余额为 1,389,423.51 元，该账户虚增银行存款 217,911,835.55 元，占当期披露的资产总额的比例为 16.46%。

2015 年 4 月，金亚科技披露了 2014 年经过伪造的《2014 年年度报告》。3 年后，证监会发现该公司财务报表造假线索，并通过实地调查最后认定，进而对该公司进行行政处罚。发现企业财务报表造假本身是一件专业性极强的事，监管部门极难从众多上市公司的财务报表中发现线索、顺藤摸瓜，抓出违法违纪、报表造假的上市公司。

虽然处罚决定中未提及退市，但根据中国证监会《关于改革完善并严格实施上市公司退市制度的若干意见》和《深圳证券交易所创业板股票上市规则》(2014 年修订)的有关规定，尚不能排除金亚科技股票存在退市的风险。

就目前来看，金亚科技退市与否仍存在不确定性，但公司基本面恶化问题已十分严峻。2016 年出现 2,109 万元亏损的金亚科技 2017 年经营快速恶化。公司在 2017 年 1 月 30 日披露的业绩预告中预计金亚科技(300028)2017 年全年亏损 9,500～9,950 万元。而在最新披露的业绩快报中，公司亏损金额高达 1.58 亿元。对于净利润亏损的明显加剧，金亚科技解释称，由于公司营业收入下滑，加上部分关键原材料成本上涨的影响，公司采购成本大幅上升，毛利率同比下降。其次，因个别参股公司持续亏损，公司对长期股权投资计提减值准备 9,700 万元左右。另外，报告期内，联营企业的亏损预计对归属于上市公司股东的净利润造成约 2,200 万元的影响。最终公司实现基本每股收益−0.4618 元，较上年同期下降 655%。

净利润亏损背后，金亚科技营业收入的下滑同样触目惊心。2017 年，已经是金亚科技营业收入持续下滑的第四个年头，且下滑明显加快。公司从 2013 年近 6 亿元的营业收入峰值开始快速下滑，2016 年营业收入 1.43 亿元，同比下滑 42%。2017 年，公司营业收入同比下滑幅度高达 84%，营业收入仅有 2,307.88 万元。

根据深交所《创业板股票上市规则》的规定，创业板上市公司净利润连续三年亏损将直接退市，无 ST 过渡期，不允许借壳。金亚科技 2016 年、2017 年已经连续两年出现亏损，在主营业务短期难有起色的背景下，2018 年公司能否扭亏避免退市，只有拭目以待。

资料来源：中国经济网

财务报表分析是经济决策的基础，传统意义上的财务报表分析是以企业财务会计报表、会计核算资料以及其他资料为依据，对企业财务活动过程及结果进行的分析和评价。在市场经济和资本市场不断发展和日益完善的进程中，财务报表分析的地位和作用发生了巨大的变化，它已经成为企业和投资者进行经济和财务决策的重要工具。本章阐述了财务报表分析的起源，财务报表分析的含义和目的，财务报表分析的原则、依据和基本程序，以及财务报表分析的方法。

1.1　认识财务报表分析

报表使用者要想对财务报表进行系统的阅读和分析，首先要初步了解财务报表分析的起源、含义及目的。

1.1.1　财务报表分析的起源

财务报表分析起源于 19 世纪末 20 世纪初，最先由美国银行家所倡导。银行在决定是否向企业发放贷款时，最关心的是申请贷款的企业能否保证按时偿还本息。在企业财务分析未被采用之前，银行家对贷款的审查仅以企业经营者个人信用为依据。随着社会化大生产的发展，企业经营日趋复杂，市场竞争愈演愈烈，银行家以企业经营者个人信誉为依据进行放款，往往导致损失惨重。美国南北战争之后，出现了修建铁路的高潮，经济一度繁荣。不久以后发生了周期性经济危机，许多企业陷入困境，濒临破产，纷纷向银行申请贷款以维持生存。当时在决定贷款之前，银行要求借款企业提供财务报表，对贷款企业财务报表等资料的真实性进行分析与检查，以全面分析企业财务状况，确认企业是否具有足够的偿还能力。因此，西方国家的财务分析开始于银行资本家对企业进行的信用调查工作，发放贷款的银行把财务报表分析作为调查接受贷款企业经营稳定性(信用程度)的一种技术手段。该技术手段用于确认贷款企业的可靠程度，以期保证银行发放贷款资金的安全性。1900 年，美国财务学者托马斯·乌都洛克最先撰写出版了《铁道财务诸表分析》一书，对财务会计报表分析的一系列基本概念进行了较系统的研究。1919 年，另一位美国财务学者亚历山大·乌尔撰写出版了《比率分析体系》一书，该书对财务分析方法问题进行了富有创造性的研究。紧接着，诺维·贝尔出版了《损益分析图表》，斯蒂芬·吉尔出版了《趋势分析》等，这一系列著作进一步丰富和发展了财务报表分析的理论与方法。这一切标志着"财务报表分析"作为一门相对独立的学科已经形成。

20 世纪 30 年代，资本主义世界爆发了严重的经济危机，商品滞销，市场萧条，资金紧缺，利率猛涨，证券价格暴跌，银行纷纷关闭，信用紧缩。在这样恶劣的经济环境下，企业家开始认识到，仅仅注重从外界筹集资金，扩大生产规模，仍然不能在竞争中求得长久的生存和发展，必须重视资金的内部管理。由此，企业内部财务报表分析开始逐渐得到重视。当时，经济生活中普遍存在的企业发展越快，盈利能力越强，反而破产倒闭风险越大的"黑色倒闭"现象更使得企业家痛定思痛。许多一夜之间倒闭的企业正是那些发展很有希望的企业。经济学家们在分析这种"异常"现象时，终于认识到：一个企业不仅要追求更高的盈利能力，同时必须维持足够的偿债能力。偿债能力不足，是"黑色倒闭"企业的致命伤。这样，盈利能力与偿债能力的综合分析开始在企业内部盛行起来。正是这种综合分析，极大地丰富与发展了财务分析的理论与方法。

随着社会生产实践活动内容的日益丰富和经验的不断积累，财务报表分析已经从金融机构在发放贷款时作为考察借款企业偿还能力的手段，发展到投资单位或个人在股份投资时确认其是否有利的手段。财务报表分析由信用分析阶段进入投资分析阶段，其主要任务从稳定性分析过渡到收益性分析。现代的财务报表分析领域不断扩展，早已不限于初期的银行信贷分析和一般投资分析，全面、系统的筹资分析、投资分析、经营分析是财务报表分析的基本领域。随着经济发展、体制改革与现代公司制的出现，财务报表分析在资本市场、企业重组、绩效评价、企业估价等领域的应用也越来越广泛。

从财务报表起源来看，本书所涉及的财务报表分析是企业财务分析的重要方面，特指企业的利益相关者借助企业的财务报表以及以财务报表为基础的一系列财务指标来对企业的财务状况进行分析和评价。

1.1.2　财务报表分析的含义与目的

财务报表分析是指企业相关利益主体以财务报表和其他资料为主要依据，采用专门的方法，对企业财务状况、经营成果及其变动情况进行系统分析和评价的一种方法。

财务报表所列报的信息是进行经济决策的主要依据。财务报表阅读与分析的根本目的就是充分利用财务报表及其分析结果所揭示的信息，作为决策依据。由于决策主体即财务报表的使用者不同，他们对财务信息的需求就不完全相同，因此各自分析的具体目的和侧重点也就不同。

1. 企业投资者的分析目的

在市场经济条件下，企业的资金来源于借入资金和自有资金。其中，借入资金由债权人提供，自有资金由企业投资者投入。投资能够给投资者带来一定的经济收益，但同时也会给投资者带来一定的风险。一般来说，他们最关心的是企业投资回报率水平和风险程度。投资回报体现在两个方面：一是从税后净利润中分配的股利；二是从企业集中增值中获得的资本利得。为保证投资与决策的科学性、合理性，投资者主要关注企业的盈利能力、偿债能力、资产管理效率、现金流量状况等信息，而通过财务报表和财务报表分析除了可以获得上述信息外，还可进一步分析评价企业预期收益的实现程度、经营业绩、理财环境、财务风险等，从而为投资决策与业绩考核等提供依据。

2. 债权人的分析目的

债权人是提供资金给企业并得到企业在未来一定期限内按时还本付息的人。他们向企业借出资金的目的是在债务人能如期归还借款的前提下取得一定的利息收入，如果债务人到期不能还本付息，则债权人的利益就会受到损害。因此债权人最关心的是企业的偿债能力、企业资本结构、长短期负债比例以及借出资金的安全性。这些信息都可以通过阅读和分析财务报表来获取。

3. 企业经营管理者的分析目的

对于企业经营管理者等内部使用者而言，财务报表分析所涉及的内容最广泛，不仅涵盖投资者和债权人所有分析的目的，而且还要考核、评价企业生产经营者计划和财务预算的完成情况，并对企业的可持续发展做出决策和规划。企业经营管理者通过阅读和分析财务报表，发现企业在经营管理活动中存在的问题，找出问题产生的原因，寻求解决问题的途径和方法，确保企业财务管理目标的顺利实现。

4. 政府监管部门的分析目的

对企业有监管职能的主要部门包括工商、税务、财政、审计等，他们进行财务分析是为了通过定期了解企业的财务状况，来判断企业是否依法经营、依法纳税、依法融资、依法遵守市场秩序，以便从各个角度去规范企业行为，履行自己的监管职责。因此在市场经济环境下，国家为了维护市场竞争的正常秩序，会运用财务分析的资料来监督和检查企业在整个生产经营过程中是否遵守国家制定的各项经济政策、法规和制度。

5. 企业内部员工的分析目的

企业员工不仅关心企业目前的经营状况和获利能力，而且更关心企业未来的发展前景，他们也需要通过财务分析结果来获取信息。此外，员工通过财务分析可以了解企业各部门指标完成情况、工资与福利变动的原因，以及企业的稳定性和职业保障程度等，从而进行自己的职业规划。

6. 中介机构的分析目的

与企业相关的重要中介机构有会计事务所、税务事务所、律师事务所、资产评估事务所以及各类投资咨询公司、资信评估公司等，这些机构站在第三方立场上，对企业的股票和债券发行、股份制改革、企业联营及兼并、清算等各项经济业务提供独立、客观、公正的服务。这些服务更需要全面了解和掌握企业的财务状况，所获得的信息主要来自财务分析结论。

7. 供应商的分析目的

供应商主要是为企业提供产品、原材料、辅助材料的企业和个人。他们在向企业提供商品或劳务以后即成为企业的债权人，因而他们必须判断企业是否有能力支付其商品或劳务的价款。从这一点来说，供应商对企业的短期偿债能力感兴趣，而与企业有持久稳固合作关系的供应商则对企业的长期偿债能力感兴趣。

8. 竞争对手的分析目的

在市场经济中，竞争对手无时无刻不在与企业争夺原材料、供应商、客户、市场份额等，他们会千方百计地获取企业的财务信息和商业秘密借以判断企业的经营战略、投资方向、优劣势乃至于当前困扰企业的瓶颈问题。因此，竞争对手对企业的财务信息、财务状况的各方面都感兴趣。

1.2 财务报表分析的内容和原则

财务报表分析是企业财务管理的重要环节，是财务预测、财务决策、财务计划、财务控制的基础。因此，在进行财务报表分析时，必须理解分析的内容，并且遵循一定的原则和依据，以确保分析结论的质量。

1.2.1 财务报表分析的内容

财务报表是对企业财务状况、经营成果和现金流量的结构性表述，企业的交易和事项最终通过财务报表进行列示，通过附注进行披露。一套完整的财务报表至少应当包括"四表一注"，即资产负债表、利润表、现金流量表、所有者权益变动表和附注。

不同报表扮演的
角色和作用

财务报表分析的内容主要是揭示和反映企业开展生产经营活动的过程和结果，包括企业筹资活动、投资活动、经营活动或财务活动的效率等方面。因此，财务报表阅读和分析的内容如下。

1. 财务报表分析

财务报表提供了最重要的财务信息，但是财务分析并不直接使用报表上的数据计算一些比率指标得出结论，而是先尽力阅读财务报表及其附注，明确每个项目数据分析的含义和编制过程，掌握报表数据的特征和结构。

从应用角度上讲，财务报表分析可分为以下三个部分：

(1) 财务报表的结构分析。

财务报表结构分析是指报表各项内容之间相互关系的分析。通过结构分析，可以了解企业财务状况的组成、利润的形成以及现金流量的来源，深入探究企业财务结构，有利于更准确地评价企业的财务能力。例如，通过观察流动资产在总资产中的比重，可以明确企业当前是否面临较大的流动风险，是否对长期资产投入过少，是否影响了资产整体的盈利能力等。

(2) 财务报表的趋势分析。

在取得多期财务报表的情况下，可以进行趋势分析。趋势分析是依据企业连续多期的财务报表，以某一年或某一期间(作为基期)的数据为基础，计算各期各项目相对于基期同一项目的变动状况，观察该项目数据的变化趋势，揭示各期企业经济行为的性质和发展方向。

(3) 财务报表的质量分析。

企业披露的最主要的财务报表是资产负债表、利润表、现金流量表、所有者权益变动表，涵盖了6个会计要素和现金流量状况。所以财务报表质量分析就是对财务状况质量、经营成果质量和现金流量表质量进行分析，关注表中的数据与企业现实经济状况的吻合程度、不同期间数据的稳定性、不同企业数据总体的分布状况等。

2. 财务比率分析

财务比率是在对财务报表进行解读并熟悉了企业财务报表所揭示的基本信息的基础上，根据表内或者表间的各项目之间存在的相互关系，计算出一系列反映企业财务能力的指标。财务比率分析是财务报表阅读与分析的核心内容，即根据计算出的各项指标，结合科学合理的评价标准进行比较分析，以期深入揭示企业的财务问题，客观评价企业的经济活动，预测企业的发展前景。

财务比率分析主要包括以下五个部分：

(1) 偿债能力分析。

偿债能力是关系企业财务风险的重要内容，企业使用负债融资，可以获得财务杠杆收益，提高净资产收益率，但同时也会加大企业财务风险。如果企业陷入财务危机，不能偿还到期债务，企业相关利益人会受到损害，所以应当关注企业的偿债能力。企业的偿债能力分为短期偿债能力和长期偿债能力，两种偿债能力的关注点不同。企业偿债能力不仅与偿债结构有关，还与企业未来收益能力联系紧密，所以在分析时应结合企业其他方面的能力一起分析。

(2) 盈利能力分析。

企业盈利能力也叫获利能力，是企业赚取利润的能力。首先，利润的大小直接关系企业所有相关利益人的利益，企业存在的目的就是最大限度地获取利润，所以，盈利能力分析是企业财务分析中最重要的一项内容。其次，盈利能力还是评估企业价值的基础，企业价值的大小取决于企业未来获取利润的能力。再次，企业盈利能力指标还可以用于评价内部管理层的业绩。在盈利能力分析中，应当明确企业盈利的主要来源和结构、盈利能力的影响因素、盈利能力的未来可持续状况。

(3) 营运能力分析。

企业营运能力主要指企业资产运用、循环效率的高低。如果企业资产运用效率高、循环快，则企业能够以较少的投入获取较多的收益，减少资金的占用和积压。营运能力分析不仅关系企业的盈利水平，还反映企业的生产经营、市场营销等方面的情况，通过营运能力分析，可以发现企业资产利用效率的不足，挖掘资产潜力。营运能力分析包括流动资产营运能力分析和总资产营运能力分析两部分。

(4) 发展能力分析。

企业发展的内涵是企业价值的增长，是企业通过自身的生产经营，不断扩大积累而形成的发展潜能。企业发展不仅仅是规模的扩大，更重要的是企业收益能力的提升，即净收益的增长。同时企业发展能力受到企业经营能力、制度环境，人力资源、分配制度等诸多因素的影响，所以在分析企业发展能力时，还需要预测这些因素对企业发展的影响程度，将其变为可量化的指标进行表示。总之，对企业发展能力的评价是一个全方位、多角度的评价过程。

(5) 财务综合分析。

在对企业各个方面进行深入分析的基础上，最后应当给企业相关利益人提供一个总体的评价结果，否则仅仅凭借某一方面的优劣难以评价一个企业的总体状况。财务综合分析就是解释各种财务能力之间的相互关系，得出企业整体财务状况及效果的结论，说明企业总体目标的事项情况。财务综合分析采用的具体方法有杜邦财务体系法、沃尔评分法等方法。

1.2.2　财务报表分析的原则和依据

报表使用者进行财务报表分析时，必须遵循一定的科学程序与原则，以确保财务分析结论的正确性。

1. 财务分析的原则

在财务报表分析中，要遵循以下原则：

(1) 相关性原则。

财务报表分析的相关性原则是指财务报表分析的内容必须与财务报表分析的目的相关。财务报表分析的目的是充分利用财务报表及其分析所揭示的信息，使之成为决策的依据。财务报表分析的结果只有对未来的生产经营产生影响，能够作为信息使用者进行决策的重要参考才具有利用的价值。相关性原则与信息使用者的目的密切相关，例如，作为债权人，其决策所需要的主要是企业偿债能力方面的信息；作为投资者，其决策所需要的信息则涉及财务报表分析的各个方面。因此，相关性原则是财务报表分析的前提和基础。

(2) 可理解性原则。

财务报表分析的结果是提供给使用者用以决策的参考，财务报表分析的使用者只有读懂财务报表分析的内容且能准确理解，才能够更好地利用财务报表分析结果进行科学决策。因此，报表分析的结果应直观、明确、易于理解，使财务信息使用者能够准确地加以理解和运用。该原则要求分析者在财务报表分析过程中尽量采用通用方法和计算口径；对于行业制度已经规定的计算方法和口径，分析人员应该遵守；对于未做规定部分，应在探讨和实践的基础上尽可能达成一致的做法；对于没有统一口径的指标，应注明所采用的分析计算方法，以便于报表使用者理解。

(3) 定量分析和定性分析相结合的原则。

财务报表定量分析和定性分析必须有效结合。定性分析是财务报表分析的基础和前提；定量分析则是财务报表分析的手段和工具。没有定性分析就弄不清楚事物的本质、趋势及与其他事物的联系；没有定量分析就弄不清楚事物发展的数量和界限。因此，在分析的过程中要将定量分析和定性分析有机结合起来，才能得出科学合理的结论。

(4) 客观性、全面性、联系性、发展性相结合的原则。

客观性、全面性、联系性、发展性相结合的原则，是指在进行财务报表分析时应以实际发生的经济业务为依据，用全面的、联系的、发展的观点看待问题，避免用片面的、静止的观点分析问题。因此，分析中既要从实际出发，坚持实事求是，客观反映情况，反对不尊重客观事实、主观臆断、结论先行、搞数字游戏的做法；又要全面看问题，坚持一分为二，反对片面地看问题，要兼顾成功经验与失败教训、有利因素与不利因素、主观因素与客观因素、经济问题与技术问题、外部问题与内部问题。既要注重事物的联系，坚持相互联系地看问题，反对孤立地看问题，注意局部与全局、偿债能力与盈利管理、报酬与风险的关系，又要发展地看问题，反对静止地看问题，注重过去、现在和将来的关系。

2. 财务报表分析的依据

财务报表分析要形成真实可靠的分析结果，就必须有科学依据。按照规定要求编制的财务报告和取得的其他相关资料是进行财务分析的主要依据。相关资料分别来自企业的内部和外部，以内部资料为主。

财务报表分析的依据主要包括以下几个方面。

1) 财务报告

财务报告的主体是财务报表及其附注，包括资产负债表及附表、利润表及附表、现金流量表、所有者权益变动表和财务报表附注。

2) 其他相关资料

在财务分析中，还将运用下述资料来辅助分析：国家有关经济政策和法律规范，市场信息、行业信息，与财务分析相关的定额、计划、统计和业务等方面的资料，会计事务所出具的审计报告。如果企业是上市公司，财务分析所涉及的其他资料还包括招股说明书、上市公告、定期公告、临时公告。

3) 多渠道搜集信息

在进行财务分析时，除了从企业对外提供的财务报表等获取信息外，还要多渠道搜集其他信息：

(1) 审计报告。

审计报告是企业根据独立审计准则要求，委托注册会计师对企业对外编制的财务报告的合法性、公允性和一贯性做出的独立鉴证报告。它可以增强财务报告的可信性，是报表分析者判断公司会计信息真实程度的重要依据。

(2) 政策信息。

影响财务分析质量的宏观经济政策主要有产业政策、税收政策、价格政策、信贷政策、分配政策、会计政策等。分析者可以从企业的行业性质、组织形式的角度分析和评价企业财务管理对这些政策的敏感程度，全面揭示和评价经济政策变化及法律制度的调整对企业财务状况、经营成果和现金流量的影响。

(3) 市场信息。

及时有效的市场信息是市场经济中的企业合理地组织财务活动，科学地处理财务关系的必要条件。相关的市场信息主要包括资本市场、劳动力市场、技术市场、商品市场等市场信息。因此，在进行财务分析时，必须关注资本市场资金供求量的变化，提早发现引起财务风险变化的动因及其变化趋势；关注商品供求与价格变化对企业产品成本与销售收入的影响；关注劳动力供求与价格对企业人工费的影响；关注技术市场及价格对无形资产规模和结构的影响。

(4) 行业信息。

行业信息主要是指在企业所处行业中与其具有可比性企业的产品、成本、技术、设备、规模、效益、经营策略、管理水平等方面的信息。因此，在进行财务分析时，应着重关注行业平均水平、先进水平以及行业发展前景信息，客观评价企业当前的经营现状，合理预测和把握企业财务状况、经营成果与现金流量的发展趋势，为企业决策提供可靠的信息依据。

◆ 经典案例 ◆

我国家电是一个竞争异常激烈的行业，身处其中的企业一方面要持续投资、开发新产品和更新制造工艺，降低成本，争夺市场份额；另一方面又要保证自己在激烈的竞争市场中持续生存。按照国外的理论观点，这类行业中的企业应该选择低杠杆的财务保守政策。但是，我们惊奇地发现不同公司财务杠杆选择不同，有的甚至已经达到 60%～70%负债率，成为高负债率、高风险的企业；但同时也有选择负债率低的财务保守型企业。春兰公司和康佳公司同为我国家电制造行业的著名公司，但是两家公司的财务状况截然不同。春兰公司的资产负债率从 1999 年的 31.26%下降到 2003 年的 28.45%，在 2002 年时甚至下降到 11.62%；而同期康佳公司的资产负债率则从 1999 年的 62.19%上升至 2003 年的 65.88%，即使是在负债水平最低的 2002 年，其资产负债率也达到 54.53%。两家公司的负债水平之所以会出现截然不同的倾向，根源在于竞争策略的不同。春兰公司选择如此保守的负债水平是出于竞争策略的考虑，即身处竞争激烈的行业，进行投资生产、扩大规模需要大量的资金投入，但是家电行业的竞争使得价格战和营销战不断出现，导致整个行业的利润率和经营现金流量下降。任何一家处于这种状态中的企业都应尽量降低财务杠杆，储备较大的融资能力，降低财务风险。同样，康佳公司的负债水平也是受到其竞争策略的影响：企业经营业绩自 2001 年后不断好转，且有上升势头，完全有能力偿还债务；同时，企业发生财务危机的可能性不断变小，企业可以不用担心会有破产之类的财务风险发生。基于春兰、康佳两家家电上市公司的研究表明，公司财务政策的选择应该基于公司竞争战略的考虑。

资料来源：赵自强，韩玉启，刘琰.《基于不同竞争战略背景下的财务政策比较——以"春兰"与"康佳"为例》[J].经济管理，2006（2）

1.3 财务报表分析的程序、方法与局限性

要实现企业财务报表分析的目的，分析人员应掌握财务报表分析的程序和主要财务分析方法，并能在分析工作中选择和有效地运用。

1.3.1 财务报表分析的程序

财务报表分析的质量决定了财务预测的准确性和财务控制的有效性。因此，在进行财务报表分析时，必须遵循一定的程序，确保财务分析的质量和结论的正确性。财务报表分析工作一般应当按照以下程序进行：

(1) 确立分析目的，明确分析内容。

确立分析目的是财务分析的起点，它是决定分析内容和分析结论的关键因素。站在不同报表使用者的立场，其分析目的也不一样。一定要根据分析者的身份确定分析的角度和立场，并明确分析目的。因此，财务分析并不意味着要对所有内容进行全面分析，而是从

不同的分析目的出发，分析重点有所侧重。

(2) 收集资料，对资料进行筛选和甄别核实。

确定了分析目的和内容后，分析人员应当按照准备实施的分析内容收集所需的资料。这些资料包括企业的财务信息和非财务信息。信息的载体包括企业定期的财务报告、企业的财务预算、企业内部的成本费用等资料，还有审计报告、企业产品的市场状况和行业信息以及宏观经济情况等。收集资料的方式有三种：一是通过公开渠道获取，如上市公司的财务报告，可以在相关网站及报纸上取得；二是通过调研获取；三是通过中介机构获取。

在取得相关资料后还应对资料进行检查与核实，尤其需要对财务报告数据的真实性进行核实，仔细查看审计报告，检查注册会计师是否出具了非标准审计报告。此外还需要对数据的时间序列进行检查，观察企业是否存在某一年异常变化的事项，核实该事项的可靠性。只有在核实数据的真实性之后，才能展开财务分析，否则得到的关系结论是没有价值的。

(3) 确定分析评价标准。

财务分析结论应通过比较得出，单一的财务指标是难以揭示经济实质的，所以确定合理的分析评价标准非常重要。分析评价的标准包括经验标准、行业标准、历史标准、目标标准等。不同的标准有不同的优缺点，在进行财务分析时，应当结合分析对象的实际情况进行选择，并注意分析标准自身随着时间、地域不同而发生的变动，进行适当的调整，以适应分析对象和分析目的。

(4) 围绕分析目的，运用恰当的分析方法，参照判断标准，对有关资料进行分析，形成结论，提出相关建议。

(5) 编制并提交分析报告。

1.3.2　财务报表分析的方法

财务报表分析的基本方法是指在发挥财务分析的评价、预测、发展和协调功能时经常使用的实用性方法。一般财务报表分析的方法分为两类：一类是发现问题的方法，另一类是探求原因的方法，即比较分析法和因素分析法。

1. 比较分析法

比较分析法是将分析对象的数值与标准数值相比较，通过两者之间的差异，找出存在问题的一种方法。比较分析法是财务分析中最为基本的方法之一，也是财务分析过程的起点。比较分析法的形式主要有实际指标与计划指标比较、实际指标与历史指标比较、实际指标与行业指标比较等多种形式。

基本公式为

$$差异额 = 分析对象数值 - 判断标准数值$$

$$差异率 = \frac{差异额}{判断标准数值} \times 100\%$$

1) 比较分析法的种类

(1) 趋势分析法。

趋势分析法是以本企业历史数据为判断标准，与分析对象相比较，发现其发展规律和发展趋势的分析方法。企业财务信息受多方面因素的影响，如果只从某一时期或某一时点上去观察，很难看清它的发展规律和发展趋势。因此，只有把若干时期和时点上的数据按时间顺序整理为数列，对其观察分析，并计算出发展速度、增长速度等指标，才能准确找出其存在原因，预测发展趋势。

趋势分析法又分定基比较法和环比比较法两种。

定基比较法是选定一个固定的期间作为基期，计算各报告期的相关项目与基期相比的百分比。这种分析不仅能看出相邻两期的变动方向和幅度，还可以看出一个较长期间的总体趋势，以便进行较长期间的趋势分析。

$$定基发展速度 = \frac{报告期数据}{基期指标值} \times 100\%$$

$$定基增长速度 = \frac{报告期数值 - 基期指标值}{基期指标值} \times 100\%$$

在定基分析中，基期的选择非常重要，因为基期是所有期间的参考标准。选择基期时，不能选择项目数值为零或负数的期间，否则无法计算出有意义的变动百分比。最好选择一个企业状况比较正常的时期作为基期，否则得出的定基变动百分比就不具有典型的意义。另外，通常以现在时间序列中较早的年份作为基期，这样便于分析整个时间序列中各项目发展态势。

环比比较法是以上一期的历史数据作为判断标准，将作为分析对象的后一期数值与之相比较，计算出反映增减变动的比率。据此观察动态，预测未来发展趋势。

$$环比发展速度 = \frac{报告期数值}{上期指标值} \times 100\%$$

$$环比增长速度 = \frac{报告期数值 - 上期指标值}{上期指标值} \times 100\%$$

在趋势分析中，应注意以下几点：

① 用于进行比较的各期指标，在计算口径上须一致。

② 分析前应剔除偶然因素的影响，以使分析的数据能表现出正常的经营情况。

③ 分析时应注意一些重大事项和环境对各期财务数据的影响。

④ 分析的项目要根据分析的目的来决定，并不需要面面俱到。

⑤ 分析时需要突出经营管理上的重大特殊问题，如成本的增加减少，研究其产生的原因，以便采取对策，趋利避害。

(2) 横向比较法。

横向比较法是以国内外行业平均水平或先进水平作为判断标准，与本企业实际数据相比较，根据比较数据观察企业的相对规模和竞争水平。

(3) 目标完成分析法。

目标完成分析法是以企业目标数值为判断标准，与企业实际完成数据相比较，分析完成任务的情况。

2) 比较分析法的内容

(1) 绝对额比较。绝对额比较是将企业多期财务报表中各项目的绝对额(如货币资金、应收账款、固定资产等项目)进行对比，以查看这些项目变化趋势的一种方法。

(2) 结构(比重)比较。用资产各项目除以资产总额，计算出各项资产占总资产的比重；用负债和所有者权益各项目金额除以负债和所有者权益合计数，计算出各项资金占全部资金的比重。通过这样的结构比较，常常能够发现有显著问题的异常数，为进一步分析指明方向。

(3) 比率分析。比率分析是将财务报告中的两个或两个以上相互关联的指标加以比较，计算财务比率，据此解析和评价财务状况及经营成果的方法。财务比率分析法是财务分析中最重要的分析方法之一。

需要注意的是，比率分析中运用的财务比率并不是固定不变的。从比率分析出现至今，财务比率分析不断地变化和发展，并且越来越丰富。只要选取的项目计算出的相对数据有一定的经济意义，并能够实现分析主体的目的，它就是一个有价值的财务比率。但同时需要注意，并不是任意两个项目相除得到的相对数都具有经济意义。例如，将企业的长期借款和管理费用相除，就不具有明显的经济意义，因而没有必要用这个财务比率。因此，不仅要会计算财务比率，更重要的是能够解释，即通过计算出的比率能够反映一定的情况，说明一定的问题。

2. 因素分析法

1) 因素分析法的含义

因素分析法是在比较分析法的基础上，对于比较过程中发现的差异，进一步探求其形成的原因而采用的方法，是从数值上测定各个相互联系的因素对财务报表中某一项目差异影响程度的方法。应用这种方法可以查明各相关因素对某一项目的影响程度，有助于分清责任，更有说服力地评价企业各方面的经济管理工作；同时，可以在复杂的经济活动中，找出影响企业的主要因素，以便集中精力，抓主要矛盾，解决问题。

其中，因素替代法又称为连环替代法，即将综合指标分解后，顺序地将其中第一个因素作为可变量，其他因素暂作为不变量，依次逐项进行替换，逐步测定出各项因素的变化对综合指标的影响程度，从而可以掌握指标变动的原因，分清经济责任，找出关键问题，做出正确的财务评价。

2) 因素分析法的程序

由于综合性财务指标形成的差异是多种因素同时变化所致，所以，在测定几个因素各自变化对差异的影响程度时，首先要将各个相关因素列成关系式，以确定替代顺序；然后将其中一个因素当可变因素，其他因素暂时作为不变因素，依次替代，直至将各因素都替换为变数为止。程序如下：

(1) 确定分析对象，即确定需要分析的财务指标，比较其实际数额和标准数额，并计算两者差额。

(2) 确定该财务指标的驱动因素，即根据该财务指标的形成过程，建立财务指标与各驱动因素之间的函数关系模型。

(3) 确定驱动因素的替代因素，即根据各驱动因素的重要性进行排序。

(4) 按顺序计算各驱动因素脱离标准的差异对财务指标的影响。

3）因素分析法的应用

分析表 1-1 甲产品销售利润的完成情况，并运用因素分析法计算有关因素对销售利润的影响金额。

表 1-1 甲产品产销情况

项　　目	2015 年计划	2015 年实际情况	差　异
产品销售数量/台	200	180	−20
单位产品售价/元	2,000	2,100	100
单位产品成本/元	1,500	1,450	−50
销售利润	100,000	117,000	17,000

根据表 1-1 中资料，销售利润实际数 117,000 比计划数增加 17,000 元，这是分析对象，运用连环替代法，可以计算各因素对销售利润的影响程度，具体分析如下：

销售利润 = 产品销售数量 × (单位产品售价 − 单位产品成本)

分析对象：117,000 − 100,000 = 17,000 元

(1) 计划数：200 × (2,000 − 1,500) = 100,000 元

(2) 替换销售量：180 × (2,000 − 1,500) = 90,000 元

(3) 替换单位成本：180 × (2,000 − 1,450) = 99,000 元

(4) 替换单位价格：180 × (2,100 − 1,450) = 11,7000 元

销售量变动影响 = (2) − (1) = 90,000 − 100,000 = − 10,000 元

成本变动的影响 = (3) − (2) = 99,000 − 90,000 = 9,000 元

价格变动的影响 = (4) − (3) = 117,000 − 99,000 = 18,000 元

合计影响 = −10,000 + 9,000 + 18,000 = 17,000 元

结果表明，该企业销售利润实际比计划增加 17,000 元，其中在单位成本和单位价格不变的情况下，销售减少 20 台引起销售利润减少 10,000 元；在实际产量和计划价格的基础上，单位产品成本降低 50 元，由于成本降低使利润增加 9,000 元；在实际产量和实际成本的基础上，销售价格提高 100 元使销售利润增加 18,000 元。

4）应用因素分析法应注意的问题

在应用因素分析法时，应注意以下问题：

(1) 因素分解的相关性。

因素分解的相关性即确定分析指标构成体系或分析模型必须在客观上有一定的因果关系，要能够反映形成该项指标差异的内在构成原因，否则就失去了存在的价值。

(2) 因素替代的顺序性。

因素替代的顺序性即必须按照各因素的依存关系排成一定的顺序，依次进行替代，不得任意颠倒，否则会出现不同的结果。因此在分析中，必须从可能的替代顺序中确定出正确的替代顺序。

如

$$直接材料成本 = 原材料消耗量 × 原材料单价$$

又如

$$原材料消耗量 = 产品产量 × 单位产品原材料消耗量$$

所以

$$直接产品成本 = 产品产量 \times 单位产品原材料消耗量 \times 原材料单价$$

则替代顺序依次为

$$产品产量 \rightarrow 单位产品原材料消耗量 \rightarrow 原材料单价$$

需要说明的是，如果影响因素之间的关系为比率关系，则要注意分母的替代，只能进行总量替代。

标准指标计算：

$$A = \frac{a}{b}$$

实际指标计算：

$$A1 = \frac{a1}{b1}$$

替代指标计算：

a. 因素影响：

$$\frac{a1 - a}{b} = \Delta A1$$

b. 因素影响：

$$a1 \times \left(\frac{1}{b1} - \frac{1}{b} \right) = \Delta A2$$

a、b 两种因素的共同影响：

$$\Delta A = \Delta A1 + \Delta A2$$

(3) 顺序替代的连环性。

顺序替代的连环性即在计算时必须按照顺序逐一进行计算，保持计算程序上的连环性。只有这样，才能使各因素影响数之和等于所分析指标的差异，以全面说明分析指标变动的原因。替代时必须顺序地逐一进行计算。如果替代顺序不能连环，就会使各项因素的影响程度之和不等于分析指标变动总差异。

(4) 分析的有效性。

连环替代计算的各因素变动影响会因替代计算的顺序不同而不同，即其计算结果只是在某种假定前提下的结果，因此，不免带有假定性。即它不可能使每个因素的计算结果都能达到绝对的标准。它只是在某种假定前提下的影响结果，离开了这种假定的前提条件，影响的结果也不相同。因此在分析中，应力求使这种假定合乎逻辑，以保证分析的有效性。

1.3.3 财务报表分析的局限性

财务报表分析对于了解企业的财务状况和经营业绩，评价企业的偿债能力和盈利能力，制定经济决策等都有着显著的作用。但是由于种种因素的影响，财务报表分析及其分析方法也存在着一定的局限性。在分析中，应注意这些局限性的影响，以保证分析结果的正确性。

1. 会计处理方法及分析方法对报表可比性的影响

会计核算上不同的处理方法产生的数据会有差别。例如固定资产采用直线折旧法或采用加速折旧法，折旧费会不同；企业长期投资采用成本法与采用权益法所确认的投资收益也不一样。因此，如果企业前后期会计处理方法改变，对前后期财务报表对比分析就会有影响。同样，一个企业与另一个企业比较，如果两个企业对同一事项的会计处理采用的方法不一样，数据的可比性也会降低。所以在分析报表时，一定要注意看附注，了解企业使用的是什么方法以及方法有无变更等。

从财务报表分析方法来看，某些指标计算方法不同也会给不同企业之间的比较带来不同程度的影响。例如，应收账款周转率、存货周转率等的平均余额的计算，报表使用者由于数据的限制，往往用年初数与年末数进行平均。这种平均方法计算应收账款余额与存货余额，在经营业务一年内各月各季较均衡的企业尚可；但在季节性经营的企业或各月变动情况较大的企业，如果期初与期末正好是经营旺季，则平均余额就会过大，如是淡季则又会过小，从而影响到指标的准确性。

此外，财务报表分析指标要与其他企业以及行业平均指标比较才有意义。但是各企业不同的情况会对可比性产生影响，如环境影响、企业规模、会计核算方法的差别等。而行业平均指标往往是各种各样情况的综合反映，如果行业平均指标是采用抽样调查得到的，在抽到极端样本时，还会歪曲整个行业情况。因此，在对比分析时应慎重使用行业平均指标，对不同企业进行比较时应注意调整一些不可比因素的影响。

2. 通货膨胀的影响

由于财务报表是按照历史成本原则编制的，在通货膨胀时期，有关数据会受到物价变动的影响，不能真实反映企业的财务状况和经营成果，容易引起报表使用者的误解。例如，以历史成本为基础的资产价值必然小于资产当前的价值，以前以 300 万元购买的固定资产，重置成本可能为 500 万元，但是账上及报表上仍反映为 300 万元固定资产原价。所以，忽视资产的购买时间，仅仅靠这个购买数据不能正确理解一个企业的生产规模。

3. 信息的时效性问题

财务报表中的数据均是企业过去经济活动的结果。用这些数据来预测企业未来的动态，只有参考价值，并非绝对合理可靠。而且等报表使用者取得各种报表时，可能离报表编制日期已过去多日。

4. 报表数据信息量的限制

由于报表本身的原因，其提供的数据是有限的。对报表使用者来说，可能不少需要使用的信息在报表或附注中找不到。

5. 报表数据的可靠性问题

有的企业为了使报表显示出企业良好的财务状况及经营成果，会在会计核算方法上采用其他手段来粉饰财务报表。据此进行的财务报表分析就容易误入歧途。

南纺股份连续 5 年财务报表造假

以上关于财务报表分析及其分析方法局限性的种种说明并非否定财务报表分析的积极作用，相反，了解这些局限性，分析报表时注意它们的影响，可以提高财务报表分析的质量。

此外，报表使用者在阅读和分析企业财务报表时，一定要结合财务报表附表和附注。仔细阅读有关附表和附注，能使人们正确理解报表上所反映的信息，不至于产生错误的判断和结论。同时，在阅读报表时，还应注意注册会计师"审计报告"的意见。注册会计师从公正的立场、专业的角度对企业报表数据是否真实可靠、可验证等方面的评价，对于报表使用者非常有价值。

本 章 小 结

(1) 财务报表分析是指以财务报表和其他资料为依据和起点，采用专门的方法，对企业的过去及现在的经营成果、财务状况及其变动情况进行系统分析和评价的一种方法。目的是了解过去、评价现在、预测未来，帮助利益关系集团改善决策。

(2) 不同的报表分析主体进行报表分析的目的是不同的。投资人分析财务报表的目的是了解企业的盈利能力；债权人分析财务报表的目的是了解企业的借款和其他债权是否能及时足额收回，即研究企业偿债能力大小、收益状况以及与其风险程度是否相适应；经营者分析财务报表的目的是综合性和多方面性的。

(3) 财务报表分析的内容包括财务报表的分析和财务报表的比率分析。财务报表的分析包括财务报表的结构分析、财务报表的趋势分析以及财务报表项目的质量分析；财务报表相关的比率分析包括偿债能力分析、营运能力分析、盈利能力分析和发展能力分析。

(4) 财务报表分析应遵循以下原则：相关性原则，可理解性原则，定量分析和定性分析相结合的原则以及客观性、全面性、联系性、发展性相结合的原则。

(5) 财务报表分析的依据主要有财务报告、相关资料以及其他与之相联系的资料。

(6) 财务报表分析法主要有比较分析法和因素分析法两种方法。

(7) 使用因素分析法应注意：指标构成因素的相关性、因素替代顺序的规定性、计算程序的连贯性以及计算结果的假定性。

(8) 财务报表的局限性主要表现在：会计处理方法及分析方法对报表可比性的影响、通货膨胀的影响、信息的时效性问题、报表数据信息量的限制、报表数据的可靠性问题。

本 章 练 习

一、简答题

1. 如何理解企业财务报表分析的内容？为什么说企业的利益相关者对企业财务状况有不同的分析目的？

2. 财务报表分析主要依靠哪些资料？这些资料有什么缺点？

3. 财务报表分析的原则和程序是什么？

4. 财务报表分析有哪些局限性？

二、计算分析题

某公司材料消耗统计表如表 1-2 所示。

要求：用连环替代法计算各因素变动对材料消耗总额的影响，并做出评价。

表 1-2 某公司材料消耗统计表

项　　目	计　划	实　际	差　异
产品产量/件	280	300	20
单位产品材料消耗量/千克	50	45	−5
材料单价/元	8	10	2
材料消耗总额/元	112,000	135,000	23,000

三、案例分析题

獐子岛集团 2006 年登陆 A 股，因产业模式独特，曾被视为国内水产养殖业的名片，2008 年股价一度超过百元。獐子岛集团被整个 A 股市场熟知，还要说到 2014 年的"冷水团事件"。2014 年 10 月 14 日，獐子岛集团突然宣布停牌。半个月后，獐子岛集团披露：2011 年底播海域为 119.1 万亩、2012 年底播海域为 29.56 万亩的虾夷扇贝，因受冷水团异动导致的自然灾害影响，虾夷扇贝近乎绝收。獐子岛集团亏损 8.12 亿元，市场哗然。据獐子岛集团 2014 年年报披露，虾夷扇贝是獐子岛集团主要的水产品，是公司优势产品，养殖面积和产量居业内首位，是公司利润的主要贡献产品，2014 年营收 682,483,573.26 元。2014 年獐子岛集团营收 2,662,211,458.16 元，虾夷扇贝约占总营收的 25.64%。"冷水团事件"使獐子岛集团股价暴跌 30%，从信披前的 16.00 元左右下跌到了 11.00 元，投资者损失惨重。

2014 年 10 月 30 日晚，A 股上市公司獐子岛（002069.SZ）发布的三季度业绩报告成为市场议论的焦点，105.64 万亩海洋牧场受北黄海异常冷水团影响而遭遇灭顶之灾。受此影响，獐子岛决定对 105 万亩海域成本为 7.35 亿元的底播虾夷扇贝存货放弃本轮采捕，进行核销处理，对 43.02 万亩海域成本为 3.01 亿元的底播虾夷扇贝存货计提跌价准备 2.83 亿元，扣除递延所得税影响金额 2.54 亿元，合计影响净利润 7.63 亿元，全部计入 2014 年第三季度。

公告引起了资本市场各方和各界媒体的广泛关注。有媒体报道称，獐子岛捕捞队员透露，公司 2009—2011 年间底播苗种时存在大量掺杂沙子和瓦块的情况，而且虚报数量，致使到了 2014 年的收货季没有扇贝可捕。更有媒体发现，深圳某对冲基金投资总监侯安扬两年前撰文对獐子岛的存货进行分析，指出其存在大股东占用上市公司资金的嫌疑。侯安扬文章表示"有九成把握认为獐子岛大股东涉嫌长期占用獐子岛大量资金用于房地产开发，导致獐子岛资金链紧张，不得不疯狂举债，甚至不惜举债支付红利，有息负债大幅攀升，利息支出大幅增加""为了掩盖资金被占用的事实"，獐子岛将本来应该计入"其他应收款"的大股东占款计入"存货"，导致存货畸高，同时为了让巨额利息支出不影响当期利润，选择将大量利息支出资本化为存货，进一步推高"存货"，导致财务报表勾稽关系出现严重漏洞，大额存货来源无法解释。

2014 年 11 月 6 日，证监会在例行新闻发布会上宣布开始对獐子岛扇贝绝收事件进行调查。2014 年 12 月 4 日晚间，獐子岛公布了包括大连证监局行政监管决定书等在内的一系列核查文件，给此次 150 万亩海域扇贝颗粒无收事件定性：存在内控不规范，但投苗存货造假、大股东占用资金等被质疑问题未被认定。

问题：结合案例，分析"冷水团"事件对獐子岛公司的哪些财务活动产生了影响？獐子岛公司的会计报表如何对"冷水团"事件所产生的影响加以反映？此事件都涉及了哪些财务分析信息？在分析"冷水团"事件中，这些信息发挥了哪些作用？

第2章　资产负债表分析

📖 本章目标

- 了解资产负债表的基本结构和内容
- 掌握资产负债表的编制方法
- 掌握资产负债表结构分析法
- 掌握资产负债表趋势分析法
- 掌握资产负债表主要项目分析内容和重点
- 掌握偿债能力主要指标和计算方法
- 掌握营运能力主要指标和计算方法

📖 重点难点

重点：
1. 资产负债表的编制
2. 资产负债表结构、趋势及质量分析
3. 偿债能力主要指标计算方法及分析
4. 营运能力主要指标计算方法及分析

难点：
1. 资产负债表结构、趋势及质量分析
2. 偿债能力主要指标分析
3. 营运能力主要指标分析

案例导入

2017 年 7 月，万达打包出售 13 个文旅和 77 个酒店给融创和富力，其中包括 2017 年 7 月刚签约的昆明万达文旅项目，该项目是昆明市的重点工程，既是昆明万达文化旅游项目，又是草海片区保护治理工程的配套项目，万达计划投资 300 亿元，2019 年年底开业；还包括刚开业不到一个月的哈尔滨万达城，该项目是万达集团全国首个开工建设的万达文化旅游城项目，也是哈尔滨"北跃"战略的重要组成部分。

虽然万达只是把项目的产权"卖"了，其他的所有事情还是万达打理，但按理说王健林贵为首富，应该不缺钱，怎么就"卖资产"了呢？万达把 13 个文旅项目以及 77 个酒店"抵押"换取了融创和富力 631.7 亿元资金，但万达要用这几百亿干什么呢？

王健林在接受财新采访时透露了这笔资金的用途："通过这次资产转让，万达商业负债率将大幅下降，这次回收资金全部用于还贷。万达商业计划今年内清偿绝大部分银行贷款。"也就是说，用"卖"文旅项目和酒店的钱去还万达商业的银行贷款。

万达商业地产股份有限公司债券 2016 年年报显示：截至 2016 年底，万达商业地产已经发行的公司债券共 8 笔，合计 350 亿元。其中，两笔 2020 年到期，合计 100 亿元；6 笔 2021 年到期，合计 250 亿元。截至 2016 年底，万达商业地产货币资金为 1,002 亿元，总资产为 7,511 亿元，负债合计为 5,278 亿元，资产负债率为 70%。其中，短期借款为 12 亿元，一年内到期的非流动性负债达 233 亿元；长期借款和应付债券分别为 1,183 亿元和 817 亿元。这就透露了重要信息，万达商业的负债率是 70%。

根据万达商业的说法，2016 年末公司短期借款同比减少 22.78%，原因是公司增加了成本较低的债券、中期票据等筹措资金的方式。债券的偿债资金将主要来源于公司经营活动产生的收益和现金流。2016 年，其合并口径营收和净利润分别为 1,298.55 亿元和 379.76 亿元。从万达商业地产募集的资金用途来看，大多是偿还公司金融机构借款或补充公司流动资金。

这次交易，万达将获得 631.7 亿元资金，假如万达商业的负债不变，将直接使得负债率下降 5%，财务状况看起来就更"稳健"了。

从 2017 年 7 月份万达打包出售 13 个文旅和 77 个酒店给融创和富力，到 2018 年出售万达·伦敦 ONE，这半年多来万达一直在"卖卖卖"，进行中的并购终止，出售海外资产，赔本也认了。总体来看，经过这半年多的"卖卖卖"，王健林的万达已经初步上岸。但目前万达还在使用各种手段降低负债，包括出售非核心资产、出售股权等方式，万达一定要将负债降至绝对安全的水平。

为什么要降低万达的负债率呢？万达是以商业地产起家，但这些年万达逐步退出商业地产，去掉地产属性，有部分原因是万达想以"轻资产"形象上市。

资料来源：搜狐财经新闻

资产负债表分析是指基于资产负债表而进行的分析。资产负债表反映了企业在特定时点的财务状况，是企业经营活动结果的集中体现。通过分析企业的资产负债表，能够揭示出企业偿债能力、企业经营稳健与否或经营风险大小以及企业经营管理总体水平的高低。

2.1 认识资产负债表

资产负债表是企业财务报告中的第一主表，它是以"资产＝负债＋所有者权益"为平衡关系，反映企业在某一特定日期(年末、季末、月末)的资产及其分布状态、资本金的来源及其构成，以及它们之间相互关系的会计报表。资产负债表可以从总体上揭示出企业的财务状况。

2.1.1 资产负债表的内容

资产负债表是反映企业在某一特定日期内财务状况的报表。它反映企业在某一特定日期所拥有或控制的经济资源、所承担的现时义务和所有者对净资产的要求权。资产负债表可以提供某一日期资产的总额及其结构，表明企业拥有或控制的资源及其分布情况，使用者可以了解企业某一特定日期所拥有的资产总量及结构；可以提供某一日期的负债总额及其结构，表明企业未来需要用多少资产或者劳务清偿债务及其清偿时间；可以反映所有者权益，据此判断资本保值、增值的情况以及对负债的保障程度。此外，资产负债表还可以提供财务分析的基本资料，如将流动资产和流动负债进行比较，计算出流动比率；将速动资产和流动负债进行比较，计算出速动比率，从而判断企业的变现能力，偿债能力和资金周转能力，有助于财务报表使用者进行经济决策。

2.1.2 资产负债表的结构

我国的企业资产负债表采用账户式结构：分为左、右两方。左方为资产，按照资产流动性由强到弱依次排列；右方为负债和所有者权益，负债按要求清偿的时间顺序由先到后依次排列，所有者权益按稳定性由高到低依次排列。务必使左方恒等于右方。此外，为方便使用者掌握企业财务状况的变动情况以及发展趋势，企业还需提供不同时点的资产负债表数据，即按照各自项目分为"年初余额"和"年末余额"两栏分别填列。

编制资产负债表的基本原理是"资产＝负债＋所有者权益"这一会计恒等式。等式的左侧为企业从事生产经营活动的经济资源，是企业进行经营活动和投资活动的基础；等式的右侧是权益，即左侧经济资源的归属权，共包括两部分，一部分是债权人权益，另一部分是所有者权益。其中债权人权益是企业的负债，属于优先权益，所有者权益则属于剩余权益。这一会计等式反映了企业在一定时点的财务状况，是编制资产负债表的理论依据。

企业各项会计要素之间始终保持着相应的恒等关系。虽然在生产经营活动时，某项业务发生后会引起资产、负债或所有者权益等会计要素的增减变化，但上述恒等关系仍然存在。企业发生的经济业务类型，概括起来主要有四种：

(1) 引起等式左侧(资产)内部有关项目增减变动的业务。

(2) 引起等式右侧有关项目增减变动的业务。

(3) 引起等式两边有关项目同时增加的业务。

(4) 引起等式两边有关项目同时减少的业务。

资产负债表包括表头、表体和补充资料等。

表头：一般包括报表名称、编制单位、编报日期、货币计量单位等项目。

表体：表体部分是资产负债表的核心所在，它列示了资产、负债及所有者权益等具体内容。

补充资料：列示或反映了一些在基本内容中未能提供或充分说明的重要信息。这部分资料或在资产负债表表体下部列示，或在报表附注中列示。

根据财会〔2018〕15号文，执行企业会计准则的非金融企业截至2018年6月30日的中期财务报表及以后期间的财务报表采用新的格式以及按照新的内容进行列报。

尚未执行新金融准则和新收入准则的企业的资产负债表结构如表2-1所示。

表2-1　资产负债表　　　　　　　　　　　　　　　　　会企01表

编制单位：　　　　　　　　　　年　　月　　日　　　　　　　　　单位：元

资产	期末余额	年初余额	负债和所有者权益	期末余额	年初余额
流动资产：			流动负债：		
货币资金			短期借款		
以公允价值计量且其变动计入当期损益的金融资产			以公允价值计量且其变动计入当期损益的金融负债		
衍生金融资产			衍生金融负债		
应收票据及应收账款			应付票据及应付账款		
预付款项			预收款项		
其他应收款			应付职工薪酬		
存货			应交税费		
持有待售资产			其他应付款		
一年内到期的非流动资产			持有待售负债		
其他流动资产			一年内到期的非流动负债		
流动资产合计			其他流动负债		
非流动资产：			流动负债合计		
可供出售金融资产			非流动负债：		
持有至到期投资			长期借款		
长期应收款			应付债券		
长期股权投资			其中：优先股		
投资性房地产			永续债		
固定资产			长期应付款		
在建工程			预计负债		
生产性生物资产			递延收益		
油气资产			递延所得税负债		
无形资产			其他非流动负债		
开发支出			非流动负债合计		
商誉			负债合计		
长期待摊费用			所有者权益：		
递延所得税资产			实收资本（或股本）		
其他非流动资产			其他权益工具		
非流动资产合计			其中：优先股		

续表

资产	期末余额	年初余额	负债和所有者权益	期末余额	年初余额
			永续债		
			资本公积		
			减：库存股		
			其他综合收益		
			盈余公积		
			未分配利润		
			所有者权益合计		
资产总计			负债和所有者权益总计		

已执行新金融准则和新收入准则的企业的资产负债表结构如表 2-2 所示。

表 2-2　资产负债表　　　　　　　　　　　　　　　　　　　会企 01 表

编制单位：　　　　　　　　　　年　　月　　日　　　　　　　　单位：元

资产	期末余额	年初余额	负债和所有者权益	期末余额	年初余额
流动资产：			流动负债：		
货币资金			短期借款		
交易性金融资产			交易性金融负债		
衍生金融资产			衍生金融负债		
应收票据及应收账款			应付票据及应付账款		
预付款项			预收款项		
其他应收款			合同负债		
存货			应付职工薪酬		
合同资产			应交税费		
持有待售资产			其他应付款		
一年内到期的非流动资产			持有待售负债		
其他流动资产			一年内到期的非流动负债		
流动资产合计			其他流动负债		
非流动资产：			流动负债合计		
债权投资			非流动负债：		
其他债权投资			长期借款		
长期应收款			应付债券		
长期股权投资			其中：优先股		
其他权益工具投资			永续股		
其他非流动金融资产			长期应付款		
投资性房地产			预计负债		
固定资产			递延收益		
在建工程			递延所得税负债		
生产性生物资产			其他非流动负债		
油气资产			非流动负债合计		
无形资产			负债合计		
开发支出			所有者权益：		

续表

资产	期末余额	年初余额	负债和所有者权益	期末余额	年初余额
商誉			实收资本（或股本）		
长期待摊费用			其他权益工具		
递延所得税资产			其中：优先股		
其他非流动资产			永续股		
非流动资产合计			资本公积		
			减：库存股		
			其他综合收益		
			盈余公积		
			未分配利润		
			所有者权益合计		
资产总计			负债和所有者权益总计		

本章主要针对尚未执行新金融准则或新收入准则的企业进行分析，包括填列方法、结构分析、趋势分析、具体项目质量分析内容。由于原资产负债表项目"交易性金融资产""交易性金融负债""预付账款""预收账款"，在尚未执行新金融准则或新收入准则企业的资产负债表中列示为"以公允价值计量且其变动计入当期损益的金融资产""以公允价值计量且其变动计入当期损益的金融负债""预付款项""预收款项"，因此本书在财务报表分析过程中按照新的列报内容进行分析。

2.1.3 资产负债表的填列方法

资产负债表是企业财务报表的重要组成内容，是反映企业一定日期财务状况的静态报表。我国《企业会计准则第 30 号——财务报表列报》及相应的指南中给出了资产负债表中流动资产和流动负债项目的判定标准，并将该表的资产部分划分为流动资产与非流动资产两部分；将负债部分划分为流动负债和非流动负债两部分。资产负债表的编制依据包括会计报告期末的总账账户余额、有关明细分类账户记录和上年末的资产负债表。资产负债表的编制就是通过对账户资料的有关数据进行归类、整理和汇总及加工成报表项目数据的过程。

1. 资产负债表"期末余额"栏的填列方法

1) 根据总账科目余额填列

(1) "以公允价值计量且其变动计入当期损益的金融资产""递延所得税资产""短期借款""以公允价值计量且其变动计入当期损益的金融负债""应交税费""预计负债""递延收益""递延所得税负债""持有待售负债""实收资本（或股本）""库存股""资本公积""其他综合收益""专项储备""盈余公积"等项目应该根据有关总账科目余额填列。

(2) "货币资金"项目应根据"库存现金""银行存款""其他货币资金"三个总账科目余额的合计数填列。

(3) "其他非流动资产"和"其他流动负债"项目应根据有关科目的期末余额分析填列。

(4) "其他应付款"项目应根据"应付利息""应付股利"和"其他应付款"科目的期末

余额合计数填列。

【例 2-1】　ABC 企业 2015 年 12 月 31 日"库存现金"科目余额为 50,000 元，"银行存款"科目余额为 80,000 元，"其他货币资金"科目余额为 20,000 元，该企业 2015 年 12 月 31 日资产负债表"货币资金"项目金额为 50,000 + 80,000 + 20,000 = 150,000 元。

2) 根据明细账科目余额计算填列

(1) "开发支出"项目应根据"研发支出"科目中所属的"资本化支出"明细科目期末余额填列。

(2) "应付票据及应付账款"项目应根据"应付票据"科目的期末余额，以及"应付账款"和"预付款项"科目所属的相关明细科目的期末贷方余额合计数填列。

(3) "预收款项"项目应根据"预收款项"和"应收账款"科目所属各明细科目的期末贷方余额合计数填列。

(4) "一年内到期的非流动资产""一年内到期的非流动负债"项目应根据有关非流动资产或非流动负债项目的明细科目余额分析填列。

(5) "应付职工薪酬"项目应根据"应付职工薪酬"科目的明细科目期末余额分析填列。

(6) "长期借款""应付债券"项目应分别根据"长期借款""应付债券"的明细科目余额分析填列。

(7) "未分配利润"项目应该根据"本年利润"账户和"利润分配—未分配利润"账户的期末余额计算填列，如为未弥补的亏损，在本项目内以"—"号填列。

【例 2-2】　2016 年 12 月 31 日，ABC 企业"应付账款"科目月末贷方余额 20,000 元，其中："应付甲公司账款"明细科目贷方余额 30,000 元，"应付乙公司账款"明细科目借方余额 10,000 元。"预付款项"科目月末贷方余额 30,000 元，其中："预付丙企业账款"明细科目贷方余额 40,000 元，"预付丁企业账款"明细科目借方余额 10,000 元。该企业月末资产负债表中"应付账款" = 30,000 + 40,000 = 70,000 元，"预付款项" = 10,000 + 10,000 = 20,000 元。

【例 2-3】　2016 年 12 月 31 日，ABC 企业"预收款项"科目月末贷方余额 40,000 元，其中："预收 A 企业账款"明细科目贷方余额 20,000 元，"预收 B 企业账款"明细贷方余额 30,000 元，"预收 C 企业账款"科目借方明细 10,000 元。"应收账款"科目月末借方余额 30,000 元，其中："应收 D 企业账款"明细科目借方余额 40,000 元，"应收 E 企业账款"明细科目贷方余额 10,000 元。该企业月末资产负债表中"预收款项" = 20,000 + 30,000 + 10,000 = 60,000 元，"应收账款" = 10,000 + 40,000 = 50,000 元。

3) 根据总账科目和明细账科目余额分析计算填列

(1) "长期借款"项目应根据"长期借款"总账科目余额扣除"长期借款"科目所属的明细科目中将在资产负债表日起一年内到期，且企业不能自主地将清偿义务展期的长期借款的金额计算填列。

(2) "长期待摊费用"项目应根据"长期待摊费用"科目余额减去将于一年内(含一年)摊销的数额后的金额填列。

(3) "其他非流动负债"项目应根据有关科目的期末余额减去将于一年内(含一年)到期偿还数后的金额填列。

【例2-4】 ABC企业2015年12月31日长期借款情况如表2-3所示。

表2-3　长期借款情况

借款起始日期	借款年限(年)	金额(元)
2014年1月1日	3	1,000,000
2015年1月1日	3	2,000,000
2015年7月1日	5	1,500,000

该企业2015年12月31日"长期借款"项目 = 2,000,000 + 1,500,000 = 3,500,000元或企业根据"长期借款"总账科目余额4,500,000元减去一年到期的长期借款1,000,000元，即3,500,000元作为资产负债表中"长期借款"项目金额，而将在一年到期的长期借款1,000,000元，应当填列在流动负债下"一年到期的非流动负债"项目里。

4) 根据有关科目余额减去其备抵科目余额后的净额填列

(1) "可供出售金融资产""持有至到期投资""长期股权投资""商誉"项目应根据相关科目的期末余额填列；已计提减值准备的项目，还应扣除相应的减值准备。

(2) "无形资产""投资性房地产""生产性生物资产""油气资产"项目应根据相关科目的期末余额扣减相关的累计折旧填列；已计提减值准备的项目，还应扣减相应的减值准备。采用公允价值计量的上述资产，应根据相关科目的期末余额填列。

(3) "长期应收款"项目应根据"长期应收款"科目的期末余额减去相应的"未实现融资收益"科目和"坏账准备"科目所属相关明细科目期末余额后的金额填列。

(4) "长期应付款"项目应根据"长期应付款"科目的期末余额，减去相关的"未确认融资费用"科目期末余额后的金额，以及"专项应付款"科目的期末余额填列。

(5) "持有待售资产"项目应根据"持有待售资产"科目期末余额，减去"持有待售资产减值准备"科目期末余额后的金额填列。

(6) "固定资产"项目应根据"固定资产"科目的期末余额，减去"累计折旧"和"固定资产减值准备"科目期末余额后的金额，以及"固定资产清理"科目的期末余额填列。

(7) "在建工程"项目应根据"在建工程"科目的期末余额，减去"在建工程减值准备"科目期末余额后的金额，以及"工程物资"科目的期末余额，减去"工程物资减值准备"科目期末余额后的金额填列。

5) 综合运用上述填列方法分析填列

(1) "应收票据及应收账款"项目应根据"应收票据"和"应收账款"科目的期末余额减去"坏账准备"科目中相关坏账准备期末余额后的金额填列。其中，"应收账款"应根据"应收账款"和"预收款项"科目所属各明细科目的期末借方余额合计数减去"坏账准备"科目中有关应收账款计提的坏账准备期末余额后的金额确定。

(2) "其他应收款"应根据"应收利息""应收股利"和"其他应收款"科目期末余额合计数减去"坏账准备"科目中相关坏账准备期末余额后的金额填列。

(3) "预付款项"项目应根据"预付款项"和"应付账款"科目所属各明细科目的期末借方余额合计数减去"坏账准备"科目中有关预付款项计提的坏

"应收账款"与"预收账款"项目填列

账准备期末余额后的金额填列。

(4) "存货"项目应根据"材料采购""原材料""发出商品""库存商品""周转材料""委托加工物资""生产成本""受托代销商品"等科目余额合计减去"受托代销商品款""存货跌价准备"科目期末余额后的金额填列。材料采用计划成本核算,以及库存商品采用计划成本核算或者售价核算的企业,还应加上或减去材料成本差异、商品进销差价后的金额填列。

【例 2-5】 ABC 企业 2015 年 12 月 31 日结账后有关科目余额表如表 2-4 所示。

表 2-4 结账后有关科目余额表

科目名称		借方金额(元)	贷方金额(元)
应收账款	A 企业	20,000	—
	B 企业	—	4,000
	C 企业	30,000	—
预付款项	D 企业	10,000	—
	E 企业	—	600
应付账款	F 企业	—	14,000
	G 企业	10,000	—
	H 企业	—	16,000
预收款项	I 企业	—	8,000
	J 企业	6,000	—
坏账准备		—	1,380

则该企业 2015 年 12 月 31 日资产负债表中:

"应收账款"项目金额:50,000 + 6,000 − 1,380 = 54,620 元;

"预收款项"项目金额:8,000 + 4,000 = 12,000 元;

"应付账款"项目金额:14,000 + 16,000 + 600 = 30,600 元;

"预付款项"项目金额:10,000 + 10,000 = 20,000 元。

【例 2-6】 ABC 企业采用计划成本核算材料,2015 年 12 月 31 日结账后有关科目余额:"材料采购"科目借方余额 16,000 元,"原材料"科目借方余额 22,000 元,"周转材料"科目借方余额 18,000 元,"库存商品"科目借方余额 28,000 元,"生产成本"科目借方余额 60,000 元,"材料成本差异"科目贷方余额 14,000 元,"存货跌价准备"科目贷方余额 20,000 元。该企业资产负债表"存货"为 16,000 + 22,000 + 18,000 + 28,000 + 60,000 − 14,000 − 20,000 = 110,000 元。

2. 资产负债表"年初余额"栏的填列方法

"年初余额"栏内的各项数字,应根据上年末资产负债表的"期末余额"栏内所列数字填列。如果企业发生了会计政策变更、前期差错更正,应当对"年初余额"栏中的有关项目进行相应调整。如果本年度资产负债表规定的各个项目的名称和内容与上年不一致,应对上年年末资产负债表各个项目的名称和数字按照本年度的规定进行调整,按调整后的数字填入资产负债表的"年初余额"栏内。

◆知识链接◆

2018 年 6 月财会〔2018〕15 号文《关于修订印发 2018 年度一般企业财务报表格式的

《通知》中对现行的财务报表格式进行了较大的修订。

尚未执行新金融准则和新收入准则的企业的资产负债表部分主要有以下变动：

1. "应收票据"及"应收账款"项目归并至新增的"应收票据及应收账款"项目。
2. "应收利息"及"应收股利"项目归并至"其他应收款"项目。
3. "固定资产清理"项目归并至"固定资产"项目。
4. "工程物资"项目归并至"在建工程"项目。
5. "应付票据"及"应付账款"项目归并至新增的"应付票据及应付账款"项目。
6. "应付利息"及"应付股利"项目归并至"其他应付款"项目。
7. "专项应付款"项目归并至"长期应付款"项目。
8. "持有待售资产"行项目及"持有待售负债"行项目核算内容发生变化。

已执行新金融准则或新收入准则的企业的资产负债表新增项目具体说明如图 2-1 所示。

交易性金融资产

- 根据"交易性金融资产"科目的相关明细科目期末余额分析填列。自资产负债表日起超过一年到期且预期持有超过一年的以公允价值计量且其变动计入当期损益的非流动金融资产的期末账面价值，在"其他非流动金融资产"行项目反映。

债权投资

- 根据"债权投资"科目的相关明细科目期末余额，减去"债权投资减值准备"科目中相关减值准备的期末余额后的金额分析填列。自资产负债表日起一年内到期的长期债权投资的期末账面价值，在"一年内到期的非流动资产"行项目反映。企业购入的以摊余成本计量的一年内到期的债权投资的期末账面价值，在"其他流动资产"行项目反映。

其他债权投资

- 根据"其他债权投资"科目的相关明细科目期末余额分析填列。自资产负债表日起一年内到期的长期债权投资的期末账面价值，在"一年内到期的非流动资产"行项目反映。企业购入的以公允价值计量且其变动计入其他综合收益的一年内到期的债权投资的期末账面价值，在"其他流动资产"行项目反映。

其他权益工具投资

- 根据"其他权益工具投资"科目的期末余额填列。

交易性金融负债

- 根据"交易性金融负债"科目的相关明细科目期末余额填列。

合同资产和合同负债

- 根据"合同资产"科目、"合同负债"科目的相关明细科目期末余额分析填列，同一合同下的合同资产和合同负债应当以净额列示，其中净额为借方余额的，应当根据其流动性在"合同资产"或"其他非流动资产"项目中填列，已计提减值准备的，还应减去"合同资产减值准备"科目中相关的期末余额后的金额列示；其中净额为贷方余额的，应当根据其流动性在"合同负债"或"其他非流动负债"项目中填列。

图 2-1　已执行新金融准则或新收入准则的企业的资产负债表新增项目说明

2.2　资产负债表的分析

资产负债表分析是指基于资产负债表而进行的财务分析。资产负债表反映了企业在特定时点的财务状况，是企业经营管理活动结果的集中体现。

2.2.1 资产负债表的分析目的

资产负债表的分析目的有以下几个方面：

(1) 通过对资产负债表的分析，可以了解企业拥有或控制的能用货币表现的经济资源及其具体分布情况。由于不同形态的资产对企业的经营活动具有不同的影响，因而对企业资产结构的分析可以从一个侧面对企业质量做出一定的判断。一般来说，企业控制或运作的经济资源越多，其形成和产生新的经济利益和社会财富的能力就越强，然而，同样的资源总量，配置结构不同，所产生的经济效益也就不同。因此，财务报告的使用者根据它可以了解企业控制的经济资源总量有多少，并可以分析企业资源配置结构是否合理有效和评估企业未来的发展。

(2) 通过对资产负债表的分析，可以了解企业的债务规模、债务结构及其所有者权益的构成情况。总体来说，企业资源来自投资人自己投入和向债权人借入两部分，前者形成企业的所有者权益，后者形成企业的负债。两者之间的比例关系，就是通常说的资本结构。

(3) 通过对资产负债表的分析，可以了解企业的财务实力、偿债能力和到期支付能力。通过分析资产负债表，把流动资产、速动资产和现金资产与流动负债联系起来分析，可以评价企业的短期偿债能力。

(4) 通过对企业不同时期资产负债表的比较分析，可以了解企业未来财务状况的发展趋势。资产负债表反映的是时点指标，但财务报表使用者可以通过对不同时点的资产负债表进行比较，对企业财务状况的发展趋势做出判断。同样，财务报表使用者也可以对不同企业的同一时点的资产负债表进行对比，还可以对不同企业的相对财务状况做出判断。

2.2.2 资产负债表分析内容

资产负债表分析包括结构分析、趋势分析和具体项目质量分析。

1. 资产负债表结构分析

资产负债表结构分析也称为资产负债表垂直分析，是通过编制资产负债表的结构分析表将资产负债表各项目与总资产或总权益比较，计算出各项目占总体的比重，并将各项目构成与历史数据、同行业水平进行比较，分析说明资产结构和权益结构及其增减变动的合理性，分析其变动的具体原因，进一步评价企业资产结构与资本结构的适应程度。

编制资产负债表的结构分析表是进行企业结构分析的第一步，其计算公式为

$$某项目的结构比重 = \frac{某项目金额}{资产总额或权益总额} \times 100\%$$

$$某项目的结构变动情况 = 报告期(本期)结构比重 - 基期(上一期)结构比重$$

2. 资产负债表趋势分析

资产负债表趋势分析也称为资产负债表水平分析。通过趋势分析，将分析期的资产负债表各项目数值与基期(上年或计划、预算)数进行比较，计算出变动额、变动率以及该项目对资产总额、负债总额和所有者权益总额的影响程度，并进一步分析其产生的原因。若

分析的目的在于揭示资产负债表的实际变动情况，分析产生实际差异的原因，其比较的标准应选择资产负债表的上年实际数；若分析的目的在于揭示资产负债表的预算或计划情况，分析影响资产负债表预算或计划执行情况的原因，其比较标准应选择资产负债表的预算数或计划数。如果企业的生产经营活动处于持续健康发展的状态，那么资产负债表的主要财务数据或者财务指标应该呈现出持续稳定发展的趋势；如果企业的主要财务数据或者指标出现异常的波动、背离，甚至出现恶化趋势，则意味着企业的生产经营活动的某些方面发生了重大变化。

编制企业资产负债表的趋势分析表是进行企业财务状况趋势分析的第一步，其计算公式为

$$某项目的变动额 = 报告期(本年)金额 - 标准(上年)金额$$

$$某项目的变动率 = \frac{某项目变动额}{标准(上年)金额} \times 100\%$$

3. 资产负债表具体项目质量分析

资产负债表具体项目质量分析是在对资产负债表进行一般数据分析的基础上，对影响企业资产、负债和所有者权益的具体项目内涵质量进行深入分析。

2.2.3　资产负债表结构分析

1. 资产负债表资产结构分析

1）资产总体结构分析

资产是指企业过去的交易或者事项形成的、企业拥有或控制的、预期会给企业带来经济利益的资源。一项经济资源在符合资产定义的同时，应同时满足以下两个条件才可确认为资产，才能在资产负债表内列示：

(1) 与该项目有关的经济利益很可能流入企业。

(2) 该项目的成本或价值能够可靠地计量。

资产负债表中的资产项目是按其流动速度自上而下排列的，流动性越强的越靠上。资产的流动性是指资产转变为现金的难易程度。转变越容易，流动性越强；转变越难，流动性越弱。

根据流动性，资产可以分为流动资产和非流动资产。流动资产是指可以在一年或超过一年的一个营业周期内变现、出售或耗用的资产。在资产负债表中，流动资产项目包括货币资金、以公允价值计量且其变动计入当期损益的金融资产、应收票据、应收账款、其他应收款、存货、一年内到期的非流动资产等项目。

流动资产是企业在生产经营过程中必不可少的资产。缺少货币资金，企业就难以购买材料、发放工资、购置设备等。缺少原材料，企业生产经营就会停工待料。所以流动资产犹如企业的血液，必须充足、流动畅通，企业才能健康发展。如果流动资产所占比重偏大，则说明企业的经营比较灵活、转型快，但稳定性较差。

除流动资产外，企业的其他资产统称为非流动资产，主要包括可供出售金融资产、持有至到期投资、投资性房地产、长期股权投资、长期应收款、固定资产、在建工程、工程

物资、固定资产清理、无形资产、递延所得税资产和其他非流动资产等项目。非流动资产的形成往往需要投入大量资金，且短时间内不会变现。企业非流动资产所占比重大，则说明企业的基础项目投入较大，抗风险能力比较强，但经营转向比较难。

一般情况下，报表分析者应根据各类资产的特点、作用以及它们的构成做初步的结构分析。通过这种分析，报表分析者能大致了解企业资产的基本构成情况，认识企业生产经营与管理的优势与不足，并为进一步分析其原因提供资料。

现对 M 企业资产负债表资产进行总体分析，首先要编制企业资产负债结构分析表。根据 M 企业资产负债表及其相关资料(见附录 1)，编制 M 企业资产负债结构分析表，如表 2-5 所示。

表 2-5　M 企业资产负债结构分析表　　　　单位：万元

项　　　目	2012.12.31	2011.12.31	2012 年比重	2011 年比重	变动情况
流动资产					
货币资金	1,087,831.30	1,115,078.45	19.94%	21.59%	−1.65%
交易性金融资产	2,812.00	5,180.02	0.05%	0.10%	−0.05%
应收票据	864,584.97	907,685.91	15.85%	17.57%	−1.72%
应收账款	653,686.71	592,994.52	11.98%	11.48%	0.50%
预付账款	127,944.51	107,778.00	2.35%	2.09%	0.26%
应收利息	5,226.49	642.59	0.10%	0.01%	0.08%
其他应收款	48,883.54	66,616.11	0.90%	1.29%	−0.39%
存货	1,255,601.33	1,004,708.54	23.02%	19.45%	3.57%
其他流动资产	549.99	1,195.29	0.01%	0.02%	−0.01%
流动资产合计	4,047,120.85	3,801,879.42	74.20%	73.61%	0.59%
非流动资产					
持有至到期投资	3,000.00	7,000.00	0.05%	0.14%	−0.08%
长期股权投资	76,036.78	61,109.60	1.39%	1.18%	0.21%
投资性房地产	40,122.83	6,933.58	0.74%	0.13%	0.60%
固定资产	827,361.50	810,449.20	15.17%	15.69%	−0.52%
在建工程	51,112.92	82,566.24	0.94%	1.60%	−0.66%
无形资产	337,247.13	326,358.54	6.18%	6.32%	−0.14%
开发支出	54,436.54	47,986.81	1.00%	0.93%	0.07%
长期待摊费用	1,585.67	1,058.18	0.03%	0.02%	0.01%
递延所得税资产	16,529.85	19,764.84	0.30%	0.38%	−0.08%
非流动资产合计	1,407,433.22	1,363,226.99	25.80%	26.39%	−0.59%
资产总计	5,454,554.07	5,165,106.41	100.00%	100%	—
流动负债					
短期借款	1,038,281.52	886,696.49	19.04%	17.17%	1.87%
交易性金融负债	9,691.15	3,943.01	0.18%	0.08%	0.10%
应付票据	538,055.22	487,059.54	9.86%	9.43%	0.43%
应付账款	921,960.36	792,217.88	16.90%	15.34%	1.56%
预收账款	143,416.37	151,294.42	2.63%	2.93%	−0.30%

续表

项　目	2012.12.31	2011.12.31	2012 年比重	2011 年比重	变动情况
应付职工薪酬	49,259.49	46,408.32	0.90%	0.90%	0.00%
应交税费	−60,476.52	−28,892.55	−1.11%	−0.56%	−0.55%
应付利息	6,063.77	5,331.07	0.11%	0.10%	0.01%
应付股利	4,127.38	779.87	0.08%	0.02%	0.06%
其他应付款	218,530.87	166,500.06	4.01%	3.22%	0.78%
一年内到期的非流动负债	208,169.55	132,737.73	3.82%	2.57%	1.25%
流动负债合计	3,077,079.16	2,644,075.83	56.41%	51.19%	5.22%
非流动负债					
长期借款	148,233.46	349,066.81	2.72%	6.76%	−4.04%
应付债券	290,835.21	277,062.63	5.33%	5.36%	−0.03%
专项应付款	—	1,849.50	0.00%	0.04%	−0.04%
预计负债	48,721.33	45,949.21	0.89%	0.89%	0.00%
递延所得税负债	11,114.90	14,483.82	0.20%	0.28%	−0.08%
其他非流动负债	67,465.44	48,166.63	1.24%	0.93%	0.30%
非流动负债合计	566,370.34	736,578.60	10.38%	14.26%	−3.88%
负债合计	3,643,449.51	3,380,654.44	66.80%	65.45%	1.34%
股东权益					
实收资本(或股本)	461,624.42	461,624.42	8.46%	8.94%	−0.47%
资本公积	850,510.38	851,176.61	15.59%	16.48%	−0.89%
盈余公积	341,527.57	338,795.69	6.26%	6.56%	−0.30%
未分配利润	157,442.19	132,855.25	2.89%	2.57%	0.31%
所有者权益合计	1,811,104.56	1,784,451.97	33.20%	34.55%	−1.34%
负债和所有者权益	5,454,554.07	5,165,106.41	100.00%	100.00%	0.00%

根据表 2-5，编制 M 企业资产总体结构分析表，如表 2-6 所示。

表 2-6　M 企业资产总体结构分析表　　　　　　　　　　单位：万元

项　目	2012.12.31	2011.12.31	2012 年比重	2011 年比重	变动情况
流动资产合计	4,047,120.85	3,801,879.42	74.20%	73.61%	0.59%
非流动资产合计	1,407,433.22	1,363,226.99	25.80%	26.39%	−0.59%
资产总计	5,454,554.07	5,165,106.41	100.00%	100.00%	—

从表 2-6 中可以看出，M 企业的资产结构中，流动资产所占比重较高，两年基本维持在 74%左右，表明其具有较好的变现能力。从结构变动情况来看，2012 年年末流动资产所占比重由 2011 年的 73.61%上升到 74.20%，而非流动资产由 2011 年的 26.39%下降到 25.80%，这在一定程度上说明该企业资产流动性增强，短期偿还能力、支付能力和应付能力增强。

M 企业流动资产比重及非流动资产比重是否合适？这需要分析该企业所处的行业特点和公司防范短期债务风险的政策。同一行业中，由于经营方式的不同，表现出的资产结构也有所不同，如同为零售业的中兴商业和苏宁电器则表现出截然不同的资产结构。苏宁电器的经营店铺都是通过租赁取得的，其固定资产数量少，大量的资金投入到经营周转中，因此其流动资产比重高；而中兴商业的经营店铺是自己的固定资产，资产结构的表现自然不同。企业实际经营中，资产的基本构成还会受到企业的经营规模、经营策略、盈利模式等众多因素的影响，这需要分析者结合具体情况来分析。同行业三家企业资产总体结构情况如表 2-7 所示。

表 2-7　同行业三家企业资产总体结构情况表

企业名称	2012 年流动资产占比	2012 年非流动资产占比	2011 年流动资产占比	2011 年非流动资产占比
海尔电器	80.04%	19.96%	79.91%	21.09%
海信电器	82.87%	17.13%	88.92%	11.08%
格力电器	79.11%	20.89%	84.21%	15.79%

从表 2-7 中可以看出，M 企业流动资产比重低于三家企业平均数 80.67%。报表分析者可以通过对具体项目的进一步分析找出其差异原因。

此外，资产的构成情况因公司经营行业的不同而呈现出不同的结构特点。房地产开发企业的非流动资产占比较低，因为房地产开发企业最大的资产是其开发出的地产和储备的土地，而这部分地产和土地在房地产开发企业中是作为流动资产核算的；制造业的非流动资产的比重相对高些，但也因具体行业不同有所区别，如造纸业和非金属矿物制品业在制造业中，非流动资产占比就比较高，而其他的一般制造业的非流动资产基本上保持在20%～30%；交通运输辅助业的非流动资产占比是最高的，因为这一行业的经营特点是先修好机场、高速公路、港口等，然后再运营，这些价值较高的机场、高速公路、港口等成为企业的非流动资产；而以资金融通为主业的银行业的流动资产自然要占较高的比重。

2) 流动资产结构分析

流动资产结构是指组成流动资产的各个项目占流动资产的比重。分析流动资产结构，可以了解流动资产的分布、配置、流动性和短期支付能力。

企业流动资产是否合理没有统一的绝对标准，仅仅通过前后两期对比，只能说明资产结构的变动情况，而不能说明这种变动是否合理。因此，企业应当选择一个标准，可以是同行业的平均水平或财务计划中确定的目标，然后将流动资产与选定的标准进行比较，以反映流动资产结构及其变动的合理性。

M 企业的流动资产结构分析如表 2-8 所示。

表 2-8　M 企业流动资产结构分析表　　　　单位：万元

流动资产	2012.12.31	2011.12.31	2012 年比重	2011 年比重	变动情况
货币资金	1,087,831.30	1,115,078.45	26.88%	29.33%	−2.45%
交易性金融资产	2,812.00	5,180.02	0.07%	0.14%	−0.07%
应收票据	864,584.97	907,685.91	21.36%	23.87%	−2.51%
应收账款	653,686.71	592,994.52	16.15%	15.60%	0.55%
预付账款	127,944.51	107,778.00	3.16%	2.83%	0.33%
应收利息	5,226.49	642.59	0.13%	0.02%	0.11%
其他应收款	48,883.54	66,616.11	1.21%	1.75%	−0.54%
存货	1,255,601.33	1,004,708.54	31.02%	26.43%	4.60%
其他流动资产	549.99	1,195.29	0.01%	0.03%	−0.02%
流动资产合计	4,047,120.85	3,801,879.42	100.00%	100.00%	—

从表 2-8 中可以看出，2012 年企业的流动资产总额为 4,047,120.85 万元，其中占比重比较高的流动资产项目分别为货币资金、应收票据、应收账款和存货，分别为 26.88%、21.36%、16.15%、31.02%，这些项目恰恰是企业构成流动资产的最重要的项目。它们占流动资产比重为 95.41%。而 2012 年和 2011 年比重变化最大的是存货，比重变化率为 4.6%，这可能是大量购进原材料扩大再生产造成的，具体原因可以结合企业存货管理制度和财务报表附注进一步分析。

3）非流动资产结构分析

非流动资产结构是指组成非流动资产的各个项目占非流动资产的比重。非流动资产的预期效益主要是满足企业的正常生产需要，保持企业适当的规模和竞争力，获取充分的盈利。非流动资产结构是否合理，要根据企业的行业特点、生产和发展方向来评价。

M 企业的非流动资产结构分析如表 2-9 所示。

表 2-9　M 企业非流动资产结构分析　　　　　单位：万元

项　目	2012.12.31	2011.12.31	2012 年比重	2011 年比重	比重变化
持有至到期投资	3,000.00	7,000.00	0.21%	0.51%	−0.30%
长期股权投资	76,036.78	61,109.60	5.40%	4.48%	0.92%
投资性房地产	40,122.83	6,933.58	2.85%	0.51%	2.34%
固定资产	827,361.50	810,449.20	58.79%	59.45%	−0.67%
在建工程	51,112.92	82,566.24	3.63%	6.06%	−2.43%
无形资产	337,247.13	326,358.54	23.96%	23.94%	0.02%
开发支出	54,436.54	47,986.81	3.87%	3.52%	0.35%
长期待摊费用	1,585.67	1,058.18	0.11%	0.08%	0.04%
递延所得税资产	16,529.85	19,764.84	1.17%	1.45%	−0.28%
非流动资产合计	1,407,433.22	1,363,226.99	100.00%	100.00%	—

从表 2-9 中可以看出，2012 年企业非流动资产总额为 1,407,433.22 万元，其中占比重最大的是固定资产，比重为 58.79%，其次是无形资产，比重为 23.96%。这两项占非流动资产的 82.75%，这种结构要根据企业的行业特点和生产发展需要，结合资产负债表具体项目和财务报表附注进一步分析。

此外，最近两年企业非流动资产比较稳定。在建工程比重由 6.06%下降到 3.63%，极有可能是在建工程转为固定资产，但固定资产由 59.45%下降到 58.79%，可能是一部分固定资产报废造成的；投资性房地产比重由 0.51%上升到 2.85%。值得注意的是，无形资产比重增加了 0.02%，这向分析者透漏出企业进一步加快了技术更新步伐的信息。

2. 资产负债表资本结构分析

资本结构通常是指企业的全部资金来源中负债和所有者权益所占的比重大小。企业的全部资金来源于两个方面：一是借入资金，即负债，包括流动负债和长期负债；二是自有资金，即企业的所有者权益。负债是指企业过去的交易或者事项形成的、预期会导致经济利益流出企业的现时义务。一项义务应同时满足以下条件才可以确认为负债：

(1) 与该义务有关的经济利益很可能流出企业。

(2) 未来流出的经济利益的金额能够可靠地计量，才可以确认为负债，在资产负债表内列示。

所有者权益是指企业资产扣除负债后由所有者享有的剩余权益，又称股东权益。资本结构对债权人、投资者和企业经营者来说都是十分重要的。企业资本结构不同，面临的偿债压力、财务风险就有所不同。

对于债权人来说，通过分析资本结构，可以了解负债和所有者权益在企业全部资金来源中所占的比重，判断企业债权的保障程度，评价企业的偿债能力，从而为决策提供依据。

对于投资者来说，通过资本结构分析，可以了解企业负债在全部资金来源中所占的比重，评价企业偿债能力，判断其投资所承担的财务风险的大小，以及负债对投资报酬的影响，从而为投资决策服务。

对于经营者来说，通过资本结构分析，可以评价企业偿债能力的高低和承担风险能力的大小，发现企业理财中存在的问题，采取措施调整资本结构，实现资本结构最优化。

1) 资本结构总体分析

M 企业的总体资本结构如表 2-10 所示。

表 2-10　M 企业总体资本结构 　　　　　　　　　　　　　　　　　　单位：万元

项　　目	2012.12.31	2011.12.31	2012 年比重	2011 年比重	变动情况
负债	3,643,449.51	3,380,654.44	66.80%	65.45%	1.34%
所有者权益	1,811,104.56	1,784,451.97	33.20%	34.55%	−1.34%
合计	5,454,554.07	5,165,106.41	100%	100%	—

从表 2-10 中可以看出，2012 年 M 企业负债所占比重为 66.80%，所有者权益所占比重为 33.20%，这说明企业的资金很大一部分是从外部举债而来的，财务风险相对比较大。这种资本结构要结合企业的获利能力，通过权益结构优化，确定举债经营获得的利润是否超过投资人要求的报酬，才能判断出这种结构是否合理。此外，值得一提的是，2012 年与 2011 年相比，所有者权益增长，但是比重下降了 1.34%，而企业进一步加大了负债经营，负债比重增长了 1.34%。

2) 负债结构分析

根据债务偿还期限，负债可以分为流动负债和非流动负债，需要在一年或超过一年的一个营业周期内偿还的债务为流动负债，其余则为非流动负债。

负债结构是指各项负债占总负债的比重。通过对负债结构分析，可以了解各项负债的数量，进而判断企业负债主要来自何方，偿还的紧迫程度如何，揭示企业抵抗破产风险以及融资的能力。

流动负债占总负债的比重可以反映一个企业依赖短期债权人的程度。流动负债占负债总额比率越高，说明企业对短期资金的依赖性越强，企业的偿债压力也就越大，这必然要求企业营业周转或资金周转也要加快。相反，这个比率越低，说明企业对短期资金的依赖程度越小，企业面临的偿债压力也就越小。对该比率的分析，短期债权人最为重视。如果企业持有太多的流动负债，有可能使短期债权人面临到期难以收回资金的风险，因而使短期债权人的债权保障程度降低；对企业所有者来说，在企业不会遇到因短期债务到期不能偿还本息而破产清算时，企业保持较高的流动负债，可以使所有者获得杠杆利益，降低融资成本。

对流动负债与总债比率应确定一个合理的水平。其衡量标志是在企业不发生偿债风险的前提下，尽可能多地利用流动负债融资，因为流动负债融资成本通常低于非流动负债融资成本。同时，还应考虑资产的流动性，如果企业的流动资产回收快，可融资的流动负债就可以多些；相反，流动负债的融资则应少一些。非流动负债占负债总额的比重表明了企业在经营过程中借助外来长期资金程度的高低。

M 企业的负债结构如表 2-11 所示。

表 2-11 M 企业负债结构

单位：万元

项　　目	2012.12.31	2011.12.31	2012 年比重	2011 年比重	变动情况
流动负债	3,077,079.16	2,644,075.83	84.69%	78.21%	6.48%
非流动负债	556,370.34	736,578.44	15.31%	21.79%	−6.48%
合计	3,633,449.50	3,380,654.27	—	—	—

从表 2-11 中可以看出，2012 年 M 企业流动负债所占比重远远大于非流动资产所占比重。这表明企业经营依赖短期资金的程度很强，较少依赖长期资金。这虽然会降低负债成本，但会承担较大的财务风险。

3) 流动负债结构分析

流动负债结构分析反映企业流动负债各项目的结构变动情况，一般包括短期借款、以公允价值计量且其变动计入当期损益的金融负债(即原资产负债表"交易性金融负债"项目)、应付票据、应付账款、预收款项(即原资产负债表"预收账款"项目)、应付职工薪酬、应交税费、应付利息、应付股利、其他应付款以及一年内到期的非流动负债。在流动负债中，借入的款项有明确的偿还期，具有法律强制性，而所欠供应商的款项大多没有明确的支付期，并不具有强制性。在分析时，应根据负债的性质及前述流动资产结构分析确定企业的支付能力，判断企业的财务状况。

M 企业流动负债结构分析如表 2-12 所示。从表 2-12 中可以看出，2012 年企业短期借款占比重高达 33.74%，表明企业发展很大程度上靠短期融资来实现，企业承担了较大的财务风险。此外应付票据、应付账款、预收款项合计占比 52.11%，说明企业流动资金的主要来源是商业信用，属于无成本负债，使得企业负债成本较低。合理利用无成本负债是企业降低负债成本的重要途径之一。但是要注意的是，应付账款和应付票据要结合经营情况进行详细分析，商业信用过高会影响到企业的信誉和支付能力。

表 2-12 M 企业流动负债结构分析

单位：万元

流动负债	2012.12.31	2011.12.31	2012 年比重	2011 年比重	变动情况
短期借款	1,038,281.52	886,696.49	33.74%	33.54%	0.21%
交易性金融负债	9,691.15	3,943.01	0.31%	0.15%	0.17%
应付票据	538,055.22	487,059.54	17.49%	18.42%	−0.93%
应付账款	921,960.36	792,217.88	29.96%	29.96%	0.00%
预收账款	143,416.37	151,294.42	4.66%	5.72%	−1.06%
应付职工薪酬	49,259.49	46,408.32	1.60%	1.76%	−0.15%
应交税费	−60,476.52	−28,892.55	−1.97%	−1.09%	−0.87%
应付利息	6,063.77	5,331.07	0.20%	0.20%	0.00%
应付股利	4,127.38	779.87	0.13%	0.03%	0.10%
其他应付款	218,530.87	166,500.06	7.10%	6.30%	0.80%
一年内到期的非流动负债	208,169.55	132,737.73	6.77%	5.02%	1.74%
流动负债合计	3,077,079.16	2,644,075.83	100.00%	100.00%	—

此外，从所占比重来说，短期借款和一年内到期的非流动负债分别增长了 0.21% 和 1.74%，这表明企业在未来一年的偿还借款的资金压力将增大，相对风险加大。

4) 非流动负债结构分析

非流动负债是指偿还期在一年以上或者超过一个营业周期以上的负债，一般包括长期借款、应付债券、长期应付款、预计负债、其他非流动负债等项目。应注意一点，对于在资产负债表日一年内到期的负债，企业有意图且有能力自主地将清偿义务展期至资产负债表日一年以上的，也应归为非流动负债。企业通过非流动负债筹措资金，一般应从企业的股权结构方面考虑：保持企业原有的股权结构不变和股票价格相对稳定；不影响原有股东对企业的控制权；利息具有抵税作用，可以相对增加股东的收益。但是，非流动负债一方面可能带来股东收益减少；另一方面非流动负债必须按照规定到期偿还，可能给企业带来较大的财务风险和资金成本。

M 企业非流动负债结构分析如表 2-13 所示。

表 2-13　M 企业非流动负债结构分析　　　　　　　　　单位：万元

非流动负债	2012.12.31	2011.12.31	2012 年比重	2011 年比重	变动情况
长期借款	148,233.46	349,066.81	26.17%	47.39%	−21.22%
应付债券	290,835.21	277,062.63	51.35%	51.35%	0.00%
专项应付款	0.00	1,849.50	0.00%	0.25%	−0.25%
预计负债	48,721.33	45,949.21	8.60%	6.24%	2.36%
递延所得税负债	11,114.90	14,483.82	1.96%	1.97%	0.00%
其他非流动负债	67,465.44	48,166.63	11.91%	6.54%	5.37%
非流动负债合计	566,370.34	736,578.60	100.00%	100.00%	0.00%

从表 2-13 中可以看出，M 企业非流动负债中主要是长期借款和应付债券，占比分别为 47.39% 和 51.35%。企业长期资金来源主要是靠发行债券和借款筹集。

需要关注的是，2012 年长期借款所占比重由 47.39% 下降到 26.17%，可能是企业偿还长期借款引起的非流动负债整体下降。这是否传递一种筹资方式的变化，还需要进一步分析。

5) 所有者权益结构分析

所有者权益是所有者对企业资产的剩余索取权，它是企业资产中扣除债权人权益后应由所有者享有的部分，既可以反映所有者投入资本的保值增值程度，又体现了保护债权人的理念。

所有者权益又称为股东权益、自有资本、权益资金。这种权益资金在企业生产经营中不需要偿还，是可供企业长期使用的永久性资金，并且没有什么利息负担。

所有者权益的来源包括所有者投入的资本、直接计入所有者权益的利得和损失以及留存收益等。通常由股本(或实收资本)、其他权益工具、资本公积(含本溢价或资本溢价、其他资本公积)、其他综合收益、盈余公积和未分配利润构成。

M 企业的所有者权益结构分析如 2-14 所示。

表 2-14　M 企业所有者权益结构分析　　　　　　　　　单位：万元

项目	2012.12.31	2011.12.31	2012 年比重	2011 年比重	变动情况
实收资本	461,624.42	461,624.42	25.49%	25.87%	−0.38%
资本公积	850,510.38	851,176.61	46.96%	47.70%	−0.74%
盈余公积	341,527.57	338,795.69	18.86%	18.99%	−0.13%
未分配利润	157,442.19	132,855.25	8.69%	7.45%	1.25%
所有者权益合计	1,811,104.56	1,784,451.97	100.00%	100.00%	—

从表 2-14 中可以看出，投入资本和资本公积是该企业所有者权益的两大来源。2012 年资本公积所占比重 46.96%，而作为企业从利润转化而来的未分配利润所占比重仅为 8.69%，这表明该企业的"造血"功能和股利分配政策不是很理想。

3. 资产结构与资本结构适应性

资产结构与资本结构适应性是指企业资本结构与企业当前以及未来经营和发展活动相适应的情况。从期限构成的角度来看，企业资金来源中的所有者权益部分基本属于永久性资金来源；企业资金来源中的负债部分则有流动负债与非流动负债之分。一般情况下，企业筹集资金的用途决定筹集资金的类型：企业增加永久性流动资产或增加非流动性资产应当通过长期资金来源(包括所有者权益和非流动负债)来解决；企业由于季节性、临时性原因造成的流动资产中的波动部分，则应通过短期资金来源解决。如果企业的资金来源不能与用途相适应，则会造成使用效率低下的现象，可能会出现偿债压力。因此，如果企业想保持良好的资本结构，资金来源的期限构成必须与企业资产结构相适应。

正常经营企业的资产与资本结构可以分为保守结构、稳健结构、平衡结构和风险结构四种类型。

1) 保守结构

在这一结构形式中，无论资产负债表左方的资产结构如何，资产负债表右方的资金来源方式全部是长期资金，长期负债与所有者权益的比例高低不影响这种结构形式。其形式如表 2-15 所示。

表 2-15 保 守 结 构

	临时性占用流动资产	长期负债
流动资产	永久性占用流动资产	
		所有者权益
长期资产		

从表 2-15 中可以看出，保守结构的主要标志是企业全部资产的资金来源都依靠长期资金来满足。其结果是：

(1) 企业风险极低。

(2) 资金成本高。

(3) 筹资结构弹性弱。

2) 稳健结构

在这一结构形式中，长期资产的资金需要依靠长期资金来解决，短期资产的资金需要则使用长期资金和短期资金共同解决，长期资金和短期资金在满足短期资产的资金需要方面的比例不影响这一形式，其形式如表 2-16 所示。

表 2-16 稳 健 结 构

	临时性占用流动资产	流动负债
流动资产	永久性占用流动资产	
		长期负债
长期资产		
		所有者权益

从表 2-16 中可以看出，稳健结构的主要标志是企业流动资产的一部分资金需要使用流动负债来满足，另一部分资金需要由长期负债来满足。这是一种能为所有企业普遍采用的资产与资本结构。其结果是：

(1) 足以使企业保持相当优异的财务信誉，通过流动资产的变现足以满足偿还短期债务的需要，企业风险较小。

(2) 企业可以通过调整流动负债与长期负债的比例，使负债成本达到企业目标标准，相对于保守结构形式而言，这一形式的负债成本相对较低，并具有可调性。

(3) 无论是资产结构还是资本结构，都具有一定的弹性，特别是当临时性资产(受季节性、周期性影响的流动资产)需要降低或消失时，可通过偿还短期债务或进行短期证券投资来调整，一旦临时性资产需要再产生时，又可以重新借短期债务或出售短期证券来满足需求。

3) 平衡结构

在这一结构形式中，以流动负债满足流动资产的资金需要，以长期负债及所有者权益满足长期资产的资金需要。长期负债与所有者权益之间的比例如何不是判断这一结构形式的标志。其形式如表 2-17 所示。

表 2-17　平 衡 结 构

流动资产	流动负债
长期资产	长期负债
	所有者权益

从表 2-17 中可以看出，这一结构形式的主要标志是流动资产的资金需要全部依靠流动负债来满足。其结果是：

(1) 同样高的资产风险与筹资风险配比后，使企业风险均衡。

(2) 负债政策要依据资产结构变化进行调整。

(3) 存在潜在的风险。这一形式以资金变现时间和数量与偿债时间和数量相一致为前提，一旦两者出现时间上的差异和数量上的差异，如销售收入未能按期取得现金，应收账款没能足额收回，短期证券以低于购入成本出售等，就会使企业产生资金周转困难，并有可能陷入财务危机。

这一结构形式只适用于经营状况良好、具有较好成长性的企业，但要特别注意这一结构形式的非稳定性特点。

4) 风险结构

在这一结构形式中，流动负债不仅用于满足流动资产的资金需要，而且还用于满足部分长期资产的资金需要，这一结构形式不因为流动负债在多大程度上满足长期资产的资金需要而改变。其形式如表 2-18 所示。

表 2-18　风 险 结 构

流动资产	流动负债
长期资产	
	长期负债
	所有者权益

从表 2-18 中可以看出，这一结构形式的主要标志是以短期资金来满足部分长期资产的资金需要。其结果是：

(1) 财务风险较大，流动负债和长期资产在流动性上并不对称，如需通过长期资产的变现来偿还短期内到期的债务，必然给企业带来沉重的偿债压力，从而要求企业极大地提高资产的流动性。

(2) 相对于其他结构形式，其负债成本最低。

(3) 企业存在"黑字破产"的潜在危险。由于企业时刻面临偿债的压力，一旦市场发生变动或出现意外事件，则可能引发企业经营风险，使企业资金周转陷入困境，造成企业因不能偿还到期债务而面临"黑字破产"。

这一结构形式只适用于企业处在发展壮大时期，而且只能在短期内采用。

M 企业的资本结构和资产结构适应性分析表如表 2-19 所示。

表 2-19　M 企业资本结构和资产结构适应性分析表　　单位：万元

流动资产：4,047,120.85	流动负债：3,077,079.16
	长期负债：566,370.34
	所有者权益：1,811,107.56
长期资产：1,407,433.22	

从表 2-19 中可以看出，M 企业流动资产一部分资金由流动负债来满足，而另一部分由长期资本(长期负债和所有者权益)来解决。这说明企业采用的是稳健资本结构。

2.2.4　资产负债表趋势分析

资产负债表趋势分析涉及资产和资本变动趋势分析。

1. 资产变动趋势分析

资产负债表中列示的企业总资产金额表明企业资产的存量规模。资产存量规模过小，将难以满足企业经营需要，影响企业经营活动的正常进行；资产存量过大，将造成资产的闲置，使资金周转缓慢，影响资产的利用效率。

企业资产变动趋势分析可以分为三个部分，即总资产变动、流动资产变动和非流动资产变动。分析时主要从以下两个方面进行：

(1) 分析总资产规模的变动情况以及各类、各项资产的变动情况，揭示出资产总额变动的主要趋势，从总体上了解企业一定时期内资产的变动情况。

(2) 发现变动率较大或者变动额较大的重点项目。

分析时首先注意变动率较大的资产类别和资产项目，特别是发生异常变动的项目。其次，找出变动额较大的资产项目作为分析重点。某资产项目变动自然会引起总资产发生同方向变动，但不能完全根据该项目本身的变动率来说明对总资产的影响。该项目变动对总资产的影响，不仅取决于本身的变动程度，还取决于该项目变动额在总资产变动额中所占的比重。某项目本身变动率较大时，如果该项目变动额在总资产变动额中所占比重较小，那么该项目变动对总资产变动的影响就不会太大；反之，即使某项目本身变动率较小，如果所占比重较大，则其对总资产变动的影响程度也很大。

2. 资本变动趋势分析

企业通过分析资本变动的趋势，可以了解企业偿债能力的变动情况，投资人投入资金的变动情况，以及短期资金来源和长期资金来源的变动趋势。

企业资本变动趋势分析也可以分为三部分，即总资本变动、负债变动和所有者权益变动。分析时主要从以下三个方面进行：

(1) 分析资本总额的变动情况以及各类、各项筹资的变动情况，揭示出资本总额变动的主要趋势，从总体上了解企业经过一定时期经营后资本总额的变动情况。

(2) 发现变动率较大或者对资本总额变动影响较大的重点类别和重点项目，为进一步分析指明方向。

(3) 注意考察资产规模变动与所有者权益总额变动的适应程度，进而评价企业财务结构的稳定性和安全性。

在资产负债表上，资产总额等于负债加上所有者权益。如果资产总额的增长幅度大于所有者权益总额的增长幅度，表明企业的债务负担加重。一般来说，为了保证企业财务结构的稳定性和安全性，资产规模变动要与所有者权益总额变动相适应。

值得注意的是，资本各项目的变动可能是企业经营活动造成的，也可能是企业会计政策变更造成的，或者是由于会计的随意性造成的。只有结合权益各项目变动情况分析，才能揭示权益总额变动的真正原因。

M 企业的资产负债表趋势分析如表 2-20 所示。

表 2-20　M 企业资产负债表趋势分析　　　单位：万元

项　目	2012.12.31	2011.12.31	2010.12.31	2011 年变动额	2012 年变动额	2011 年变动率	2012 年变动率
流动资产							
货币资金	1,087,831.30	1,115,078.45	1,023,546.79	91,531.66	−27,247.15	8.94%	−2.44%
交易性金融资产	2,812.00	5,180.02	4,983.52	196.50	−2,368.02	3.94%	−45.71%
应收票据	864,584.97	907,685.91	636,875.48	270,810.43	−43,100.94	42.52%	−4.75%
应收账款	653,686.71	592,994.52	462,436.90	130,557.62	60,692.19	28.23%	10.23%
预付账款	127,944.51	107,778.00	60,501.34	47,276.66	20,166.51	78.14%	18.71%
应收利息	5,226.49	642.59	0	642.59	4,583.90	—	713.35%
其他应收款	48,883.54	66,616.11	53,821.68	12,794.43	−17,732.57	23.77%	−26.62%
存货	1,255,601.33	1,004,708.54	885,190.35	119,518.19	250,892.79	13.50%	24.97%
其他流动资产	549.99	1,195.29	642.52	552.77	−645.30	86.03%	−53.99%
流动资产合计	4,047,120.85	3,801,879.42	3,127,998.59	673,880.83	245,241.43	21.54%	6.45%
非流动资产							
可供出售金融资产	—	—	46.27	−46.27	—	−100.00%	—
持有至到期投资	3,000.00	7,000.00		7,000.00	−4,000.00	—	−57.14%
长期股权投资	76,036.78	61,109.60	58,175.20	2,934.40	14,927.18	5.04%	24.43%
投资性房地产	40,122.83	6,933.58	7,317.23	−383.65	33,189.25	−5.24%	478.67%
固定资产	827,361.50	810,449.20	839,652.25	−29,203.05	16,912.30	−3.48%	2.09%
在建工程	51,112.92	82,566.24	44,709.86	37,856.38	−31,453.32	84.67%	−38.09%
无形资产	337,247.13	326,358.54	312,342.50	14,016.04	10,888.59	4.49%	3.34%
开发支出	54,436.54	47,986.81	44,655.98	3,330.83	6,449.73	7.46%	13.44%
长期待摊费用	1,585.67	1,058.18	1,220.14	−161.96	527.49	−13.27%	49.85%
递延所得税资产	16,529.85	19,764.84	19,476.37	288.47	−3,234.99	1.48%	−16.37%
非流动资产合计	1,407,433.22	1,363,226.99	1,327,595.79	35,631.20	44,206.23	2.68%	3.24%
资产总计	5,454,554.07	5,165,106.41	4,455,594.38	709,512.03	289,447.66	15.92%	5.60%

续表

项 目	2012.12.31	2011.12.31	2010.12.31	2011年变动额	2012年变动额	2011年变动率	2012年变动率
流动负债							
短期借款	1,038,281.52	886,696.49	892,504.73	−5,808.24	151,585.03	−0.65%	17.10%
交易性金融负债	9,691.15	3,943.01	2,259.12	1,683.89	5,748.14	74.54%	145.78%
应付票据	538,055.22	487,059.54	439,997.70	47,061.84	50,995.68	10.70%	10.47%
应付账款	921,960.36	792,217.88	652,100.13	140,117.75	129,742.48	21.49%	16.38%
预收账款	143,416.37	151,294.42	211,331.75	−60,037.33	−7,878.05	−28.41%	−5.21%
应付职工薪酬	49,259.49	46,408.32	40,484.37	5,923.95	2,851.17	14.63%	6.14%
应交税费	−60,476.52	−28,892.55	−40,429.53	11,536.98	−31,583.97	−28.54%	109.32%
应付利息	6,063.77	5,331.07	4,263.76	1,067.31	732.70	25.03%	13.74%
应付股利	4,127.38	779.87	473.62	306.25	3,347.51	64.66%	429.24%
其他应付款	218,530.87	166,500.06	121,334.44	45,165.62	52,030.81	37.22%	31.25%
一年内到期的非流动负债	208,169.55	132,737.73	41,695.63	91,042.10	75,431.82	218.35%	56.83%
流动负债合计	3,077,079.16	2,644,075.83	2,366,015.73	278,060.10	433,003.33	11.75%	16.38%
非流动负债							
长期借款	148,233.46	349,066.81	292,889.12	56,177.69	−200,833.35	19.18%	−57.53%
应付债券	290,835.21	277,062.63	234,446.40	42,616.23	13,772.58	18.18%	4.97%
专项应付款	—	1,849.50	3,321.41	−1,471.91	−1,849.50	−44.32%	−100.00%
预计负债	48,721.33	45,949.21	45,323.83	625.38	2,772.12	1.38%	6.03%
递延所得税负债	11,114.90	14,483.82	17,591.57	−3,107.75	−3,368.92	−17.67%	−23.26%
其他非流动负债	67,465.44	48,166.63	37,096.47	11,070.16	19,298.81	29.84%	40.07%
非流动负债合计	566,370.34	736,578.60	630,668.81	105,909.79	−170,208.26	16.79%	−23.11%
负债	3,643,449.51	3,380,654.44	2,996,684.54	383,969.90	262,795.07	12.81%	7.77%
实收资本	461,624.42	461,624.42	284,731.71	176,892.71	0.00	62.13%	0.00%
资本公积	850,510.38	851,176.61	734,265.16	116,911.45	−666.23	15.92%	−0.08%
盈余公积	341,527.57	338,795.69	335,679.13	3,116.56	2,731.88	0.93%	0.81%
未分配利润	157,442.19	132,855.25	104,806.18	28,049.07	24,586.94	26.76%	18.51%
所有者权益	1,811,104.56	1,784,451.97	1,459,482.18	324,969.79	26,652.59	22.27%	1.49%
资本总额	5,454,554.07	5,165,106.41	4,455,594.38	709,512.03	289,447.66	15.92%	5.60%

从表 2-20 中可以看出：

(1) 总资产变动趋势。

2011 年、2012 年该企业总资产分别增长了 709,512.03 万元和 289,447.66 万元，增长幅度为 15.92% 和 5.60%。这表明该企业近两年占用的经济资源有所增加，经营规模逐渐增大，但速度有所下降。从资产的构成来看，2011 年与 2012 年流动资产分别增长了 673,880.83 万元和 245,241.43 万元，增长比率分别为 21.54% 和 6.45%，而非流动资产分别增长了 35,631.20 和 44,206.23 万元，增长幅度分别为 2.68% 和 3.24%。可以看出，流动资产的增长速度远大于非流动资产。

(2) 流动资产变动趋势。

从 2011 年、2012 年流动资产内部构成来看，与企业正常经营活动密切相关，且占流动资产比重较大的项目分别是应收票据、应收账款、预付账款和存货。而这部分恰恰是该企业影响流动资产增加的主要项目。从表 2-20 中可以看出，这四个项目 2011 年增长额分别是 270,810.43 万元、130,557.62 万元、47,276.66 万元、119,518.19 万元 (变动率分别为 42.52%、28.23%、78.14%、13.50%)，2012 年增长额分别是 −43,100.94 万元、60,692.2 万元、20,166.51 万元、250,892.79 万元 (变动率分别为 −4.75%、10.23%、18.71%、24.97%)，需要注意的是，应收票据 2011 年大幅度增长，2012 年却减少，有可能是企业采取不同的信用政策造成的。

此外，由于交易性金融资产、应收利息、其他流动资产变化幅度巨大，但其变动额对流动资产变动额来说却很少，因此，对流动资产的影响并不大。

(3) 非流动资产变动趋势。

从非流动资产内部结构来看，影响非流动资产持续增长的主要是固定资产、在建工程、无形资产、开发支出。固定资产和在建工程从内部转化呈增长趋势。这说明企业加大了固定资产的新建和维修，尤其是无形资产的开发支出，增强了未来产品的更新换代基础，为未来的发展奠定了较好的物质基础。

(4) 资本总体变动趋势。

2011 年、2012 年 M 企业负债和所有者权益总额分别增长了 709,512.04 万元和 289,447.66 万元，增长幅度分别为 15.92%和 5.60%，这表明该企业近两年资金流入逐年增长，但增长速度放慢。从负债来看，两年分别增长了 383,969.90 万元和 262,795.07 万元，增长幅度分别为 12.81%和 7.77%。所有者权益增长了 324,969.79 万元和 26,652.59 万元，增长幅度分别为 22.27%和 1.49%，企业每年所有者权益的增长额都小于负债增长额，这说明企业资金来源渠道逐渐转向债务资金。

(5) 负债变动趋势。

从负债内部结构来看，流动负债的增长额远远大于非流动负债，说明企业近两年外部融资主要靠短期债务，意味着财务风险加大。非流动负债 2012 年出现负增长，流动负债两年分别增长 278,060.11 万元和 433,003.33 万元，增长幅度分别为 11.75%和 16.38%。从流动负债的内部结构来看，应付票据和应付账款增加明显，可能与企业扩大销售有关。而预收账款逐年下降，可能与企业采取的销售政策有关。同时，应该注意的是一年内到期的非流动负债呈上升趋势，增加额度分别是 91,042.10 万元和 75,431.53 万元，更说明企业短期财务风险进一步加人。而影响非流动资产变动的主要原因是长期借款和应付债券，尤其是长期借款变动幅度比较大，这两年变动额分别是 56,177.69 万元和–200,833.36 万元，变动幅度分别为 19.18%和–57.53%。尤其是 2012 年出现了负增长，说明企业由长期融资为主转为短期融资为主。

(6) 所有者权益变动趋势。

从所有者权益内部构成变动来看，其增长主要来自所有者投入的资金和未分配利润的增加。2011 年，其股本和资本公积增长额为 176,892.71 万元和 116,911.45 万元，增长幅度为 62.13%和 15.92%。而未分配利润分别增长了 28,049.07 万元和 24,586.94 万元，增长幅度分别为 26.76%和 18.51%，说明企业经营状况比较稳定。

2.2.5 资产负债表具体项目质量分析

资产负债表具体项目质量分析是在资产负债表结构、趋势分析的基础上，对企业资产、负债以及所有者权益的主要项目质量进行深入分析。

1. 货币资金

货币资金按照变现能力的强弱主要包括库存现金、银行存款和其他货币资金。库存现金是指企业持有的现金，主要是用于企业的零星支出。《库存现金管理规定》第四条规定：各公司的库存现金限额原则上以满足公司 3～5 天日常零星开支为标准。因特殊业务需要支付大额现金时，应按规定上报批示，可以不包括在库存现金内。其他货币资金是指除库存现金和银行存款以外的货币资金，主要包括外埠存款、银行汇票存款、银行本票存款和信用证存款、信用卡存款以及存出投资款等。

货币资金项目分析的重点是货币资金规模的合理性。一般而言，决定公司货币资金规模的因素有以下几个方面：

(1) 企业的资产规模和业务规模。企业资产总额越大，相应的货币资金规模越大；业务越频繁，货币资产也会越多。

(2) 企业筹集资金的能力。信誉好的企业向银行借款或发行股票、债券都会比较顺利，因此可以适当减少持有的货币资金数量。

(3) 企业运用货币资金的能力。货币资金的运用存在"效率"与"效益"的问题。企业运用货币资金的能力越强，资金在企业内部周转越快，企业就没必要保留过多的货币资金。

(4) 企业财务战略。当企业具有比较明确的发展战略时，就会为战略方针的落实进行财务准备。在不同的财务战略阶段对存量货币资金的规模就会有所不同，此时货币资金结构的差异反映的是融资行为的结果，而非经营活动的经济后果。

(5) 企业的行业特点。不同行业公司的货币资金规模会有所差异。一般来说，金融企业要求资金规模比较多，工业企业要求资金规模比较少。

需要注意的是：有些货币资金项目出于某些原因被指定了特殊用途，这些货币资金因不能随意支用而不能充当企业"真正"的支付手段。

2. 以公允价值计量且其变动计入当期损益的金融资产

以公允价值计量且其变动计入当期损益的金融资产是指企业为了近期内出售而持有的金融资产(在原资产负债表中列示为"交易性金融资产"项目)。常见的以公允价值计量且其变动计入当期损益的金融资产包括短期持有的债券、股票、基金等。企业进行以公允价值计量且其变动计入当期损益的金融资产的投资目的是将一部分闲置的货币资金转化为有价证券，从而获取高于同期银行存款利率的超额收益；同时又可以保持高度的变现性，在企业急需货币资金时可以及时出售变现。

以公允价值计量且其变动计入当期损益的金融资产的计量以公允价值为基本计量属性：企业在持有以公允价值计量且其变动计入当期损益的金融资产期间，其公允价值变动在利润表上均以"公允价值变动损益"计入当期损益；出售以公允价值计量且其变动计入当期损益的金融资产，不仅要确认出售损益，还要将原计入"公允价值变动损益"的金额转入"投资收益"。

对以公允价值计量且其变动计入当期损益的金融资产的分析，应关注以下两个方面：

(1) 分析同期利润表中"公允价值变动损益"及其在会计报表附注中对该项目的详细说明，通过把握因以公允价值计量且其变动计入当期损益的金融资产投资而产生的公允价值变动损益情况，来确定该项资产的盈利能力。

(2) 分析以公允价值计量且其变动计入当期损益的金融资产的规模。企业持有以公允价值计量且其变动计入当期损益的金融资产的目的就是赚取短期差价，以获得额外收益。若投资过大，势必会影响企业的正常生产经营。而且需要关注是否人为将长期股权投资转为以公允价值计量且其变动计入当期损益的金融资产的行为，改善其流动比率。以公允价值计量且其变动计入当期损益的金融资产在报表中常常表现具有波动性，而长期股权投资具有相对稳定性，所以在报表中，跨年度金额不变或较为整齐的以公允价值计量且其变动计入当期损益的金融资产很有可能是由长期股权投资粉饰而来的。

3. 应收票据

应收票据是指企业持有的、尚未到期兑现的商业票据。商业票据是一种载有一定付款日期、付款金额和付款人的无条件支付证券，也是一种可以由持票人自由转让给他人的债权凭证。票据的法律约束力和兑付力都强于一般的商业信用，在结算中为企业广泛使用。

应收票据贴现具有追索权，即在票据承兑人不能兑付时，背书人负有连带的付款责任。对企业而言，已经贴现的商业承兑汇票是一种"或有负债"，若已贴现的应收票据数额过大，也可能对企业的财务状况产生较大的影响。

应收票据的分析重点是应收票据占总资产的比重与其销售规模、销售模式的适应性。

4. 应收账款

应收账款是指企业因销售商品、提供劳务等正常经营活动，向购买单位、接受劳务的单位收取的款项。其中包含代购货单位垫付的包装费、运杂费和承兑到期而未能收到款项的商业承兑汇票。

应收账款不是越多越好，或越少越好。应收账款是为了扩大销售增加盈利而形成的，其数额过大会减少存货和其他资产占用资金，减少投资机会，也会导致坏账损失和收账费用。应收账款与销售收入存在一定的正相关：企业放宽信用限制，刺激销售的同时也增加了应收账款；企业紧缩信用政策，在减少应收账款的同时也抑制了销售的增长。

应收账款受诸多因素影响，主要通过以下三个方面进行分析：

1) 应收账款账龄分析

应收账款的账龄是指资产负债表中的应收账款从销售实现、产生应收账款之日起，至资产负债表日止所经历的时间。简而言之，就是应收账款在账面上未收回的时间。账龄分析是应收账款的主要分析方法之一。

一般而言，1 年以内的应收账款在企业信用期限范围内，1～2 年的应收账款有一定逾期，但仍属正常，2～3 年的应收账款风险较大，而 3 年以上的因经营活动形成的应收账款已经与企业的信用状态无关，其可回收性极小，解决方法可能是债务重组。

2) 债务人构成分析

企业的应收账款的质量不仅与账龄有关，更与债务人的构成有关。对债权人的构成进行分析，可以从以下几个方面进行分析：

(1) 债务人的区域性分析。从区域构成来看，不同地区的债务人，由于法制建设条件以及特定经济环境等方面的差异，对自身债务的偿还心态以及偿还能力有相当大的差异。

(2) 债务人的财务实力稳定程度分析。从债务人的财务实力稳定程度来看，实力稳定的债务人偿还能力相对较强，但同时也要关注其近期是否发生了财务困难。

(3) 债务人的集中度分析。应收账款存在集中度风险，即由于某一个主要债务人支付困难而导致较大比例的债权面临回收风险。

(4) 债务人的关联性分析。从债权企业与债务人的关联状况来看，可以把债务人分为关联方债务人与非关联方债务人。由于关联方彼此之间在债权债务上存在可操作性，因此对关联方应收账款应结合财务报表附注进行分析。

(5) 债务人的行业构成分析。由于不同行业资金回笼时间、方式存在较大的差别，且各自财务状况也不相同，因此对债务人的行业构成分析至关重要。

3) 坏账准备分析

由于资产负债表上列示的是应收账款净额，因此在分析应收账款时要特别关注企业坏账准备的合理性。现行会计准则强调应收账款作为一项金融资产，应当在资产负债表日对其进行减值测试，将其账面与预计的未来现金流量现值之间的差额，确认为减值损失，计入当期损益。

现行会计准则下应收账款坏账准备的计提含有较强的人为因素，在相当程度上取决于企业对该项目的主观判断。因此可以结合企业财务报表附注、当年的企业实际情况以及审计报告，分析判断其合理性，从而在一定程度上判断该项目的质量。

◆ 经典案例 ◆

雄安新区概念龙头股——华夏幸福，此前发布了 2017 年年报，券商集体叫好，某券商甚至给出 66.7 元的目标价，较当前翻倍有余。2017 年，华夏幸福营收 596.35 亿元，同比增长 10.80%；归母净利润 87.81 亿元，同比增长 35.26%。但是，过去几个月，华夏幸福股价阴跌不止，从 2018 年 2 月初的 46.88 元跌到当前的 32.27 元，跌幅超过 30%。券商纷纷看多，市场反应冷淡，股价跌跌不休，看起来并不算太差的年度业绩，也没能让华夏幸福股价收复失地。这家公司到底怎么了？

(1) 应收账款 189 亿，坏账计提为零。

华夏幸福目前主营房地产开发和产业园区业务，其中产业园区业务包括产业新城与产业小镇两大产品，是公司认定的核心业务和核心竞争力所在。产业新城和产业小镇均采用的是 PPP 业务模式，即公司与地方区域政府合作。

在公司营收和净利润持续增长的同时，公司应收账款近年来也是一路走高。财报显示，2013—2017 年，公司应收账款的期末余额从 17.44 亿元上升至 189.1 亿元，增长超过 9.8 倍。值得注意的是，虽然应收账款持续大幅增加，但公司对应收账款计提的坏账准备却一路下行，从 2014 年的 1,903.59 万元降至 2017 年的 0.00 元！

华夏幸福 2017 年财报中应收账款披露：连续两年占据华夏幸福应收账款 95% 以上的"组合二"，完全未计提坏账。再往前追溯，自 2013 年至 2015 年，"组合二"分别占据当期应收的 97%、92% 和 96.6%，仍是年年不计提坏账。

公司 2017 年财报明确指出："组合二"实际上就是各项应收政府园区结算款，而不进行坏账计提的原因还是因为他们是"与政府结算款"，因而"预计能够全额收回"。这也意味着，多年来公司账面上出现的应收账款坏账准备实际只是对金额占比不到应收总额 5% 左右的其他款项进行计提得来的，而连年占据公司应收账款约 95% 以上的政府园区结算款，华夏幸福却从来不对其计提坏账！

(2) 不同企业对同类业务有不同选择。

参考对比其他参与 PPP 项目的企业，比如岭南股份、绿地控股、云投生态，上述各家公司均以不同比例对公司与政府结算款项进行了坏账计提，其中云投生态 2017 年甚至已确认了 48,267.98 元的坏账损失。事实上有 PPP 业务的上市公司财报中，对"政府结算款"进行坏账计提的不在少数，甚至已经出现了确认坏账损失的案例。

在华夏幸福资产中，占比最高的是存货。对于房地产类公司，存货高，尤其是土地多，未必是坏事，但周转率低，却未必是好事。财报显示：截至 2017 年底，公司存货已达 2,297.94 亿元，占期末总资产的 61.14%。存货周转天数约为 2186 天，合计约 6 年。公司存货主要是未结转的园区开发成本、园区土地整理和基础设施建设等费用。高速增长的应收账款和存货使公司总资产大幅增长，进而导致了公司资产负债率的下降。

面对巨额应收账款和并不出色的经营性净现金流，华夏幸福是否可以如期全额收回欠款？真的不需要计提坏账准备吗？

资料来源：东方财富网

5. 预付款项

预付款项指买卖双方协议商定，由购货方预先支付一部分货款给供应方而发生的一项债权(在原资产负债表中列示为"预付账款"项目)。预付款项一般包括预付的货款、预付的购货定金等。作为流动资产，预付款项不是用货币抵偿的，而是要求对方在短期内以某种商品、提供劳务或服务来抵偿。除特殊情况外，债权收回时流入企业的是存货而不是货币资金，因此该项目的变现性较差。

判断预付款项规模是否合适，需结合购销合同或协议加以分析。如果预付款项过高，可能存在着非正常资金转移、变相提供贷款，甚至是抽逃注册资金等情况。

6. 其他应收款

其他应收款是企业应收款项的另一个重要组成部分，是企业发生非购销活动而产生的应收债权，通常是由企业间或企业内部往来事项引起的。其他应收款通常包括：应收的各种赔款、罚款；应收的出租包装物租金；应向职工收取的各种垫付款；备用金；存出保证金；预付款转入；其他各种应收、暂付款项。

在实务中，一些公司为了各种目的，将其他应收款当成"万能账户"。常常把该账户作为企业转移抽逃款项、调整成本费用和利润的手段，或将一些应该计入当期费用的支出或成本计入该项目中，因此分析时应关注以下三个方面：

(1) 其他应收款的规模和变动情况。其他应收款作为暂付款，一般期限比较短。如果企业生产经营活动正常，其他应收款不应该接近或者大于应收账款。若其应收款的数额比较大，则属于不正常的情况。如果其他应收账款项目明细金额多年未变动，则应该关注其产生的原因，是否有抽逃资金、股东或者员工长期占用企业资金的不正常情况。

(2) 企业其他应收款内部控制制度是否完善。在查阅其内部控制制度时，应关注企业是否建立了明确的职责分工制度；是否建立了备用金领用制度，备用金限额制度；是否建立了包装物的收受、领发、回收、退回制度；是否建立了定期清理制度。

(3) 是否存在违规拆借资金。上市公司以委托理财等名义违规拆借资金往往借助其他应收款来实现。

7. 存货

存货是指企业在日常活动中持有以备出售的产成品或商品、处在生产过程中的在产品、在生产过程或提供劳务过程中耗用的材料、物料等。存货主要包括原材料、在产品、半成品、产成品、商品以及周转材料。企业持有存货的最终目的是出售，而不是自用或者消耗。存货这一基本特征明显区别于固定资产等长期资产。

存货存储量大小应根据企业的生产经营活动、成本效益做出平衡。存货持有量过大，会降低存货周转率，降低资金使用效率，增加存货的储藏成本；存货持有量过小，会增加企业的短缺成本和采购成本。因此，一般从以下三个方面分析企业的存货：

1) 存货内容和构成

资产负债表中存货是一个集合数据，包括原材料、发出商品、库存商品、周转材料等项目，因此要根据财务报表附注进行存货内容和构成分析。尤其应关注其原材料和库存商品占存货比重，一般来说，如果某种原材料占存货比重较大，可能说明该企业看好该库存商品未来的销售前景而提前大量采购该项原材料；而当某种库存商品占存货比重较大时，则说明该产品可能存在滞销或销售遇到困难。

2) 存货的计价方法

存货的计价方法不同会影响企业的财务状况，主要表现在以下三个方面：

(1) 存货计价对于资产负债表有关项目数额计算有直接影响。流动资产总额、所有者权益等项目都会因存货计价的不同产生不同的数额。

(2) 存货计价对企业损益的计算有直接影响。其表现在：期末存货如果计价过低，当期的收益可能因此而相应减少；期末存货如果计价过高，当期的收益可能因此而相应增加；期初存货如果计价过低，当期的收益可能因此而相应增加；期初存货如果计价过高，当期的收益可能因此而相应减少。

存货不同计价方式对资产负债表和利润表的影响

(3) 存货计价方法的选择对计算交纳所得税的数额有一定的影响。使用不同的计价方法，计算结转当期销售成本的数额会有所不同，从而影响企业当期应纳税利润数额的确定。在实际工作中，一些企业往往利用不同的存货计价方法来实现操纵利润的目的，因此，对企业资产和利润进行分析时，应予以关注。尤其是企业当期的存货计价方法发生变更时，要注意分析变更的真正原因及其对当期利润的影响。

3) 存货跌价准备

现行企业准则规定，当存货成本低于可变现净值时，存货按照成本计量；当存货成本高于可变现净值时，存货按照可变现净值计量，同时按照成本高于可变现净值的差额计提存货跌价准备，计入当期损益。在实际工作中，有些企业会运用各种手段利用存货调节利润。一方面，企业利用存货项目种类繁多、金额庞大、计价方法多样的特点，将呆滞商品、挤压商品等已经失去变现能力的存货以及不符合财务制度的费用开支，通过存货长期挂账来达到调高利润的目的；另一方面，企业通过违规计提存货减值损失来调低利润。因此分析存货时，要重点关注企业是否存在利用存货进行潜在亏损挂账问题，以及其计提减值损失对未来利润的影响。此外，还要关注报表附注中有关存货担保、抵押方面的说明。

8. 长期股权投资

长期股权投资是指企业持有的不准备变现、持有期超过一年以上、因对外出让资产而形成的股权，是指投资方对被投资单位实施控制、重大影响的权益性投资，以及对其合营企业的权益性投资。由于期限长、金额大，因而对于企业的财务状况影响很大。在分析企业的长期股权投资项目时，需结合财务报表附注，重点分析以下几点：

1) 目的性

一般来说，企业进行长期股权投资的目的有以下几方面。

(1) 出于企业战略性考虑，形成企业的优势。企业对外长期投资可能会出于某些战略性考虑，如通过对竞争对手实施兼并而消除竞争；通过对自己的重要原材料供应商投资而使自己的原材料供应得到保证等。

(2) 通过多元化经营而降低经营风险、稳定经营收益。按照财务管理理论，企业的投资方向越是多样化，企业的经营风险越小，企业获取稳定收益的可能性越大。因此，一些企业出于多元化经营的考虑，不断扩大对外投资规模，使其投资方向日益多样化。

(3) 为将来某些特定目的积累资金。例如在西方国家，企业为了将来归还长期债券而建立的偿债基金，在偿债基金专户存款用于清偿债务前，企业往往将其投资于有价证券或其他财产，以获取收益。

(4) 为粉饰财务状况(使企业净资产增值)。某些企业的对外投资纯粹是为了粉饰其财务状况。

2) 营利性

长期股权投资项目营利性呈现出比较大的波动性，具体可以依据以下因素来确定。

(1) 投资方向。投资方在某个行业内有竞争能力，对外投资与其自身的核心能力相一致，则双方的营利性会经常呈现出同方向变化；反之，如果对外投资与自身的核心竞争能力不一致，则双方在某些时期的营利性即有可能出现互补的态势。

(2) 年度内的重大变化。长期股权投资年度内的重大变化不外乎以下三种情况：第一，长期股权投资的收回或者转让；第二，长期股权投资的增加；第三，因权益法确认投资收益而导致长期股权投资增加。

(3) 投资所运用的资产种类。企业长期股权投资所运用的资产种类分为三种：第一，可以用货币资金对外投资。货币资金具有投资方向不受限制的特点，具有较强的选择性，此类投资可以对投资方向的多元化形成直接贡献；第二，以表内的非货币资源对外投资，如企业实施资产重组战略，这种方式的投资方向受原有资产结构和质量的影响较大；第三，以表外的无形资产进行对外投资，这是企业实现表外资源价值的一种方式。

(4) 投资收益确认方法。企业对外投资的主要目的是为了追求投资收益。股权收益分为两部分：一是股利收益；二是股权转让的差额收益。两者的确认因采用不同的核算方法而有所差异。在成本法下，投资收益来自于被投资单位的现金股利；在权益法下，企业所确认的投资收益通常会大于所收到的现金，形成投资收益与现金流入不一致的情况。这也是一些企业账面盈利而缺少资金的原因之一。

3) 变现性

通过分析长期股权投资减值准备的计提情况，可以在一定程度上反映某项目的变现性。当投资回收金额低于账面价值时，应当将其账面价值减记至可回收金额，减记的金额确认为资产减值损失，计入当期损益，同时计提相应的资产减值准备。资产减值损失一经确认，在以后会计期间不得转回。现行会计准则对该项目的会计处理上充分体现了谨慎性原则。企业今后无法再通过转回资产减值准备来操纵利润，从而减少企业操纵利润的空间，在一定程度上使财务报表更加真实。

9. 固定资产

固定资产是指为生产商品、提供劳务、出租或经营管理而持有并且使用寿命超过一个会计年度的有形资产。固定资产是企业维持持续经营所必需的投资，主要特点为：长期拥有并在生产经营过程中发挥作用；投资数额较大，风险也大；反映企业生产的技术水平、工艺水平；对企业的经济效益和财务状况影响巨大；变现能力差。

分析固定资产主要关注以下几个方面：

(1) 固定资产取得方式。固定资产取得方式，可采用外购、自建、所有者投入、融资租赁、非货币性交易和债务重组等方式。不同方式对财务状况的影响是不同的。比如，采取接受所有者固定资产入资的方式增加了企业所有者权益的厚度，但入账成本具有主观性。因此，要分析入资固定资产的成本是按照双方协议，还是按照评估机构确认的价值来确定。但不管采用哪种价值，都要查明是否符合市场的公平交易，避免其虚增资产；采取融资方式取得的，对承租方来说，减少了流动资产，增加了流动负债和长期负债，从总体上来说，降低了企业的举债能力。承租方将融资租赁固定资产视同自己的固定资产处理，计提折旧，从而影响利润。在进行融资租赁固定资产分析时，重点分析企业是否把经营租赁资产与其混淆，人为调节利润。

(2) 固定资产的变现性。固定资产的变现性，即保值程度直接制约着企业长期偿债能力的大小，也直接制约着企业破产清算时对债权人的保障程度大小。一般来说，房屋对企业长期偿债能力和债权人保障程度比较大，但要考察房屋是否被抵押。因此，要结合财务报表附注，区分具有增值潜力的资产和无增值潜力的资产所占比重，比如房屋和作为固定资产入账的土地以及因技术进步造成淘汰率比较高的电子设备。

(3) 固定资产构成。在各类资产中，生产用固定资产，尤其是生产设备，在全部固定资产中应该占据比较大的比重，而非生产用固定资产、未使用的和不需要用的固定资产占全部资产比重应该比较小。可以通过分析企业固定资产的利用效率或闲置率，评价固定资产的使用情况。此外，可以通过财务报表和财务报表附注，考察判断企业固定资产的更新情况。通常情况下，更新程度越高，意味着企业固定资产的质量和性能越好，企业的发展潜力越大。

(4) 固定资产的折旧。在固定资产分析中还要注意分析固定资产的折旧，因为固定资产折旧方式不同，将直接影响公司盈利。分析时要注意阅读会计报表附注，首先要看固定资产采用什么样的折旧法。加速折旧法能较快收回企业的投资，减少固定资产的无形损耗，但这种方法增加了企业成本、费用支出，一定程度上减少了同期的企业利润和税收支出。其次要看固定资产使用年限的确定是否合理，如人为延长固定资产折旧年限，就意味着减少了每期的折旧额，从而减少了成本费用的支出，使得公司利润出现虚增。

(5) 固定资产的减值准备。企业会计准则规定固定资产的资产减值损失不得转回，这在一定程度上避免了公司利用资产减值操纵利润。分析固定资产减值准备时，应通过查看财务报表附注中资产减值准备明细表，分析企业计提固定资产减值准备的正确性和合理性。分析时应该关注企业的固定资产实质上已经减值，但却不计提或者少计提减值准备以实现资产和利润虚增。

10. 在建工程

在建工程指企业进行与固定资产有关的各种工程，包括固定资产新建工程、改扩建工程等。该项目的质量可以代表企业未来的发展能力。分析时，一方面应关注在建工程借款资本化情况，企业是否以某项固定资产还处在试运行阶段和安装调试为借口，将理应计入当期费用的借款利息资本化为该项企业资产成本，从而虚增资产和利润。另一方面应关注企业是否存在在建工程长期挂账，若存在长期挂账的在建工程，应查明原因，确认是否已经成为不良资产。

11. 无形资产

无形资产是指企业拥有或者控制的没有实物形态的可辨认非货币性资产，通常包括专利权、非专利技术、商标权、著作权、特许权、土地使用权等。无形资产具有如下特征：不具有实物形态；属于非货币型长期资产；为企业使用而非出售的资产；在创造经济利益方面存在较大的不确定性。

在对无形资产进行质量分析时，应结合该项目的上述特性，从以下几个方面进行分析：

(1) 无形资产规模。无形资产虽然没有实物形态，但随着科技进步特别是知识经济时代的到来，对企业生产经营活动的影响越来越大。在知识经济时代，企业控制的无形资产越多，其可持续发展能力和竞争能力就越强。

(2) 无形资产价值。由于无形资产所提供经济利益的不确定性，无形资产项目的金额往往不能全面反映企业无形资产的经济价值和潜力。在评价企业资产质量时，如对企业无形资产状况了解不清楚，则应谨慎利用该项目数据。此外，由于无形资产具有不易变现的特点，在评价企业的长期偿债能力时，对该项目数据也应该持谨慎态度。

(3) 报表上作为"无形资产"列示的基本上是企业外购的无形资产。由于与无形资产自创有密切关系的研究和开发支出基本上已经作为发生会计期间的费用，并没有作为无形资产处理。因此，作为"无形资产"处理的基本上是企业外购的无形资产。

如何让企业的无形资产价值释放

(4) 企业可能存在由于会计处理原因而导致的账外无形资产。研究和开发支出的会计处理并不影响自创无形资产的成功与否。因此已经研发成功的无形资产难以在资产负债表中出现，只能"游离"在资产负债表外。历史较为悠久并重视研究和开发的企业，有可能存在多项已经成功且能为企业未来的发展做出积极贡献但未在报表上体现的无形资产。此外，作为无形资产重要组成部分的人力资源也未在资产负债表中体现。

(5) 无形资产的质量主要体现在特定企业内部的利用价值和对外投资或转让的价值上。企业现存无形资产的质量好坏，主要体现在三个方面：第一，企业无形资产与其他有形资产相结合而获取较好的经济效益的潜力；第二，企业无形资产被转让或出售的增值潜力；第三，企业无形资产用于对外投资而增值的潜力。总之，在对企业财务状况进行全面分析与评价时，应当考虑账内无形资产的不充分性以及账外无形资产存在的可能性等因素。

(6) 无形资产摊销。无形资产摊销金额的计算正确与否，会影响无形资产价值的真实性。因此，在分析无形资产时应仔细审核无形资产摊销是否符合会计准则规定。此外，还应注意企业是否利用无形资产摊销调整利润。

12. 长期待摊费用

长期待摊费用是指企业已经发生但尚未摊销的，摊销期在一年以上(不含一年)的各种费用，如租入固定资产改良支出，大修理支出以及摊销期在一年以上(不含一年)的其他待摊费用。

长期待摊费用实质上是按照权责发生制原则资本化的支出，本身没有交换价值，不可转让，因而根本没有变现性。一般说来，其数额越大，表明未来企业的费用负担越重。在分析长期待摊费用项目时，应注意企业是否人为将长期待摊费用作为利润调节器。如企业当期利润不足时，将部分本应当期承担的费用作为长期待摊费用处理，或将长期待摊费用挂账而延期摊销；在当期利润较为富裕时，加大长期待摊费用的摊销力度，为今后经营业绩的保持稳定奠定基础。

13. 其他长期资产

其他长期资产是指企业正常使用的固定资产、流动资产等以外的、由于某种特殊原因企业不得随意支配的资产。这种资产一经确定，未经许可，企业无权支配和使用，但仍需加强管理并单独予以存放和核算。其主要内容包括：特种储备物资；银行冻结存款和冻结物资；被司法机关等查封、扣押、冻结的财产。企业其他长期资产属于质量不高的资产，在企业资产的总价值中不应占过大的比重。若比重过大，将会严重影响企业的正常生产经营活动。

14. 短期借款

短期借款是指企业向银行或者其他金融机构等借入的偿还期限在一年以内(含一年)的款项。这些借款是为了满足日常生产经营的短期需要而举借的，一般不用于长期资产的资金需要。分析时主要关注两个方面：

(1) 是否与流动资产相适应。企业在生产中都会发生或多或少的短期借款，但必须要和当期流动资产相适应。一般来说，短期借款应当以流动资产的数额为限。

(2) 偿还时间和偿还能力。短期借款期限比较短，风险比较大，分析时需要预测企业未来的现金流量，确定企业是否有足够的现金偿还本息。

15. 应付票据

应付票据是反映企业购买材料、商品和接受劳务等开出并承兑的、尚未到期付款的商业汇票，包括银行承兑汇票和商业承兑汇票。其承兑期限最长不能超过 6 个月，付款时间具有约束力，如果到期不能支付，不仅会影响到企业的信誉，而且会受到银行的处罚。分析应收票据应关注：第一，企业是否发生过延迟支付的情况；第二，企业开出的商业承兑汇票是银行承兑汇票还是商业承兑汇票，若商业承兑汇票居多，则应当进一步分析企业是否存在信用状况下降和资金短缺的问题。

16. 应付账款

应付账款是反映企业购买材料、商品和接受劳务供应等应付给供应单位的款项，它是由于购进商品或接受劳务等业务发生的时间与付款时间不一致造成的，是一种商业信用行为。通常情况下，应付账款及应付票据是因商品交易产生的，其变动原因如下：

(1) 企业销售规模的变动。当企业销售规模扩大时，会增加存货需求，使应付账款及应付票据等债务规模扩大；反之，会使其降低。

(2) 充分利用无成本资金。应付账款及应付票据是因商业信用产生的一种无资金成本或资金成本极低的资金来源，企业在遵守财务制度、维护企业信誉的条件下加以利用，可以减少其他筹资方式筹资数额，节约利息支出。

(3) 合作企业信用政策发生变化。如果其合作企业放宽信用政策和收账政策，企业应付账款和应付票据的规模就会大些；反之则小些。

(4) 企业资金的充裕程度。企业资金相对充裕，应付账款及应付票据规模就小些；当企业资金比较紧张时，则影响应付账款及应付票据的清欠。

在分析应付账款时应关注：第一，与存货项目变化是否相协调。第二，与销售规模变动是否相一致。第三，企业应付账款平均付现期是不是较为稳定。如果企业购销状况没有很大的变化，同时供应商没有放宽赊销的信用政策，而企业应付账款发生急剧增加以及付款期限拖延的情况，就可能是企业的支付能力恶化。第四，分析应付账款的账龄情况，注意长期挂账的应付账款。

17. 预收款项

预收款项是指企业按照合同规定向购买单位预收的款项(在原资产负债表中列示为"预收账款"项目)。预收款项作为一种短期资金来源，成本很低，风险也很小。对于企业来说，预收款项越多越好。因为预收款项作为企业的一项短期资金来源，在企业发送商品或提供劳务前，可以无偿使用。在某些特殊的行业，分析资产负债表时，应当对预收款项引起足够的重视，因为预收款项一般是按收入的一定百分比预交的，通过预收款项的变化可以预测企业未来营业收入的变动。

18. 应付职工薪酬

应付职工薪酬项目反映企业根据有关的规定应付给职工工资、职工福利、社会保险、住房公积金、工会经费、非货币性福利、辞退福利等各种薪酬。分析时，一方面要注意企业是否按照国家规定的基础和比例计提；另一方面应注意企业是否通过不合理的预提方式计提应付职工薪酬来调节利润。还需要关注应付职工薪酬的归集分摊是否合理，是否存在把应计入当期费用的应付职工薪酬计入了产品成本，造成虚增资产、夸大利润的现象。

19. 其他应付款

其他应付款是企业所有应付和暂收其他单位和个人的款项，如应付租入固定资产的租金、包装物的租金、应付保险费等。一般来说，正常的企业其他应付款数额不大，时间不长；否则该项目中可能出现企业之间不正常的拆借资金，或转移主营业务收入等违规行为。

20. 长期借款

长期借款指企业向银行或其他金融机构借入的、期限在一年以上的款项。长期借款一般用于企业的固定资产购建、固定资产改扩建工程、固定资产大修理工程以及流动资产的正常需要等方面。按偿还方式不同，长期借款可分为定期偿还的长期借款和分期偿还的长期借款。在分析时应注意以下四个方面：

(1) 长期借款的变动情况。由于长期借款多用于补充非流动资产之需，因此长期借款的增加应与企业非流动资产增加相一致，所以要关注长期借款的用途。

(2) 长期借款的规模。企业长期借款的本金和利息支付一般来自企业盈利，因此长期借款规模应与企业获利能力相匹配。如果企业长期借款规模较大而获利能力较弱，则企业偿债压力加大，甚至有破产可能。

(3) 长期借款的流向。一般长期借款都是有特定用途，要观察企业取得长期借款后是否按照约定的用途使用，是否存在资金挪用的情形。

(4) 长期借款的资本化是否合理。

21. 应付债券

应付债券是企业为筹集长期资金而发生的在约定期限内还本付息的债券，进行该项目分析时，应关注以下两个方面：

(1) 债券的付息方式。债券的付息方式有到期一次还本付息、分期付息到期还本和分期还本付息三种。付息方式的不同会给企业各期带来不同的偿债压力。分期还本付息将债券偿债压力分摊到了各期，到期一次还本付息将偿债压力推迟到债券最后一期。分析时，要关注一下当期的偿还金额。

(2) 债券的种类。不同的债券会给企业带来不同的影响，例如，具有可转换条款的债券在适当时间内按照规定的比率转换成股票而不需要偿还，反而减轻了企业的偿债压力。

22. 长期应付款

长期应付款是企业还没有偿还的除长期借款和应付债券以外的其他各种长期负债。常见的长期应付款包括三项内容：一是采用补偿贸易方式而发生的应付引进设备款；二是融资租入固定资产的应付款；三是以分期付款方式购入固定资产形成的应付款项。

(1) 应付引进设备款。补偿贸易是由国外企业提供设备、技术，以生产出来的产品来偿还引进设备款的一种加工贸易方式。通过补偿贸易，外商以贷款方式提供设备，同时承担向企业购买一定数量产品的义务，企业引进设备时可以暂时不付款，以出口产品的销售收入来补偿。当企业拿到设备，实际上就产生了一笔长期负债。"应付引进设备款"项目里除了应该支付的设备价款外，还包括应该支付的利息和外币折算为人民币的差额。

(2) 融资租入固定资产应付款。这是企业因为融资租入固定资产而形成的应付款，除了应付的租金外，还包括利息和外币折算为人民币的差额。当企业按照融资租赁的方式租入固定资产时，就欠了租赁公司的债，形成一笔长期负债。与应付引进设备款一样，"融资租入固定资产"项目中除了应付的租金外，还包括应付的利息和外币折算为人民币的差额。

(3) 购入固定资产应付款。企业延期付款购买资产，如果延期支付的购买价款超过正常信用条件，实质上具有融资性质，所购资产的成本应当以延期支付购买价款的现值为基础确定。实际支付的价款与购买价款的现值之间的差额，应当在信用期间内采用实际利率法进行摊销计算。

23. 实收资本

实收资本是投资者按照企业章程或合同、协议约定，实际投入企业的资本，它是企业注册资本的法定资本总额来源，它表明所有者对企业的基本产权关系。实收资本是企业永久性的资金来源，它是企业持续经营和偿还债务最基本的物质基础，是企业抵御各种风险的缓冲器。实收资本的变动会影响原有投资者对企业的控制权，而且对企业的偿债能力和获利能力都会产生重大的影响。分析时，可将该项目和负债比较，观察企业财务结构的稳定性和风险程度，关注其增加的原因是资本公积或盈余公积的转入还是发行新股的转入，还要关注其减少的原因是资本过剩还是企业发生重大亏损。此外，要结合财务报表附注关注股权的变动，这会影响到企业未来发展的适应性。

24. 资本公积

资本公积是企业收到投资者的超出其在企业注册资本(股本)中所占份额的投资，以及直接计入所有者权益的利得和损失。资本公积包括资本溢价(或股本溢价)和直接计入所有者权益的利得和损失。

资本公积主要用途是转增资本，即增加实收资本(或股本)。虽然资本公积转增资本并不能导致所有者权益总额的增加，但资本公积转增实收资本(或股本)一方面可以改变企业投入资本结构，体现企业稳健、持续发展的潜力；另一方面，对股份有限公司而言，它会增加投资者持有的股份，从而增加公司股票的流通量，进而激活股价，提高股票的交易量和资本的流通性。此外，对于债权人来说，实收资本是所有者权益最本质的体现，是其考虑投资风险的重要影响因素。

对资本公积进行分析，关注非分红性的股东入资所包含的信息。股东之所以向企业注入非分红性入资(如股票溢价)，主要有两个原因：第一，企业的股权价格将会由于其内在的高质量的原因而走高，股东将以更高的价格将股权在未来出售；第二，股东通过长期持有企业股权分得的现金来获取较高的投资报酬。在这两方面原因的背后包含了重要的质量信息——股东对企业未来的财务状况有信心。

25. 盈余公积

盈余公积是从净利润中取得的、具有特定用途的资金。盈余公积可以分为两种：法定盈余公积和任意盈余公积。对盈余公积分析时，应注意以下两个方面：

(1) 盈余公积是否按照规定提取。企业多计提盈余公积，既可以提高企业的偿债能力，又能提高企业的获利能力。为了防止企业违规计提盈余公积粉饰报表，法规对其计提比例进行了限制，例如法定盈余公积金是按税后利润 10%计提(非公有制企业也可按超出10%计提)，在此项公积金达到注册资本50%时企业可不再计提。

(2) 盈余公积的使用是否恰当。盈余公积有三个用途：第一，弥补亏损；第二，转增资本(或股本)；第三，扩大企业生产经营。因此，应关注盈余公积的用途是否合理，是否存在违规现象。

26. 未分配利润

未分配利润是企业净利润分配后的剩余部分，即净利润中尚未指定用途的、归所有者享有的部分。它是企业留待以后年度进行分配的结存利润，企业对于这部分利润的使用分配具有较大的自主权。分析时，应注意企业当年的利润分配政策是否改变。

2.3 企业偿债能力分析

企业的偿债能力是指企业偿还长期债务与短期债务的能力。企业有无支付现金的能力和偿还债务的能力是企业能否健康生存和发展的关键，是反映企业财务状况和经营能力的重要标志，是企业偿还到期债务的承受能力或保证程度。企业是一个经济实体，其最终目标是通过生产经营来盈利。但在市场经济条件下，企业的生产经营存在极大的不确定性。如果企业经营不善，财务状况恶化，甚至无力偿还到期债务，企业生存都面临危险，更谈不上盈利问题。从这个意义上来说，偿债能力是企业的首要问题。

2.3.1　短期偿债能力和长期偿债能力的区别与联系

企业短期偿债能力与长期偿债能力，统称为企业偿债能力，它们共同反映着企业对各种债务压力的承受度。两种偿债能力既是统一的，又有一定的区别；既有共同性，又各具特殊性。正确理解两种偿债能力之间的矛盾关系，有利于进一步认识偿债能力的强弱，合理分散偿债风险，提高财务决策的正确性。

1. 短期偿债能力与长期偿债能力的区别

(1) 短期偿债能力反映的是企业保证短期债务(一般在一年以内)有效偿付的能力；长期偿债能力反映的是企业保证未来的到期债务(一般一年以上)有效偿付的能力。

(2) 短期偿债能力所涉及的债务偿付一般是企业的流动性支出，这些流动支出具有较大的波动性，从而使企业短期偿债能力出现较大的波动性；而长期偿债能力所涉及的债务偿付能力一般是企业固定支出。只要企业资本结构不发生显著性变化，企业盈利水平不发生显著性增减，企业长期偿债能力便会呈现出相对稳定的特征。

(3) 短期偿债能力的物质承担者是企业的流动资产，流动资产的量与质是判断企业短期偿债能力的主要方式；而长期偿债能力的物质承担者则是企业的资本结构及企业盈利水平，资本结构的合理性及企业盈利性是保障企业长期偿债能力的主要方式。

2. 短期偿债能力与长期偿债能力的联系

(1) 企业各种长、短期债务在一定程度上只是一种静态的划分，随着时间的推移，长期债务总会变成"短期债务"，部分短期债务又可为企业"长期使用"。企业对长、短期债务的偿付必须统筹规划，对各种债务偿付的数量、时间、偿债资金的来源进行总体部署才能使企业总的偿债能力达到较高的水平。避免形成因大量、集中地偿付长期性债务造成短期债务的拖延，或只顾保证短期债务偿付而影响长期债务的偿付。

(2) 长、短期偿债能力都具有保证企业债务及时有效偿付的共同特征。提高企业偿债能力并不意味着企业偿债能力越高越好，它本身也具有一个合理的数量界限，低于和超过这一数量界限，要么会加大企业的财务风险，要么会导致企业不应有的经济损失。

2.3.2　短期偿债能力分析

短期偿债能力是企业偿还流动负债的能力，短期偿债能力的强弱取决于流动资产的流动性，即资产转换成现金的速度。企业流动资产的流动性强，相应的短期偿债能力也强。它反映企业偿付日常到期债务的实力、企业能否及时偿付到期的流动负债，是反映企业财务状况好坏的重要标志。企业必须十分重视短期债务的偿还能力,维护企业的良好信誉。

通常使用营运资本、流动比率、速动比率和现金比率来衡量短期的偿债能力。

1. 营运资本

营运资本是指流动资产超过流动负债的部分。其计算公式为

$$营运资本 = 流动资产 - 流动负债$$

如果流动资产和流动负债相等,并不足以说明短期偿债能力没有问题。为了生产经营,企业不可能用全部流动资产去偿还短期债务,而是必须维持最低水平的现金、存货、应收账款等;更何况,流动项目中有些项目的消耗并不一定会带来可以偿还流动负债的现金,比如说预付款项等。因此,企业必须保持流动资产大于流动负债,即保有一定数额的营运资本作为安全边际,以防止流动负债"穿透"流动资产。

计算营运资本使用的"流动资产"和"流动负债",通常可以直接取自资产负债表。根据 M 企业的资产负债表数据(见附录 1),营运资本计算为

2011 年营运资本 = 3,801,879.42 – 2,644,075,83 = 1,157,803.59 万元

2012 年营运资本 = 4,047,120,85 – 3,077,079,16 = 970,041.69 万元

营运资本被称为流动负债"穿透"流动资产的"缓冲垫"。它是长期资本用于流动资产的部分,不需要在一年内偿还。

营运资本 = 流动资产 – 流动负债

　　　　 = (总资产 – 非流动资产) – (总资产 – 股东权益 – 非流动负债)

　　　　 = (股东权益 + 非流动负债) – 非流动资产

　　　　 = 长期资本 – 长期资产

根据 M 企业的财务报表数据:

2011 年营运资本 = 1,784,451.97 + 736,578.60 – 1,363,226.99 = 1,157,803.59 万元

2012 年营运资本 = 1,811,104.56 + 556,370.34 – 1,407,433.22 = 970,041.69 万元

当流动资产大于流动负债时,营运资本为正数,表明长期资本的数额大于长期资产,超出的部分被用于流动资产。营运资本数额越大,财务状况越稳定。简而言之,当全部流动资产没有任何流动负债提供来源,而全部由长期资本提供时,企业没有任何短期偿债压力。

当流动资产小于流动负债时,营运资本为负数,表明企业长期资本小于长期资产,有部分长期资产由流动负债提供资金来源。由于流动负债在一年或一个营业周期内需要偿还,而长期资产在一年或一个营业周期内不能变现,偿债所需资金不足,必须设法去另外筹资,意味着财务状况不稳定。

通过对 M 企业营运资本的计算,可以看出,近两年营运资本为正数,财务状况比较稳定,但 2012 年营运资本下降,流动资产增长速度慢于流动负债增长速度,使得债务的"穿透"能力增加了,即偿债能力降低。

需要说明的是,营运资本是绝对数,不便于不同历史时期及不同企业之间的比较,因此,在实务中很少直接运用营运资本作为偿债能力指标。

2. 流动比率

传统财务报表分析中,流动比率是衡量公司短期偿债能力最通用的指标。

　　流动比率是流动资产与流动负债的比值，它表明企业每一元流动负债中有多少流动资产作为偿还的保证。该比率反映企业用可在短期内转变为现金的流动资产偿还到期流动负债的能力。其计算公式为

$$流动比率 = \frac{流动资产}{流动负债}$$

　　流动比率是衡量企业短期偿债能力的一个重要的指标。该比率越高，说明企业偿还流动负债的能力越强，流动负债得到偿还的保障越大，债权人的权益越有保证。反之，说明公司的短期偿债能力不强，营运资金不充足。流动比率高，不仅反映企业拥有的营运资金多，可用以抵偿债务，而且表明企业可以变现的资产数额大，债权人遭受损失的风险小。

　　在分析时，如果企业流动比率相对上年发生较大的变动，或与行业平均值出现重大偏离，就应对流动资产和流动负债的各项目逐一分析，寻找形成差异的原因。

　　根据 M 企业的财务报表数据：

　　　　2011 年流动比率 = 3,801,879.42 ÷ 2,644,075.83 = 1.44

　　　　2012 年流动比率 = 4,047,120.85 ÷ 3,077,079.16 = 1.32

　　从计算看出，M 企业的流动比率降低，和营运资本分析得出的结论相同，它们之间可以互相换算：

$$流动比率 = \frac{1}{1 - \dfrac{营运资本}{流动资产}}$$

　　流动比率是相对数，排除了企业规模的影响，更适合同业比较及本企业不同历史时期的比较。此外，因流动比率计算简单，因而被广泛应用。

　　对流动比率进行分析时，要注意以下几点：

　　(1) 流动比率具有局限性。流动比率定义的前提是全部流动资产都可以变现为现金并用于偿债，全部流动负债都需要还清。但在实际上，有些流动资产的账面金额与变现金额有较大差异，如产成品等；经营性流动资产是企业持续经营所必需的，不能全部用于偿债；经营性应付项目可以滚动续存，无需动用现金全部结清。因此，流动比率是对短期偿债能力的粗略估计。

　　(2) 对公司和股东而言，流动比率过大并不一定表示财务状况良好。流动比率过高，可能是企业滞留在流动资产上的资金占用过多，未能有效加以利用，尤其是应收账款占用过多，在产品或产成品呆滞、积压而引起的流动比率过大，可能会影响资金的使用效率和企业的获利能力。因此，分析流动比率还需注意流动资产的结构、流动资产的周转情况、流动负债的数量与结构等因素。对流动比率的分析应结合不同行业特点和企业流动资产结构等因素。有的行业流动比率较高，有的较低，不应该用统一的标准来评价各企业流动比率合理与否。计算出来的流动比率，只有和同行业平均流动比率、本企业历史的流动比率进行比较才具有意义。

3. 速动比率

　　构成流动资产各项目之间流动性差别很大。其中，货币资金、以公允价值计量且其变动计入当期损益的金融资产和各种应收款项，可以在较短的时间内变现，称为速动资产；

其余的流动资产，包括存货、预付款项、一年内到期的非流动资产以及其他流动资产，称为非速动资产。

非速动资产的变现金额和时间具有较大的不确定性：存货的变现速度比应收账款要慢得多，部分存货可能已经毁损报废、尚未处理或者已抵押给某债权人，不能用于偿债；存货估价有多种方法，可能与变现金额相距甚远；一年内到期的非流动资产和其他流动资产具有偶然性，不代表正常的变现能力。因此，将可偿债资产定义为速动资产，计算的短期偿债比率更可信。

速动资产与流动负债的比值，称为速动比率，其计算公式为

$$速动比率 = \frac{速动资产}{流动负债}$$

根据 M 企业的财务报表数据：

2011 年速动比率 = (1,115,078.45 + 5,180.02 + 907,685.91 + 592,994.52 + 642,59+66,616.11)
　　　　　　　÷2,644,075.83
　　　　　　 = 1.01

2012 年速动比率 = (1,087,831.30 + 2,810.00 + 864,584.97 + 653,686.71 + 5,226.49
　　　　　　　+ 48 883.54) ÷ 3,077,079.16
　　　　　　 = 0.87

速动比率和流动资产比率相比，更能准确反映企业的短期偿债能力。通常认为正常的速动比率为 1，低于 1 的速动比率被认为是短期偿债能力偏低。但如果速动比率过高，则又说明企业可能拥有过多的货币性资产，而可能失去一些有利的投资机会。行业不同速动比率会有很大的差别，没有统一的标准。例如，采用大量现金销售的商店，几乎没有什么应收账款，大大低于 1 的速动比率则很正常。相反，一些应收账款比较多的企业，速动比率可能要大于 1。

影响速动比率可信性的重要因素是应收账款的变现能力。账面上的应收账款不一定都能变成现金，实际坏账可能比已计提的准备要多；季节性的变化可能使报表的应收账款数额不能反映平均水平。因此，在运用速动比率分析企业短期偿债能力时，应结合应收账款的规模、周转速度、其他应收款的规模以及它们的变现能力进行综合分析。如果某企业的速动比率较高，但应收账款的周转速度较慢，且它与其他应收账款的规模比较大，变现能力差，那么该公司较为真实的短期偿债能力要比该指标反映的差。

通过对 M 企业具体项目的分析可以看出，M 企业速动比率指标从 2011 年的 1.01 下降到 2012 年的 0.87，主要是由于应收账款增加而相应的货币资金减少导致。

4. 现金比率

速动资产中，流动性最强、可直接用于偿债的资产称为现金资产。在财务分析中，不同的分析者对"现金"有不同的理解。一般认为现金资产包括货币资金、以公允价值计量且其变动计入当期损益的金融资产。但速动资产中，应收票据，特别是银行承兑汇票，可以贴现或背书转让，应收票据从某种意义上是一种"现金"。

现金资产与流动负债的比值称为现金比率，其计算公式为

$$现金比率 = \frac{货币资金+以公允价值计量且其变动计入当期损益的金融资产+应收票据}{流动负债}$$

根据 M 企业的财务报表数据：

2011 年的现金比率=(1,115,078.45+5,180.02+907,685.91)÷2,644,075.83=0.77

2012 年的现金比率=(1,087,831.30+2,812.00+864,584.97)÷3,077,079.16=0.64

现金比率最能反映企业直接偿付流动负债的能力，表示每一元流动负债有多少现金及现金等价物作为偿还保证，比率越高，说明企业偿债能力越强。现金比率过高，意味着企业机会成本过高，一般企业现金比率保持在 30% 为宜。

M 企业 2011 年和 2012 年现金比率比较合理。虽然流动比率低，但现金类资产偿还短期债务的能力比较强。

应收票据包括商业承兑汇票和银行承兑汇票。相对于银行承兑汇票来说，商业承兑汇票变现力相对较弱。因此，为使现金比率更能反映企业的实际情况，可以通过扣除应收票据中商业承兑汇票后的金额来计算现金比率。

5. 影响短期偿债能力的其他因素

短期偿债能力比率是根据财务报表数据计算得出的，具有固有的缺陷。会计信息使用者在对企业短期偿债能力进行分析时，还应结合有关表外因素进行分析，以使评估结果更为准确。

1) 增强企业短期偿债能力的表外因素

(1) 可动用的银行贷款指标：银行已经同意，企业未办理贷款手续的贷款限额，可以随时增加企业的资金，提高支付能力。

(2) 可以快速变现的长期资产：企业根据近期利息和长期利益统筹分析，以便出售长期资产，补充企业资金，提高偿债能力。

(3) 企业信誉：信誉比较好的企业在短期偿债方面出现暂时困难时，相对容易筹集到所需的资金。

2) 降低短期偿债能力的表外因素

(1) 与担保有关的或有负债：如果金额比较大，应在评价偿债能力时予以关注。

(2) 经营租赁合同中承诺的付款：很可能是需要偿付的义务。

(3) 建造合同、长期资产购置合同中的分期付款：是一种承诺付款，应视同需要偿还的债务。

==========经典案例==========

2017 年 2 月 27 日，中国证监会主板发审委 2017 年第 30 次会议审核结果显示，惠达卫浴股份有限公司（以下简称"惠达卫浴"）首发上市申请获通过，这意味着筹备多年的惠达卫浴离上市又近了一步。持续低迷的卫浴行业呈现出两种截然相反的势头：一边是关停破产、股价暴跌；另一边却是争相上市。惠达卫浴就是后者代表之一，其早在 2015 年就曾申请 IPO，但未能过会。时隔两年，惠达卫浴再度冲刺 IPO，并成功过会。值得注意的是，惠达卫浴最新招股书显示：2013 年初至 2016 年 6 月，公司短期偿债能力低于行业平均水平、存货余额较大等问题备受业内外关注。

惠达卫浴拟在上交所上市，公开发售股份数量合计不超过 7,104 万股，其中新股数量不超过 7,104 万股；公司股东公开发售股份数量不超过 3,552 万股，发行后总股本不超过 28,415 万股。拟募集资金 8.25 亿元，用于年产 280 万件的卫生陶瓷生产线、年产 300 万平方米的全抛釉砖生产线、研发设计中心建设、营销网络扩建、品牌建设项目、信息化建设，以及偿还银行借款。

惠达卫浴拟使用 2 亿元募集资金偿还银行借款，约占募资总额的四分之一，这在拟上市公司中比较少见。惠达卫浴做此决定不无道理，惠达卫浴确实存在短期偿债压力。2013 年至 2015 年，其短期借款分别为 6.69 亿元、6.7 亿元和 5 亿元，占流动负债的比例分别为 65.4%、63.11% 和 54.61%。

此外，惠达卫浴 2013 年、2014 年、2015 年和 2016 年上半年的资产负债率分别为 43.73%、47.04%、45.55% 和 47.88%，而同行业在 2013 年、2014 年、2015 年的平均资产负债率仅为 39.64%、37.88%、37.09%。截至 2016 年 6 月，惠达卫浴负债总额高达 12.3 亿元。

作为传统制造企业，惠达卫浴的存货余额也偏高。招股书显示：2013 年、2014 年、2015 和 2016 年上半年，惠达卫浴的存货账面价值分别为 6.21 亿元、6.42 亿元、6.26 亿元和 6.23 亿元。

根据以上案例可知，企业短期偿债能力存在的问题或将成为惠达卫浴上市途中的拦路虎。

资料来源：南方网

2.3.3 长期偿债能力分析

长期偿债能力是企业对债务的承担能力和对偿还债务的保障能力。企业长期负债包括长期借款、应付长期债券、长期应付款等。从偿债义务来看，评价企业长期偿债能力包括按期支付利息和到期偿还本金两个方面；从偿还的资金来源看，则主要是企业经营所得。

1. 资产负债率

资产负债率是总负债占总资产的百分比，其计算公式为

$$资产负债率 = \frac{总负债}{总资产} \times 100\%$$

根据 M 企业的财务报表数据：

2011 年资产负债率 = (3,380,654.44 ÷ 5,165,106.41) × 100% = 65.45%

2012 年资产负债率 = (3,643,449.51 ÷ 5,454,554.07) × 100% = 66.80%

资产负债率表明企业有多少资产是通过外部筹资获得的。它可以衡量企业资产总额中债权人提供资金所占的比重，以及企业资产对债权人权益的保障程度，也可以衡量企业对债权人资金的利用程度。

从债权人角度来看，资产负债率越低越好，该指标越低，债权人越有保障，风险越小；从股东角度来看，如果能够保证全部资本利润率大于借款利率，则希望该指标越大越好，反之亦然。从经营者角度来看，负债过高，企业难以继续筹资；负债过低，则企业经营缺乏活力。因此，企业要在盈利与风险之间做出权衡，确定合理的资本结构。

　　该指标的理论值在 60%～70% 之间比较合理。但在不同行业指标标准是不同的，例如在高新技术企业中，该比率一般可达到 80% 以上。

　　企业资产负债率的高与低到底是好事还是坏事？应该如何评价企业的资产负债率水平？下面通过两个案例进行阐述。

　　格力电器近年来的资产负债率都保持在 70% 左右，这已经超过了电器行业的平均水平，也超过了理论的电器行业负债率在 40%～60% 的合理水平。一般认为，高负债会产生较高的财务费用，从而拖累企业业绩。负债可以分为两类：有利负债和不利负债。对于电器类企业，有利负债指的是来自经销商先付款后提货形成的预收款项，以及向供货商延期支付形成的应付票据和应付账款。此类负债最大的特点是不存在利息。不利负债即金融负债，包括银行长期借款、发行的债券等，此类负债的特点是需要资金费用，负债越多，费用越高。通过格力电器的年报可知，企业大多数的负债属于有利负债，来自金融负债的数量很少。格力电器的资产负债率看起来很高，但真正需要其支付利息的负债并不高，这也正是其保持业绩持续增长的奥秘所在。当然，该模式必须依托品牌优势、良好的信誉以及营销策略等方面的支持。

　　朗姿股份公司资产负债率从 2010 年的 35.49% 下降到 2013 年的 8.11%，2017 年又增长为 45.68%。一般而言，资产负债率低有时是因为行业增长放缓，企业采取收缩战略，这在纺织服装行业中的表现尤其明显。通过朗姿股份公司的财报发现，2013 年及之前年度、2015 年度公司不但没有利息支出，还有购买理财产品而获得的收益，即使 2017 年资产负债率大幅增加，应付利息也只有 473.1 万元，远小于 1347 万元的应收利息，但是由于行业等方面的因素，公司业绩增长并不佳。

　　通过以上案例可以了解：评价一个公司的资产负债率是否合理要关注其相应的负债来源，并结合公司的全面经营情况进行综合分析。

▶ 经典案例 ◀

　　这几年，由于煤企经营业绩不佳，债务压力较大，负债规模仅次于钢铁行业。尽管 2016 年煤企盈利情况有所改观，但资产负债率仍旧很高。21 家煤企去年负债高达 7,631 亿元，平均负债率为 58%。有 11 家煤企的资产负债率超过 60%。具体来看，中国神华、中煤能源和兖州煤业这三家煤企的负债总额最高，分别为 1,918 亿元、1,399 亿元和 946 亿元，这三家煤企的资产负债率为 34%、58% 和 65%。而资产负债率最高的三家煤企为 *ST 神火、新集能源和山煤国际，分别为 85%、84% 和 83%。其中，*ST 神火的负债总额高达 441 亿元，仅次于兖州煤业。尽管 *ST 神火 2016 年归属于上市公司股东的净利润 3.42 亿元，同比增长 120.46%，实现扭亏为盈，但是其债务压力仍旧很大。根据 *ST 神火的年报，公司去年的担保总额为 78 亿元，担保总额占公司净资产的比例为 138.39%。为了缓解高负债问题，目前已经有 15 家煤炭集团发布了债转股计划。分析师认为，煤炭行业债转股的推进将改变煤企高负债的情况，也将进一步提升煤企的利润。

　　对于上市公司来说，担保实质上是隐性债务的一种形式，因此如果担保占净资产比重较高，就表明上市公司的债务较高。数据还显示，有 14 家煤企 2016 年的负债规模高于 2015 年的负债规模。同时，资产负债率超过 60% 的煤企还有 *ST 郑煤、红阳能源、兰花科创、平煤股份、阳泉煤业、西山煤电和山煤国际。煤价的反弹让煤企的盈利能力提高，但短期债务问题还难以解决。尽管由于煤价上涨，煤企在 2016 年的盈利水平都有所提高，但是不少煤企由于前几年亏损严重，债务负担仍旧较重。阳煤集团与交通银行山西省分行正式签订市场化债转股合作协议，拟设立总规模原则上为 100 亿元的"债转股"基金，用于企业偿还存量负债和经营周转、项目投资等。这将有利于推动阳煤在本轮国企改革中优化资产结构，降低资产负债率，提升经营水平，实现转型升级。山西省国资委、建设银行、潞安集团、晋煤集团签署总规模 200 亿元的市场化债转股合作框架协议。

值得注意的是，这两家煤炭集团均作为山西煤炭资源整合主体，整合的大量地方小煤矿开采条件复杂、安全隐患较多。财务方面，两家公司受前期煤炭行业低迷影响，经营性业务利润均持续亏损，2016 年以来随煤价上涨有所改善，但盈利能力仍较弱。其资产负债率均在 80% 以上，债务负担很重，长短期偿债指标表现较差。中债资信煤炭行业研究团队粗略估计，全部资金到位后潞安集团和晋煤集团的资产负债率可分别降低 5.13、4.58 个百分点(以 2016 年三季报数据计算)至 77.80% 和 77.59%。在此前，同煤集团、焦煤集团、兖矿集团、河南能源集团等煤炭集团都发布了债转股计划。其中，河南能源化工集团为河南省最大煤炭集团，受煤炭板块成本售价倒挂影响，公司自 2014 年以来持续亏损，其中 2015 年经营性业务利润亏损 100.90 亿元，盈利能力和经营获现能力较差。截至 2016 年 9 月末，公司全部债务 1,751 亿元，资产负债率为 83.46%。自去年 10 月份山东能源集团签订首笔债转股协议以来，截至目前，煤炭行业共有 15 家煤炭集团参与债转股计划。参与债转股的煤炭企业多是当地国有企业，具备资源优势和规模优势，但普遍具有较重的债务负担及沉重的社会负担，市场化债转股有利于该类企业降低财务杠杆、节约财务成本，缓解整体偿债压力尤其是短期资金周转压力。随着煤价上涨，企业经营有所好转，预计债转股的推进将进一步解决企业债务负担，也将有利于煤企盈利的回升。

资料来源：中国煤炭网

2. 产权比率

负债与股东权益之比即产权比率，是负债总额与所有者权益总额之间的比率。其计算公式为

$$产权比率 = \frac{负债总额}{所有者权益总额} \times 100\%$$

根据 M 企业的财务报表数据：

2011 年产权比率 = (3,380,654.44 ÷ 1,784,451.97) × 100% = 189.45%

2012 年产权比率 = (3,643,449.51 ÷ 1,811,104.56) × 100% = 201.17%

产权比率是资产负债率的另一种表现形式，分别从不同角度表示对债权人的保障程度及企业偿债能力。产权比率反映企业所有者权益对债权人的保障程度。比率越低，表明企业的长期偿债能力越强，债权人权益的保障程度越高，风险越小，债权人就愿意向企业增加借款；产权比率还可以反映资金的来源及其相关关系，反映企业基本财务结构是否稳定。一般来说，股东资本大于借入资本比较好。产权比率较高是高风险、高报酬的财务结构，反之亦然。从股东角度分析，在通货膨胀加剧时期，企业多举债可以把损失和风险转嫁给债权人；在经济繁荣时期，多举债可以获得额外的利润；在经济萎缩时期，可以通过少举债减少利息负担和财务风险。一般而言，产权比率保持在 120% 左右比较合适。

从计算可以看出，M 企业的产权比率很高，2012 年达到了 201.17%，说明企业的自有资金对债权人的保障程度较低，风险较高。

3. 权益乘数

权益乘数是资产总额和所有者权益的比率关系，表示资产总额相当于股东权益的倍数。其计算公式为

$$权益乘数 = \frac{资产总额}{股东权益总额}$$

根据 M 企业的财务报表数据：

关于资产负债率、产
权比率与权益乘数

2011 年权益乘数=5,165,106.41÷1,784,451.97=2.89

2012 年权益乘数=5,454,554.07÷1,811,104.56=3.01

权益乘数也可以看做是资产负债率的另一表现形式。三者之间的关系为

$$权益乘数 = 1 + 产权比率$$

$$权益乘数 = \frac{1}{1 - 资产负债率}$$

权益乘数越大，表明所有者投入资本占资产的比重越小，企业负债程度越高，财务风险越大；反之，企业负债程度越低，财务风险越小。

M 企业 2012 年权益乘数达到了 3.01，与产权比率同步，再次说明了该企业负债比较大，财务风险也比较大。

4. 长期资本负债率

长期资本负债率是指非流动负债占长期资本的百分比，也称之为资本化比率，其计算公式为

$$长期资本负债率 = \frac{非流动负债}{非流动负债 + 所有者权益} \times 100\%$$

根据 M 企业的财务报表数据：

2011 年长期资本负债率 = 736,578.60 ÷ (736,578.60 + 1,784,451.97) × 100% = 29.22%

2012 年长期资本负债率 = 566,370.34 ÷ (566,370.34 + 1,811,104.56) × 100% = 23.82%

长期资本负债率指标越小，表明企业负债的资本化程度越低，长期偿债压力越小；反之，则表明企业负债的资本化程度高，长期偿债压力大。一般来说，该指标不宜过高，保持在 20% 以下为宜。

通过计算可以看出，M 企业的长期资本负债率保持在一个比较稳定的水平，长期偿债压力比较平稳。该企业的偿债压力，主要是短期偿债压力。

5. 利息保障倍数

利息保障倍数是指息税前利润对利息费用的倍数，也称为已获利息倍数，其计算公式为

$$利息保障倍数 = \frac{息税前利润}{利息费用} = \frac{净利润 + 利息费用 + 所得税费用}{利息费用}$$

计算该指标需要注意：分母"利息费用"是指本期的全部应付利息，不仅包括计入利

润表财务费用的利息费用，还包括计入资产负债表固定资产等成本的资本化利息；相应地，分子"息税前利润"中的"利息费用"是指计入本期利润表中财务费用的利息费用。

实际运用中，如果资本化利息金额较小，可以直接将财务费用的金额作为分母中的利息费用。

关于付息能力

M 企业 2011 年和 2012 年净利润分别为 31,165.63 万元和 27,318.82 万元；所得税费用分别为 21,983.34 万元和 25,471.40 万元，利息费用分别为 6,403.22 万元和 25,639.13 万元，该公司简化的(不考虑利息的资本化)利息保障倍数计算如下：

2011 年利息保障倍数 = (31,165.63 + 21,983.34 + 6,403.22) ÷ 6,403.22 = 9.30

2012 年利息保障倍数 = (27,318.82 + 25,471.40 + 25,639.13) ÷ 25,639.13 = 3.06

利息保障倍数表明每一元的债务利息有多少倍的息税前利润作保障，可以反映债务政策风险的大小。企业的利息保障倍数越大，支付利息越有保障。利息保障倍数反映了企业的长期偿债能力。如果利息保障倍数小于 1，表明企业经营收益不能支持现有的债务规模。利息保障倍数等于 1 也很危险，因为息税前利润受经营风险的影响，具有不稳定性，而利息的支付却是固定的。总之，利息保障倍数越大，公司拥有的偿还利息的缓冲资金就越多。

M 企业利息保障倍数这两年总体上良好，需要注意的是 2012 年下降到 3.06，主要是由于净利润下降和借入短期债务所需负担的利息增加引起的。

6. 影响长期偿债能力的其他因素

上述衡量长期偿债能力的财务指标是根据财务报表数据计算得出的，还有一些表外因素影响企业的长期偿债能力，分析时必须引起足够重视。

(1) 长期租赁。当企业急需某种设备或资产而又缺乏足够的资金时，可以通过租赁的方式解决。财产租赁有两种形式：融资租赁和经营租赁。融资租赁是由租赁公司垫付资金购买设备租给承租人使用，承租人按合同规定支付租金(包括设备买价、利息、手续费等)。一般情况下，在承租方付清最后一笔租金后，设备或资产的所有权归承租方所有。因此，在融资租赁形式下，租入的固定资产作为企业的固定资产入账进行管理，相应的租赁费用作为长期负债处理。这种资本化的租赁，在分析长期偿债能力时，已经包括在债务比率指标的计算中。而经营租赁的资产并不体现在资产负债表项目中，当企业的经营租赁量比较大、期限比较长或具有经常性时，实际构成了一种长期性筹资，这种长期性筹资虽然不包括在长期负债之内，但到期时必须支付租金，会对企业的偿债能力产生影响。因此，如果企业经常发生经营租赁业务，应考虑租赁费用对偿债能力的影响。

(2) 担保责任。担保项目的时间长短不一，有些涉及企业的长期负债，有些涉及企业的短期负债。在分析企业长期偿债能力时，应根据有关资料判断担保责任带来的潜在长期负债问题。

(3) 或有项目。或有项目是指在未来某个或几个事件发生或不发生的情况下，会带来收益或损失，但现在还无法肯定是否发生的项目。或有项目的特点是现存条件的最终结果不确定，对它的处理方法要取决于未来的发展。或有项目一旦发生便会影响企业的财务状况，因此企业必须对它们予以足够的重视，在评价企业长期偿债能力时也要考虑它们的潜在影响。

2.4 企业营运能力分析

营运能力是指通过企业生产经营资金周转速度等有关指标所反映出来的企业资金利用效率，它表明企业管理人员经营管理、运用资金的能力。营运能力分析包括应收账款周转情况、存货周转情况、固定资产周转情况、流动资产周转情况和总资产周转情况等指标。

2.4.1 应收账款周转率

应收账款周转率是销售收入除以平均应收账款的比值，也就是年度内应收账款转为现金的平均次数，它说明应收账款流动的速度。用时间表示的周转速度是应收账款周转天数，也叫平均应收账款回收期或平均收现期，表示企业从取得应收账款的权利到收回款项、转换为现金所需要的时间，等于 365 除以应收账款周转率。其计算公式为

$$应收账款周转率 = \frac{销售收入}{应收账款平均余额}$$

$$应收账款周转天数 = \frac{计算期天数(365)}{应收账款周转率}$$

其中，销售收入为扣除折扣和折让后的销售净额；平均应收账款是指未扣除坏账准备的应收账款金额，是期初应收账款余额与期末应收账款的平均数。

根据 M 企业财务报表数据计算应收账款周转率，如表 2-21 所示。

表 2-21 M 企业 2010—2012 年应收账款周转率   单位：万元

项　　目	2012 年	2011 年	2010 年
①主营业务收入	5,233,414.91	5,200,332.83	4,171,180.89
②应收账款年末余额	653,686.71	592,994.52	462,436.90
③应收账款平均余额	623,340.62	527,715.71	——
④应收账款周转率(①/③)	8.40	9.85	——
⑤应收账款周转天数(365/④)	43.47	37.04	——
⑥应收账款占收入比(③/①)	0.12	0.10	——

一般来说，应收账款周转率越高，平均收账期越短，说明应收账款的收回越快。否则，企业的营运资金会过多地呆滞在应收账款上，影响正常的资金周转。影响该指标正确计算的因素包括：企业经营特点具有明显的季节性；大量使用分期付款结算方式；大量使用现金结算的销售；年末销售大幅度增加或减少。这些因素都会对计算结果产生较大的影响。财务报表的外部使用人可以将计算出的指标与该企业前期指标、行业平均水平或其他类似企业的指标相比较，判断该指标的高低。

一般来说，企业应收账款周转率平均标准为 3，应收周转天数平均是 100 天。从 M 企业营运能力指标来看，应收账款周转率和应收账款周转天数比平均水平要高；应收账款周转率 2012 年变为 8.4 次，应收账款的增长也高于营业收入的增长，表明企业可能采取了比 2011 年更为宽松的销售政策。

影响应收账款周转率的因素很多，在计算和使用应收账款时应注意：

(1) 销售收入的赊销比例问题。从理论上说应收账款是赊销引起的，计算时应使用赊

销额取代销售收入。但是，外部分析人无法取得赊销的数据，只能使用销售收入计算。

(2) 应收账款年末余额的可靠性问题。应收账款是特定时点的存量，容易受季节性、偶然性和人为因素影响。应收账款周转率用于业绩评价时，应尽量选取多个不同时点计算的平均数，以减少因素的影响。

(3) 应收账款的减值准备问题。财务报表上列示的应收账款是已经提取减值准备后的净额，而销售收入并没有相应减少。其结果是提取的减值准备越多，应收账款周转天数越少。这种周转天数的减少不是业绩变好，而是应收账款管理欠佳的表现。如果减值准备的数额较大，就应该进行调整，使用未计提坏账准备的应收账款来计算周转天数。报表附注中披露应收账款减值的信息可以作为调整的依据。

(4) 应收票据是否计入应收账款周转率。大部分应收票据是销售业务形成时应收账款的另一种表现形式，应将其纳入应收账款周转天数的计算，称为"应收账款及应收票据周转天数"。

(5) 应收账款周转天数是否越少越好。应收账款是赊销引起的，如果赊销有可能比现金销售更有利，周转天数就不会越少越好。收现时间的长短与企业的信用政策有关。企业信用政策的改变，通常会引起应收账款周转天数的变化。

(6) 应收账款分析应与销售额分析、现金分析联系起来。应收账款的起点是销售，终点是货币资金。正常的情况是销售增加引起应收账款增加，货币性资金的存量和经营性现金流量也会随之增加。

2.4.2 存货周转率

存货周转率是一定时期内企业销售收入净额与平均存货余额间的比率，通常也叫存货周转次数，用时间表示的存货周转率就是存货周转天数。存货周转率是对流动资产周转率指标的补充说明，是衡量和评价公司购入存货、投入生产、销售回款等各环节管理状况的指标，反映存货的流动性及存货资金占用量是否合理。存货周转率是衡量企业在生产经营各个环节中存货运营效率的一个综合性指标。其计算公式为

$$存货周转率 = \frac{销售收入}{存货平均余额}$$

$$存货周转天数 = \frac{计算期天数(365)}{存货周转率}$$

其中：销售收入为扣除折扣和折让后的销售净额；存货平均余额 = (期初存货 + 期末存货)/2。

根据 M 企业财务报表数据可计算存货周转率，如表 2-22 所示。

表 2-22 M 企业 2010—2012 年存货周转率   单位：万元

项　　目	2012 年	2011 年	2010 年
①主营业务收入	5,233,414.91	5,200,332.83	4,171,180.89
②存货年末余额	1,255,601.33	1,004,708.54	885,190.35
③存货平均余额	1,130,154.94	944,949.45	
④存货周转率①/③	4.63	5.50	
⑤存货周转天数 365/④	78.82	66.32	
⑥存货占收入比③/①	0.22	0.18	

存货周转率指标的好坏反映企业存货管理水平的高低，影响到企业短期偿债能力，是整个企业管理的一项重要内容。存货周转率越高越好，其比率越高，存货的占用水平越低，说明存货周转速度越快，公司控制存货的能力越强，存货的变现能力越强，则利润率越大，营运资金投资于存货的金额越小；反之，则表明存货过多，不仅造成资金积压，影响资产的流动性，还会增加仓储费用与产品损耗。在存货平均水平一定的情况下，存货周转率越高，表明企业的销货成本数额越多，产品销售数量越多，企业的销售能力越强；反之，则销售能力较弱。

存货周转率可以用来衡量存货储存量是否适当。存货的储存量不能过少，过少会造成生产中断或销售紧张，影响企业的销售；过多会造成存货滞留、积压，影响企业资金的流动性。

存货周转率是反映存货结构合理与质量合格的一项重要指标。只有结构合理才能保证企业正常的生产和销售；只有质量合格才能有效地流动，从而达到提高存货周转率的目的。

综上所述，存货是流动资产最重要的组成部分，存货周转率不仅影响企业的短期偿债能力，而且还是评价企业营运能力的一项重要指标。在实务中还应该注意：企业需要评价资产的变现能力或分解各项资产的周转情况时，存货周转率的分母应统一用"销售收入"；在企业进行管理业绩评估时，存货周转率的分母应用"营业成本"。本质上，两种方法计算的周转率的差额由毛利引起，无论哪种计算方式都能达到分析的目的。

从计算 M 企业 2011 年、2012 年存货周转率指标来看，该企业 2012 年存货周转速度比 2011 年减缓，周转次数由 5.50 降为 4.63，周转天数由 66.32 增加为 78.82。这反映出企业 2012 年存货管理效率不如 2011 年，这可能是由于 2012 年存货增长幅度过大引起的。

2.4.3　固定资产周转率

固定资产周转率又称为固定资产利用率，是指企业一定时期的销售收入净额与固定资产平均净值的比率。用时间表示的固定资产周转率就是固定资产周转天数。固定资产周转率是反映企业固定资产周转情况，从而衡量固定资产利用效率的一项指标。该比率越高，表明固定资产利用效率越高。其计算公式为

$$固定资产周转率 = \frac{销售收入}{固定资产平均净值}$$

$$固定资产周转天数 = \frac{计算期天数(365)}{固定资产周转率}$$

其中，销售收入为扣除折扣和折让后的销售净额；固定资产平均净值 = (年初固定资产净值 + 年末固定资产净值) ÷ 2。

根据 M 企业财务报表数据可计算 M 企业的固定资产周转率，如表 2-23 所示。

表 2-23　M 企业 2010—2012 年固定资产周转率　　　　　　单位：万元

项　目	2012 年	2011 年	2010 年
①主营业务收入	5,233,414.91	5,200,332.83	4,171,180.89
②固定资产年末余额	827,361.50	810,449.20	839,652.25
③固定资产平均余额	818,905.35	825,050.73	—
④固定资产周转率①/③	6.39	6.30	—
⑤固定周转天数 365/④	57.11	57.91	
⑥固定资产占收入比③/①	0.16	0.16	

固定资产周转率是反映企业固定资产周转情况，从而衡量固定资产利用效率的一项指标。该比率越高，表明固定资产利用越充分，同时也表明企业固定资产投资得当，结构合理，能够充分发挥效率；反之，则表明使用效率不高，营运能力不强。当然，该比率并不是越高越好，太高则表明企业固定资产投资较少，过度使用会缩短固定资产的使用寿命。

从计算得知 M 企业固定资产周转率这两年比较平稳，固定资产投资、更新与销售保持比较稳定的比率。

分析固定资产周转率的注意事项包含以下两方面：

(1) 这一指标的分母采用固定资产净值，因此指标的比较将受到折旧方法和折旧年限的影响，应注意其可比性问题。

(2) 当企业固定资产净值率过低(如因资产陈旧或过度计提折旧)，或者当企业属于劳动密集型企业时，这一比率就没有太大的意义。

2.4.4　流动资产周转率

流动资产周转率是反映企业流动资产周转速度的指标，是一定时期的销售收入净额和平均流动资产的比率，通常也叫流动资产周转次数，用时间表示的流动资产周转率就是流动资产周转天数。其计算公式为

$$流动资产周转率 = \frac{销售收入}{流动资产平均总额}$$

$$流动资产周转天数 = \frac{计算期天数(365)}{流动资产周转率}$$

其中，销售收入为扣除折扣和折让后的销售净额；流动资产平均总额 = (年初流动资产 + 年末流动资产) ÷ 2。

根据 M 企业财务报表数据可以计算流动资产周转率，如表 2-24 所示。

表 2-24　M 企业 2010—2012 年流动资产周转率　　　　　　单位：万元

项　目	2012 年	2011 年	2010 年
①主营业务收入	5,233,414.91	5,200,332.83	4,171,180.89
②流动资产年末余额	4,047,120.85	3,801,879.42	3,127,998.59
③流动资产平均余额	3,924,500.14	3,464,939.00	—
④流动资产周转率①/③	1.33	1.50	—
⑤流动资产天数 365/④	273.71	243.20	—
⑥流动资产占收入比③/①	0.75	0.67	—

流动资产周转率越大，表明以相同的流动资产完成的周转额越多，流动资产的利用效果越好。流动资产周转率用周转天数表示时，周转一次所需要的天数越少，表明流动资产在经历生产和销售各阶段时占用的时间越短，周转越快。周转速度快，会相对节约流动资产，等于相对扩大资产投入，增强企业盈利能力；而延缓周转速度，需要补充流动资产参与周转，会形成资金浪费，降低企业的盈利能力。生产经营任何一个环节的工作改善，都会使得周转天数缩短。按天数表示流动资产周转率更能直观反映生产经营状况的改善。流动资产周转率也可以结合存货、应收账款一并进行分析，并且和反映盈利能力的指标结合在一起使用，全面评价企业的盈利能力。流动资产周转率一般企业参考标准是 1。

根据计算得知，M 企业 2012 年流动资产周转率比 2011 年速度有所放慢，主要原因是存货和应收账款增加造成的。

2.4.5 总资产周转率

分析总资产周转情况的指标是总资产周转率。总资产周转率是企业销售收入净额和平均资产总额的比率。用时间表示的总资产周转率是总资产周转天数。其计算公式为

$$总资产周转率 = \frac{销售收入}{平均资产总额}$$

$$总资产周转天数 = \frac{计算期天数(365)}{总资产周转率}$$

其中，销售收入为扣除折扣和折让后的销售净额；平均资产总额 = (年初总资产总额 + 年末总资产总额) ÷ 2。

根据 M 企业财务报表数据可以计算其总资产周转率，如表 2-25 所示。

表 2-25 M 企业 2010—2012 年总资产周转率　　　　　单位：万元

项　　目	2012 年	2011 年	2010 年
①主营业务收入	5,233,414.91	5,200,332.83	4,171,180.89
②总资产年末总额	5,454,554.07	5,165,106.41	4,455,594.38
③总资产平均总额	5,309,830.24	4,810,350.39	—
④总资产周转率①/③	0.9956	1.0811	—
⑤总周转天数 365/④	370.33	337.63	—
⑥总资产占收入比③/①	1.01	0.83	—

总资产周转率是衡量企业总资产是否得到充分利用的指标。总资产周转速度的快慢，意味着总资产利用效率的高低；周转越快，反映销售能力越强。企业可以通过薄利多销的方法，加速资产的周转，带来利润绝对额的增加。如果这个比率低，则说明企业利用全部资产进行经营的效率较差，最终会影响企业的获利能力。在这种情况下，企业就应该采取措施提高各项资产的利用率，从而提高销售收入或处理多余资产。总资产周转指标用于衡量企业运用资产赚取利润的能力，经常将其与反映盈利能力的指标一起使用，全面评价企业的盈利能力。

从计算可知，M 企业总资产周转率 2012 年呈下降趋势，总资产利用效率有所下降。总资产是由各项资产组成的，在销售收入既定的情况下，总资产周转率的驱动因素是各项

资产，从 M 企业来说，通过驱动因素，可以了解引起总资产变动项目，从而为进一步分析指明方向。M 企业影响总资产周转率的项目具体分析如表 2-26 所示。

表 2-26　M 企业各项资产的周转率分析

资　　产	资产周转次数			资产周转天数		
	2012 年	2011 年	变动	2012 年	2011 年	变动
货币资金	4.75	4.86	−0.11	76.82	75.05	1.77
交易性金融资产	1,309.66	1,023.33	286.33	0.28	0.36	−0.08
应收票据	5.91	6.73	−0.83	61.8	54.2	7.6
应收账款	8.4	9.85	−1.46	43.47	37.04	6.44
预付账款	44.4	61.81	−17.4	8.22	5.91	2.31
应收利息	1,783.38	16,185.54	−14,402.15	0.2	0.02	0.18
其他应收款	90.62	86.36	4.27	4.03	4.23	−0.2
存货	4.63	5.5	−0.87	78.82	66.32	12.5
其他流动资产	5,997.23	5,659.27	337.97	0.06	0.06	0
持有至到期投资	1,046.68	1,485.81	−439.13	0.35	0.25	0.1
长期股权投资	76.32	87.19	−10.87	4.78	4.19	0.6
投资性房地产	222.43	729.83	−507.4	1.64	0.5	1.14
固定资产	6.39	6.3	0.09	57.11	57.91	−0.79
在建工程	78.3	81.72	−3.42	4.66	4.47	0.2
无形资产	15.77	16.28	−0.51	23.14	22.41	0.73
开发支出	102.19	112.27	−10.07	3.57	3.25	0.32
长期待摊费用	3,958.94	4,565.07	−606.13	0.09	0.08	0.01
递延所得税资产	288.38	265.04	23.34	1.27	1.38	-0.11
资产总计	0.9956	1.0811	−0.0855	370.33	337.63	32.7

从表 2-26 中可以看出，2012 年总资产周转天数是 370.33 天，比 2011 年增加 32.7 天，各项目对总资产周转天数的影响可以从上面查到，影响比较大的项目是应收账款、应收票据和存货。

需要说明的是：在对总资产周转率进行驱动因素分析时，通常使用"资产周转天数"而不使用"资产周转次数"这个指标。因为各项资产的周转次数之和不等于总资产周转次数，不便于分析各项目对总资产周转率的影响。

本 章 小 结

(1) 资产负债表是反映企业在某一特定日期的财务状况的财务报表。它是根据"资产 = 负债＋所有者权益"的会计等式，按照一定的分类标准和顺序，将企业某一时点资产、负债和所有者权益项目予以适当排列，按照一定的要求编制形成的。资产负债表的作用主要表现在：揭示企业资产的总额及其分布，揭示企业负债总额及其结构，了解企业的长短期偿债能力和现金支付能力，预测企业的财务发展趋势。

(2) 对资产负债表进行分析是一个由表及里、由具体到抽象再到具体的分析过程。在对资产负债表进行分析时，既有定性分析，又有定量分析；既有对报表本身项目的分析，又有对相关报表项目内容依存关系的分析。只有灵活掌握这些技巧，才能真正看懂资产负债表。

(3) 资产负债表结构分析是将资产负债表各项目与总资产或总权益进行分析，计算出各项目占总体的比重。分析说明企业资产结构和权益结构及其增减变动的合理程度以及变动的具体原因，并评价企业资产结构和资本结构的配比程度。

(4) 资产负债表趋势分析是利用趋势分析法，将资产负债表的实际数和选定的标准进行比较，在此基础上对企业资产、负债、所有者权益的发展趋势进行评价。

(5) 资产负债表主要项目质量分析是在对资产负债表进行一般数据分析的基础上，对企业资产、负债和所有者权益的主要项目内涵质量进行深入分析。

(6) 偿债能力是企业到期偿还债务(包括本息)的能力，是反映企业财务状况和经营状况的重要指标。按时间的长短，偿债能力分析可分为短期偿债能力分析和长期偿债能力分析。

(7) 短期偿债能力是指企业流动资产对流动负债及时足额偿还的保证程度，是衡量企业当期财务能力，特别是流动资产变现能力的重要指标。

(8) 长期偿债能力是企业偿还长期负债的能力。它的大小是反映企业财务状况稳定和安全程度的重要指标。

(9) 营运能力主要是指企业营运资产的效率和效益，即资产的周转率或周转速度。营运能力分析就是通过对企业资产营运效率与效益的指标进行计算和分析，评价企业的营运能力，从而为企业提高经济效益指明方向。营运能力分析不仅可以评价企业的资产营运效率，发现企业在资产运营中存在的问题，还可以为企业获利能力分析和偿债能力分析奠定基础并进行补充。

本 章 练 习

一、简答题

1. 通过对资产负债表的分析，能够了解到哪些基本的财务信息？

2. 对资产负债表的左方项目进行分析，自上而下具有什么趋势？对资产负债表的右方项目进行分析，自上而下具有什么趋势？

3. 简述不同行业的资产负债表结构具有的不同特点。

4. 什么是存货？对存货项目的分析应重点注意哪些问题？

5. 什么是应收账款？对应收账款项目的分析应重点注意哪些问题？

6. 简述短期偿债能力和长期偿债能力的区别与联系。

二、计算分析题

1. 资料：某企业连续三年的资产负债表中部分项目的数据如表 2-27 所示。

表 2-27　资产负债表中部分项目数据

单位：万元

项　　　目	2014 年末	2015 年末	2016 年末
流动资产	2,200	2,680	2,680
其中：应收账款	944	1,028	1,140
存货	1,060	928	1,070
固定资产	3,800	3,340	3,500
资产总额	8,800	8,060	8,920

已知 2016 年主营业务收入额为 10,465 万元，比 2015 年增长了 15%，其主营业务为 8,176 万元，比 2015 年增长了 12%。

计算并分析：

(1) 该企业 2015 年和 2016 年的应收账款周转率、存货周转率、流动资产周转率、固定资产周转率和总资产周转率。

(2) 对该企业的资产运用效率进行评价。

2. 资料：某企业的财务比率如表 2-28 所示。

表 2-28　财　务　比　率

项　　　目	本企业	本行业平均	差异
流动比率	1.50	1.11	+0.39
速动比率	0.40	0.55	−0.15
存货周转率	3.50	4.00	−0.5
应收账款周转率	6.25	6.00	+0.25
流动资产周转率	2.50	3.10	−0.6

要求：请写出表 2-28 财务比率的计算公式，并通过对各指标的评价，说明存货周转率和应收账款周转率两个指标，在分析偿债能力和资产运用效率时所起到的作用。

三、案例分析题

某公司 2016 年度财务决算报告中关于偿债能力的表述如下：

1. 短期偿债能力

(1) 流动比率：2016 年流动比率为 3.31，比 2015 年的 3.27 提高了 0.04，增长比例为 1.22%。具体原因如下：第一，2016 年年末，流动资产 10,532.37 万元，比年初的 14,390.99 万元减少了 3,858.62 万元，增长比例为−26.81%，其中：货币资金年末余额为 5,827.94 万元，比年初的 9,702.55 万元减少 3,874.61 万元，增长比例为−39.93%；应收票据年末金额为 595.27 万元，比年初的 159.87 万元增加了 435.40 万元，增长比例为 272.35%；预付账款年末金额为 441.81 万元，比年初的 1,051.41 万元减少 609.60 万元，增长比例为−57.98%；其他应收款年末金额为 288.22 万元，比年初的 145.78 万元增加了 142.44 万元，增长比例为 97.71%。第二，2016 年年末，流动负债为 3,183.43 万元，比年初的 4,405.50 万元减少了 1,222.07 万元，增长比例为−27.74%，其中主要包括：应付票据年末余额 1,003.60 万元，比年初增加了 1,003.60 万元；其他应付款年末金额为 26.82 万元，比年初的 1,968.78 万元减少了 1,941.96 万元，增长比例−98.64%。

（2）速动比率：2016 年速动比率为 2.52，比 2015 年的 2.72 下降 0.20，减幅为 7.35%，主要原因是随着公司规模的扩大，存货相应增加所致。

（3）现金比率：2016 年现金比率为 1.83，比 2015 年的 2.20 下降 0.37，减幅为 16.82%，主要原因是 2016 年年末货币资金比 2015 年年末减少了 3,874.61 万元，减幅为 39.93%，而流动负债减少了 1,222.07 万元，减幅为 27.74%。

2. 长期偿债能力

（1）资产负债率：2016 年资产负债率为 24.71%，比 2015 年的 30.63%降低了 5.92 个百分点，主要原因是 2016 年度公司为了扩大产能，新购设备和新建车间使资产总额增加了 4,024.04 万元，而流动负债减少了 1,222.07 万元所致。

（2）产权比率：2016 年产权比率为 32.82%，比 2015 年的 44.16%降低了 11.34 个百分点，而所有者权益增加了 5,246.11 万元，增长比例为 20.21%。

由以上两点分析可知，公司 2016 年度的短期偿债能力和长期偿债能力有大幅提高。

要求：

（1）通过阅读以上内容，你对这家公司的偿债能力有了怎样的印象？

（2）上述对于偿债能力的分析内容和结论有无不当之处？如有，请加以修改。

第3章 利润表分析

本章目标

- 了解利润表的内容和结构
- 掌握利润表的计算及编制方法
- 掌握利润表结构分析
- 掌握利润表趋势分析
- 掌握利润表主要项目质量分析
- 掌握企业盈利能力基础分析
- 掌握反映投资报酬的财务指标分析
- 了解影响利润表分析的其他因素

重点难点

重点:
1. 利润表的计算及编制方法
2. 利润表结构分析
3. 利润表趋势分析
4. 企业盈利能力基础分析

难点:
1. 反映投资报酬的财务指标
2. 每股收益的计算
3. 影响企业盈利能力的其他因素

2016 年调味品行业 9 家 A 股上市公司共实现营业收入 331.4 亿元，同比增长 3.7%。主营酱醋调味品业务的 5 家上市公司(海天味业、中炬高新、恒顺醋业、加加食品、千禾味业)共实现营业收入 197.2 亿元，同比增长 11.2%，如图 3-1 所示。归母净利润 48.1 亿元，同比增长 49.3%(莲花健康和梅花生物贡献主要增量，是由于味精行业景气度回升，产品售价提升加之成本下降，带动毛利率显著提升)，其中主营酱醋调味品业务的 5 家上市公司共实现归母净利润 36.3 亿元，同比增长 13.0%，如图 3-2 所示。

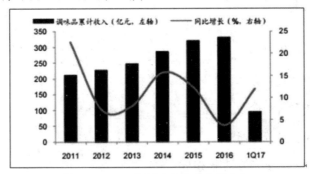

图 3-1　2016 年调味品上市公司收入

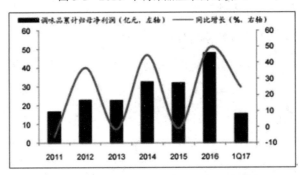

图 3-2　2016 年调味品上市公司归母净利润

2017 年一季度调味品行业 9 家上市公司共实现营业收入 94.2 亿元，同比增长 11.9%，其中主营酱醋调味品业务的 5 家上市公司共实现营业收入 61.3 亿元，同比增长 17.52%，增速同比提升 6.68%。归母净利润 15.5 亿元，同比增长 24.7%，其中主营酱醋调味品业务的 5 家上市公司共实现归母净利润 12.3 亿元，同比增长 24.5%，增速同比提升 2.81%。1Q17 酱醋调味品企业收入、利润增长靓丽，其中海天味业收入增长 17.1%(渠道库存同比下降+提价)，归母净利润增长 20.7%；中炬高新收入增长 30.9% (市场拓展+提价预期带动经销商打款积极性)，归母净利润增长 74.5%(生产效率提升带动毛利率提升)；千禾味业收入增长 38%(全国化推进+提价预期带动经销商打款积极性)，归母净利润增长 60.1%(管理费用率及财务费用率下降)，如图 3-3 所示。

2016 年调味品行业毛利率 33.99%，同比增加 3.74%，主要受益于成本下降和产品结构升级。其间费用率 17.24%，同比减少 0.28%，其中销售费用率 10.31%，同比增加 0.74%；管理费用率 6.00%，同比减少 0.08%；财务费用率 0.93%，同比减少 0.94%。

2017 年一季度调味品行业毛利率 36.71%，同比增加 2.18%。其间费用率 16.98%。同比增加 0.04%，其中销售费用率 11.19%，同比增加 1.04%；管理费用率 5.17%，同比减少 0.90%；财务费用率 0.62%，同比减少 0.10%，如图 3-4 所示。

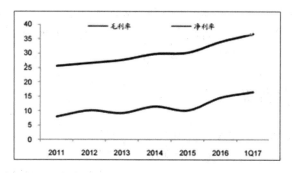

图 3-3　近年来调味品上市公司毛利率、净利率 (单位：%)

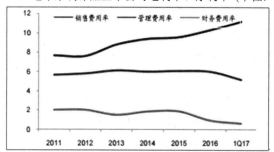

图 3-4　近年来调味品上市公司费用率(单位：%)

资料来源：中国产业信息网

利润表分析主要有利润表的结构分析、趋势分析、具体项目质量分析以及与其有关的比率分析。其中，在结构和趋势分析的基础上，应着重加强对利润表具体项目的质量进行重点分析，即对营业收入、营业成本、费用以及营业利润等项目进行分析。

3.1　认识利润表

利润表是反映企业一定时期经营成果的报表，反映的是企业在该期间发生的收入、成本和费用的情况，表明这一期间企业所获得的经营成果，是一种动态的报表。

3.1.1　利润表的内容

利润表的内容主要体现了企业经营成果方面的信息，反映企业一定会计期间的收入情况，如实现的营业收入金额；反映企业一定会计期间的成本、费用情况，如该期间付出的营业成本金额等；反映企业一定会计期间的税费发生情况，如发生的税金及附加金额等；反映企业一定会计期间的生产经营成果，如实现净利润的情况。利润表采用了配比原则将一定会计期间的收入与相关费用进行配比，反映企业在该会计期间所取得的收益以及所负担的费用，利润表还可以和资产负债表相结合，进行基础的财务分析。如计算应收账款周转率、存货周转率、资产收益率等，进而为经营决策提供数据支持。

利润表一般由表头、表体和补充资料三部分构成。表头主要包括编制单位、编制日期、货币单位、表名等内容。表体主要反映报表的各项指标内容，包括收入、费用、利润等各项目的具体内容以及相互间的勾稽关系。补充资料反映报表使用者关注却无法在利润表中体现的一些重要信息，这部分信息通常在报表附注中列示。

3.1.2　利润表的结构

利润表是根据"利润＝收入－费用"这一等式编制的一个过程报表，用于表明报告期内企业的盈利情况。目前国际上通用的利润表格式有单步式和多步式两种：

(1) 单步式利润表是指将本期发生的所有收入合计减去本期发生的所有费用合计，并计算出净利润的过程。

(2) 多步式利润表是指将企业的收入、支出、费用按性质分类，依照利润形成的环节列报一些中间利润指标，分步计算当期的净利润。在我国，一般采用多步式利润表来核算当期净损益。

本章主要针对多步式利润表进行讲解，多步式利润表主要反映以下内容：

(1) 营业收入包括主营业务收入和其他业务收入。其中主营业务收入是指企业的主要经营活动所产生的基本收入，如销售商品、提供劳务等经常性的主要经营活动；其他业务收入是指企业除主营业务收入以外的其他经营活动实现的收入，如出租固定资产、出租包装物等。

(2) 营业利润是一定期间内在企业全部经营活动中实现的利润，又称销售利润。营业利润是企业的日常活动，具有经常性、稳定性的特点，是企业利润的主要来源。

(3) 利润总额是指税前利润，是企业在生产经营过程中所得税前一定时期内经营活动的盈亏总额。利润总额是衡量企业经营业绩的重要经济指标，评价一个企业在报告期经营业绩的成果、企业管理者的绩效都要考虑利润总额这一指标。

(4) 净利润是企业获取利润后，扣减所需缴纳企业所得税的净额。由此可见，净利润的金额取决于利润总额和所得税费用。

(5) 每股收益是指税后利润与股本总数的比率，包括每股收益和稀释每股收益两项指标。它不仅是测定股票投资价值的重要指标之一，而且是分析每股价值的一个基础性指标，更是综合反映公司获利能力的重要指标。

(6) 综合收益包括其他综合收益的税后净额和综合收益总额。其中，其他综合收益的税后净额反映企业根据企业会计准则规定未在损益中确定的各项利得和损失扣除所得税影响后的净额；综合收益总额是企业净利润与其他综合收益的税后净额的合计金额。

利润表表示的是企业某一时期的经营成果，为了便于使用者通过不同时期的利润实现情况来判断企业经营成果和发展趋势，需要提供比较报表，利润表就各项目分为"本期金额"和"上期金额"两栏进行填列。

根据财会〔2018〕15 号文，执行企业会计准则的非金融企业截至 2018 年 6 月 30 日的中期财务报表及以后期间的财务报表采用新的格式以及按照新的内容进行列报。

尚未执行新金融准则和新收入准则的企业的利润表结构如表 3-1 所示。

表 3-1　利　润　表

会企 02 表

编制单位：　　　　　　　　　　年　月　　　　　　　　　　单位：元

项　目	本期金额	上期金额
一、营业收入		
减：营业成本		
税金及附加		
销售费用		
管理费用		
研发费用		
财务费用		
其中：利息费用		
利息收入		
资产减值损失		
加：其他收益		
投资收益(损失以"-"号填列)		
其中：对联营企业和合营企业的投资收益		
公允价值变动收益(损失以"-"号填列)		
资产处置收益(损失以"-"号填列)		
二、营业利润(亏损以"-"号填列)		
加：营业外收入		
减：营业外支出		
三、利润总额(亏损总额以"-"号填列)		
减：所得税费用		
四、净利润(净亏损以"-"号填列)		
(一) 持续经营净利润(净亏损以"-"号填列)		
(二) 终止经营净利润(净亏损以"-"号填列)		
五、其他综合收益的税后净额		
(一) 不能重分类进损益的其他综合收益		
1. 重新计量设定受益计划变动额		
2. 权益法下不能转损益的其他综合收益		
……		
(二) 将重分类进损益的其他综合收益		
1. 权益法下可转损益的其他综合收益		
2. 可供出售金融资产公允价值变动		
3. 持有至到期投资充分类为可供出售金融资产损益		
4. 现金流量套期储备		
5. 外币财务报表折算差额		
……		
六、综合收益总额		
七、每股收益：		
(一) 基本每股收益		
(二) 稀释每股收益		

已执行新金融准则和新收入准则的企业的利润表结构如表 3-2 所示。

表 3-2 利 润 表

会企 02 表

编制单位：　　　　　　　　　　年　　月　　　　　　　　　　单位：元

项　目	本期金额	上期金额
一、营业收入		
减：营业成本		
税金及附加		
销售费用		
管理费用		
研发费用		
财务费用		
其中：利息费用		
利息收入		
资产减值损失		
信用减值损失		
加：其他收益		
投资收益(损失以"-"号填列)		
其中：对联营企业和合营企业的投资收益		
净敞口套期收益(损失以"-"号填列)		
公允价值变动收益(损失以"-"号填列)		
资产处置收益(损失以"-"号填列)		
二、营业利润(亏损以"-"号填列)		
加：营业外收入		
减：营业外支出		
三、利润总额(亏损总额以"-"号填列)		
减：所得税费用		
四、净利润(净亏损以"-"号填列)		
(一) 持续经营净利润(净亏损以"-"号填列)		
(二) 终止经营净利润(净亏损以"-"号填列)		
五、其他综合收益的税后净额		
(一) 不能重分类进损益的其他综合收益		
1. 重新计量设定受益计划变动额		
2. 权益法下不能转损益的其他综合收益		
3. 其他权益工具投资公允价值变动		
4. 企业自身信用风险公允价值变动		
……		
(二) 将重分类进损益的其他综合收益		
1. 权益法下可转损益的其他综合收益		

续表

项　目	本期金额	上期金额
2. 其他债权投资公允价值变动		
3. 金融资产重分类计入其他综合收益的金额		
4. 其他债权投资信用减值准备		
5. 现金流量套期储备		
6. 外币财务报表折算差额		
……		
六、综合收益总额		
七、每股收益:		
(一) 基本每股收益		
(二) 稀释每股收益		

本章主要针对尚未执行新金融准则或新收入准则的企业进行分析，包括编制、结构分析、趋势分析、具体项目质量分析内容。

3.1.3　利润表的编制

1. 利润表编制的一般原则

编制利润表的资料主要根据有关账簿的发生额填写，其中"本期金额"栏除"每股收益"外应当按照相关账户发生额的累计数填列，"上期金额"栏内各项数字，应根据上年该期利润表的"本期金额"栏所列数字填列。各项目具体的计算步骤如下:

(1) 以营业收入为基础，减去营业成本、税金及附加、销售费用、管理费用、研发费用、财务费用、资产减值损失，加上其他收益，加上(减去)公允价值变动收益(损失)、投资收益(损失)和资产处置收益(损失)，计算出营业利润。营业利润计算公式为

营业利润 = 营业收入 - 营业成本 - 税金及附加 - 销售费用 - 管理费用 - 研发费用 - 财务费用 - 资产减值损失 + 公允价值变动收益(减公允价值变动损失) + 投资收益(减投资损失) + 资产处置收益(减资产处置损失) + 其他收益

(2) 以营业利润为基础，加上营业外收入，减去营业外支出计算出利润总额。利润总额计算公式为

利润总额 = 营业利润 + 营业外收入 - 营业外支出

(3) 以利润总额为基础，减去所得税费用，计算出净利润(或净亏损)。净利润(或净亏损)的计算公式为

净利润(净亏损) = 利润总额 - 所得税费用

2. 利润表的编制方法

利润表各项目指标的填列有三种方法:一是根据有关账户的发生额分析填写报表指标;二是根据有关账户发生额相减后所得差额填写报表指标;三是根据本表各项目的构成及勾稽关系计算所得数额填列。

3. 利润表编制实例

每一天股份有限公司 2016 年度有关损益类科目累计发生额如表 3-3 所示。

表 3-3　每一天股份有限公司 2016 年损益类科目累计发生额　　　　单位：元

账　　户	借方发生额	贷方发生额
主营业务收入	—	782,700.00
其他业务收入	—	38,470.00
主营业务成本	480,000.00	—
其他业务成本	15,600.00	—
税金及附加	1,200.00	—
销售费用	10,000.00	—
管理费用	76,100.00	—
财务费用	51,800.00	—
资产减值损失	25,400.00	—
投资收益	—	110,000.00
营业外收入	—	76,000.00
营业外支出	3,000.00	—
所得税费用	39,246.00	—

　　根据上述资料，编制每一天股份有限公司 2016 年度利润表，如表 3-4 所示(上期金额已知)。

表 3-4　利　润　表

编制单位：每一天股份有限公司　　　　　2016 年度　　　　　　　　　单位：元

项　　目	本期金额	上期金额
一、营业收入	821,170.00	783,027.00
减：营业成本	495,600.00	363,24.00
税金及附加	1,200.00	980.00
销售费用	10,000.00	9,860.00
管理费用	76,100.00	65,000.00
财务费用	51,800.00	49,700.00
资产减值损失	25,400.00	11,300.00
加：公允价值变动收益(损失以"－"号填列)	—	—
投资收益(损失以"－"号填列)	110,000.00	100,000.00
其中：对联营企业和合营企业的投资收益	—	—
二、营业利润(亏损以"－"号填列)	271,070.00	382,863.00
加：营业外收入	76,000.00	69,000.00
减：营业外支出	3,000.00	2,000.00
其中：非流动资产处置损失	—	—
三、利润总额(亏损总额以"－"号填列)	344,070.00	449,863.00
减：所得税费用	39,246.00	40,570.00
四、净利润(净亏损以"－"号填列)	304,824.00	409,293.00
五、每股收益：		
(一)基本每股收益	—	—
(二)稀释每股收益	—	—
六 其他综合收益的税后净额	—	—
七、综合收益总额	304,824.00	40,9293.00

(1)"营业收入"项目应根据"主营业务收入"和"其他业务收入"科目发生额分析填列,即 782,700 + 38,470 = 821,170 元。

(2)"营业成本"项目应根据"主营业务成本"和"其他业务成本"科目发生额分析填列,即 480,000 + 1,5600 = 495,600 元。

(3)"税金及附加"项目应根据"税金及附加"科目发生额分析填列,即 1,200 元。根据财会〔2016〕22 号文,规定全面试行营业税改征增值税后,"营业税金及附加"科目名称调整为"税金及附加"科目,同时原先在"管理费用"科目列支的"房产税""土地使用税""车船税""印花税",本次也同步调整到"税金及附加"科目。因此本书在财务报表分析中适用新准则,按"税金及附加"进行分析。

(4)"销售费用"项目应根据"销售费用"科目发生额分析填列,即 10,000 元。

(5)"管理费用"项目应根据"管理费用"科目发生额分析填列,即 76,100 元。根据财会〔2018〕15 号文,"研发费用"项目从"管理费用"项目中分拆出来,单独列式为"研发费用"项目,该项目根据"管理费用"科目下的"研发费用"明细科目的发生额分析填列。

(6)"财务费用"项目应根据"财务费用"科目发生额分析填列,即 51,800 元。根据财会〔2018〕15 号文,"财务费用"项目下增加"利息费用""利息收入"的明细项目,分别根据"财务费用"科目的相关明细科目的发生额分析填列。

(7)"资产减值损失"项目,应根据"资产减值损失"科目发生额分析填列,即 25,400 元。

(8)"公允价值变动收益"项目应根据"公允价值变动损益"科目的发生额分析填列,如为净损失,本项目以"–"号填列。每一天股份有限公司未发生公允价值变动损益,所以该项目不用填写。

(9)"投资收益"项目应根据"投资收益"科目的发生额分析填列,即 110,000 元。如果计算结果为净损失,本项目以"–"号填列。

(10)"其他收益"项目系适用新政府补助准则而新增的项目,应根据"其他收益"科目的发生额分析填列。

(11)"资产处置收益"项目应根据"资产处置损益"科目的发生额分析填列。如为处置损失,以"–"号填列。

(12)"营业利润"项目应根据利润表确定的营业利润构成项目及勾稽关系计算取得,即 821,170 – 495,600 – 1,200 – 10,000 – 76,100 – 51,800 – 25,400 – 110,000 = 271,070 元。如为亏损,本项目以"–"号填列。

(13)"营业外收入"项目应根据"营业外收入"科目的发生额分析填列,即 76,000 元。

(14)"营业外支出"项目应根据"营业外支出"科目的发生额分析填列,即 3,000 元。因出售固定资产、无形资产、在建工程等非流动资产产生的利得或损失,通过"资产处置损益"科目核算,不再通过"营业外收入"或"营业外支出"科目核算。

资产处置收益与
营业外收支

(15)"利润总额"项目应根据利润表确定的利润总额构成项目及

其勾稽关系计算取得，即 271,070 + 76,000 - 3,000 = 344,070 元。如为亏损，本项目以"-"号填列。

(16) "所得税费用"项目应根据"所得税费用"科目的发生额进行分析填列，即 39,246 元。

(17) "净利润"项目应根据利润表确定的净利润构成项目及其勾稽关系计算取得，如为亏损，本项目以" - "号填列，即 344,070 - 39,246 = 304,824 元。

(18) "基本每股收益"和"稀释每股收益"项目，每股收益的计算方法，按照归属于普通股股东的当期净利润，除以发行在外普通股的加权平均数填列。

◆───── **知识链接** ─────◆

2018 年 6 月财会〔2018〕15 号文《关于修订印发 2018 年度一般企业财务报表格式的通知》中对现行的财务报表格式进行较大的修订，利润表部分主要有以下变动。

尚未执行新金融准则和新收入准则的企业利润表主要是分拆项目，并调整部分项目先后顺序，同时简化部分项目：

1. 新增"其中：研发费用"项目，从"管理费用"项目中分拆"研发费用"项目。

2. "其他收益""资产处置收益""营业外收入"行项目、"营业外支出"行项目核算内容调整。

3. "权益法下在被投资单位不能重分类进损益的其他综合收益中享有的份额"简化为"权益法下不能转损益的其他综合收益"。

已执行新金融准则或新收入准则的企业的利润表新增项目具体说明如图 3-5 所示。

信用减值损失
• 根据"信用减值损失"科目的发生额分析填列。

净敞口套期收益
• 根据"净敞口套期损益"科目的发生额分析填列；如为套期损失，以"-"号填列。

其他权益工具投资公允价值变动
• 根据"其他综合收益"科目的相关明细科目的发生额分析填列。

企业自身信用风险公允价值变动
• 根据"其他综合收益"科目的相关明细科目的发生额分析填列。

其他债权投资公允价值变动
• 根据"其他综合收益"科目下的相关明细科目的发生额分析填列。

金融资产重分类计入其他综合收益的金额
• 根据"其他综合收益"科目下的相关明细科目的发生额分析填列。

其他债权投资信用减值准备
• 根据"其他综合收益"科目下的"信用减值准备"明细科目的发生额分析填列。

现金流量套期储备
• 根据"其他综合收益"科目下的"套期储备"明细科目的发生额分析填列。

图 3-5 已执行新金融准则或新收入准则的企业的利润表新增项目说明

3.2 利润表分析

利润表通常表现为企业某个时期的收入与费用配比而得的利润或亏损，揭示了企业经营活动对某一会计期间内资产、负债和所有者权益的有利或不利影响。利润表的分析内容包括利润表结构分析、利润表趋势分析、利润表具体项目质量分析以及相关指标分析。

3.2.1 利润表分析的目的

对利润表进行分析的目的如下：

(1) 通过对利润表的分析可以评价企业的生产经营成果和获利能力，为投资决策提供依据。利润表所列信息，可以全面反映企业生产经营的收益情况，表明企业投入产出比例关系，确定企业是否盈利。

(2) 通过对利润表的分析可以考核经营管理者的业绩。利润是企业各项生产经营活动收益与耗费的集中表现，是反映生产经营情况的综合指标。不仅可以通过利润表评价管理者做出的各项决策是否合理，而且还可以为全面考核企业生产经营计划的完成情况提供依据。

(3) 利润表是解释、评价和预测企业偿债能力的一个重要依据。虽然利润表不提供偿债能力的信息，但是利润表却提供获利能力的信息。获利能力是评定企业偿债能力的一个重要指标。获利能力强则企业偿债能力也随之提高；若获利能力弱，可能近期不会给企业造成影响，但是长此以往，企业的资本结构将会受到影响，造成资不抵债的后果。

3.2.2 利润表结构分析

利润表结构分析也称为利润表垂直分析，是通过编制利润表结构分析表来进行分析，将利润表各项目与营业收入比较，计算出各项目占营业收入的比重，并与各项目比重的历史数据、行业水平进行比较，分析说明企业利润的结构及增减变动情况等。

编制利润结构分析表是进行利润表结构分析的第一步，是对企业利润表数据的进一步加工处理，其计算公式为

$$某项目的结构比重 = \frac{某项目金额}{营业收入金额} \times 100\%$$

某项目的结构变动情况 = 报告期(本期)结构比重 - 基期(上一期)结构比重

根据 M 企业 2011、2012 年的利润表(见附录 1)，编制 M 企业的利润表结构分析表，如表 3-5 所示。

表 3-5 M 企业 2011、2012 年利润表结构分析表   单位：万元

项　　目	2012 年	2011 年	2012 年比重	2011 年比重	变动情况
一、营业收入	5,233,414.91	5,200,332.83	100%	100%	0.00%
减：营业成本	4,399,023.81	4,387,835.88	84.06%	84.38%	-0.32%
营业税金及附加	36,875.41	30,569.69	0.70%	0.59%	0.12%
销售费用	476,495.59	497,800.94	9.10%	9.57%	-0.47%

续表

项　　目	2012 年	2011 年	2012 年比重	2011 年比重	变动情况
管理费用	226,345.11	206,915.09	4.32%	3.98%	0.35%
财务费用	25,639.13	6,403.23	0.49%	0.12%	0.37%
资产减值损失	68,771.61	58,123.75	1.31%	1.12%	0.20%
加：公允价值变动收益	−10,749.14	812.97	−0.21%	0.02%	−0.22%
投资收益	4,980.00	13,861.78	0.10%	0.27%	−0.17%
二、营业利润	−5,504.89	27,359.00	−0.11%	0.53%	−0.63%
加：营业外收入	63,072.06	40,433.58	1.21%	0.78%	0.43%
减：营业外支出	4,795.78	14,643.62	0.09%	0.28%	−0.19%
三、利润总额	52,771.39	53,148.96	1.01%	1.02%	−0.01%
减：所得税费用	25,452.57	21,983.34	0.49%	0.42%	0.06%
四、净利润	27,318.82	31,165.62	0.52%	0.60%	−0.08%
五、每股收益	—	—	—	—	—
六、其他综合收益的税后净额	−550.27	157.90	−0.011%	0.003%	−0.01%
七、综合收益总额	26,768.55	31,323.52	0.51%	0.60%	−0.09%

1. 营业利润结构分析

营业利润是企业在日常经营活动中赚取的经营成果，是企业利润的主要来源，决定着企业最终经营成果的数量和质量。营业利润代表了企业总体经营管理水平，反映了企业的获利能力、核心竞争力和发展前景。

营业利润结构分析是对利润表中构成营业利润的各个项目进行分析，包括营业收入、营业成本、税金及附加(即全面试行营业税改征增值税前的"营业税金及附加"项目)、期间费用、资产减值损失、公允价值变动收益和投资收益、资产处置收益、其他收益等项目。通过分析营业利润的形成过程，找出企业收入、成本、费用变化中的有利因素和不利因素。

M 企业营业利润结构分析表如表 3-6 所示。

表 3-6　M 企业营业利润结构分析表　　　　　　　　单位：万元

项　　目	2012 年	2011 年	2012 年比重	2011 年比重	变动情况
一、营业收入	5,233,414.91	5,200,332.83	100%	100%	0.00%
减：营业成本	4,399,023.81	4,387,835.88	84.06%	84.38%	−0.32%
营业税金及附加	36,875.41	30,569.69	0.70%	0.59%	0.12%
销售费用	476,495.59	497,800.94	9.10%	9.57%	−0.47%
管理费用	226,345.11	206,915.09	4.32%	3.98%	0.35%
财务费用	25,639.13	6,403.23	0.49%	0.12%	0.37%
资产减值损失	68,771.61	58,123.75	1.31%	1.12%	0.20%
加：公允价值变动收益	−10,749.14	812.97	−0.21%	0.02%	−0.22%
投资收益	4,980.00	13,861.78	0.10%	0.27%	−0.17%
二、营业利润	−5,504.89	27,359.00	−0.11%	0.53%	−0.63%

从表 3-6 中可以得知 M 企业 2012 年度各项利润因素的构成情况，其中营业成本占比为 84.06%，比 2011 年的 84.38%有所降低，表明产品的获利空间增强；营业税金及附加、

资产减值损失所占营业收入的比重都在不同程度上有所提高，这些项目的提高会对企业营业利润的提高起到抑制作用，若持续下去，则可能导致企业营业利润持续走低，最终影响企业的利润总额，导致亏损。管理费用占比与 2011 年相比提高了 0.35%，财务费用占比与 2011 年相比提高了 0.37%，提高的幅度较大，这对于提高企业的营业利润率非常不利。企业应积极查出管理费用和财务费用提高的原因，并采取相应的措施。通过对利息支出的分析(见表 3-7)得知，主要是因为汇率变动导致汇兑损失增加，引起财务费用变动较大；销售费用所占营业收入比重比 2011 年有所下降。企业应积极探讨继续降低相关支出的策略，使企业营业利润能够持续增长。营业利润的占比为–0.11%，比 2011 年的 0.53%下降了 0.63%，呈现下降趋势，这对企业成长不利。总体来说，M 企业 2012 年收入增长速度落后于费用类增长速度，导致营业利润的亏损。

表 3-7 2011 年、2012 年 M 企业利息支出对比　　　　　　　单位：万元

项　　目	2012 年金额	2011 年金额
利息支出	60,246.20	71,119.93
减：利息收入	33,697.98	21,382.85
加：汇兑损失	1,278.09	−42,362.59
加：其他支出	−2,187.18	−971.26
合计	25,639.13	6,403.23

2. 利润总额结构分析

利润总额是在营业利润的基础上加上营业外收入减去营业外支出后的净额，反映了企业全部的财务成果，代表企业当期的总的获利能力。

利润总额结构分析是以利润总额为分母，以利润总额的各构成项目为分子进行分析计算，进而分析利润总额的形成过程。

M 企业利润总额结构分析表如表 3-8 所示。

表 3-8 M 企业利润总额结构分析表　　　　　　　　　　单位：万元

项　　目	2012 年	2011 年	2012 年比重	2011 年比重	变动情况
二、营业利润	−5,504.89	27,359.00	−10.43%	51.48%	−61.91%
加：营业外收入	63,072.06	40,433.58	119.52%	76.08%	43.44%
减：营业外支出	4,795.78	14,643.62	9.09%	27.55%	−18.46%
三、利润总额	52,771.39	53,148.96	100.00%	100.00%	—

从表 3-8 中可以得知，M 企业利润总额主要是营业外收入贡献的，从 2011 年的 76.08%大幅度上升到 2012 年的 119.52%。而企业正常的经营活动在 2012 年却出现了亏损，应该引起高度重视，寻找原因。通过对营业外收入的分析(见表 3-9)可以看出，营业外收入增加主要是处置固定资产引起的，结合第 2 章的分析可知，主要是由于老厂房和土地处置引起的。

表 3-9 营业外收入明细　　　　　　　　　　　　单位：万元

项　　目	2012 年金额	2011 年金额
非流动资产处置利得	26,344.88	3,536.95
其中：固定资产处置利得	26,344.88	3,536.95
无形资产处置利得	—	—

续表

项 目	2012 年金额	2011 年金额
罚款及滞纳金收入	1,135.95	807.59
盘盈利得	13.21	7.23
接受捐赠	—	6.62
政府补助	29,503.52	32,836.85
增值税返还	1,293.21	1,193.23
其他	4,781.29	2,045.10
合计	63,072.06	40,433.58

3. 净利润结构分析

净利润是企业利润总额扣减所得税费用后的净额。净利润结构分析是根据编制的净利润结构分析表中构成净利润的各个项目进行分析，进而分析净利润形成的过程。

M 企业净利润结构分析表如表 3-10 所示。

表 3-10　M 企业净利润结构分析表 单位：万元

项 目	2012 年	2011 年	2012 年比重	2011 年比重	变动情况
三、利润总额	52,771.39	53,148.96	100.00%	100.00%	—
减：所得税费用	25,452.57	21,983.34	48.23%	41.36%	6.87%
四、净利润	27,318.82	31,165.62	51.77%	58.64%	−6.87%

从表 3-10 中可以得知，M 企业 2012 年净利润是利润总额的 51.77%，比 2011 年的 58.64%下降了 6.87%，主要原因是利润总额下降，所得税费用增加。所得税费用是企业赢取利润后必须承担的法律义务，属于企业不可控范畴。

3.2.3　利润表趋势分析

利润表趋势分析也称为利润表水平分析，是通过对企业利润表中的各项目若干期的观察，计算其增减变动额和增减变动百分比，以观察企业经营成果的变化趋势。利润表的趋势分析通常可作为用户预测企业未来经营情况的决策依据。通过观察报表中各项目的增减变化情况，可以发现重要的异常变化，同时对这些变化做进一步分析，找出其变化的原因，判断这种变化是有利还是不利，并力求对这种趋势是否会延续做出判断。

◆ 经典案例 ◆

2009 年 12 月 3 日，国家发改委召开抑制行业产能过剩和重复建设发布会，重点介绍钢铁、水泥、平板玻璃行业产能过剩和盲目重复建设，引导这些行业健康发展的有关情况。钢铁行业产能过剩尤为突出，且位列各大行业首位。2012 年 4 月 18 日中国钢铁工业协会副会长兼秘书长张长富在中钢协举行的信息发布会上说："今年一季度中国钢铁行业实现利润为−10.34 亿元，由钢铁生产主业亏损变为行业亏损，这也是进入新世纪以来第一次全行业亏损。"中国钢铁行业发展除受全球经济影响外，关键取决于其下游产业链的发展，从目前来看，喜忧参半。基于行业特征，选取了宝钢和鞍钢作为分析对象，对两家公司 2009—2015 年的年度净利润的变动趋势进行分析，相关数据和净利润变化趋势如表 3-11 所示。

表 3-11 2009—2015 年度宝钢、鞍钢年度净利润对比表 单位：百万元

项目	2009 年	2010 年	2011 年	2012 年	2013 年	2014 年	2015 年
鞍钢净利润	686	1,950	−2,332	−4,252	755	924	−4,600
宝钢净利润	6,095	13,361	7,736	10,433	6,040	6,090	714

通过表 3-11 可以看出，受钢铁行业产能过剩大环境的影响，两家公司 2009—2015 年的年度净利润的变化趋势基本一致，净利润由 2009 年开始波动性下降，2010 年行业情况稍有好转，但这个势头并未持续保持，2015 年两家公司净利润均突破新低。各企业在经历金融危机后，都在改革创新，进行产业结构调整，增强自己的竞争实力，因此两家公司在 2010 年的经营好转，净利润都呈上升趋势；2011 年由于原燃料价格不断上涨、钢材价格持续下滑导致净利润下滑，鞍钢甚至连续两年巨额亏损，直到 2013 年行业外部环境才有所好转，但 2014 年、2015 年，钢铁行业又迎来了"寒冬"的侵袭，利润继续下降。

虽然两家公司净利润的变化趋势整体上有相似之处，但作为行业龙头，宝钢的经营业绩明显要优于鞍钢，纵使受大环境的冲击，宝钢年净利润都保持正数，其盈利水平相对较高。然而，宝钢年净利润的波动性较大，存在一定的经营风险，而鞍钢经营风险则更高。究其原因，宝钢在产品质量保证能力、产品技术含量、成本控制能力等方面明显优于鞍钢，因此在净利润上与鞍钢相比优势明显。在以上优势中，产品技术含量是关键，因为随着社会经济的不断发展，企业效益的提升已经不能只依赖于产量和质量的提高，而更应取决于企业的创新力，与利润直接挂钩的就是对新产品的研发能力与新技术的成果转化。

编制利润表趋势分析表是进行利润表趋势分析的第一步，是对企业利润表数据的进一步加工，以满足趋势分析的需要，其计算公式为

$$某项目的变动率 = \frac{某项目的变动额}{基期(上年)金额} \times 100\%$$

$$某项目的变动额 = 报告期(本年)金额 - 基期(上年)金额$$

根据 M 企业 2011 年和 2012 年的利润表，编制 M 企业的利润表趋势分析表，如表 3-12 所示。

表 3-12 M 企业利润表趋势分析表 单位：万元

项 目	2012 年	2011 年	2010 年	2012 年变动额	2011 年变动额	2012 年变动率	2011 年变动率
一、营业收入	5,233,414.91	5,200,332.83	4,171,180.89	33,082.08	1,029,151.94	0.64%	24.67%
减：营业成本	4,399,023.81	4,387,835.88	3,490,610.65	11,187.93	897,225.23	0.25%	25.70%
营业税金及附加	36,875.41	30,569.69	19,677.61	6,305.72	10,892.08	20.63%	55.35%
销售费用	476,495.59	497,800.94	432,426.96	−21,305.35	65,373.98	−4.28%	15.12%
管理费用	226,345.11	206,915.09	161,895.35	19,430.02	45,019.74	9.39%	27.81%
财务费用	25,639.13	6,403.23	13,161.80	19,235.90	−6,758.57	300.41%	−51.35%
资产减值损失	68,771.61	58,123.75	65,668.93	10,647.86	−7,545.18	18.32%	−11.49%
加：公允价值变动收益	−10,749.14	812.97	−2,208.20	−11,562.11	3,021.17	−1422.21%	−136.82%
投资收益	4,980.00	13,861.78	43,272.67	−8,881.78	−29,410.89	−64.07%	−67.97%
其中：对联营企业和合营企业的投资收益	1,295.77	223.98	401.59	1,071.79	−177.61	478.52%	−44.23%

续表

项　　目	2012 年	2011 年	2010 年	2012 年变动额	2011 年变动额	2012 年变动率	2011 年变动率
二、营业利润	−5,504.89	27,359.00	28,804.05	−32,863.89	−1,445.05	−120.12%	−5.02%
加：营业外收入	63,072.06	40,433.58	48,812.15	22,638.48	−8,378.57	55.99%	−17.16%
减：营业外支出	4,795.78	14,643.62	10,486.68	−9,847.84	4,156.94	−67.25%	39.64%
其中：非流动资产处置损失	3,487.46	9,649.57	8,345.53	−6,162.11	1,304.04	−63.86%	15.63%
三、利润总额	52,771.39	53,148.96	67,129.53	−377.57	−13,980.57	−0.71%	−20.83%
减：所得税费用	25,452.57	21,983.34	19,398.33	3,469.23	2,585.01	15.78%	13.33%
四、净利润	27,318.82	31,165.62	47,731.20	−3,846.80	−16,565.58	−12.34%	−34.71%
五、每股收益	—	—	—	—	—	—	—
六、其他综合收益的税后净额	−550.28	157.9	−10,652.47	−708.18	10,810.37	−448.50%	−101.48%
七、综合收益总额	26,768.54	31,323.52	37,078.73	−4,554.98	−5,755.21	−14.54%	−15.52%

1. 企业利润构成项目变动趋势分析

企业营业利润构成项目变动趋势分析，即对营业收入、营业成本、税金及附加、期间费用等项目变动趋势进行的分析。通过分析可以评价各项目的变动对利润的影响。

从表 3-12 可以看出，M 企业 2010—2012 年三年收入、成本、费用等项目的增减幅度和变化趋势如下：

(1) 营业收入 2011 年比 2010 年增长 1,029,151.94 万元，2012 年比 2011 年增长 33,082.08 万元，两年增长幅度分别是 24.67% 和 0.64%；营业成本 2011 年比 2010 年增长 897,225.23 万元，2012 年比 2011 年增长 11,187.93 万元，增长幅度分别为 25.70% 和 0.25%。

M 企业在 2011 年营业成本增长幅度 25.70% 高于营业收入增长幅度 24.67%，说明企业控制营业成本的工作不是很理想；2012 年营业成本增长幅度 0.25%，低于营业收入增长幅度 0.64%，说明企业在一定程度上控制了成本。除此以外，2012 年营业收入的增长幅度 0.64% 远低于 2011 年的 24.67%，这说明企业的销售出现萎缩，要进一步结合企业自身和行业情况分析：2012 年家电行业"以旧换新、家电下乡"的部分刺激消费政策陆续退市，传统家电消费需求增速明显放缓。国家统计显示，2012 年国内彩电市场零售额同比下滑 10%，国内冰箱整体市场规模下滑 7%，空调市场销售量同比下滑 28.88%。根据资产负债表具体项目的开发费用增加可知，该企业可能在加大新产品的研发，逐步淘汰落后产品。可能是上述原因导致 2012 年该企业销售萎缩。

(2) 2011 年期间费用中销售费用比 2010 年增长 15.12%，2012 年下滑 4.28%；管理费用 2011 年增长 27.81%，2012 年增长 9.39%。销售费用和管理费用的变化表明企业在销售增长速度放缓的情况下，加强了对费用的控制。财务费用 2011 年增长幅度为 −51.35%，2012 年增幅为 300.41%，主要是由于外汇汇兑损失以及借款利息引起的，说明企业面对国内市场电器不景气，业务向境外转移并且为了解决资金不足，向银行借款。除此之外，造成公允价值变动幅度大的主要原因是交易性金融工具公允价值变动引起的，要结合具体项目进一步分析。其资料明细如表 3-13 所示。

表 3-13　公允价值变动收益、损失明细　　　　　　单位：万元

项　　目	2012 年金额	2011 年金额
交易性金融资产	−1,414.20	861.99
其中：衍生金融工具产生的公允价值变动收益	—	967.00
交易性金融负债	−9,334.93	−49.01
其中：衍生金融工具产生的公允价值变动收益	−9,334.93	−49.01
按公允价值计量的投资性房地产	—	—
合计	−10,749.14	812.97

2. 企业利润变动趋势分析

企业利润变动趋势分析，即对企业营业利润、利润总额和净利润变动趋势进行的分析。通过该分析可以评价企业的获利能力，预测企业未来盈利水平。

(1) 从表 3-12 可以看出，M 企业 2011 年实现营业利润 27,359.00 万元，比 2010 年下降 1,445.05 万元，下降幅度为 5.02%；2012 年实现营业利润 −5,504.89 万元，下降幅度为 120.12%，造成原因是费用类总体增长幅度远远大于收入增长幅度。此外，公允价值变动损益和投资收益稳定性和真实性不易控制，其变动对企业营业利润的影响比较大，可能给企业带来潜在的风险。

(2) M 企业 2011 年利润总额为 53,148.96 万元，比 2010 年下降 13,980.57 万元，下降幅度为 20.83%；2012 年利润总额为 52,771.39 万元，比 2011 年下降 377.57 万元，下降幅度为 0.71%。2012 年没有出现利润总额大幅度下降的原因是营业外收入比 2011 年增长了 22,638.48 万元，增长幅度为 55.99%，而营业外支出 2012 年比 2011 年下降了 9,847.84 万元，下降幅度为 67.25%。需要指出的是，营业外收入的增长、营业外支出的下降对企业利润总额的提高是有利的，但这两个项目是非经常性偶然项目，金额变化过大，属于不正常现象。

(3) M 企业 2011 年实现净利 31,165.62 万元，比 2010 年下降 16,565.58 万元，下降幅度为 34.71%；2012 年实现净利 27,318.82 万元，比 2011 年下降 3,846.8 万元，下降幅度 12.34%。其原因一方面是受到利润总额下降的影响，另一方面是由于所得税费用近两年逐年递增：近两年所得税费用分别增长了 2,585.01 万元和 3,469.23 万元，幅度分别为 13.33%和 15.78%。

3.2.4　利润表具体项目质量分析

利润表的具体项目质量分析，是在利润表结构、趋势分析的基础上，对企业利润表形成利润的各项目做出进一步的深入分析。

1. 营业收入

收入是指企业在日常活动中形成的、会导致所有者权益增加的、与所有者投入资本无关的经济利益的总流入。收入按企业从事日常活动的性质不同，分为销售商品收入、提供

劳务收入和让渡资产使用权收入；收入按企业经营业务的主次不同，分为主营业务收入和其他业务收入。通常认为企业的税前利润绝大部分来自主营业务收入，则企业的利润质量较高。营业收入项目分析，在利润表分析中至关重要。

企业在分析营业收入时，应注意以下问题。

1) 收入的确认和计量

根据财会〔2017〕22 号文"关于修订印发《企业会计准则第 14 号——收入》的通知"，收入的确认和计量准则分阶段实施。

在境内外同时上市的企业以及在境外上市并采用国际财务报告准则或企业会计准则编制财务报表的企业，自 2018 年 1 月 1 日起执行新的收入准则：

(1) 企业应当在履行了合同中的履约义务，即在客户取得相关商品控制权时确认收入。

(2) 取得相关商品控制权，是指能够主导该商品的使用并从中获得几乎全部的经济利益。

当企业与客户之间的合同同时满足下列条件时，企业应当在客户取得相关商品控制权时确认收入：

(1) 合同各方已批准该合同并承诺将履行各自义务。

(2) 该合同明确了合同各方与所转让商品或提供劳务相关的权利和义务。

(3) 该合同有明确的与所转让商品相关的支付条款。

(4) 该合同具有商业实质，即履行该合同将改变企业未来现金流量的风险、时间分布或金额。

(5) 企业因向客户转让商品而有权取得的对价很可能收回。

其他境内上市企业，自 2020 年 1 月 1 日起执行新的收入准则；执行会计准则的非上市企业，自 2021 年 1 月 1 日起执行新的收入准则。在过渡期内，其他境内上市公司和执行会计准则的非上市公司仍执行原收入准则，收入的确认不仅要符合定义还应当同时符合以下条件：

(1) 与收入相关的经济利益很可能流入企业。

(2) 经济利益流入企业的结果会导致资产的增加或者负债的减少。

(3) 经济利益的流入额能够可靠计量。

销售商品收入需要同时满足下述条件才能确认：

(1) 企业已将商品所有权上的主要风险和报酬转移给购货方。

(2) 企业既没有保留通常与所有权相联系的继续管理权，也没有对已售出的商品实施有效控制。

(3) 收入的金额能够可靠计量。

(4) 相关的已发生或将发生的成本能够可靠计量。

企业在资产负债表日提供劳务交易的结果能够可靠估计的，应当采用完工百分比法确认提供劳务收入。完工百分比法是指按照提供劳务交易的完工进度确认收入与费用的方法。当提供的劳务同时满足下列条件时，提供劳务交易的结果即为能够可靠估计。

(1) 收入的金额能够可靠计量。

(2) 相关经济利益很可能流入企业。

(3) 交易的完工进度能够可靠地确定。

(4) 交易中已发生和将发生的成本能够可靠地计量。

企业确定提供劳务交易的完工程度，可以采用下列方法：

(1) 已完工作的测量。

(2) 已经提供的劳务占应提供劳务总量的比例。

(3) 已经发生的成本占估计总成本的比例。

让渡资产使用权收入包括利息收入和使用费收入等。让渡资产使用权同时满足下列条件时，才能予以确认：

(1) 相关经济利益很可能流入企业。

(2) 收入的金额能够可靠计量。

让渡资产使用权收入可按照下列情况确定计量金额：

(1) 利息收入，企业应在资产负债表日，按照他人使用本企业货币资金的时间和实际利率计算确定利息收入金额。

(2) 使用费收入，按照有关合同或协议的收费时间和方法计算确定。

营业收入在确认的过程中，可能出现提前确认收入、应当在本期入账的收入延迟确认和先确认收入后又做退货或回购处理等操纵收入的行为，以达到调节利润粉饰会计报表的目的，在进行分析时需要特别注意。

2) 营业收入的构成

(1) 营业收入的产品品种构成分析。从市场竞争的角度来看，企业一般会从事多种商品或劳务的经营活动，占总收入比重大的商品或劳务是企业过去业绩的主要增长点。报表使用者可以通过体现过去主要业绩的商品或劳务的未来发展趋势进行分析，进而分析企业的未来发展趋势以及企业业绩的可持续性。

(2) 营业收入的地区构成分析。企业在不同地区销售商品或提供劳务的营业收入构成对信息使用者的意义重大：不同地区的消费者对不同品牌的商品具有不同的偏好；占总收入比重大的地区是企业过去业绩的主要地区增长点；不同地区的市场潜力在很大程度上制约企业未来的发展。

(3) 营业收入具体项目分析。营业收入包括主营业务收入和其他营业收入，主营业务收入应为企业收入和利润的主要来源。如果企业的主营业务收入占营业收入比较低，或者逐年下降，则企业发展潜力不容乐观。

3) 与关联方交易状况

在经济活动中，存在着各种各样的关联方关系，也经常发生多种多样的关联方交易。由于关联交易容易受到企业控制人的干涉，从而有可能使交易的价格、方式等有失公允，从而侵害股东和债权人利益，所以分析关联方交易收入的状况意义重大。报表使用者在进行分析的时候要关注交易价格、交易实现时间、交易量以及市场运作状况等方面的非市场化因素。

4) 部门或地区行政手段对企业业务收入的贡献

一般情况下，国家为了促进一些新兴产业的发展，给予一定优惠政策的支持。而一些已经发展成熟的企业，其形成的利润在很大程度上依然依赖于部门或地区的行政手段，则该企业未来发展前景不一定乐观。

5) 营业收入和应收账款的配比情况

在企业赊销政策一定的条件下,企业的应收账款规模应该与企业的营业收入保持一定的对应关系,企业的应收账款平均收现期应保持稳定。但是,企业的应收账款规模还与企业在赊销过程中采用的信用政策有关:放宽信用政策,将会刺激销售、增加应收账款的规模以及延长应收账款的平均收账期。

分析营业收入时,要注意应收账款的非正常增长、应收账款平均收现期的非正常延长,有可能是企业为了增加其营业收入而放宽信用政策的结果。过宽的信用政策,可以刺激企业营业收入的增长,但是企业未来也会面临出现大量坏账的风险。

6) 营业收入的增长幅度

营业收入的稳定增长是企业正常生产经营的标志。企业的发展通常是循序渐进的,所以企业营业收入的增长幅度通常应在一个合理的范围内。超出合理范围,需要查明原因,同时考虑报表数据的可信度。

◆ 经典案例 ◆

2017 年 3 月 11 日,证监会对九好集团做出"顶格处罚"。经证监会稽查,九好集团涉嫌虚增 2013—2015 年服务费收入 2.6 亿余元,虚增 2015 年贸易收入 57 万余元,虚构银行存款 3 亿元。九好集团造假案堪称现代财务造假教科书。该造假案涉及的金额大,涉案范围广,造假手段隐蔽,造假领域新,造假时间长等。

1. 造假方式——虚增服务费收入

2013—2015 年,九好集团虚增服务费共计 2.64 亿元,这些服务费都是怎么样虚增的呢?

他的商业模式是:作为一个中间人,撮合买卖双方的交易,这是一个三角关系。那么要调查清楚他的虚增费用,调查人员需要走访三类人群:第一是卖方(供应商,九好对他们收费),第二是买方(九好对他们免费),第三是九好员工(核实资金进出)。

走访的结果是:第一类群体,有 125 家供应商和个人,确认与九好集团无真实业务往来,通过这些调查确认,九好集团三年累计虚增服务费收入 1.91 亿元;第二类群体,买方也与九好集团无任何真实的业务往来,通过这 84 家买方确认得知,九好集团虚增服务费收入 5,099 万元;第三类群体,经向九好集团相关工作人员核实,九好集团存在帮助供应商套取资金并充当捐客的灰色业务模式。

2. 造假方式——刷单形式的虚增贸易收入 57 万元

杭州融康信息技术公司与九好集团存在资金循环。双方的业务操作模式是:融康公司向九好集团采购货物,货物未收到,支付的货款退回,但九好集团财务处理上仍然确定收入,这样就虚增 2015 年销售收入 57 万元。这个模式和电商刷单没有本质上的区别,都只为了表面业绩好看而已。

3. 造假再来一招——虚构 3 亿元银行存款

九好集团审计报告中披露的 2015 年 12 月合并资产负债表显示,2015 年末货币资金金额为 5.3 亿元。经查,其中 3 亿元银行存款系由九好集团通过借款形成,且在披露时点处于质押的状态,九好集团未披露该借款及存款质押事宜。

虚构的 3 亿存款，是怎么弄的呢？

在其他应收款科目上虚构收回。在银行存款方面虚增，同时，转出资金不入账，财务报表上这块资金成了"假钱"。假钱造出来了，要让它"流动"才能更显真实。于是，他们做了一个虚假的银行账户划转凭证。光这样做，3 亿元虚假资金还不够"真实"，怎么办？

他们再来搞一次 3 亿元的借款和质押，在银行账户上形成 3 亿元的定期存单。只要这笔借款和质押不在《审计报告》附注及《重大资产重组报告书》披露，那么，这 3 亿元虚构的假钱，就"真实"了。

那么这个(借款—质押)的手段是怎么完成的呢？

借款 3 亿，购买理财产品或定期存单，然后用这些东西为借款方的关联公司质押担保，通过承兑汇票贴现的方式将资金归还借款方。资金仍是一进一出，谁都没损失什么，但多了 3 亿元的银行存单。

资料来源：搜狐财经新闻

2. 营业成本

营业成本是指企业销售商品或提供劳务过程中发生的成本。企业应当在确认产品销售及劳务等收入时，将已销售的产品、已提供劳务成本计入当期损益。企业的类型不同，营业成本的表现形式也有所不同，如工业企业的营业成本表现为销售产品的生产成本；商品流通企业的营业成本则表现为已销商品的成本。

通过对营业成本的分析可以了解企业成本水平、变动趋势及成本控制能力。在对营业成本进行分析时，需注意以下四个问题。

1) 营业成本的确认、计量和配比

企业在确认营业收入的同时结转营业成本，因此需要关注在确认营业收入的同一会计期间，相关成本是否同时结转。

在营业成本的确认过程中，企业出于某种目的，可能出现下述操作：将营业成本作为资产入账或者延期确认，以低估当期成本费用，虚增利润；将资产作为当期费用入账或应在后期确认的成本提前确认，以增加当期成本费用，虚减利润；随意变更成本核算方法，使成本数据被人为操纵，用于调节利润表项目数据。

2) 成本计量方法

存货的计价方法有先进先出法、加权平均成本法、移动平均法和个别认定法。对企业分析时，应关注企业存货发出所采用的计价方法及及其变动情况。

3) 营业成本主要项目

营业成本包括主营业务成本和其他业务成本。通过对主营业务成本和其他业务成本的构成分析，计算企业主营业务所占比重，判断企业生产经营状况是否正常。其他业务成本占营业成本比重过高，则说明企业的主营业务发展前景欠佳。

4) 营业成本的增长幅度分析

营业成本的增长与下降，伴随着企业生产经营的变化。通常营业成本逐年增长，反映企业的稳步发展。除此之外，企业营业成本水平高低的影响因素分为不可控因素和可控因素。所以对营业成本的质量评价，应结合相关因素来进行，例如，是否受市场因素的影响导致价格波动；是否通过会计核算人为控制企业成本等。在会计分析中，信息使用者主要通过该指标分析变动趋势，判断增长的合理性。

3. 税金及附加

税金及附加是用来核算企业日常经营活动应负担的税金及附加，包括消费税、城建税、教育费附加、土地增值税、资源税、印花税、车船税等。与投资性房地产相关的房产税、土地使用税在税金及附加科目中核算。

税金及附加一般与营业收入相配比，通过对税金及附加的增减变化分析，能够得知营业收入的增减变化情况。在会计分析中，信息使用者一般通过该指标分析企业是否及时缴纳税金以及税金计算是否准确。

4. 销售费用

销售费用是指企业为了满足客户的需求在销售商品和材料、提供劳务的过程中发生的各种费用，包括在销售商品过程中发生的保险费、包装费、展览费、广告费、商品维修费、预计产品质量保证损失、运输费、装卸费等经营费用。商业企业销售过程中所发生的各项费用属于商品流通费，一般不计入商品的销售成本。而设有独立销售机构的工业企业，独立销售机构发生的一切费用均计入销售费用。

利润最大化是企业追求的目标，销售费用反映的是企业以销售为目的发生的营业活动规模、销售人员报酬、市场开拓能力等方面的情况。二者并非完全相对立的，企业需要找到一个最佳配比点，控制不合理的营销开支，不会降低营销能力，这样才能促进企业的长期发展。所以，信息使用者主要根据这一指标来分析费用变动的合理性和有效性。

5. 管理费用

管理费用是指企业为组织和管理生产经营活动所发生的各种费用，包括企业经费、工会经费、职工教育经费、劳动保险费、咨询费、审计费、诉讼费、税金、土地使用费、技术转让费、技术开发费、无形资产摊销、矿产资源补偿费、研究费、排污费等。商品流通企业管理费用不多的，可以不设置本科目，将核算内容并入销售费用科目核算。

在分析中应该注意以下三点：

(1) 管理费用与销售费用一样都不能盲目降低，盲目降低管理费用会对企业的长期发展不利，也会降低员工积极性。所以在管理费用这一项目中企业主要关注其变动情况，分析其变化合理性，判断企业综合经营管理水平。

(2) 管理费用中，折旧费、摊销费等多数属于固定性费用，与企业营业收入的相关性不大，不存在控制其支出规模问题，不能完全依据营业收入的比例关系。

(3) 管理费用进行分析时，不能只关注其总金额的大小和变动情况，更应进一步分析其明细项目。

根据 2018 年 6 月财政部下发的财会〔2018〕15 号文规定，一般企业财务的财务报表列示时，将"研发费用"从"管理费用"项目中分拆出来，单独列示。

6. 财务费用

财务费用是指企业筹措生产经营所需资金的过程中所发生的费用，包括企业生产经营期间为筹集资金发生的利息费用、汇兑损益、金融机构手续费以及其他手续费等。

利息费用并不都是已经支付的，根据权责发生制原则，未支付的但属于本期的利息费用也在当期的财务费用科目中核算。而属于利息资本化的部分不能够在该科目中核算应计入相应的资产成本中。

在分析中，财务费用是非常值得关注的一个项目。负债是财务费用形成的主要原因，而负债的利息成本并不全部计入财务费用。根据规定，满足条件的应予以资本化的利息费用计入长期资产的成本。贷款规模、贷款利息、贷款期限是影响企业贷款利息水平的主要因素。当企业因贷款规模的原因导致计入利润表的财务费用下降时，需要辩证地分析：一方面贷款规模的降低可以改善企业的盈利能力；另一方面也可能因此影响企业的发展水平。所以信息使用者通过该指标来分析财务费用增减变动的合理性和有效性、还本付息的保障程度和财务风险程度，以及确定合理的筹资方案。

7. 资产减值损失

资产减值损失是指当资产的可收回金额低于其账面价值时，企业在计提各项资产减值准备的过程中形成的或有损失，如存货跌价损失、固定资产减值损失等。

中润资源坏账引
深交所问询

在分析中，应关注财务报表附注资产减值明细中的各项目构成，检查各项资产减值准备计提方法或比例，是否存在过度计提或计提不足的情况，是否存在通过调节资产减值操纵利润的情况。

8. 公允价值变动损益

公允价值变动损益是企业在进行以公允价值计量且其变动计入当期损益的金融资产、以公允价值计量且其变动计入当期损益的金融负债、债务重组、非货币性交换，以及采用公允价值模式计量的投资性房地产等交易过程中形成的应计入当期损益的利得和损失。

在分析中应重点关注的是：第一，相关损益的确认不会给企业带来相应的现金流入或现金流出；第二，如果此项变动引起的损益在净利润中所占的比重过大，一定程度上说明企业的主体经营活动盈利能力不足。

9. 投资收益

投资收益是指一定会计期间企业对外投资所发生的投资收益减去投资损失的净额，包括投资到期收回或中途转让取得的款项大于原投资账面金额的差额，对外投资分得的利润、股利和债券利息以及权益法核算股权投资时，在被投资单位增加的净资产中所拥有的数额等。当投资收益小于投资损失时为净损失。

随着资本市场的逐步完善，越来越多的企业希望通过投资活动来获取收益。企业在进行一项投资活动时，首先考虑收益情况，若无收益，则该项投资活动无意义；其次，考虑投资的风险，一般来说风险越大收益越大，因此风险因素是衡量投资方案是否可行的一个重要指标。

一般来说，投资收益在年度间一般不会出现重大变化。有时企业会为了特定的需要采取一些人为措施操纵利润，例如：运用权益法故意调高或调低企业的投资收益；故意多计提或少计提投资减值准备。

10. 其他收益

其他收益是 2017 年政府补助准则修订(财会〔2017〕15 号文)后新增的一个损益类项目，在利润表中的"营业利润"项目之上单独列报，用于反映计入其他收益的政府补助等。该科目主要用于核算与企业日常经营活动相关，但不宜确认收入或冲减成本费用的政府补助。

分析时应关注收益发生的原因，且其发生额和营业收入之间没有必然联系，金额通常不会很大。还应结合报表附注信息，了解政府补助的具体项目，考虑是否是偶然收益。

11. 资产处置收益

资产处置收益是 2017 年修订印发一般企业财务报表格式(财会〔2017〕30 号文)后新增的项目，主要反映企业出售划分为持有待售的非流动资产(金融工具、长期股权投资和投资性房地产除外)或处置组(子公司和业务除外)时确认的处置利得或损失，出售划分为持有待售的固定资产、无形资产、在建工程、生物性生产资产而产生的利得或损失，以及债务重组中因处置非流动资产产生的利得或损失和非货币性资产交换中换出非流动资产产生的利得或损失。

在分析时应注意固定资产、无形资产等非流动资产处置的原因，且其发生额与营业收入之间不存在必然关系。其发生额如果过大应考虑企业的经营是否出现异常情况。

12. 营业外收入和营业外支出

营业外收入是指在企业发生的营业利润以外的收益，主要包括债务重组利得、与企业日常活动无关的政府补助、盘盈利得、捐赠利得等。

营业外支出是指在企业发生的营业利润以外的支出，主要包括债务重组损失、公益性捐赠支出、非常损失、盘亏损失、非流动资产毁损报废损失等。

在分析中应关注收支发生的原因。营业外收支之间不存在配比关系，两者的发生额都不应该过大，企业对该项目的管理应是将其控制在最低限度。

13. 所得税费用

所得税费用主要核算企业负担的所得税，是企业经营期间产生的利润所应缴纳的所得税，主要包括应纳所得税额和递延所得税。递延所得税是暂时性差异，简单理解为会计的计量标准和税法的计量标准存在差异，导致当期缴纳以后抵扣和当期不缴纳以后再缴纳的处理方式。所得税费用的计算公式为

应交税所得额 = 税前会计利润 + 纳税调整增加额 − 纳税调整减少额

应纳所得税额 = 应纳税所得额 × 所得税税率

递延所得税 = (递延所得税负债的期末余额 − 递延所得税负债的期初余额)

      − (递延所得税资产的期末余额 − 递延所得税资产的期初余额)

所得税费用 = 应纳所得税额 + 递延所得税额

在分析中，需要着重关注企业应纳所得税税额的确定是否合法，时间性差异的跨期摊销分配是否准确、及时。

3.3 企业盈利能力分析

盈利能力是企业在一定期间内获取利润的能力，也称为企业的资金或资本增值能力。利润率越高，盈利能力越强。企业的营销能力、获取现金能力、降低成本能力以及规避风险能力等都要通过盈利能力表现出来。

企业的盈利能力分析主要是以资产负债表、利润表、现金流量表为基础，通过表内各项目之间的逻辑关系计算销售净利率、成本费用利润率、总资产报酬率、利息保障倍数等指标，从而对企业的盈利能力进行分析，评价一个企业的经营业绩。用于反映企业盈利能力的指标很多，除了上述指标还有销售毛利率、资产净利率、资本收益等，其中上市公司经常根据每股收益、每股股利、市盈率等指标进行盈利能力分析。盈利能力是企业财务分析的重要内容，是企业获取利润、投资者取得投资收益、债权人收取本息的基础，是经营者经营业绩的体现，也是提高职工集体福利的重要保障。

在分析盈利能力时，企业应该区分下列因素并予以排除：

(1) 已经或将要停止的营业项目。

(2) 重大事故或法律更改等特殊情况。

(3) 会计政策和财务制度变更带来的累计影响。

(4) 证券买卖。

(5) 其他非正常的营业状况。

3.3.1　企业盈利能力基础分析

企业盈利能力基础分析主要运用销售毛利率、销售净利率、营业利润率、成本费用利润率等指标进行分析。

1. 销售毛利率

销售毛利率是毛利占销售净值的百分比。其中毛利是销售净收入与产品成本的差。销售毛利率计算公式为

$$销售毛利率 = \frac{销售收入 - 销售成本}{销售收入} \times 100\%$$

销售毛利率表示每一元销售收入扣除销售成本后，可以用于各项期间费用和形成盈利的金额。销售毛利率是企业销售净利率的基础，没有足够大的毛利率便不能盈利。企业不仅可以通过销售毛利率评价商业企业存货价值，还有利于进行销售收入、销售成本水平的比较分析。

销售毛利率是反映公司产品竞争力和获利潜力的重要指标。它反映了企业产品销售的初始获利能力，是企业净利润的起点，没有足够高的毛利率便不能形成较大的利润。

2. 销售净利率

销售净利率是净利润与销售收入的比率，用以衡量企业在一定时期内获取销售收入的能力。通过分析销售净利率的升降变动，可以帮助企业在扩大销售的同时，改进经营管理，提高盈利水平。

销售净利率的计算公式为

$$销售净利率 = \frac{净利润}{销售收入} \times 100\%$$

销售净利率反映每一元销售收入所带来的净利润，表示销售收入的收益水平。企业在增加销售收入的同时，必须要获取更多的净利润才能使销售净利率有所提高。

　　净利润中包含波动较大的营业外收支净额和投资收益、公允价值变动损益、其他收益、资产处置收益，这些因素与营业收入相关性不大，使得净利率虽然反映某一特定时期的获利水平，但很难反映获利的稳定性和持久性，也很难真正反映企业基于经营规模的相对盈利能力。此外，该比率还受到企业筹资决策的影响，财务费用作为筹资成本，是企业新创造价值的一部分，但在计算利润总额的时候被扣除。这将导致在销售收入、销售成本等因素相同的情况下，资本结构不同，财务费用水平不同，计算的销售净利率也会有所差异。

　　企业的短期投资者和债权人更关注企业最终获利能力的大小，所以通常他们直接使用这一指标。而对于企业管理者和所有者来说，则应将该指标数额与净利润的内在结构结合起来分析，以正确判断企业的盈利能力。

　　对单个企业来说净利率指标越大越好，但各行业内的竞争力、经济状况、利用负债融资的程度及行业经营的特征，都使得不同行业各企业间的业务收入净利率大不相同。因此，在使用该比率分析时，要注意与同行业其他企业间的横向对比。

　　根据 M 企业财务报表数据计算销售毛利率、销售净利率如表 3-14 所示。

表 3-14　M 企业销售毛利率、销售净利率　　　　　　　单位：万元

项　　目	2011 年	2012 年
①营业收入	5,200,332.83	5,233,414.91
②营业成本	4,387,835.88	4,399,023.81
③毛利①-②	812,496.95	834,391.10
④净利润	31,165.62	27,318.82
⑤销售毛利率③/①	15.62%	15.94%
⑥销售净利率④/①	0.60%	0.52%
⑦营业外收入	40,433.58	63,072.06
⑧营业外支出	14,643.62	4,795.78
⑨营业收支税后净额⑦-⑧	6447.49	14,569.07
⑩占净利润百分比⑨/④	20.69%	53.33%

　　从表 3-14 中可以看出，2012 年比 2011 年销售毛利率上升了 0.32%，净利率却下降了 0.08%。总体来说，销售毛利率一直保持着行业不错的水平(2012 年电器类上市公司销售毛利率水平在 7%左右)，但是销售净利率却出现下滑趋势。与行业同类公司相比，销售净利率比较低(海信电器 6.2%，海尔电器 5.46%)。

　　值得关注的是，营业外收支税后净额 2011 年占净利润的 20.69%，而 2012 年竟高达53.33%，占净利润的一半之多，由此可以得出：在这两年里，企业净利润很大程度上依赖于非正常经营活动，因此，对 M 企业的竞争力和前景进行判断时就要结合相关指标综合判断，慎重考虑。

　　3. 营业利润率

　　营业利润率是指企业的营业利润与营业收入的比率，其中营业利润是指正常生产经营业务所带来的，未扣除利息和所得税前的利润。但在实际运用中，通常扣除利息，即直接用利润表上的"营业利润"数据。营业利润率是衡量企业经营效率的指标，反映了在考虑营业成本的情况下，企业管理者通过经营获取利润的能力。营业利润率的计算公式为

$$营业利润率 = \frac{营业利润}{营业收入净额} \times 100\%$$

营业利润率越高，说明企业的获利能力越强；营业利润越低，则企业的获利能力越弱。营业利润率综合反映了企业具有稳定和持久性的收入与支出因素，它所揭示的企业盈利能力具有稳定和持久的特征。影响企业营业利润率高低的关键是营业利润的大小，影响营业利润的因素有营业收入、营业成本、税金及附加、管理费用及营业费用等。

营业利润率不仅考核主营业务的盈利能力，而且考核非主营业务的盈利能力，这在企业多元化经营的今天，具有更重要的意义。企业的盈利能力不仅取决于产品经营，而且越来越多地受非产品经营的其他业务获利水平的制约，甚至出现了其他业务获利状况决定了企业全部盈利水平、盈利稳定性和持久性的状况。

营业利润率还可以用来评价企业产品经营或与其他经营业务直接相关的成本费用，而且也将与它们间接相关且必须发生的成本费用纳入考核，这就使得该指标对企业经营业务获利能力的考核更趋全面，尤其是将期间费用纳入支出项目进行获利扣减，更能体现营业利润率的稳定性和持久性。

根据 M 企业的财务报表数据计算营业利润率如表 3-15 所示。

表 3-15　M 企业营业利润率　　　　　　　　　　　单位：万元

项　　目	2011 年	2012 年
①营业收入	5,200,332.83	5,233,414.91
②营业利润	27,359.00	−5,504.89
③营业利润率(②/①)	0.53%	−0.11%

从表 3-15 中可以看出，M 企业 2012 年营业利润率从 2011 年的 0.53%下降到 −0.11%，且 2012 年出现了负数，这说明产品毛利没有弥补企业为了维持正常生产经营所需要的费用。进一步分析可以得出，这是由于主营业务税金和财务费用同比增加过快，超出了收入的增加。

═══ 知识链接 ═══

核心利润率是反映企业经营成果的一个关键指标，核心利润的大小反映了企业盈利能力的大小。在现在的报表中核心利润表示为企业的经营利润。在动态的报表分析中应该看到产生核心利润的经营性资产和核心利润对应的现金流之间的关系。在联系的视野下分析这三者的对应关系能让我们对企业的盈利能力有一个客观的分析。单纯只看某一个指标是不足的，因此在联系的角度下分析核心利润的对应关系，会对企业经营状况有更好的把握。核心利润的计算公式为

核心利润 = 营业收入 − 营业成本 − 销售费用 − 管理费用 − 财务费用 − 各项税金及附加

可以看出，在企业存在自身的经营活动(产品生产、销售及劳务提供等)的条件下，核心利润反映了企业从事经营活动的业绩成效。总而言之，核心利润反映企业经营资产的综合盈利能力，是衡量企业竞争力的重要指标之一。

核心利润率的计算公式为

核心利润率 = 核心利润 / 营业收入 × 100%

利润是由资产产生的，因此利润结构与资产结构存在一种对应关系。但是，要明白的

是不同的资产产生利润的能力是不同的，所以在集团化管理条件下，当企业进行多种产品经营时，应注重优化投资结构和业务结构。

4. 成本费用利润率

成本费用利润率是企业一定时期利润总额与成本费用总额的比率。它是反映企业生产经营过程中发生的耗费与获得的收益之间关系的指标。其计算公式为

$$成本费用利润率 = \frac{利润总额}{成本费用总额} \times 100\%$$

$$成本费用总额 = 营业成本 + 销售费用 + 管理费用 + 财务费用$$

成本费用利润率越高，表明企业耗费所取得的收益越高，付出的代价越小，成本费用控制得越好，盈利能力越强。企业生产销售的增加和费用开支的节约，都能使这个比率提高。

企业应该注意成本费用与利润之间的对应关系，即收益与成本的配比，这样能够更好地揭示企业各项成本费用的使用效果，使经营成本利润率更具有代表性。

根据 M 企业的财务报表计算成本费用利润率如表 3-16 所示。

表 3-16　M 企业成本费用利润率　　　　　　　　　　单位：万元

项目	2012 年	2011 年
①营业成本	4,399,023.81	4,387,835.88
②销售费用	476,495.59	497,800.94
③管理费用	226,345.11	206,915.09
④财务费用	25,639.13	6,403.23
⑤成本费用总额①+②+③+④	5,127,503.64	5,098,955.14
⑥利润总额	52,771.39	53,148.96
⑦成本费用利润率⑥/⑧	1.03%	1.04%

从表 3-16 可以得知，M 企业 2012 年比 2011 年在成本费用控制方面略有下降，但总体来说，成本费用利润率不高，整体成本费用管理要进一步加强。

3.3.2　反映投资报酬的财务指标

1. 总资产报酬率

总资产报酬率是企业一定时期内获得的报酬总额与平均资产总额的比率。它是反映企业资产综合利用效果的指标，也是衡量企业利用债权人和企业投资人的资金取得盈利大小的重要指标。其计算公式为

$$总资产报酬率 = \frac{息税前利润总额}{资产平均总额} \times 100\%$$

公司真正的获利能力看什么

其中，资产平均总额为年初资产总额与年末资产总额的平均数；息税前利润总额为利润总额与利息支出的总和数。

企业运营资产取得的收入，最终将增加净利润，但这部分收入首先应承担利息支出，

即总资产产生的利益先保障债权人的利益，再供投资人分配。债权人享有的部分变现为利息支出，投资人享有的部分变现为净利润。

总资产报酬率越高，表明企业的资产利用效益越好，整个企业盈利能力越强。评价这一指标时，应结合企业自身前期比率、同行业其他企业比率等进行比较，并进一步分析，找出有利和不利因素，以提高企业总资产报酬率，从而提高企业的资产盈利能力。

根据总资产报酬率的经济内容，可将其做如下分解：

$$总资产报酬率=\frac{销售收入}{平均总资产}\times\frac{利润总额+利息支出}{销售收入}=总资产周转率\times销售息税前利润率$$

从公式可以看出，影响总资产报酬率的因素有两个：一是总资产周转率，该指标作为反映企业营运能力的指标，可用于说明企业资产的运用效率，是企业资产经营效果的直接体现；二是销售息税前利润率，该指标反映了企业商品生产经营的盈利能力，产品盈利能力越强，销售利润率越高。由此可见，资产经营盈利能力受商品经营盈利能力和资产运营效率两方面影响。

根据 M 企业财务报表数据，计算总资产报酬率如表 3-17 所示。

表 3-17　总资产报酬率　　　　单位：万元

项　　目	2012 年	2011 年	2010 年
①利润总额	52,771.39	53,148.96	67,129.53
②利息支出	25,639.13	6,403.23	13,161.80
③息税前利润①+②	78,410.52	59,552.19	80,291.33
④资产总额	5,454,554.07	5,165,106.41	4,455,594.38
⑤资产平均总额	5,309,830.24	4,810,350.40	—
⑥总资产报酬率③/⑤	1.48%	1.24%	

有关总资产报酬率的影响因素分解如表 3-18 所示。

表 3-18　总资产报酬率的影响因素　　　　单位：万元

项　　目	2012 年	2011 年	变动
①销售收入	5,233,414.91	5,200,332.83	33,082.08
②利润总额	52,771.39	53,148.96	-377.57
③利息支出	25,639.13	6,403.23	19,235.90
④息税前利润总额②+③	78,410.52	59,552.19	18,858.33
⑤资产平均总额	5,309,830.24	4,810,350.41	499,479.85
⑥总资产报酬率④/⑤	1.48%	1.24%	0.24%
⑦息税前利润率④/①	1.50%	1.15%	0.35%
⑧总资产周转率①/⑤	0.99	1.08	-0.09

从表 3-17、3-18 中可以得知，M 企业总资产报酬率比 2011 年上升了 0.24%，具体从

驱动指标来看：息税前利润率上升了 0.35%，而总资产周转率下降了 0.09。从整体来看，息税前利润率增长幅度超过了总资产周转率下降幅度，引起总资产报酬率上升。

2. 净资产收益率

净资产收益率(也称股东权益报酬率、权益净利率)是用来衡量企业所有者权益回报率的指标，是企业一定时期净利润与平均净资产的比率。该指标反映了企业自有资金的投资收益水平，具有很强的综合性。其计算公式为

$$净资产收益率 = \frac{净利润}{平均净资产} \times 100\%$$

或

$$股东权益报酬率 = \frac{净收益}{平均所有者权益总额} \times 100\%$$

净资产收益率越高，企业自有资本获取收益的能力越强，运营效益越好，对企业投资人、债权人利益的保证程度越高。净资产收益率具有很强的综合性，它反映了公司所有者权益的投资报酬率，是评价一家公司经营业绩的主要指标。

影响净资产收益率的因素主要有总资产报酬率、负债利息率、企业资本结构和所得税率等，各影响因素的具体分析如下：

1) 总资产报酬率

净资产是企业资产的一部分，因此净资产收益率必然受企业总资产报酬率的影响。在负债利息率和资本构成等条件不变的情况下，总资产报酬率越高，净资产收益率越高。

2) 负债利息率

负债利息率之所以影响净资产收益率是因为在资本结构一定的情况下，当负债利息率变动使总资产报酬率高于负债利息率时，则有利于净资产收益率的提高；反之，则会对净资产收益率产生不利影响。

3) 资本结构

当总资产报酬率高于负债利息率时，提高负债与所有者权益之比，将使净资产收益率提高；反之，降低负债与所有者权益之比，将使净资产收益率降低。

4) 所得税率

净资产收益率的分子是净收益即税后利润，因此所得税率的变动必然引起净资产收益率的变动。所得税率提高，净资产收益率下降，反之净资产收益率上升。

各因素和净资产收益率之间的关系可以通过下列公式反映：

$$净资产收益率 = \frac{净利润}{净资产} = \frac{(息税前利润 - 负债利息) \times (1 - 所得税率)}{平均净资产}$$

净资产收益率是衡量企业总体盈利能力的一个重要指标，在具体分析时需要注意下列问题：

(1) 净资产收益率只是着重反映单一时期的状况。它只包含一年的盈利，无法反映多重阶段决策所产生的全部影响。例如一个公司为推行一种新产品而导致费用大量增加时，净资产收益率开始下降，但它下降仅仅是一个时期的状态，并非财务业绩状况恶化。

(2) 净资产收益率不能反映一家公司在产生净资产收益率时所伴随的风险。例如，投资一项冶金业务与投资一项政府债券业务的净资产收益率相同，从净资产收益率表面上看，获利能力相同；从收益与风险的关系来看，投资政府债券的风险明显小于投资冶金业务。

(3) 运用净资产收益率考核企业资金利用效果，进行再筹资存在很多局限性。如以净资产收益率作为考核指标不利于企业的横向和纵向比较分析。

根据 M 企业财务报表数据计算净资产收益率如表 3-19 所示。

表 3-19　净资产收益率

单位：万元

项　　目	2012 年	2011 年	2010 年
①净利润	27,318.82	31,165.62	47,731.20
②所有者权益总额	1,811,104.56	1,784,451.97	1,459,482.18
③所有者权益平均总额	1,797,778.27	1,621,967.08	—
④净权益收益率①/③	1.52%	1.92%	—

从表 3-19 中可以看出，M 企业的权益收益率 2012 年比率为 1.52%，比 2011 年有所下降，从整个行业来说，该值是比较低的。

3. 资本收益率

资本收益率是企业一定时期净利润与平均资本(即资本性投入及其资本溢价)的比率，反映企业实际获得投资额的回报水平。其计算公式为

$$资本收益率 = \frac{净利润}{平均资本} \times 100\%$$

其中，

$$平均资本 = \frac{实收资本年初数 + 资本公积年初数 + 实收资本年末数 + 资本公积年末数}{2}$$

注意：上述资本公积仅指资本溢价(或股本溢价)。

资本收益率反映投资者原始投资的获利能力以及投资者投资所产生的收益，与投资者的利益密切相关。资本收益率这一指标对企业具有重大的影响，它能够从所有者的角度来衡量企业的盈利能力，该指标长期被所有者关注。

资本收益率不仅体现了企业管理水平的高低、经济效益的优劣、财务成果的好坏，还直接反映了所有者投资效益的好坏，是所有者用于判断其投入企业的资本保值增值程度的基础。

企业还可以通过该指标的分析，判断企业的投资收益，从而影响所有者的投资决策和潜在投资人的投资倾向，以及企业的筹资方式、筹资规模，进而影响企业的发展趋势。该比率越大说明投资人投入资本的获利能力越强，对投资者越具有吸引力。

根据 M 企业财务报表数据计算资本收益率如表 3-20 所示。

表3-20 资 本 收 益 率

单位：万元

项 目	2012 年	2011 年	2010 年
①净利润	27,318.82	31,165.62	47,731.20
②实收资本年末余额	461,624.42	461,624.42	284,731.71
③资本公积年末余额	850,510.38	851,176.61	734265.16
④其中：股本溢价	328,812.56	328,812.56	215,815.53
⑤资本余额②+④	790,436.98	790,436.98	500,547.24
⑥资本平均余额	790,436.98	645,492.11	—
⑦资本收益率①/⑥	3.46%	4.83%	—

从表3-20可以看出，2012年资本收益率从2011年的4.83%下降到3.46。说明企业投资人投入的资金获利能力下降。

3.3.3 上市公司盈利能力特殊分析

近年来，我国上市公司发展迅速，上市公司的经营目标是追求企业价值的最大化，即股东财富最大化。上市公司股东对企业的衡量是通过对其盈利能力的分析来实现，而对上市公司盈利能力的分析要借助一系列特有的指标来进行。

1. 每股收益

每股收益又称每股税后利润、每股盈余，是税后利润与股本总数的比率。它是测定股票投资价值的重要指标之一，是分析每股价值的一个基础性指标，是综合反映公司获利能力的重要指标。每股收益的计算包括基本每股收益和稀释每股收益。基本每股收益的计算公式为

每股收益的计算

$$基本每股收益 = \frac{归属于普通股东的当期净利润}{当期发行在外普通股的加权平均数}$$

其中

当期发行在外普通股的加权平均数 = 期初发行在外普通股股数 + 当期新发行普通股股数

$$\times \frac{已发行时间}{报告期时间} - 当期回购普通股股数 \times \frac{已回购时间}{报告期时间}$$

已发行时间、报告期时间和已回购时间一般按天数计算，在不影响计算结果的前提下，也可以按月份简化计算。其计算公式为

$$加权平均发行在外普通股股数 = \frac{\sum(发行在外普通股股数 \times 发行在外月份数)}{12}$$

简化公式

$$每股收益 = \frac{净利润}{年末普通股份总数}$$

稀释每股收益，即假设公司存在的可能转化为上市公司股权的工具都在当期全部转换为普通股股份后计算每股收益。相对于基本每股收益，稀释每股收益充分考虑了潜在普通股对每股收益的稀释作用，以反映公司在未来股本结构下的资本盈利水平。

股份公司中的每股利润是指普通股每股税后利润。该指标中的利润是利润总额扣除应缴所得税的税后利润，如果发行了优先股还要扣除优先股应分的股利，然后除以流通股数，即发行在外的普通股平均股数。其计算公式为

$$普通股每股收益 = \frac{税后利润 - 优先股股利}{流通股数}$$

$$每股收益 = \frac{净利润 - 优先股股利}{年度末股份总数 - 年度末优先股数}$$

在分析每股收益时，一般情况下，每股收益越高，企业的获利能力越强。

在分析每股收益时，应注意下列问题：

(1) 在分析每股收益时要考虑股票本身固有的股价，而不是每股收益越高越好。

(2) 公司财务报表上的净利润是根据一定的会计制度核算出来的，不同的核算方法，可以计算出不同的利润数据，所以每股收益并不一定能反映公司的实际情况。

(3) 并不是所有的潜在普通股都能对当期每股收益产生稀释作用。潜在普通股虽然具有稀释作用，但是并不是任何情况都对当期每股收益具有稀释作用，只有当潜在普通股转换成普通股会减少每股持续正常经营净利润时，它才能具有稀释作用。

虽然我国在 2006 年的《企业会计准则第 34 号——每股收益》中对每股收益指标进行了修订和补充，但是每股收益仍然存在一定的局限性。

(1) 每股收益仅反映上市公司某年的每股收益情况，基本不具备延续性和可比性。我国的上市公司很少分红利，一般是送股、派发股票股利、公积金转增资本等。企业为了融资也会根据自己的情况选择增发、配股和发行可转换公司债券等方式增加普通股股数。从每股收益的公式可以看出，净利润不变，普通股股数增加，则每股收益减少。在此情况下，纵向比较每股收益的增长率，公司的净利润绝对值可能实际上是增长了，但因为普通股股数增加，分摊到每股的收益就变小了，可能出现减少的迹象。对于有大量配股的公司来说，该数据不具有可比性。

(2) 每股收益不能反映投资风险，只是一个概括性数据，并不能全面反映公司财务状况、经营成果以及现金流量，更不能反映企业的投资活动。分析者受信息不对称以及企业外部经济和社会环境不确定因素带来的系统风险等因素的影响，无法准确判断企业所面临的经营和财务风险。例如，公司为了扩大生产规模，在没有进行严格的市场调研和项目可行性分析的情况下，就盲目进行投资，该行为加大了公司的经营风险，但每股收益很可能没有变化，无法反映风险的变化，容易导致投资者做出错误的投资决策。

知识链接

每股收益，反映了每只股票创造的税后利润，所以每股的收益越高，也就证明了公司的营收能力越强，存在风险的可能性也就越低。

每股收益有一个重要关口就是 1 元，一般来说牛股的每股收益都大于一元，而且每股的收益越高，越容易成为牛股。

如果一只股票的每股收益低于 1 元，是否意味着就不能成为牛股呢？这个当然是否定的。因为我们在看每股收益的时候要进行动态分析，观察它在这几年之内的一个增长的速度，预测未来几年可能的增长速度。有些个股虽然现在的每股收益低于 1 元，但是增长速度很快，也会成为阶段性的牛股。

科目\年度	2017	2016	2015	2014	2013	2012 ≫
☑ 基本每股收益(元)	1.6300	1.6100	1.7300	0.9900	0.8300	0.7800
每股净资产(元)	8.34	6.75	8.28	5.25	4.25	3.42
每股经营现金流(元)	1.88	1.68	1.03	0.58	1.06	1.17
每股资本公积金(元)	3.81	3.60	4.42	1.77	1.77	1.77
每股未分配利润(元)	3.63	2.70	2.52	2.20	1.32	0.56

图 3-6 福祥股份财务指标(部分)

数据来源：东方财富网

图 3-6 的富祥股份，2012—2015 年每股收益增长速度很快，2015 年的时候增速超过了 73%，这也是这支股票成为阶段性牛股的关键因素。

还有一种情况，就是每股收益很低但是股价却大幅度上涨，这就是我们通常所说的妖股。但是这样的妖股比较难以把握，即使是可以跟进也没有坚实的东西作支撑，不能重仓的话是无法获得高利润的。

2. 每股股利

每股股利是企业股利总额与期末普通股股份总数的比率，是上市公司本年发放的普通股现金股利总额与年末普通股总数的比值，反映上市公司当期利润的积累和分配情况。利润总额是用于对普通股分配现金股利的总额，流通股数是企业发行在外的普通股股份平均数。其计算公式为

$$每股股利 = \frac{股利总额}{流通股数}$$

$$每股股利 = \frac{普通股现金股利总额}{年末普通股股数}$$

每股股利是反映股份公司每一普通股获得股利多少的一个指标，每股股利的高低，不仅取决于获利能力的强弱，还受企业股利发放政策与利润分配需要的影响。例如，企业为了扩大再生产，增强企业的后劲而留存收益，则每股股利就少，反之则多。

3. 市盈率

市盈率是上市公司普通股每股市价相当于每股收益的倍数，反映投资者对上市公司每股净利润愿意支付的价格，可以用来估计股票的投资风险和报酬。其计算公式为

$$市盈率 = \frac{普通股每股市价}{普通股每股收益}$$

市盈率是投资者普遍关注的指标，是市场对公司的共同期望指标。市盈率受盈利历史、成长潜力、公司的相对风险等因素的影响。每股市盈率越高，表明市场对公司未来越看好，企业获利的潜力越大。反之则说明企业的前景不乐观。在市场价值确定的情况下，每股收益越高，市盈率越低，投资风险越小。如果仅仅从市盈率高低的横向比较来看，一个具有良好前景的企业往往因为高市盈率而获得社会的信赖。

4. 市净率

市净率也称市账率，是指普通股每股市价与每股净资产的比率。它反映普通股股东愿意为每一元净资产支付的价格，说明市场对资产质量的评价。其中，每股净资产也称为每股账面价值，是指普通股股东权益与流通在外普通股股数的比率，它反映每股普通股享有的净资产，代表理论上的每股最低价值。其计算公式为

$$市净率 = \frac{每股市价}{每股净资产}$$

$$每股净资产 = \frac{普通股股东权益}{流通在外普通股股数}$$

既有优先股又有普通股的公司，通常只为普通股计算净资产。在这种情况下，普通股每股净资产计算需要分两部分完成：一是从股东权益总额中减去优先股权益得出普通股权益；二是用普通股权益除以流通在外的普通股股数，计算出普通股每股净资产。

在计算市净率和每股净资产时，应使用资产负债表日流通在外普通股数，并非当期流动在外普通股加权平均数。因为每股净资产的分子为时点数，分母应与其口径一致，所以应选取同一时点数。

3.3.4　影响盈利能力的其他因素

影响企业盈利能力的其他因素有以下几个方面。

1. 税收政策对企业盈利能力的影响

企业的发展离不开税收政策的制定与实施。税收政策给企业提供了公平的纳税环境，有效调整产业结构，使经济持续稳定增长。国家对需要大力扶持的企业提供一些税收优惠政策，而一些国家抑制的产业不仅不享受税收优惠政策，还承受高额的税收，如烟酒等征收高额的消费税。国家的税收政策与企业盈利能力之间存在一定关系，分析者在评价一个企业的盈利能力时，要考虑税收政策的影响。分析者对企业进行财务分析时，很容易只关注影响企业发展的内部因素，而忽视外部因素对企业的影响。税收政策作为企业的外部因素，需要加强重视。

2. 资本结构对企业盈利能力的影响

资本结构是影响企业盈利能力的重要因素之一，企业负债经营程度的高低对企业的盈利能力有直接的影响。当企业的资产报酬率高于企业借款利息率时，企业负债经营可以提高企业的获利能力，反之降低企业的获利能力。企业不应只注重增加资本投入、扩大投资规模，还需合理配置资本结构，才能不断提高企业的利润。分析者在对企业的盈利能力进行分析时，应综合考虑资本结构变动以及企业借入资本或自有资本对企业的盈利能力的影响，才能正确分析企业的盈利能力。

3. 利润结构对企业盈利能力的影响

主营业务利润、投资收益和非经常项目收入等组成了企业的利润，其中主营业务利润是形成企业利润的基础。通常情况下，营业利润和投资收益是企业利润的主要来源。非经常性项目因为是偶尔发生，所以不是影响盈利能力的主要项目。分析者往往只注重对企业

利润总量的分析，而忽视对企业利润构成的分析，忽视利润结构对企业盈利能力的影响。如果从企业的净利润角度来看，企业的盈利能力很好，但是分析发现利润的主要来源是非经常性项目，而不是企业的主营业务活动，说明该企业的利润结构存在较大的风险，且该企业的净利润无法反映企业的真实盈利能力。

本 章 小 结

(1) 利润表又称收益表、损益表，是一张动态的财务报表，它把一定时期的收入与相关的成本费用进行配比，反映企业一定会计期间(如年度、季度、月份)内的经营成果。

(2) 利润表的作用：一是为解读、评价和预测企业经营成果和获利能力提供了重要的信息；二是为解读、评价和预测企业的长期偿债能力提供了重要信息；三是为评价和考核企业管理者的绩效提供了重要信息。

(3) 利润表的结构分析，也称为利润表垂直分析，是通过编制利润表结构分析表来进行分析，将利润表各项目与营业收入比较，计算出各项目占营业收入的比重，并将各项目比重的历史数据、行业水平进行比较，分析说明企业利润的结构及增减变动情况等。

(4) 利润表趋势分析，也称为利润表水平分析，是通过对企业利润表中的各项目在若干期的观察，计算其增减变动额和增减变动百分比，以观察企业经营成果的变化趋势。利润表的趋势分析通常可作为用户预测企业未来经营情况的决策依据。通过观察报表中各项目的增减变化情况，可以发现重要的并且异常的变化，同时对这些变化做进一步分析，找出其变化的原因，判断这种变化是否有利，并力求对种趋势是否会延续做出判断。

(5) 利润表的具体项目质量分析，是在利润表结构、趋势分析的基础上，对企业利润表中的利润各项目进一步深入的分析。

(6) 对利润表项目进行分析，从利润表的形成过程着眼，分别从营业利润、利润总额和净利润三大层次进行。对利润表具体项目进行分析时，重点应放在形成营业利润的具体项目上。企业营业利润的多少，代表了企业总体的经营管理水平和效果。

(7) 营业利润包含主营业务利润，还包括其他业务利润，所以在企业多元化经营、多种经营开展的比较好时，其他业务利润会弥补主营业务利润低的缺陷，但如果企业其他业务利润长期高于主营业务利润，则企业应适当考虑产业结构的调整问题。

(8) 盈利能力是指企业在一定时期内赚取利润的能力，是一个相对概念，即利润相对于一定的资产的投入、一定的收入而言的比率。企业盈利能力的一般分析，主要有销售毛利率、销售净利率、营业利润率、成本费用利润率、总资产报酬率、净资产收益率等指标。

本 章 练 习

一、简答题

1. 利润表对信息使用者的作用有哪些？

2. 对营业收入分析应注意哪些问题？

3. 对管理费用、销售费用、财务费用分析应注意哪些问题？

4. 营业利润是构成企业当期净利润的主体。所以营业利润越多，企业当期的净利润也一定越多，你认为这种说法对吗？请简要说明理由。

二、计算分析题

资料：表 3-21 为某公司 2015 年、2016 年度的利润表。

该公司董事长认为，2016 年销售收入上升而利润下降不是正常情况，同时管理费用大幅度增加也属于异常，要求财务部门进行解释。

表 3-21　利　润　表　　　　　单位：万元

项　　　目	2015 年	2016 年
一、营业收入	41,438	48,401
减：营业成本	26,991	33,230
税金及附加	164	267
销售费用	1,380	1,537
管理费用	2,867	4,279
财务费用	1,615	1,855
资产减值损失	—	51
投资收益	990	1,250
二、营业利润	9,411	8,332
加：营业外收入	694	365
减：营业外支出	59	33
三、利润总额	10,046	8,664
减：所得税费用	3,315	2,455
四、净利润	6,731	6,209

要求：(1) 编制利润表结构趋势分析表。

(2) 简要评述各项变动，并分析原因。

(3) 计算该企业两年的毛利润、销售净利率、营业利润率和成本费用利润率。

三、案例分析题

东升公司是一家以资本运作为主要业务的财务公司，它所投资的实体公司非常少。2015 年金融市场的动荡，让公司的总经理颇有心惊肉跳之感。他意识到，纯粹资本运作链条的另一端似乎是一个无底的深渊。因此，2016 年年初，他希望调整公司的战略投资方向，一方面发挥资本运作的优势，另一方面也要找到长期投资的实体经济运作的"靠山"。

向阳股份是它少数的实体投资企业之一。最近 3 年来，东升股份一直拥有向阳股份的 20% 有表决权资本的控制权。向阳股份带来的回报也一直都比较令人满意。总经理现在在慎重地考虑是否要对向阳追加投资，毕竟，在资本市场变幻莫测的情况下，稳定回报的企业并不多见。当然，在总经理的观念中，一直认为盈利能力比财务状况、营运能力更重要，因为他希望通过投资获得更多的利润，而若发现财务状况不好，他还可以发明一些新的资本运作方法，包装后总是能找到比较成功的脱手方式。因此，他委托公司的财务部门认真研究一下向阳股份的盈利能力，看一看今年到底要不要对它追加投资。

财务人员搜集的向阳股份的资料如图 3-22～图 3-24 所示。

表3-22　利　润　表　　　　　　　　　　单位：万元

项　　目	2014 年度	2015 年度
一、营业收入	14,638,800.45	19,554,913.00
减：营业成本	10,255,706.37	13,815,062.87
营业税金及附加	1,316,674.59	1,798,042.68
销售费用	452,188.95	413,827.36
管理费用	390,261.77	474,524.98
财务费用	64,083.95	47,773.58
资产减值损失	78,976.46	49,594.61
加：投资收益	417,027.52	356,190.81
二、营业利润	2,497,935.89	3,312,277.73
加：营业外收入	35,186.44	85,543.15
减：营业外支出	7,886.20	17,559.12
三、利润总额	2,525,236.32	3,380,261.76
减：所得税费用	596,483.92	785,317.96
四、净利润	1,928,752.40	2,594,943.80

表3-23　财务费用表　　　　　　　　　　单位：万元

项　　目	2014 年度	2015 年度
利息支出	154,679.82	177,897.35
减：利息收入	92,856.89	137,118.78
汇兑损益	-6,060.48	-3,802.55
财务费用合计	64,083.95	47,773.58

表3-24　有关资产、负债及所有者权益的资料　　单位：万元

项　　目	2014 年度	2015 年度
平均总资产	49,380,703.95	55,985,216.16
平均净资产	11,066,652.02	12,610,161.71

要求：根据上述资料，财务人员认为应该做好以下几方面工作，以便于做出投资决策。

(1) 计算反映资产经营盈利能力和资本经营盈利能力的指标。

(2) 采用因素分析法分析总资产报酬率变动的原因。

(3) 评价企业盈利能力状况。

第4章 现金流量表分析

本章目标

- 了解现金流量表的内容与基本结构
- 理解现金流量表的编制
- 理解现金流量表的作用
- 掌握现金流量表结构分析方法
- 掌握现金流量表趋势分析方法
- 掌握现金流量表质量分析方法
- 掌握现金流量表比率分析方法

重点难点

重点：
1. 现金流量表的编制
2. 现金流量表结构分析方法
3. 现金流量表趋势分析方法
4. 现金流量表质量分析方法
难点：
1. 现金流量表的编制
2. 现金流量表质量分析方法

案例导入

2018 年 3 月 27 日晚间，信用评级公司穆迪将特斯拉的信用评级从 B2 下调至 B3，并不排除继续降低评级的可能。据路透社 3 月 28 日报道，穆迪称该评级"反映了特斯拉 Model 3 汽车产能的严重不足"，还"反映了公司由于负现金流和可转换债券到期面临的流动性不足"。信用评级为 B 级即意味着企业信用程度差，偿债能力较弱。B3 为穆迪信用评级系统中 B 级最差的一档。此前 2017 年 4 月，评级公司标准普尔对特斯拉维持了 B-的评级，同样是该公司信用评级系统中 B 级最差的一档。

引用穆迪的新闻稿称，特斯拉于 2017 年底，拥有 34 亿美元现金及证券，其中 19 亿美元来自基于其资产的贷款工具。这样的流动性情况不足以覆盖：

(1) 供特斯拉维持其日常运营的最少约 5 亿美元现金。

(2) 如果特斯拉继续维持高速资本支出以进行扩张，2018 年运营需要烧掉的现金将约为 20 亿美元。

(3) 2019 年年初到期的可转换债券约 12 亿美元，这些所需现金很可能让特斯拉需要进行超过 20 亿美元的短期资本募集。

如果不能迅速提高 Model 3 产能来改善现金流，特斯拉唯一能做的就是再度进入市场融资，至少需要融资 20 亿美元，才能保证不会因资金耗尽而破产。特斯拉的运营模式是对现金流的极限使用，这种极限使用容易导致现金流断裂，我们还记得史玉柱建珠海第一高楼，最后由于现金流断裂导致企业破产。史玉柱在经历了商场的折戟沉沙后总结道："90 年代的民营企业现在还活着的不到 20%，主要问题其实不是管理不善，而是财务危机——投资失误导致资金紧张，最后资金链断裂。"

现金流是企业的血液，现金流管理的好坏，往往是决定企业生死的命门。

资料来源：新浪财经新闻

现金流量表是反映企业在一定会计期间现金及现金等价物流入和流出信息的财务报表。通过分析企业的现金流量表，能够从动态上了解企业现金变动情况和变动原因，判断企业获取现金的能力，从而评价企业的盈利质量。

4.1 认识现金流量表

现金流量表是以收付实现制为基础编制的，反映企业在一定会计期间内现金及现金等价物流入和流出的信息，说明企业在报告期内经营活动、投资活动和筹资活动的会计报表。

4.1.1 现金流量表的内容

从编制原则上看，现金流量表按照收付实现制原则编制，将权责发生制下的盈利信息调整为收付实现制下的现金流量信息，便于信息使用者了解企业净利润的质量。从内容上看，现金流量

股神巴菲特谈现金流

表被划分为经营活动、投资活动和筹资活动三个部分，每类活动又包含各自项目，这些项目从不同角度反映企业业务活动的现金流入与流出，弥补了资产负债表和利润表提供信息的不足。报表使用者能够通过现金流量表了解现金流量的影响因素，评价企业的支付能力、偿债能力和周转能力，预测企业未来现金流量，为其决策提供有力依据。

4.1.2　现金流量表的结构

我国现金流量表的基本结构采用报告式，通过主表和补充资料两部分进行完整详细地列报。

1. 现金流量表的格式

1) 现金流量表主表

现金流量表主要列报经营活动产生的现金流量、投资活动产生的现金流量、筹资活动产生的现金流量，最后汇总反映企业现金及现金等价物净增加额。一些企业因涉及外币现金流量等业务，需要折算为人民币，应单独设立"汇率变动对现金及现金等价物的影响"项目。

2) 现金流量表附注

现金流量表附注包括现金流量表补充资料、当期取得或处置子公司及其他营业单位的有关信息、现金及现金等价物的详细信息。它是对现金流量表的补充说明，是为了便于会计报表使用者理解会计报表的内容而进行的具体解释。现金流量表的补充资料主要包括三部分内容：一是将净利润调整为经营活动的现金流量；二是不涉及现金收支的投资和筹资活动；三是现金及现金等价物净变动情况。

2. 现金流量表的结构

我国会计准则将现金流量按交易性质分为：经营活动产生的现金流量、投资活动产生的现金流量、筹资活动产生的现金流量、现金流量净额以及现金的期末余额。

一般企业的现金流量表结构如表 4-1 所示。

表 4-1　现金流量表　　　　　　　　　　　　　　会企 03 表

编制单位：　　　　　　　　　年　月　　　　　　　　金额单位：元

项　　目	本期金额	上期金额
一、经营活动产生的现金流量		
销售商品、提供劳务收到的现金		
收到的税费返还		
收到其他与经营活动有关的现金		
经营活动现金流入小计		
购买商品、接受劳务支付的现金		
支付给职工以及为职工支付的现金		
支付的各项税费		
支付其他与经营活动有关的现金		
经营活动现金流出小计		
经营活动产生的现金流量净额		

补充资料	本年金额	上年金额
二、投资活动产生的现金流量		
收回投资收到的现金		
取得投资收益收到的现金		
处置固定资产、无形资产和其他长期资产收回的现金净额		
处置子公司及其他营业单位收到的现金净额		
收到其他与投资活动有关的现金		
投资活动现金流入小计		
购建固定资产、无形资产和其他长期资产支付的现金		
投资支付的现金		
取得子公司及其他营业单位支付现金净额		
支付其他与投资活动有关的现金		
投资活动现金流出小计		
投资活动产生的现金流量净额		
三、筹资活动产生的现金流量		
吸收投资收到的现金		
取得借款所收到的现金		
发行债券收到的现金		
收到其他与筹资活动有关的现金		
筹资活动现金流入小计		
偿还债务所支付的现金		
分配股利、利润或偿付利息所支付的现金		
支付其他与筹资活动有关的现金		
筹资活动现金流出小计		
筹资活动产生的现金流量净额		
四、汇率变动对现金及现金等价物的影响		
五、现金及现金等价物净增加额		
加：期初现金及现金等价物余额		
六、期末现金及现金等价物余额		
1. 将净利润调节为经营活动现金流量		
净利润		
加：资产减值准备		
固定资产折旧、油气资产折耗、生产性生物资产折旧		
无形资产摊销		
长期待摊费用摊销		
处置固定资产、无形资产和其他长期资产的损失(收益以"－"填列)		
固定资产报废损失(收益以"－"填列)		
公允价值变动损益(收益以"－"填列)		
财务费用(收益以"－"填列)		
投资损失(收益以"－"填列)		
递延所得税资产的减少(增加以"－"填列)		
递延所得税负债的增加(减少以"－"填列)		
存货的减少(增加以"－"填列)		

续表

补充资料	本年金额	上年金额
经营性应收项目的减少(增加以"－"填列)		
经营性应付项目的增加(减少以"－"填列)		
其他		
经营活动产生的现金流量净额		
2. 不涉及现金收支的重大投资和筹资活动		
债务转为资本		
一年内到期的可转换公司债券		
融资租入固定资产		
3. 现金及现金等价物净变动情况		
现金的期末余额		
减：现金的期初余额		
加：现金等价物的期末余额		
减：现金等价物的期初余额		
现金及现金等价物净增加额		

4.1.3　现金流量表的编制

现金流量表是以现金及现金等价物为基础编制的。

1. 现金流量表的编制基础

1) 现金

现金是指企业的库存现金以及可以随时用于支付的存款。会计上所说的现金一般是指企业的库存现金，而现金流量表中的"现金"包括库存现金、银行存款、其他货币资金和在其他金融机构中可以随时用于支付的各种存款。其中，其他货币资金包括企业的外埠存款、银行汇票存款、银行本票存款、信用卡存款、信用证保证金存款等。

现金流量表中
的"现金"

银行存款和其他货币资金中有些不能随时用于支付的存款，例如，不能提前支取的定期存款等，不应作为现金，而应列作投资；随时通知金融企业便可支取的定期存款，则应包括在现金范围内。

2) 现金等价物

现金等价物是指企业持有的期限短(一般是指从购买日起，三个月内到期)、流动性强、易于转换为已知金额现金、价值变动风险很小的投资。现金等价物虽然不是现金，但其支付能力与现金差别不大，可视为现金。一项投资被确认为现金等价物必须同时满足四个条件：期限短、流动性强、易于转换为已知金额现金、价值变动风险小。所以长期投资不属于现金等价物的范畴，短期投资中的股票投资，因价值变动风险很大，也不应属于现金等价物的范畴。

需要注意的是，不同企业现金和现金等价物的范围可能不同。企业应视经营特点等具体情况，确定现金及现金等价物的范围。

某投资者在查阅 HX 公司的财务报告时发现，该公司年末"货币资金"项目余额为 20.35 亿元，而现金流量表中"期末现金及现金等价物"项目余额为 6.87 亿元，差额 13.48 亿元货币资金哪里去了呢？令此投资者困惑，后来咨询做"财务分析"的老师，老师让他通过"货币资金"项目的附注信息查找线索。在"货币资金"项目附注中披露了 "人民币 13.48 亿元用于质押开具银行承兑汇票"。这是怎么回事呢？原来，根据现行的银行承兑汇票操作模式，企业在申请开立银行承兑汇票时，必须向银行缴存一定比例的保证金。这部分保证金在票据到期支付前不得取回和随意动用。在约定的付款日期，保证金将作为票款的一部分支付给持票人。这部分保证金在资产负债表上仍然列为"货币资金"，但是因不能随时用于支付，不符合现金流量表中关于"现金"或者"现金等价物"的定义，因此需从现金和现金等价物的年初、年末余额中排除。那这部分资金如何在现金流量表中反映呢？我们要将银行存款转为银行承兑汇票的保证金时，可将所划转的金额在现金流量表上列示为"投资所支付的现金"。这是因为此刻该项保证金尚未对外支付，只是改变了在企业内部存储的形式，本质上与银行定期存款没有区别。此投资者果然在现金流量表"投资所支付的现金"项目中找到了相对应的金额。

2. 现金流量表的编制方法

1) 经营活动产生的现金净流量的填列

编制现金流量表时，填报经营活动产生的现金净流量的方法主要有直接法和间接法。采用直接法编制现金流量表，便于分析企业经营活动产生的现金流量的来源和用途，预测企业未来现金流量的前景；采用间接法编制现金流量表，便于将净利润与经营活动产生的现金流量净额比较。

直接法又称损益表法，指按照现金收入和现金支出的主要类别直接反映企业经营活动产生的现金流量。在直接法下，一般是以利润表中的营业收入为起算点，结合资产负债表，调节与经营活动有关项目的增减变动，然后计算出经营活动产生的现金流量。

间接法是指以净利润为起算点，调整不涉及现金的收入、费用、营业外收支等有关项目，剔除投资活动、筹资活动对现金流量的影响，据此计算出经营活动产生的现金流量。由于净利润是按照权责发生制原则确定的，而且包括了与投资活动和筹资活动相关的收益与费用，将净利润调节为经营活动现金流量，实际上就是将按权责发生制原则确定的净利润调整为现金净流入，并剔除投资活动和筹集活动对现金流量的影响。

2) 现金流量表编制的技术方法

现金流量表是企业会计报表的重要组成部分，也是其中最难编制的报表。它的编制方法有：工作底稿法、T 型账户法和分析填列法。因工作底稿法和 T 型账户法编制现金流量表都需要编制大量的调整分录，操作起来繁琐复杂，在实际工作中很少采用。而分析填列法因具有简便易操作的特点，备受理论工作者和实际工作者的喜爱。

分析填列法是直接根据资产负债表、利润表和有关会计科目明细账的记录，分析计算出现金流量表各项目的金额，并据以编制现金流量表的一种方法。

3. 分析填列法编制

1) 经营活动产生的现金流量各项目的填制方法

(1) 销售商品、提供劳务收到的现金。该项目反映企业本期销售商品、提供劳务收到的现金(包括销售收入和应向购买者收取的增值税销项税额)，以及前期销售商品、提供劳务本期收到的现金和本期预收的款项，减去本期销售本期退回商品和前期销售本期退回商品支付的现金。企业销售材料和代购代销业务收到的现金，也在本项目反映。

企业有关销售商品、提供劳务的业务，主要涉及利润表中的"营业收入"项目，资产负债表中的"应交税费(销项税额)"部分项目，"应收账款"项目、"应收票据"项目和"预收款项"项目等计算销售商品、提供劳务收到的现金。计算公式如下：

销售商品、提供劳务收到的现金 = 销售商品、提供劳务产生的"收入和增值税销项税额" + 应收账款本期减少额(期初余额 – 期末余额) + 应收票据本期减少额(期初余额 – 期末余额) + 预收款项本期增加额(期末余额 – 期初余额) ± 特殊调整业务

上述公式中的特殊调整业务的处理原则是：应收账款、应收票据和预收款项等账户(不含三个账户内部转账业务)借方对应的账户不是销售商品提供劳务产生的"收入和增值税销项税额类"账户，则作为加项处理，如以非现金资产换入应收账款等；应收账款、应收票据和预收款项等账户(不含三个账户内部转账业务)贷方对应的账户不是"现金类"账户的业务，则作为减项处理，如客户用非现金资产抵偿债务等。

(2) 收到的税费返还。收到的税收返还包括企业收到返还的所得税、增值税、消费税、关税和教育费附加等各种税费返还款。企业收到的税收返还，主要涉及"库存现金""银行存款""税金及附加""营业外收入"等科目。

(3) 收到的其他与经营活动有关的现金。该项目反映企业除上述各项外，收到的其他与经营活动有关的现金，如罚款收入、经营租赁固定资产收到的现金、流动资产损失中由个人赔偿的现金收入、除税费返还外的其他政府补助收入等，金额较大的应当单独列示。本项目可以根据"库存现金""银行存款""其他应收款""营业外收入""其他业务收入""管理费用""销售费用"等科目填写。

(4) 购买商品、接受劳务支付的现金。该项目反映企业本期购买材料、商品、接受劳务实际支付的现金，包括支付的货款以及与货款一起支付的增值税进项税税额，具体包括：本期购买商品、接受劳务支付的现金、本期支付前期购买商品、接受劳务的未付款项和本期预付款项，减去本期发生的购货退回收到的现金。企业购买材料和代购代销业务支付的现金，也在本项目反映。

企业购买商品、接受劳务有关的经济业务主要涉及利润表中的"营业成本"项目，资产负债表中的"应交税费(进项税额部分)"项目、"应付账款"项目、"应付票据"项目、"预付款项"项目和"存货"项目等，通过对上述等项目进行分析，能够计算确定购买商品、提供劳务支付的现金。为购置存货而导致的借款利息资本化部分，不在本项目中反映，应在"分配股利、利润或偿付利息支付的现金"项目中反映。

计算公式：

购买商品、接受劳务支付的现金 = 购买商品、接受劳务产生的"销售成本和增值税进项税额" + 应付账款本期减少额(期初余额 – 期末余额) + 应付票据本期减少额(期初余额 –

期末余额) + 预付款项本期增加额(期末余额 − 期初余额) + 存货本期增加额(期末余额 − 期初余额) ± 特殊调整业务

上述公式中特殊调整业务的处理原则是：应付账款、应付票据、预付款项和"存货类"等账户(不含四个账户内部转账业务)借方对应的账户不是购买商品、接受劳务产生的"现金类"账户，则作为减项处理，如分配的工资费用等；应付账款、应付票据、预付款项和"存货类"等账户(不含四个账户内部转账业务)贷方对应的账户不是"销售成本和增值税进项税额类"账户，则作为加项处理，如工程项目领用本企业商品等。

(5) 支付给职工以及为职工支付的现金。本项目反映企业实际支付给职工的现金以及为职工支付的现金，包括企业为获得职工提供的服务在本期实际支付的各种形式的报酬以及其他相关支出，如支付给职工的工资、奖金、各种津贴和补贴，以及为职工支付的其他费用，不包括支付给在建工程人员的工资。

值得注意的是，公式中职工薪酬均不包括非货币性福利；企业支付给在建工程人员的工资，不应在该项目中反映，应在"购建固定资产、无形资产和其他长期资产所支付的现金"项目中反映；企业支付的离退休人员的各项费用，也不应在该项目中反映，应在"支付的其他与经营活动有关的现金"项目中反映。企业为职工支付的医疗、养老、失业、工伤、生育等社会保险基金，补充养老保险，住房公积金，企业为职工交纳的商业保险金，因解除与职工劳动关系给予的补偿，现金结算股份支付，以及支付给职工或为职工支付的其他福利费用等职工薪酬项目，应根据职工的工作性质和服务对象，分别在"购建固定资产、无形资产和其他长期资产所支付的现金"和"支付给职工以及为职工支付的现金"项目中反映。

(6) 支付的各项税费。该项目反映企业本期发生并支付、以前各期发生本期支付以及预交的各项税费，包括所得税、增值税、消费税、印花税、房产税、土地增值税、车船税、教育费附加等。固定资产价值、实际支付的耕地占用税等以及本期退回的增值税、所得税都不在这一项目中反映。

值得注意的是，本期退回的增值税、所得税等，在"收到的税费返还"项目中反映。

(7) 支付其他与经营活动有关的现金。该项目反映企业除上述各项目外，支付的其他与经营活动有关的现金，如经营租赁支付的租金，支付的差旅费、业务招待费、保险费、罚款支出等其他与经营活动有关的现金流出。如果金额较大应当单独列示。

2) 投资活动产生的现金流量各项目的填列方法

(1) 收回投资收到的现金。该项目反映企业出售、转让或到期收回除现金等价物以外的以公允价值计量且其变动计入当期损益的金融资产、持有至到期投资、可供出售金融资产、长期股权投资、投资性房地产而收到的现金。

值得注意的是，本项目不包括债券性投资收回的利息、收回的非现金资产，以及处置子公司及其他营业单位收到的现金净额。债券性投资收回的本金在本项目中反映；债券性投资收回的利息应在"取得投资收益所收到的现金"项目中反映；处置子公司及其他营业单位收到的现金净额单设项目反映。

(2) 取得投资收益收到的现金。该项目反映企业因持有性投资而分得的现金股利，包括从子公司、联营企业或合营企业分回利润而收到的现金，因债券性投资而取得的利息收入。

值得注意的是，本项目不包括收回购买股票、债券时支付的已宣告但尚未领取的现金股利或已到付息期但尚未领取的债券利息；不包括现金等价物的收益和股票股利。

(3) 处置固定资产、无形资产和其他长期资产收回的现金净额。该项目反映企业出售固定资产、无形资产和其他长期资产所取得的现金，减去为处置这些资产而支付的有关费用后的净额。该项目还核算因自然灾害所造成的固定资产等长期资产损失而收到的保险赔偿收入。

值得注意的是，处置固定资产、无形资产和其他长期资产所收到的现金，与处置活动支付的现金，两者在时间上比较接近，以净额反映更能准确反映处置对现金流量的影响。如处置固定资产、无形资产和其他长期资产所收回的现金净额为负数，则应作为投资活动产生的现金流量，在"支付的其他与投资活动有关的现金"项目中反映。

(4) 处置子公司及其他营业单位收到的现金净额。该项目反映企业处置子公司及其他营业单位所取得的现金减去相关处置费用以及子公司及其他营业单位持有的现金和现金等价物后的净额。

值得注意的是，处置子公司及其他营业单位收到的现金净额如为负数，则该金额应在"支付其他与投资活动有关的现金"项目中反映。

(5) 收到的其他与投资活动有关的现金。该项目反映除上述各项目外，收到的其他与投资活动有关的现金流入。如果金额比较大，则应单列项目反映。

(6) 购建固定资产、无形资产和其他长期资产支付的现金。该项目反映购建固定资产、无形资产和其他长期资产支付的现金。反映企业购买、建造固定资产、取得无形资产和其他长期资产所支付的现金(含按规定不能抵扣的增值税款进项税款)，以及用现金支付的应由在建工程和无形资产负担的职工薪酬。

值得注意的是，企业为购建固定资产、无形资产和其他长期资产而发生的借款利息资本化部分，在"分配股利、利润或偿付利息支付的现金"项目中反映；融资租入固定资产所支付的租赁费，在"支付的其他与筹资活动有关的现金"项目中反映，不在本项目中反映。

(7) 投资支付的现金。该项目反映企业取得除现金等价物以外的对其他企业的权益工具、债务工具和合营中的权益所支付的现金以及支付的佣金、手续费等附加费用。包括以公允价值计量且其变动计入当期损益的金融资产、持有至到期投资、可供出售金融资产。不包括购入的现金等价物，也不包括取得子公司及其他单位支付的现金净额。

值得注意的是，企业在购买股票和债券时，实际支付的价款中包含的已宣告但尚未领取的现金股利或已到付息期但尚未领取的债券利息，应在"支付的其他与投资活动有关的现金"项目中反映；收回购买股票和债券时支付的已宣告但尚未领取的现金股利或已到付息期但尚未领取的债券利息，应在"收到的其他与投资活动有关的现金"项目中反映。

(8) 取得子公司及其他营业单位支付的现金净额。该项目反映企业取得子公司及其他营业单位支付价款中以现金支付的部分，减去子公司或其他单位持有的现金和现金等价物的净额。

(9) 支付其他与投资活动有关的现金。该项目反映企业除上述各项目外，支付的其他与投资活动有关的现金数额。如果其他现金流出金额较大，应单列项目予以反映。

3) 筹资活动产生的现金流量各项目的填列方法

(1) 吸收投资收到的现金。该项目反映企业以发行股票、债券等方式筹集资金实际收到的款项，减去直接支付给金融企业的佣金、手续费、宣传费、咨询费、印刷费等发行费用后的净额。

值得注意的是，以发行股票等方式筹集资金而由企业直接支付的审计、咨询等费用，不在本项目中反映，而在"支付的其他与筹资活动有关的现金"项目中反映。

(2) 取得借款收到的现金。该项目反映企业举借各种短期、长期借款而收到的现金。

(3) 收到其他与筹资活动有关的现金。该项目反映企业除上述各项目外，收到的其他与筹资活动有关的现金流入，金额较大的应单独列示。

(4) 偿还债务支付的现金。该项目反映企业偿还债务本金所支付的现金，包括：归还金融企业的借款本金、偿还企业到期的债权本金等。

值得注意的是，企业偿还的借款利息、债券利息在"分配股利、利润或偿付利息所支付的现金"项目中反映。

(5) 分配股利、利润或偿还利息支付的现金。该项目反映企业实际支付的现金股利、支付给其他投资单位的利润或用现金支付的借款利息、债券利息。

(6) 支付其他与筹资活动有关的现金。该项目反映企业除上述项目外，支付的其他与筹资有关的现金流出，如以发行股票、债券等方式筹集资金而由企业直接支付的审计、咨询等费用，融资租赁所支付的现金、以分期付款方式购建固定资产以后各期支付的现金等。金额较大的应当单独列示。

4) 汇率变动对现金及现金等价物的影响

编制现金流量表时，应当将企业外币现金流量以及境外子公司的现金流量折算成记账本位币。企业应当采用现金流量发生日的即期汇率或按照系统合理的方法确定的、与现金流量发生日即期汇率近似的汇率折算。汇率变动对现金的影响额应当作为调整项目，在现金流量表中单独列报。

汇率变动对现金的影响是指企业外币现金流量以及境外子公司的现金流量折算成记账本位币，所采用的现金流量发生日的汇率或按照系统合理的方法确定的、与现金流量发生日即期汇率近似的汇率，而现金量表"现金及现金等价物净增加额"项目中外币现金净增额是按资产负债表日的即期汇率折算。这两者的差额即为汇率变动对现金的影响。

汇率变动对现金及现金等价物的影响有两种方法：一种是逐笔计算外汇业务发生的汇率变动对现金的影响。另一种是采用简化的计算方法，即补充资料最后一行"现金及现金等价物净增加额"–"经营活动产生的现金流量净额"–"投资活动产生的现金流量净额"–"筹资活动产生的现金流量净额"的差额等于该项目金额。

4. 现金流量表补充资料的编制

1) 现金流量表补充资料编制的原理

现金流量表补充资料主要项目包括：将净利润调节为经营活动现金流量；不涉及现金收支的重大投资和筹资活动；现金及现金等价物等变动情况等。因补充资料一般无法根据总账直接填列，必须分析填列，所以在现金流量表补充资料编制的过程中存在一定难度，编制者应理解现金流量表补充资料的编制原理，注意各项目的数字内在勾稽关系，以便正确编制现金流量表补充资料。

现金流量表补充资料中"将净利润调节为经营活动现金流量"是以净利润为编报基础，采用间接法进行编制的。编制的现金流量表补充资料的主要目的是反映经营活动的现金流量，而利润表中的净利润不仅包含了非经营类的投资和筹资活动情况，还包含了不涉及现金但属于经营活动的情况，因此净利润为基础的编报过程中必须认真分析有关经济活动的三种情况：该项内容是否属于经营活动；是否涉及净利润；是否涉及现金。

2) 现金流量表补充资料的编制原则

(1) 凡属于非经营活动且不涉及净利润的，与现金流量表补充资料编报范围和编报基础无关，无论是否涉及现金，均不做调整。例如企业以机器设备用于在建工程。

(2) 凡属于非经营活动而又涉及净利润的，虽然与现金流量表补充资料的编报范围无关，但与编报基础有关(涉及净利润)，所以不管是否涉及现金，都要在净利润的基础上进行调整。例如，投资活动涉及的投资收益影响了净利润，所以不管是否涉及现金，都必须调整。

(3) 凡属于经营活动，既涉及净利润，又涉及现金的，表明净利润指标在反映经营活动的同时已反映现金流量，所以不必做任何调整。例如，以现金形式收回的销售收入。

(4) 凡属于经营活动，已涉及净利润，但未涉及现金的，说明净利润指标虽然反映经营活动，但是没有客观反映现金流量，所以必须调整。例如，未付款的管理费用，虽然参与了净利润的计算，但是现金并没有实际支出，因此必须调整。

(5) 凡属于经营活动，虽然没有涉及净利润，但是已经涉及现金的，必须调整。例如，企业用银行存款缴纳增值税。

现金流量表补充资料是以净利润为基础，根据 "收付实现制"原理，增减有关项目后求得"经营活动产生的现金流量净额"。为此，需要对利润表中的不属于经营活动的投资、筹资活动的收入、成本费用等予以剔除。

3) 现金流量表补充资料的具体编制

企业应当采用间接法在现金流量表附注中披露将净利润调节为经营活动现金流量的信息。采用分析填列法，各项目的具体编制如下：

(1) 将净利润调节为经营活动现金流量。

① 资产减值准备。资产减值准备包括坏账准备、存货跌价准备、投资性房地产减值准备、长期股权投资减值准备、持有至到期投资减值准备、固定资产减值准备、在建工程减值准备、工程物资减值准备、生物性资产减值准备、无形资产减值准备、商誉减值准备等。企业计提的各项减值准备，均属于已影响净利润但是没有涉及现金的情况，因此都必须在净利润的基础上加以调增。

② 固定资产折旧。企业计提的固定资产折旧，有的包括在管理费用中，有的包括在制造费用中，有的包括在在建工程中。下面根据具体情况逐一分析：

计入管理费用的部分，期末将会结转到本年利润而导致净利润减少，属于涉及净利润，但未涉及现金，所以必须调整。

计入制造费用的部分，期末结转分配到生产成本后再结转到产成品。在销售不确定的情况下，很难准确界定是否与净利润存在直接关系，从理论上说，无法确定其是否属于上述哪种调整情况，根据补充资料的编制规定，只涉及经营活动的固定资产折旧，但不涉及现金的，应在净利润的基础上调增。

因为制造费用与利润表关系的不确定性，可以先假定涉及经营活动的固定资产折旧全部影响净利润，如果固定资产折旧确实有一部分实际上没有影响净利润，则这一部分折旧必然表现在制造费用、生产成本和产成品的期末余额的增加上。因为制造费用、生产成本、产成品属于存货的范畴，所以存货的期末余额增加，就必须在净利润的基础上调减，以保证项目数字内部的勾稽关系平衡。

③ 无形资产摊销。企业对使用寿命有限的无形资产计提摊销时，计入管理费用或制造费用。计入管理费用科目的无形资产摊销额，属于既非经营活动，又不涉及现金的，需要在净利润的基础上调增。计入制造费用的固定资产折旧处理方式与此相同。

④ 长期待摊费用摊销。长期待摊费用摊销时，计入销售费用或制造费用。计入销售费用科目，属于涉及经营活动，但不涉及现金的情况，需要在净利润的基础上调增。值得注意的是，如果待摊费用的摊销涉及非经营活动，则必须予以剔除，不在调整之列。

⑤ 处置固定资产、无形资产和其他长期资产的损失(或者收益)。企业处置固定资产、无形资产和其他长期资产的损失(或者收益)仅仅是固定资产的出售和毁损，而不包括固定资产的报废。该项目不属于经营活动，但是影响了净利润，所以必须在净利润基础上调整。

⑥ 固定资产报废损失(减：收益)。企业发生的固定资产报废损益，属于投资活动产生的损益，不属于经营活动产生的损益。因涉及"营业外支出(收入)"科目而影响到净利润，所以应在净利润基础上调整。投资性房地产发生的报废、毁损而产生的损失，也需要在净利润的基础上调整。

⑦ 财务费用增加。财务费用不属于经营活动，但涉及净利润，因此在净利润调节为经营活动现金流量时应予以剔除。一般情况下会计分录为借：财务费用；贷：银行存款、长期借款——应计利息，已经直接减少的银行存款不需调整，长期借款——应计利息而增加的财务费用，都属于没有涉及现金而影响了净利润，必须在净利润基础上进行调整。

⑧ 投资损失(减：收益)。投资损益属于非经营活动，因其影响了净利润，所以无论是否涉及现金，都必须加以调整。值得注意的是，投资损益项目的调整不能直接从利润表上的投资收益项目获得，必须通过投资收益科目的明细账分析填列。

⑨ 公允价值变动损失。公允价值变动损失反映在初始确认时划分为以公允价值计量且变动计入当期损益的金融资产或金融负债、衍生工具、套期等业务中因公允价值变动形成的应计入当期损益的利得和损失。企业发生的公允价值变动损益，通常与企业的投资活动或筹资活动有关，而且并不影响企业当期的现金流量。为此，应当将其从净利润中剔除。

⑩ 递延所得税资产减少(减：增加)和递延所得税负债的增加(减：减少)。如果递延所得税资产减少(递延所得税负债增加)使计入所得税费用的金额大于当期应交的所得税金额，其差额没有发生现金流出，但在计算净利润时已经扣除，在将净利润调节为经营活动现金流量时，应当加回。如果递延所得税资产增加(递延所得税负债的减少)使计入所得税费用的金额小于当期应交的所得税金额，二者之间的差额并没有发生现金流入，但在计算净利润时已经包括在内，在将净利润调节为经营活动现金流量时，应当扣除。本项目可以根据资产负债表"递延所得税资产"项目期初、期末余额分析填列。

⑪ 存货的减少(减：增加)。期末存货小于期初存货，说明本期生产经营过程中耗用的存货有一部分是期初存货，耗用这部分存货，不存在现金流出，却影响了净利润，所以应当在净利润的基础上予以调增。

期末存货大于期初存货，说明当期购入的存货除耗用外，还剩余了一部分，这部分存货发生了现金流出，却不包括在净利润中，所以应当在净利润的基础上予以调减。值得注意的是，存货的增减变化还涉及应付项目，这一项目在"经营性应付项目的增加(减：减少)"中考虑。如果存货的增减变化过程属于投资活动，如在建工程领用存货，应当将这一因素剔除。

⑫ 经营性应收项目的减少(减：增加)。经营性项目包括应收票据、应收账款、预付款项、长期应收款和其他应收款中与经营活动有关的部分，以及应收的增值税销项税额等。

经营性应收项目期末余额小于经营性应收项目期初余额，说明本期收回的现金大于利润表中所确认的销售收入，所以在净利润的基础上调增。

经营性应收项目期末余额大于经营性应收项目期初余额，说明本期销售收入中有一部分没有收回现金，但在计算净利润时，该销售收入已经包含在净利润中，所以应在净利润的基础上调减。

⑬ 经营性应付项目的增加(减：减少)。经营性应付项目包括应付票据、应付账款、预收款项、应付职工薪酬、应交税费、应付利息、应付股利、长期应付款、其他应付款中与经营活动有关的部分，以及应付的增值税进项税额等。

经营性应付项目期末余额大于经营性应付项目期初余额，说明本期购入的存货有一部分没有支付现金，则销售成本中含有这部分存货，所以应在净利润的基础上调增。

经营性应付项目期末余额小于经营性应付项目期初余额，说明本期支付的现金大于利润表中确认的销售成本，应在净利润的基础上调减。

⑭ 其他。该项目主要是指筹资活动中计入管理费用的咨询费，因其不属于经营活动，所以必须在净利润基础上调增。

(2) 不涉及现金收支的重大投资和筹资活动。

目前投资和筹资活动虽然没有涉及现金，但是投资和筹资活动必然会对将来的现金流入和流出产生影响，所以必须在补充资料中加以反映。

(3) 现金及现金等价物净变动情况。

数据来源于比较资产负债表中货币资金项目的期末数减去期初数，以及三个月到期的债券的期末数减去期初数，该数字必须与现金流量表主要数字完全吻合，体现了现金流量表和资产负债表之间的勾稽关系。

4.2　现金流量表分析

现金流量表主要提供有关企业现金流量方面的信息，存在的意义是向企业内外部报表使用者提供企业一定会计期间内现金和现金等价物流入和流出的信息，以便报表使用者能够了解和评价企业获取现金和现金等价物的能力，并据以评估和预测企业未来现金流量。

现金流量表造假
的三种方式

● 知识链接 ●

理解现金流的 10 大法则

现金流问题可以扼杀那些原本可能存活下来的公司。根据美国银行(U.S. Bank)的一项研究，82%的公司经营失败可以归因于现金管理不当。为避免重蹈其覆辙，请牢记表 4-2 中提到的十大现金流法则。

表4-2　现金流十大法则

法则	解　　释
利润不是现金，只是会计账务处理	会计账务比想象中要复杂得多。利润不能用来支付账单，事实上利润会让人放松警惕。假如你付了自己的账单而你的客户却没有，那么公司经营很快就会陷入困境。你可能创造了利润但实际上没有获得任何钱
现金流无法凭直觉判断	不要试图用头脑计算，有销售并不必然意味你有钱，而费用发生了也不必然意味着你已经对此付出代价。存货在转为销售成本前，你通常要先购买、付款再储存它
增长耗费现金	这听起来有些荒谬，公司发展最好的时期可能会遭遇最坏的局面。曾经在我们销售业绩翻倍时也正是经营最艰难的一个时期，公司几乎倒闭。我们提前两个月开工，但推迟六个月才得到销售资金。将发展纳入进来，它就好比特洛伊木马，解决办法里正潜伏着问题。是的，你当然想公司增长，我们都想壮大自己的业务，但必须当心，因为增长要耗费现金。这属于营运资本问题，你发展得越快，就需要具备更强的融资能力
B2B 销售耗费现金	有个简单的观点是销售意味着金钱，但当你做直接销售给另一个终端企业的生意时，事情很少会那么简单。你把货品或服务随发货单一起送出去，对方这些时候才付款，通常是几个月后。那些企业都是好顾客，你也不能经常催讨账款，否则他们可能再也不会光顾你，所以必须等待。当你把东西卖给分销商，他再转卖给零售商，幸运的话你通常能在 4~5 个月后拿到钱
存货耗费现金	在销售前，你必须先购买你的产品或生产好它。很可能你刚开始销售产品，你的供货商已经在要求你付款。这是个简单的经验规则，每多 1 块钱存货，你就会少 1 块钱现金
营运资本是你最好的生存能力	技术上说，营运资本是一个会计词汇，代表你的流动资产减去流动负债后剩余的部分。实际操作上说，它是你可以用来支付运营成本和开支、等待客户还款前购买存货的银行存款
"应收账款"减少现金	客户欠你的钱称为"应收账款"。这里有个快捷的现金规划方法，即"应收账款每多 1 块钱你就少了 1 块钱现金"
银行家不喜欢惊喜	提前做好计划，你无法靠现场发挥去应对银行。假如你认为公司会有很好的发展前景，那么当新产品受阻或是客户无法按时支付货款时，你越快带着财务报表和现实可行的计划书去银行，就对你越好
关注三个重要的指标	"回款期限"衡量你用了多长时间收回账款。"存货周转率"衡量你的存货占用营运资本和现金流的时间。"付款账期"衡量你从收到货物到向供货商付款的时间。永远监控这几个非常重要的现金流信号，提前一年制订计划，并与后来的实际情况进行比较
假如你是例外，上述情况都没遇到，祝贺你	假如你所有的顾客在购买商品时立即付款，在销售产品前你不用进行购买，就没什么需要担心。但假如你向其他公司销售产品，请记住他们通常不会立即付款

4.2.1　现金流量表分析的目的

现金流量表分析在评价企业经营业绩、衡量企业经济资源和财务风险以及预测企业未来前景等方面有十分重要的作用。

(1) 通过现金流量表分析，可以分析公司的现金流量信息，从而对公司整体财务状况做出客观评价。通过现金流量表的定义可以了解到现金流量表是由经营活动、投资活动和筹资活动所产生的现金流量按照流入现金和流出现金的项目组成分别反映，使信息使用者通过现金流量表能够清晰的反映企业现金流入和流出的原因。

(2) 通过现金流量分析能够深入了解企业的偿债能力和股利支付能力。信息使用者一般比较关注企业的获利情况，而企业的获利情况往往以获得利润多少作为衡量标准。企业获利多少在一定程度上表明了企业具有一定的现金支付能力。但是企业一定期间内获得的利润并不代表企业真正具有偿债或支付能力。例如，企业利润表上反映的经营业绩很可观，但财务困难，不能偿还到期债务。现金流量表却是以现金的收支为基础，消除了会计核算中由于会计估计等产生的偏差。信息使用者通过现金流量表能够了解企业现金流入流出的构成，分析企业偿债和支付股利的能力，使投资者和债权人了解企业获取现金的能力和现金偿付的能力。

(3) 现金流量表可以用来分析企业未来获取现金的能力。通过现金流量表和其他财务信息，可以分析企业未来获取或支付现金的能力。例如，企业通过银行借款筹集资金，从本期现金流量表中反映为现金流入，但却意味着未来需要流出现金支付到期的借款。

(4) 现金流量表可以用来分析企业投资和理财活动对经营成果和财务状况的影响。资产负债表是一个静态报表，它无法反映财务状况的变动原因，更不能体现现金的流入与流出；利润表只能够反映利润的构成，既不能够反映资金的去向，也不能够反映投资和筹资的全部事项；现金流量表能够提供一定时期的现金流入流出信息，信息使用者可以从表中了解到一定报告期内，经营活动、投资活动以及筹资活动获得的现金金额，以及企业如何运用这些现金进行经营活动。它是对资产负债表和利润表的补充说明。

(5) 现金流量表能够提供不涉及现金的投资和筹资活动的信息。现金流量表除了反映企业与现金有关的投资和筹资活动外，还通过补充资料方式提供不涉及现金的投资和筹资活动方面的信息，使会计报表使用者能够全面了解和分析企业的投资和筹资活动。

4.2.2　现金流量表结构分析

现金流量表结构分析是指在现金流量表有关数据的基础上，编制现金流量表结构分析表来分析企业现金流入的构成、现金流出的构成以及现金余额的形成过程。信息使用者通过现金流量表的构成可以了解现金流入流出对净现金流量的影响；掌握企业各项活动中现金流量的变动规律、变动趋势、公司经营周期所处的阶段及异常变化等情况，以此来判断企业的真正收益能力，从而进行投资决策。

现金流量表结构分析基本三步骤

一般情况下，初创时期的企业，现金流量表表现为经营活动现金净流量为负数，投资活动现金净流量为负数，筹资活动现金净流量为正数。这个时期的企业需要大量的资金形成生产能力来开拓市场，而资金来源主要是通过借款、融资等筹资手段。高速发展期的企业，现金流量表表现为经营活动现金流量为正数，投资活动现金流量为负数，筹资活动现金净流量为正数。这个时期企业的产品迅速占领市场，收回大量经营活动资金，同时企业为了扩大市场份额，仍然需要大量的筹资活动和投资活动。产品成熟期的企业，现金流量表表现为经营活动现金流量为正数，投资活动现金流量为正数，筹资活动现金净流量为负数，这个时期企业的销售市场稳定，进入投资回收期，偿还外部资金。衰退期的企业，现金流量表表现为经营活动现金流量为负数，投资活动现金流量为正数，筹资活动现金流量为负数。这个时期企业的销售市场占有率下降，经营活动现金流入小于流出，同时企业为了支付债务不得不大规模收回投资以弥补现金不足。

1. 现金流入结构分析

现金流入结构分析，又称现金流量表的垂直分析。它是反映在企业经营活动、投资活动和筹资活动产生的现金流入、各自所占的比重以及具体项目的构成情况，明确企业的现金来自何方。

现金流入结构包括：经营活动现金流入、投资活动现金流入、筹资活动现金流入。现金总流入结构分析就是分析这三项的现金流入所占总流入的比重。现金内部结构分析就是分析这三项活动中各内部项目流入所占该内部总流入的比重。

总流入结构分析公式为

$$经营活动现金流入所占的比重 = \frac{经营活动现金流入}{现金总流入} \times 100\%$$

$$投资活动现金流入所占的比重 = \frac{投资活动现金流入}{现金总流入} \times 100\%$$

$$筹资活动现金流入所占的比重 = \frac{筹资活动现金流入}{现金总流入} \times 100\%$$

内部结构分析公式为

$$经营活动某项内部项目现金流入所占的比重 = \frac{该内部项目现金流入}{经营活动现金流入} \times 100\%$$

$$投资活动某项内部项目现金流入所占的比重 = \frac{该内部项目现金流入}{投资活动现金流入} \times 100\%$$

$$筹资活动某项内部项目现金流入所占的比重 = \frac{该内部项目现金流入}{筹资活动现金流入} \times 100\%$$

根据 M 企业 2011 年、2012 年现金流量表(见附录 1)，编制现金流入结构分析表如表 4-3 所示。

表 4-3　M 企业现金流入结构分析表　　　　　　　　　　　　单位：万元

项　目	2011 年	2012 年	2011 年比重	2012 年比重	变动情况
经营活动产生的现金流量					
销售商品、提供劳务收到的现金	4,784,588.35	5,238,651.06	97.01%	97.80%	0.79%
收到的税费返还	54,271.08	49,463.41	1.10%	0.92%	−0.18%

续表

项　目	2011 年	2012 年	2011 年比重	2012 年比重	变动情况
收到其他与经营活动有关的现金	93,061.16	68,474.22	1.89%	1.28%	−0.61%
经营活动现金流入小计	4,931,920.59	5,356,588.68	70.18%	70.98%	0.80%
投资活动产生的现金流量					
收回投资收到的现金	1,578.59	26,678.83	1.90%	21.45%	19.54%
取得投资收益收到的现金	5,226.87	3,866.78	6.30%	3.11%	−3.19%
处置固定资产、无形资产和其他长期资产收回的现金净额	17,802.25	44,200.47	21.44%	35.53%	14.09%
处置子公司及其他营业单位收到的现金净额	21,548.31	—	25.95%	0.00%	−25.95%
收到其他与投资活动有关的现金	36,867.07	49,656.69	44.41%	39.92%	−4.49%
投资活动现金流入小计	83,023.09	124,402.78	1.18%	1.65%	0.47%
筹资活动产生的现金流量					
吸收投资收到的现金	299,060.38	205.36	14.86%	0.01%	−14.85%
取得借款所收到的现金	1,681,420.93	1,887,167.46	83.57%	91.36%	7.79%
发行债券收到的现金	30,581.60		1.52%	0.00%	−1.52%
收到其他与筹资活动有关的现金	1,048.03	178,268.79	0.01%	0.05%	0.04%
筹资活动现金流入小计	2,012,110.94	2,065,641.60	28.63%	27.37%	−1.26%
现金流入合计	7,027,054.62	7,546,633.06	—	—	—

从表 4-3 中可以看出，M 企业 2011 年、2012 年的现金流入总量分别为 7,027,054.62 万元、7,546,633.06 万元。其中经营活动现金流入量均为 70%左右，投资活动现金流入量均未超过 2%，筹资活动的现金流入量分别约为 28.63%和 27.37%，说明公司现金流量的 2/3 来自经营活动，近 1/3 来自融资活动，而投资带来的现金流入极少。进一步分析可以发现，经营活动现金流入量主要是以销售商品、提供劳务收到的现金为主，这一项分别占经营活动现金流入总量的 97.01%和 97.8%。这说明该公司的主业突出的特征比较明显。收到其他与投资活动有关的现金所占比重中，2012 年比 2011 年大幅度下降，可能是因为经营管理者改变了投资方式，使收益降低；或是经济危机影响，导致整个投资行业低迷。

2. 现金流出结构分析

现金流出结构分析是指企业的各项现金支出占企业当期全部现金支出的百分比，具体反映现金用在哪些方面。

现金流出结构包括：经营活动现金流出、投资活动现金流出和筹资活动现金流出。

总现金流出结构分析就是分析经营、投资和筹资活动现金流出所占现金总流出的比重。现金流出内部结构分析就是分析经营、投资和筹资这三项活动中各内部项目现金流出所占该项目现金总流出的比重。

现金流出结构分析公式为

$$经营活动现金流出所占的比重 = \frac{经营活动现金流出}{现金总流出} \times 100\%$$

$$投资活动现金流出所占的比重 = \frac{投资活动现金流出}{现金总流出} \times 100\%$$

$$筹资活动现金流出所占的比重 = \frac{筹资活动现金流出}{现金总流出} \times 100\%$$

现金流出内部结构分析公式为

$$经营活动某内部项目现金流出所占的比重 = \frac{该内部项目现金流出}{经营活动现金流出} \times 100\%$$

$$投资活动某内部项目现金流出所占的比重 = \frac{该内部项目现金流出}{投资活动现金流出} \times 100\%$$

$$筹资活动某内部项目现金流出所占的比重 = \frac{该内部项目现金流出}{筹资活动现金流出} \times 100\%$$

M 企业的现金流出结构分析表如表 4-4 所示。

表 4-4　M 企业现金流出结构分析表

单位：万元

项　　　目	2011 年	2012 年	2011 年比重	2012 年比重	变动情况
经营活动产生的现金流量					
购买商品、接受劳务支付的现金	4,341,267.61	4,467,537.89	85.90%	84.54%	−1.36%
支付给职工以及为职工支付的现金	313,122.25	349,476.38	6.20%	6.61%	0.42%
支付的各项税费	140,200.95	179,888.37	2.77%	3.40%	0.63%
支付其他与经营活动有关的现金	259,310.38	287,740.12	5.13%	5.44%	0.31%
经营活动现金流出小计	5,053,901.19	5,284,642.77	71.83%	71.57%	−0.26%
投资活动产生的现金流量					
购建固定资产、无形资产和其他长期资产支付的现金	129,810.79	105,072.79	82.35%	76.09%	−6.26%
投资支付的现金	10,267.42	43,187.34	6.51%	31.28%	24.76%
取得子公司及其他营业单位支付现金净额	859.84	−12,015.07	0.55%	−8.70%	−9.25%
支付其他与投资活动有关的现金	16,696.90	1,838.43	10.59%	1.33%	−9.26%
投资活动现金流出小计	157,634.95	138,083.50	2.24%	1.87%	−0.37%
筹资活动产生的现金流量					
偿还债务所支付的现金	1,666,888.06	1,890,644.95	91.37%	96.41%	5.04%
分配股利、利润或偿付利息所支付的现金	54,824.73	68,770.82	3.01%	3.51%	0.50%
支付其他与筹资活动有关的现金	102,649.55	1,634.11	5.63%	0.08%	−5.54%
筹资活动现金流出小计	1,824,362.33	1,961,049.88	25.93%	26.56%	0.63%
现金总流出	7,035,898.47	7,383,776.15			

从表 4-4 中可以看出：M 企业 2011 年、2012 年的现金流出总量分别是 7,035,898.47 万元和 7,383,776.15 万元。经营活动的现金流出量 2011 年、2012 年均为 72%左右，其中，经营活动现金流出量主要以购买商品、接受劳务支付的现金为主，这一项分别占整个现金流出总量的 85.9%和 84.54%。投资活动现金流出量的比重相对稳定，其中投资支付的现金所占比重 2012 年比 2011 年大幅度提高，企业有可能通过投资的方式扩大规模，分散经营，以期望降低风险，获得更高的收益。筹资活动的现金流出量这两年变化不大，主要是偿还债务所导致的现金流出，两年占比分别为 91.37%和 96.41%。结合前面现金流入结构的分析，总的来说这家公司现金流量结构合理，资金来源稳定。

3. 现金流入流出比例分析

现金流入流出比例分析，反映经营活动、投资活动、筹资活动及非常规项目的现金收支额占全部现金余额的百分比，反映现金余额是如何形成的。

现金流入流出比例包括：经营活动的流入流出比例、投资活动的流入流出比例和筹资活动流入流出比例。

现金流入流出比例计算公式为

$$经营活动流入流出比 = \frac{经营活动流入}{经营活动流出}$$

$$投资活动流入流出比 = \frac{投资活动流入}{投资活动流出}$$

$$筹资活动流入流出比 = \frac{筹资活动流入}{筹资活动流出}$$

M 企业的现金流入流出比例分析表如表 4-5 所示。

表 4-5　M 企业的现金流入流出比例分析表　　　　单位：万元

项　　目	绝对数		流入：流出	
	2011 年	2012 年	2011 年	2012 年
经营活动现金流入小计	4,931,920.59	5,356,588.68	0.98	1.01
经营活动现金流出小计	5,053,901.19	5,284,642.77		
投资活动现金流入小计	83,023.09	124,402.78	0.53	0.90
投资活动现金流出小计	157,634.95	138,083.50		
筹资活动现金流入小计	2,012,110.94	2,065,641.60	1.10	1.05
筹资活动现金流出小计	1,824,362.33	1,961,049.80		
现金流入总量	7,027,054.62	7,546,633.06	0.999	1.02
现金流出总量	7,035,898.47	7,383,776.07		

从表 4-5 中可以看出，M 企业 2011 年和 2012 年经营活动现金流入流出比例分别为0.98 和 1.01，表明 1 元的现金流出分别可换回 0.98 元和 1.01 元的现金流入。这个数值越大越好。该企业投资活动引起的现金流入流出比例两年分别为 0.53 和 0.90，企业 2011 年的投资活动现金流出较小，表明企业正处在开拓市场阶段，而 2012 年的投资活动现金流出相对增加，结合表 4-4 的现金净流量，表明企业正处在发展期。一般来说，处于发展时期企业比值较小，而衰退或缺少投资机会时比值较大。筹资活动流入流出比例两年分别为1.10 和 1.05，表明筹款明显大于还款。

一般而言，对于一个健康的成长型企业来说，经营活动现金净流量应为正数，投资活动的现金净流量应为负数，筹资活动的现金净流量应为正负相间，M 企业现金流量基本体现了这种成长性公司的现金流量状况。

4.2.3　现金流量表趋势分析

现金流量表趋势分析，又称为现金流量表水平分析，它是通过对企业连续两期或多期现金流量表中的数据进行比较，计算其增减变动的数额和增减变动的百分比，从而了解企业的经营活动、投资活动和筹资活动变动的方向、数额和幅度，据此判断企业现金状况的变化趋势。

利用趋势分析法分析现金流量表，可以了解报表的变化，判断企业财务状况和经营成果变动的原因，从而能够有效地预测企业未来的现金流量状况，并从中掌握其变动的趋势，从大局上把握企业的发展方向，进行正确的财务决策。现金流量趋势分析所选择的标准可以是上年实际数，也可以是预算数或计划数。

如果企业的生产经营活动处于持续健康发展的状态，其现金流量表上主要项目数据就呈现出持续稳定的发展趋势。如果企业主要项目的数据出现异常波动，则意味着企业的现金流量的某些方面发生了重大的变化。

一般来说，对现金流量表趋势分析，首先要编制现金流量趋势分析表。其计算公式为

$$某项目的变动额 = 报告期(本年)金额 - 标准(上年)金额$$

$$某项目的变动率 = \frac{某项目变动额}{标准(上年)金额}$$

根据 M 企业的现金流量表，编制现金流量趋势分析表如表 4-6 和 4-7 所示。

表 4-6　2012 年、2011 年 M 企业现金流量趋势分析表　　　　单位：万元

项　　目	2012 年	2011 年	2012 年变动	2012 年变动率
一、经营活动产生的现金流量				
销售商品、提供劳务收到的现金	5,238,651.06	4,784,588.35	454,062.71	9.49%
收到的税费返还	49,463.41	54,271.08	−4,807.67	−8.86%
收到其他与经营活动有关的现金	68,474.22	93,061.16	−24,586.94	−26.42%
经营活动现金流入小计	5,356,588.68	4,931,920.59	424,668.09	8.61%
购买商品、接受劳务支付的现金	4,467,537.89	4,341,267.61	126,270.28	2.91%
支付给职工以及为职工支付的现金	349,476.38	313,122.25	36,354.13	11.61%
支付的各项税费	179,888.37	140,200.95	39,687.42	28.31%
支付其他与经营活动有关的现金	287,740.12	259,310.38	28,429.74	10.96%
经营活动现金流出小计	5,284,642.77	5,053,901.19	230,741.58	4.57%
经营活动产生的现金流量净额	71,945.92	−121,980.60	193,926.52	−158.98%
二、投资活动产生的现金流量				
收回投资收到的现金	26,678.83	1,578.59	25,100.24	1590.04%
取得投资收益收到的现金	3,866.78	5,226.87	−1,360.09	−26.02%
处置固定资产、无形资产和其他长期资产收回的现金净额	44,200.47	17,802.25	26,398.22	148.29%
处置子公司及其他营业单位收到的现金净额		21,548.31	−21,548.31	−100.00%
收到其他与投资活动有关的现金	49,656.69	36,867.07	12,789.62	34.69%
投资活动现金流入小计	124,402.78	83,023.09	41,379.69	49.84%
购建固定资产、无形资产和其他长期资产支付的现金	105,072.79	129,810.79	−24,738.00	−19.06%
投资支付的现金	43,187.34	10,267.42	32,919.92	320.63%
取得子公司及其他营业单位支付现金净额	−12,015.07	859.84	−12,874.91	−1497.36%
支付其他与投资活动有关的现金	1,838.43	16,696.90	−14,858.47	−88.99%
投资活动现金流出小计	138,083.50	157,634.95	−19,551.45	−12.40%
投资活动产生的现金流量净额	−13,680.72	−74,611.86	60,931.14	−81.66%

续表

项　　　目	2012 年	2011 年	2012 年变动	2012 年变动率
三、筹资活动产生的现金流量				
吸收投资收到的现金	205.36	299,060.38	−298,855.02	−99.93%
取得借款所收到的现金	1,887,167.46	1,681,420.93	205,746.53	12.24%
发行债券收到的现金		30,581.60	−30,581.60	−100.00%
收到其他与筹资活动有关的现金	178,268.79	1,048.03	177,220.76	16909.89%
筹资活动现金流入小计	2,065,641.60	2,012,110.94	53,530.66	2.66%
偿还债务所支付的现金	1,890,644.95	1,666,888.06	223,756.89	13.42%
分配股利、利润或偿付利息所支付的现金	68,770.82	54,824.73	13,946.09	25.44%
支付其他与筹资活动有关的现金	1,634.11	102,649.55	−101,015.44	−98.41%
筹资活动现金流出小计	1,961,049.88	1,824,362.33	136,687.55	7.49%
筹资活动产生的现金流量净额	104,591.72	187,748.60	−83,156.88	-44.29%
四、汇率变动对现金及现金等价物的影响	−11,835.28	−1,525.07	−10,310.21	676.05%
五、现金及现金等价物净增加额	151,021.64	−10,368.94	161,390.58	−1556.48%
加：期初现金及现金等价物余额	805,918.73	816,287.67	−10,368.94	−1.27%
六、期末现金及现金等价物余额	956,940.37	805,918.73	151,021.64	18.74%

表 4-7　2011 年、2010 年 M 企业现金流量趋势分析表　　单位：万元

项　　　目	2011 年	2010 年	2011 年变动	2011 年变动率
一、经营活动产生的现金流量				
销售商品、提供劳务收到的现金	4,784,588.35	3,852,715.02	931,873.33	24.19%
收到的税费返还	54,271.08	29,527.44	24,743.64	83.80%
收到其他与经营活动有关的现金	93,061.16	46,339.13	46,722.03	100.83%
经营活动现金流入小计	4,931,920.59	3,928,581.59	1,003,339.00	25.54%
购买商品、接受劳务支付的现金	4,341,267.61	3,388,956.03	952,311.58	28.10%
支付给职工以及为职工支付的现金	313,122.25	256,638.88	56,483.37	22.01%
支付的各项税费	140,200.95	96,639.64	43,561.31	45.08%
支付其他与经营活动有关的现金	259,310.38	260,200.74	−890.36	−0.34%
经营活动现金流出小计	5,053,901.19	4,002,435.28	1,051,465.91	26.27%
经营活动产生的现金流量净额	−121,980.60	−73,853.70	−48,126.90	65.17%
二、投资活动产生的现金流量				
收回投资收到的现金	1,578.59	50,721.14	−49,142.55	−96.89%
取得投资收益收到的现金	5,226.87	16,316.08	−11,089.21	−67.96%
处置固定资产、无形资产和其他长期资产收回的现金净额	17,802.25	9,277.15	8,525.10	91.89%
处置子公司及其他营业单位收到的现金净额	21,548.31	-2,988.65	24,536.96	−821.01%
收到其他与投资活动有关的现金	36,867.07	29,224.69	7,642.38	26.15%
投资活动现金流入小计	83,023.09	102,550.41	−19,527.32	−19.04%
购建固定资产、无形资产和其他长期资产支付的现金	129,810.79	148,617.27	−18,806.48	−12.65%
投资支付的现金	10,267.42	27,928.87	−17,661.45	−63.24%
取得子公司及其他营业单位支付现金净额	859.84	6,637.13	−5,777.29	−87.04%
支付其他与投资活动有关的现金	16,696.90		16,696.90	-

项　　目	2011 年	2010 年	2011 年变动	2011 年变动率
投资活动现金流出小计	157,634.95	183,183.27	−25,548.32	−13.95%
投资活动产生的现金流量净额	−74,611.86	−80,632.85	6,020.99	−7.47%
三、筹资活动产生的现金流量				
吸收投资收到的现金	299,060.38	81457.57	217,602.81	267.14%
取得借款所收到的现金	1,681,420.93	1,731,159.43	−49,738.50	−2.87%
发行债券收到的现金	30,581.60		30,581.60	
收到其他与筹资活动有关的现金	1,048.03	4,399.85	−3,351.82	−76.18%
筹资活动现金流入小计	2,012,110.94	1,817,016.84	195,094.10	10.74%
偿还债务所支付的现金	1,666,888.06	1,310,180.97	356,707.09	27.23%
分配股利、利润或偿付利息所支付的现金	54,824.73	27,073.14	27,751.59	102.51%
支付其他与筹资活动有关的现金	102,649.55	86,388.71	16,260.84	18.82%
筹资活动现金流出小计	1,824,362.33	1,423,642.81	400,719.52	28.15%
筹资活动产生的现金流量净额	187,748.60	393,374.03	−205,625.43	−52.27%
四、汇率变动对现金及现金等价物的影响	−1,525.07	−1,115.56	−409.51	36.71%
五、现金及现金等价物净增加额	−10,368.94	237,771.93	−248,140.87	−104.36%
加：期初现金及现金等价物余额	816,287.67	578,515.74	237,771.93	41.10%
六、期末现金及现金等价物余额	805,918.73	816,287.67	−10,368.94	−1.27%

1. 企业经营活动的现金流量趋势分析

经营活动的现金流量是整个企业现金流量中最主要的组成部分，经营活动产生的现金流量一方面应体现企业发展战略的要求，另一方面应与企业经营活动存在一定的对应关系，能为企业的扩张提供现金流量支持。

经营活动的现金流量变动趋势可以分为三个部分：经营活动现金流入量变动趋势、经营活动现金流出量变动趋势和经营活动现金净流量变动趋势。

从表 4-6 和表 4-7 可以对 M 企业的经营活动现金流量变动趋势作以下分析：

1) 分析经营活动现金流入量趋势

M 企业的经营活动流入量 2010 年是 3,928,581.59 万元，2011 年增至 4,931,920.59 万元，其变动额是 1,003,339.00 万元，变动率为 25.54；2012 年该企业的经营活动现金流入量是 5,356,588.68 万元，比 2011 年增加了 424,668.09 万元，增长率达到 8.61%。其增长的主要因素为销售商品、提供劳务收到的现金，表明企业通过营业收入产生现金的能力增强。

2) 分析经营活动现金流出量趋势

M 企业现金流出量 2010 年是 4,002,435.28 万元，2011 年增加到 5,053,901.19 万元，增加了 1,051,465.91 万元，增长率为 26.27%，其经营活动现金流出量 2011 年比 2010 年增加的主要原因是税费和购买商品、接受劳务支付现金的增加。2012 年 M 企业的现金流出量达到 5,284,642.77 万元，比 2011 年增加 230,741.58 万元，增长率为 4.57%，其主要原因是支付给职工的工资以及税费的增加。

3) 经营活动现金净流量趋势分析

M 企业 2010 年的经营活动净现金流量是 −73,853.70 万元，2011 年为 −121,980.60 万

元，下降幅度达到 65.17%，主要原因是经营现金活动流入量增长幅度小于现金流出量增长幅度。2012 年现金净流量为 71,945.92 万元，实现了由负流量向正流量的转变，增长额达到 193,926.52。该变化是流入量增长明显高于流出量增长所造成的。

2. 企业投资活动的现金流量趋势分析

1) 分析投资活动现金流入量趋势

M 企业 2010 年投资活动现金流入量为 102,550.41 万元，2011 年是 83,023.09 万元，下降了 19,527.32 万元，下降率为 19.04%，主要是回收投资收到现金和取得投资收益收到现金减少造成的。2012 年该企业的投资活动现金流入量为 124,402.78 万元，比 2011 年增长 41,379.69 万元，增长率达到 49.84%，主要是由投资收回现金和处置固定资产、无形资产以及其他长期资产收回现金形成的。

2) 分析投资活动现金流出量趋势

M 企业 2010 年投资活动现金流出量 183,183.27 万元，2011 年为 157,634.95 万元，2012 年为 138,083.50 万元。这三年企业的投资活动流出量呈下降趋势，其主要原因是投资支付现金和固定资产、无形资产和其他长期资产购建活动的减少。

3) 分析投资活动现金净流量趋势

M 企业投资活动产生的现金净流量金额逐年增加，这三年分别为 −80,632.85 万元、−74,611.86 万元、−13,680.72 万元，增长额度为 6,020.99 万元和 60,931.14 万元。说明企业逐步改善投资策略，收回投资，减少投资支出。

3. 企业筹资活动现金流量趋势分析

1) 分析筹资活动现金流入量趋势

M 企业 2010 年筹资活动现金流入为 1,817,016.84 万元，2011 年筹资活动现金流入为 2,012,110.94 万元，2012 年筹资活动现金流入为 2,065,641.60，增长额度分别为 195,094.10 万元和 53,530.66 万元，增长部分是企业长期借款和吸收投资收到现金产生的。

2) 分析筹资活动现金流出量的趋势

M 企业 2010 年筹资活动现金流出量为 1,423,642.81 万元，2011 年筹资活动现金流出量为 1,824,362.33 万元，2012 年筹资活动现金流出量为 1,961,049.88 万元，分别增长 400,719.52 万元和 136,687.55 万元，这些变化主要是偿还到期债务造成的。

3) 分析筹资活动现金净流量趋势

M 企业 2010 年筹资活动产生的现金流量净额是 393,374.03 万元，2011 年筹资活动产生的现金流量净额为 187,748.60 万元，2012 年筹资活动产生的现金流量净额为 104,591.72 万元，连续三年呈现下降的趋势，主要是筹资活动现金流出增加额大于筹资活动现金流入增加额造成的。

4.2.4　现金流量表质量分析

现金流量的质量是指企业的现金流量能够按照企业的预期目标进行运转的质量。一般情况下，具有较高质量的现金流量应当具有如下特征：第一，企业现金流量的状态体现了企业发展的战略要求；第二，在稳定发展阶段，企业经营活动的现金流量应当与企业经营活动产生的利润有一定的对应关系，并能为企业的扩张提供现金流量的支持。现金流量表质量分析是对现金流量客观反映企业真实经营状况的程度进行评价，并提供相应的信息促进企业改善财务与经营状况、增强持续经营能力。

对现金流量的质量分析应从以下两方面考虑：

(1) 不管是用直接法还是间接法编制现金流量表，现金流量的变化结果与变化过程的关系均会反映当期期末与期初的现金流量净变化量，即"现金流量净增加额"。现金流量净增加额一般分为三种情况：现金流量净增加额大于零；现金流量净增加额小于零；现金流量净增加额等于零。同样，在各类活动现金流量变化方面，也存在着上述三种对应关系。对上述结果，不论出现哪种情况，均不能简单地得出企业现金流动状况"好转""恶化"或"维持不变"的结论。这是因为，期末与期初的数量简单对比，并不足以说明整个的财务状况问题。在分析各因素引起的现金流量时，需要分清哪些是预算或计划中已有安排的，哪些是偶然原因引起的，并对实际与预算或计划的差异进行分析。值得注意的是，对现金流量变化过程的分析远比现金流量的变化结果重要。

(2) 现金流量表包括经营活动产生的现金流量、投资活动产生的现金流量和筹资活动产生的现金流量，每一部分现金流量的变化是企业在该方面经济活动变化的结果。

现金流量表质量分析主要包括以下几个方面：

1. 经营活动产生的现金流量质量分析

经营活动产生现金流量是企业现金的主要来源。与净利润相比，经营活动所产生的现金流量的多少，能够更确切地反映企业的经营质量。

经营活动产生的现金流量净额表明企业经营活动获取现金的能力。通常，企业的现金流入主要应依靠经营活动来获取。通过该指标与净利润指标相比较，可以了解到企业净利润的现金含量，而净利润的现金含量则是企业市场竞争力的根本体现。如果企业的净利润大大高于"经营活动产生的现金流量净额"，则说明企业的利润含金量不高，存在大量的赊销行为及未来的应收账款收账风险，同时某种程度上存在操作利润的嫌疑。

1) 经营活动产生的现金流量净额小于零

经营活动产生的现金流量净额小于零，意味着企业通过正常的供、产、销所带来的现金流入量不足以支付因上述经营活动而引起的现金流出量。企业正常经营活动所取得现金支付，则需要通过以下几种方式来解决。

(1) 消耗企业现存的货币积累。

(2) 挤占原本可以用于投资活动的现金，推迟投资活动的进行。

(3) 在不能挤占原本可以用于投资活动的现金的条件下，进行额外贷款融资，以支持经营活动的现金需要。

(4) 在没有贷款融资渠道的条件下，只能用拖延债务支付或加大经营负债规模来解决。

在经营的初期，企业不可避免会发生上述情况。在企业生产经营活动的初期，各个环节都处于"磨合"状态，设备、人力资源的利用率相对较低，材料的消耗量相对较高，经营成本较高，从而导致企业现金流出较多。同时，为了开拓市场，企业有可能投入较多资金，采用各种手段将自己的产品推向市场，从而有可能使企业在这一时期的经营活动现金流量表现为"入不敷出"的状态。但是，如果企业在正常生产经营期间仍然出现这种状态，说明企业通过经营活动创造现金净流量的能力下降，应当认为企业经营活动现金流量的质量差。

2) 经营活动产生的现金流量净额等于零

经营活动现金流量净额等于零，意味着企业通过正常的供、产、销所带来的现金流入量，恰恰能够支付因上述经营活动引起的现金流出量，企业的经营活动现金流量处于"收支平衡"的状态。此种情况下，企业正常的经营活动虽然不需要额外补充流动资金，但企业的经营活动也不能为企业的投资活动以及融资活动贡献现金。值得注意的是，企业经营成本中有相当一部分属于按照权责发生制原则的要求而确认的摊销成本(如无形资产、长期待摊费用摊销、固定资产折旧等)和应计成本(如预提设备大修理费用等)，即非现金消耗性成本。所以，在经营活动产生的现金流量等于零时，企业经营活动产生的现金流量是不可能为这部分非现金消耗性成本的资源消耗提供货币补偿的。如果企业长期维持这种状态，那么它连"简单再生产"都不可能维持。所以，如果企业在正常生产经营期间持续出现这种状态，企业经营活动现金流量的质量不高。

3) 经营活动产生的现金流量净额大于零

当企业经营活动产生的现金流量净额大于零，但并不足以补偿当期的非现金消耗性成本经营活动产生的现金流量时，意味着企业通过正常的供、产、销带来的现金流入量，不但能够支付因经营活动引起的货币流出，而且还有余力补偿一部分当期的非现金消耗性成本。这种状态下，虽然比经营活动现金流量净额小于或等于零的情况好，但是从长期来看，企业也难以维持经营活动的"简单再生产"。如果企业在正常生产经营期间长期出现这种情况，则企业经营活动现金流量的质量仍然不高。

当经营活动产生的现金流量净额大于零，并刚好能够补偿当期的非现金消耗性成本经营活动产生的现金流量时，意味着企业通过正常的商品供、产、销所带来的现金流入量不但能够支付因经营活动而引起的货币流出，而且还有余力补偿全部当期的非现金消耗性成本。此种情况下，企业在经营活动方面的现金流量压力已经解除，但从长期的角度来看，虽然企业能够刚好维持经营活动的"简单再生产"，但是仍然无法为扩大生产规模提供货币支持。

当经营活动产生的现金流量净额大于零并在补偿当期的非现金消耗性成本后仍有剩余，意味着企业通过正常的商品供、产、销带来的现金流入量，不但能够支付因经营活动引起的货币流出、补偿全部当期的非现金流量消耗性成本，而且还有余力为企业的投资等活动提供现金流量的支持。此种情况下企业经营活动产生的现金流量已经处于良好的运转状态。这种情况表明企业所生产的产品符合市场需求，销售回款能力较强。

综上所述，企业经营活动产生的现金流量净额仅仅大于零是不够的。经营活动产生的现金净额大于零并在补偿当期的非现金消耗性成本后仍有剩余的情况下，才能够使企业经营活动具有含金量，才能对企业经营活动的稳定、发展以及企业投资规模的扩大起到促进作用。

4) 经营活动现金流量净额与净利润的关系

经营活动现金流量净额等于经营活动中产生的现金流入减去经营活动中产生的现金流

出。在经营性的应收、应付款金额比例保持稳定的情况下，经营活动现金流量净额一般大于净利润，如果小于净利润，则需要进一步分析公司经营是否正常。

如果经营活动现金流量净额与净利润两者都为负，说明企业面临经营困难，盈利能力弱，现金流量入不敷出；如果经营活动现金流量净额为负，净利润为正，说明企业存在大量的存货积压或应收账款无法收回，导致企业即使有盈利能力，也因为无法取得现金而造成企业资金周转困难。如果经营活动现金流量净额为正，净利润为负，则说明企业对固定费用偿付不足，虽然能够满足正常经营活动资金需求，但应提高产品盈利能力。

经营活动现金流量净额与净利润两者都为正，且比值大于 1，表明企业创造的净利润全部以现金形式实现，企业收现能力较强；若比值小于 1，则表明企业净利润可能受到人为操纵或有部分净利润以债权形式体现，企业经营活动现金流量质量与净利润质量较差。

2. 投资活动产生的现金流量质量分析

从投资的目的分析，企业的投资活动主要有三个目的：一是为企业正常生产经营活动奠定基础，如购建固定资产、无形资产和其他长期资产等；二是为企业对外扩张和其他发展性目的进行权益性投资和债券性投资；三是利用企业暂时不用的闲置货币资金进行短期投资，以求获得较高的投资收益。

投资活动产生的现金流量净额指标可以反映企业固定资产投资及权益性、债权性投资业务的现金流量情况。投资活动现金流出会对企业未来的市场竞争力产生影响，其数额较大时，应对相关投资行为的可行性做相应的分析了解。对于投资活动产生的现金流量质量可以通过以下表现形式进行分析。

1) 投资活动产生的现金流量净额小于零

投资活动产生的现金流量净额小于零，意味着企业在购建固定资产、无形资产和其他长期资产，权益性投资以及债权性投资等方面所流出的现金之和大于企业在收回投资，分得股利或利润，取得债券利息收入，处置固定资产、无形资产和其他长期资产而收到的现金净额之和。

如果企业投资活动现金流量处于"入不敷出"的状态，则投资活动所需资金的"缺口"可以通过以下几种方式解决：

(1) 消耗企业现存的现金积累。

(2) 利用经营活动积累的现金进行补充。

(3) 在不能挤占经营活动现金的条件下，通过贷款融资渠道对外融资。

(4) 在没贷款融资渠道的条件下，适度拖延债务支付时间或加大投资活动的负债规模。

综上所述，对于投资活动现金流量小于零的企业，财务信息使用者在进行现金流量表分析时，应该首先考虑企业的投资活动是否符合企业的长期规划和短期计划，如果符合，则表明企业经营活动发展和企业扩张的能力较强，也可能反映企业进行产业及产品结构调整能力或参与资本市场运作实施股权及债权的投资能力较强，是投资活动现金流量的正常状态。

信息使用者必须对企业投资活动产生现金流量原因进行具体分析。企业投资活动的现金流出量，可能需要由经营活动现金流入量来补偿。例如：企业的固定资产、无形资产购建支出，将由未来使用该固定资产和无形资产会计期间的经营活动所产生现金流量来补偿。所以即使在一定时期企业投资活动出现现金流量小于零的情况，也不能简单否定企业投资所产生现金流量的质量。

2) 投资活动产生的现金流量净额大于或等于零

投资活动产生的现金流量净额大于或等于零，意味着企业在投资活动方面的现金流入量大于或等于现金流出量。这种情况的发生，可能是因为企业在本会计期间投资回收活动的规模大于投资支出的规模，也可能是因为企业在经营活动与筹资活动方面急需资金而不得不处理手中的长期资产以求变现。第一种情况表明企业资本运作良好，投资回报及变现能力较强。第二种情况表明企业产业、产品结构未来会有所调整，生产能力在未来会受到严重影响，甚至会导致企业陷入深度债务危机。

3. 筹资活动产生的现金流量质量分析

筹资活动现金流量反映了企业的融资能力和融资政策，可以通过下述表现进行质量分析。

1) 筹资活动产生的现金流量净额大于零

筹资活动产生的现金流量净额大于零，意味着企业在吸收权益性投资、发行债券以及借款等方面所收到的现金之和大于企业在偿还债务、支付筹资费用、分配股利或利润、偿付利息以及减少注册资本等方面所支付的现金之和。

企业筹资活动产生的现金净流量大于零，通常表明该企业通过银行和资本市场筹资的能力较强。在企业处于发展的起步阶段，投资需要大量资金，企业经营活动的现金流量小于零的条件下，企业现金流量的需求主要通过筹资活动来解决。因此，分析企业筹资活动产生的现金流量大于零是否正常，关键要看企业的筹资活动是否已经纳入企业的发展规划，是企业管理层以扩大投资和经营活动为目标的主动筹资行为还是企业因投资活动和经营活动的现金流出失控导致企业不得已的筹资行为。

2) 筹资活动产生的现金流量净额小于零

筹资活动产生的现金流量净额小于零，意味着企业在吸收权益性投资、发行债券以及借款方面收到的现金之和小于企业在偿还债务、支付筹资费用、分配股利或利润、偿付利息、融资租赁所支付的现金以及减少注册资本等方面所支付的现金之和。

这种情况的出现，可能是由于企业在本会计期间集中发生偿还债务、支付筹资费用、分配股利或利润等业务。但是，如果企业筹资活动产生的现金流量小于零，则表明企业可能在投资和企业扩张方面没有更多的作为，企业的现金流量质量较差。

投资活动与筹资活动属于企业的理财活动。任何期间，企业均有可能因这些方面的活动引起现金流量的变化。不过，处于开业初期的企业，其理财活动引起的现金流量变化较大，占企业现金流量的变化比重也比较大。

另外，理财活动也意味着企业存在相应的财务风险。例如，企业对外发行债券，就必须承担定期支付利息、到期还本的义务。如果企业不能履行偿债责任，有关方面就会对企业采取法律措施。又如，企业购买股票就可能存在股票跌价损失的风险。因此，理财活动金额越大，财务风险可能越大。

4. 补充资料对企业现金流量影响的分析

现金流量表的补充资料包括三方面内容：第一，将净利润调节为经营活动产生的现金流量；第二，不涉及现金收支的筹资和投资活动；第三，现金及现金等价物净增加额。上述三个方面的内容，均在一定程度上体现了现金流量的质量。

1) 净利润调节为经营活动产生的现金流量

净利润调节为经营活动产生的现金流量是从净利润开始，通过对诸如固定资产折旧、无形资产摊销、公允价值变动损益以及经营性流动资产和流动负债项目的调节，有利于分析净利润与经营活动现金流量之间在数量上出现差异的原因。

为什么现金流量表中经营活动现金流量净额与利润表净利润不一致？

2) 不涉及现金收支的筹资和投资活动

不涉及现金收支的投资和筹资活动，虽不引起现金流量的变化，但可以在一定程度上反映企业现金流转方面的质量状况和企业利用非现金资源进行经营活动、投资活动和筹资活动的状况。

(1) 不涉及现金收支的筹资和投资活动与企业面临的现金流转困难。

企业的某些非现金交易活动可能在一定程度上反映企业所面临的现金流转困难。例如，企业用固定资产偿还债务，可能意味着企业没有足够的现金来偿还到期债务；企业接受投资者非现金资产的投资，可能意味着企业同时还需筹集必要的现金以实现企业的正常经营。至于此类活动是否意味着企业现金流转困难，则应结合企业其他财务指标以及企业当期整体的现金流量变化情况综合分析。

(2) 不涉及现金收支的筹资和投资活动与企业利用的非现金资产。

企业的某些非现金交易活动可能在一定程度上反映企业利用非现金资产进行投资活动的能力。例如，企业用固定资产、无形资产以及存货对外进行投资等。这类活动反映了企业盘活不良资产的能力，或者反映了企业利用现有资源提升其利用价值的能力。

(3) 区分"现金及现金等价物期末余额"与"现金及现金等价物净增加额"。

现金流量表的最后一项是"现金及现金等价物净增加额"，它是现金及现金等价物在一年内的流量变化情况，可能是正，也可能是负。"现金及现金等价物期末余额"不直接体现在报表中，它是期末时点上现金及现金等价物的一个存量。现金及现金等价物净增加额大，期末余额不一定高；现金及现金等价物净增加额小，期末余额不一定低。评价现金及现金等价物，其期末绝对余额的高低是一个重要的因素。如果期末绝对余额低，即使其净增加额为正，也只是说明该企业的现金流量得到了改善，不一定说明该企业现金及现金等价物质量高。

4.3　与现金流量表有关的比率分析

现金流量表比率分析是以经营活动现金净流量与资产负债表和利润表等财务报表中的相关项目进行对比分析，全面揭示企业的经营水平，测定企业的偿债能力，反映企业的支付能力等。

4.3.1　与现金流量表有关的现金流动性比率分析

1. 现金流动负债比

现金流动负债比是企业一定时期的经营现金净流量同流动负债的比率，它可以从现金流量角度来反映企业当期偿付短期负债的能力。现金流动负债比率越大，表明企业经营活动产生的现金净流量越多，越能保障企业按期偿还到期债务。但是，该指标也不是越大越好，指标过大表明企业流动资金利用不充分，获利能力不强。

现金流动负债比的公式为

$$现金流动负债比 = \frac{年经营活动现金净流量}{期末流动负债}$$

企业的流动负债大多来源于企业的经营活动，通过企业经营活动产生的现金流量和流动负债计算现金流动负债比来衡量一个企业的偿债能力，该方法更谨慎，对债权人来说也更安全。

一般来讲，该比重的债务总额采用期末数而非平均数，因为实际需要偿还的是期末金额，而非平均金额。

根据 M 企业的财务报表数据，计算 M 企业的现金流动负债比，如表 4-8 所示。

表 4-8　M 企业的现金流动负债比　　　单位：万元

项　　目	2011 年	2012 年
①经营活动产生的现金流量净额	−121,980.60	71,945.92
②期末流动负债	2,644,075.83	3,077,079.16
③现金流动负债比①/②	−0.05	0.02

从 2011 年、2012 年的流动负债比率看，该企业流动负债比率偏低，可能会导致企业到期无法偿还到期债务。具体原因要根据企业具体业务进行分析。

2. 现金债务总额比

现金债务总额比是经营活动现金净流量总额与债务总额的比率。该指标反映了企业承担债务的能力，是评估企业中长期偿债能力的重要指标，同时它也是预测企业破产的可靠指标。该比率要与过去比较，与同业比较才能确定高低。比率越高，企业承担债务的能力越强，破产可能性越小；比率越低，企业财务灵活性越差，破产的可能性越大。在需要的时候，企业还可以与会计报表附注提供的企业债务"平均偿还期"相结合，即平均偿还期越短，现金债务总额比越高越好。

现金债务总额比公式为

$$现金债务总额比 = \frac{经营活动现金净流量}{期末负债总额}$$

3. 现金到期债务比

现金到期债务比是指企业营业现金流量总额与到期的当期债务和应付票据总额的比率。它反映了企业可用现金流量偿付到期债务的能力。

$$现金到期债务比 = \frac{经营活动现金净流量}{本期到期债务}$$

$$本期到期债务 = 一年内到期的长期负债 + 应付票据$$

企业到期的长期负债和本期应付票据一般是不能够延期的，到期必须如数偿还。现金到期债务比率越高，企业资金流动性越好，企业到期偿还债务的能力就越强。若对同业现金到期债务比进行考察，则可以根据该指标的大小判断公司的即期偿债能力。

4. 现金流量利息保障倍数

现金流量利息保障倍数是指经营现金流量净额对利息费用的倍数。其计算公式为

$$现金流量利息保障倍数 = \frac{经营现金净流量}{利息费用}$$

现金流量利息保障倍数以现金为基础的利息保障倍数，表明 1 元利息费用由多少经营现金净流量作为保障。它比以利润为基础计算的利息保障倍数更可靠，因为实际用来支付利息的是现金，而不是利润。

4.3.2 与现金流量表有关的获取现金比率分析

1. 销售现金比率

销售现金比率是指经营现金净流入和投入资源的比值。该比率反映每元销售收入得到的现金流量净额，其数额越大，表明企业的收入质量越好，资金利用的效果越好。该指标反映企业销售质量的高低，与企业的赊销政策有关。计算结果要与过去或同业比才能确定其高低。如果企业有虚假收入，会使该指标过低。其计算公式为

$$销售现金比率 = \frac{经营现金净流量}{销售额}$$

其中，销售额包括向对方收取的增值税。

2. 每股营业现金净流量

每股营业现金净流量是反映每股发行在外的普通股票平均所占有的现金流量，或者说是反映企业每一普通股获取的现金流入量的指标。其计算公式为

$$每股营业现金净流量 = \frac{经营现金净流量}{普通股股数}$$

该比值为正数且较大时，派发现金红利的期望值就越大，如果为负值派发的红利的压力就较大。

3. 全部资产现金回收率

全部资产回收率是衡量某一经济行为发生损失大小的指标。回收率越高，说明回收的资金占付出资金的比例高，损失小；回收率低则说明损失较大。全部资产现金回收率是经营现金净流量与全部资产的比率。该指标旨在反映企业全部资产产生现金的能力，该比值越大越好。比值越大说明资产利用效果越好，利用资产创造的现金流量越多，整个企业获取现金的能力越强，经营管理水平越高。反之，则经营管理水平越低。其计算公式为

$$全部资产现金回收率 = \frac{经营活动现金净流量}{平均资产总额}$$

其中

$$平均资产总额 = \frac{期初资产总额 + 期末资产总额}{2}$$

可以简化计算

$$全部资产现金回收率 = \frac{经营活动现金净流量}{期末资产总额}$$

4. 盈利现金比率

盈利现金比率是指在一定时期经营活动产生现金净流量与净利润的比值。其计算公式为

$$盈利现金比率 = \frac{经营活动现金净流量}{净利润}$$

盈利现金比率反映了企业当期收益的质量。一般来说，该比率越大，企业的收益质量越高；反之，则越低。如果该比率过小，即使利润表上呈现盈利，分析者也应该注意企业现金流量的质量是否存在问题，是否会影响企业的发展乃至生存。

4.3.3　与现金流量表有关的其他常用比率分析

1. 现金再投资比率

现金再投资比率是指经营现金净流量减去股利和利息支出后的余额，与企业总投资之间的比率。总投资是指固定资产总额、对外投资、其他长期资产和营运资金之和。这个比率反映有多少现金留下来，并投入企业用于资产更新和企业发展。其计算公式为

$$现金再投资比率 = \frac{经营现金净流量 - 现金股利}{固定资产 + 其他长期资产 + 营运资金成本}$$

通常，现金再投资比率应当为 7%～11%，各行业有所区别。同一企业在不同年份有区别，高速扩张的年份低一些，稳定发展的年份高一些。

2. 现金股利保障倍数

现金股利保障倍数是指经营活动净现金流量与现金股利支付额之比。支付现金股利率越高，说明企业的现金股利占结余现金流量的比重越小，企业支付现金股利的能力越强。计算公式为

$$现金股利保障倍数 = \frac{每股营业现金净流量}{每股现金股利}$$

该比率越大，说明支付现金股利的能力越强。

本 章 小 结

(1) 现金是企业的血液，现金流量表是以现金为基础编制的，反映企业在一定会计期

间现金和现金等价物流入和流出的财务报表。这里的现金是企业库存现金以及可以随时用于支付的存款,具体包括:库存现金、银行存款和其他货币资金。现金等价物是指企业持有的期限短、流动性强、易于转换为已知金额的现金、价值变动风险很小的投资。如自购买之日三个月内到期的短期债券等。

(2) 现金流量表是以现金为基础编制的,它是对资产负债表和利润表的重要补充。编制现金流量表可以为报表使用者提供企业现金流入和流出数量,揭示其变动原因;分析现金流量表可以了解和评价企业在一定时期内的支付能力、偿债能力、周转能力以及获取现金的能力,并据此预测未来的现金流量,有助于分析企业的收益质量,以便于对企业整体的财务状况和生存质量做出全面、准确的评价,为报表使用者提供有用的信息。

(3) 现金流量的分析包括现金流量表结构分析、现金流量表趋势分析、现金流量表质量分析以及相关指标分析。

(4) 现金流量表的结构分析包括现金流量表总流入分析、现金流量表总流出分析、现金流量表的流入流出比例分析。

(5) 现金流量表中经营活动产生现金流量质量从三种情况进行分析:经营活动产生的现金净流量小于零;经营活动产生现金净流量等于零;经营活动产生现金净流量大于零。

(6) 现金流量表中投资活动产生现金流量质量从两种情况进行分析:投资活动产生现金净流量大于或等于零;投资活动产生的现金净流量小于零。

(7) 现金流量表中筹资活动产生现金流量质量从两种情况进行分析:筹资活动产生现金净流量大于或等于零;筹资活动产生的现金净流量小于零。

(8) 现金流量表比率分析是以经营活动现金净流量与资产负债表和利润表等财务报表中的相关项目进行对比分析,全面揭示企业的经营水平,测定企业的偿债能力,反映企业的支付能力等。主要指标有现金流动负债比、现金债务总额比、现金到期债务比、现金流量利息保障倍数、销售现金比率、全部资产回收率等指标。

本 章 练 习

一、简答题

1. 简述现金流量表对报表使用者的意义。

2. 现金流量表中现金范围和日常所指的现金范围有什么不同?

3. 什么是现金等价物?

4. 现金流量表中一般将现金流量分为哪几类?

5. 如何进行现金流量表的质量分析?

6. 企业为什么会经常出现有利润无现金的情况?

二、计算分析题

幸福公司 2016 年末资产总额为 6,000 万元,股东权益总额 3,500 万元,流动负债为 1,500 万元,长期负债 1,000 万元;其中现金及现金等价物为 800 万元,本年度到期的长期借款和短期借款及利息为 800 万元。股东权益中普通股的总额为 2,000 万元,每股面值为 10 元。该公司本年实现净利润为 1,200 万元,股利支付率为 40%,全部以现金支付。

公司当年经营活动产生的现金流量业务如下：销售商品、提供劳务取得现金 4,000 万元；购买商品、接受劳动支付现金 1,800 万元；职工薪酬支出 300 万元；支付所得税费 400 万元；其他现金支出 200 万元。该公司经营活动现金净流量占公司全部现金净流量的 80%，销售收现比 90%。

要求：

(1) 计算现金比率；

(2) 计算现金流动负债比、现金债务总额比、现金到期债务比；

(3) 计算每股经营现金净流量；

(4) 计算现金股利保障倍数；

(5) 根据以上计算的比率，简要评价公司的支付能力及收益质量。

三、案例分析题

表 4-9 是 H 公司 2016 年现金流量结构分析表，我们通过相关数据对企业进行现金流量分析：

表 4-9　现金流量结构分析表

编制单位：H 公司　　　　　　　　　　(2016 年度)　　　　　　　　　　单位：元

项　　　目	流　　入	流　　出	净流量	内部结构	流入结构	流出结构	流入流出比
一、经营活动产生的现金流量							
销售商品、提供劳务收到的现金	1,342,500			100%			
收到的税费返还	0			0			
收到的其他与经营活动有关的现金	0			0			
现金流入小计	1,342,500			100%	64%		
购买商品、接受劳务支付的现金		392,266		41%			
支付给职工以及为职工支付的现金		300,000		31%			
支付的各项税费		204,399		21%			
支付的其他与经营活动有关的现金		70,000		7%			
现金流出小计		966,665		100%		36%	1.39
经营活动产生的现金流量净额			375,835				
二、投资活动产生的现金流量							
收回投资所收到的现金	16,500			5%			
取得投资收益所收到的现金	30,000			9%			
处置固定资产、无形资产和其他长期资产所收回的现金净额	300,300			86%			
收到的其他与投资活动有关的现金	0			0			
现金流入小计	346,800			100%	17%		
购建固定资产、无形资产和其他长期资产所支付的现金		451,000		100%			
投资所支付的现金		0		0			

项　　目	流　入	流　出	净流量	内部结构	流入结构	流出结构	流入流出比
支付的其他与投资活动有关的现金		0		0			
现金流出小计		451,000		100%		17%	0.77
投资活动产生的现金流量净额			−104,200				
三、筹资活动产生的现金流量							
吸收投资所收到的现金	0			0			
取得借款所收到的现金	400,000			100%			
收到其他与筹资活动有关的现金	0			0			
现金流入小计	400,000			100%	19%		
偿还债务所支付的现金		1,250,000		99%			
分配股利、利润和偿付利息所支付的现金		12,500		1%			
支付的其他与筹资活动有关的现金		0		0			
现金流出小计		1,262,500		100%		47%	0.32
筹资活动产生的现金流量净额			−862,500				
合计	2,089,300	2,680,165	−590,865		100%	100%	

请对以下问题进行分析：

(1) 对现金流入结构进行分析。

(2) 对现金流出结构进行分析。

(3) 对现金流入流出比进行分析。

第5章 所有者权益变动表分析

本章目标

- 理解所有者权益变动表的内容和结构
- 掌握所有者权益变动表的编制方法
- 掌握所有者权益变动表的结构及趋势分析方法
- 理解所有者权益变动表具体项目所包含的质量信息
- 掌握所有者权益变动表的相关比率分析方法

重点难点

重点：

1. 所有者权益变动表的编制方法
2. 所有者权益变动表的结构和趋势分析
3. 所有者权益变动表的相关比率分析

难点：

1. 股利分配政策的影响因素
2. 股利支付方式的内涵

案例导入

这些年来，A股市场鼓励现金分红，从近年来上市公司现金分红的力度来看，也有着一定程度上的回暖。据统计，2017年度两市合计2,754家上市公司披露现金分红事项，分红金额合计约10,705.72亿元，同比增长21.88%。其中，1,424家主板公司分红9,563.80亿元，占比89.33%；714家中小板公司、616家创业板公司分红852.19亿元、289.73亿元，分别占比7.96%、2.71%。

A股上市公司现金分红首次突破万亿规模，这确实是一个标志性的事件。随着A股上市公司现金分红力度的逐渐提升，有利于对冲缓解股市长期融资的压力。只有股市投资与融资功能得到均衡式的发展，才更有利于市场的健康发展。与此同时，从实施现金分红的上市公司情况来分析，呈现出一些新的变化。

对于上市公司而言，股息率越高，其投资吸引力越明显，投资者不仅可以把现金取出，还可以把分红所得的现金用作再投资，不断增强投资复合收益率，这也是增强股市投资回报功能的真实写照。

在强监管的压力下，部分铁公鸡上市公司也采取了少量的现金分红策略，拉开了铁公鸡上市公司现金分红的序幕，或多或少提升了A股上市公司的整体股息率水平。

此外，对于以往长期存在的上市公司高送转现象，在近一年时间内发生了较大程度上的改善。公开数据显示，2017年实施高送转的上市公司数量较以往明显降低。不过，对于上市公司高送转的行为，也不应该一棒子打死。对于中高价股而言，适度采取高送转的策略，有利于促进股票的流动性。在实际情况下，上市公司采取现金分红与送转结合的分配方式，往往更容易获得市场的认可。

资料来源：东方财富网

所有者权益变动表是反映构成所有者权益各组成部分当期增减变动情况的报表。本章将学习所有者权益变动表的相关知识。通过本章的学习，读者可以了解企业所有者权益变动表的格式和内容，掌握所有者权益变动表的基本分析方法，可以对企业的资本结构、财务状况和盈利能力做出评价。

5.1 认识所有者权益变动表

所有者权益变动表应当全面反映一定时期所有者权益变动的情况，不仅包括所有者权益总量的增减变动，而且包括所有者权益项目间增减变动的重要结构性信息，使报表使用者能够准确地理解所有者权益增减变动的根本原因。

5.1.1 所有者权益变动表的内容

在所有者权益变动表中，企业至少应当单独列示下列项目：
(1) 综合收益总额。

(2) 会计政策变更和前期差错更正的累积影响金额。

(3) 所有者投入资本和向所有者分配利润等。

(4) 提取的盈余公积。

(5) 所有者权益各组成部分的期初和期末余额及其调节情况。

5.1.2　所有者权益变动表的结构

为了清楚地表明构成所有者权益的各组成部分当期的增减变动情况，所有者权益变动表应当以矩阵的形式列示：一方面，列示导致所有者权益变动的交易或事项；另一方面，按照所有者权益各组成部分(包括实收资本、其他权益工具、资本公积、其他综合收益、盈余公积、未分配利润和库存股)及其总额列示交易或事项对所有者权益的影响。此外，企业还需要提供比较所有者权益变动表，因此，所有者权益变动表还将各项目再分为"本年金额"和"上年金额"两栏分别填列。具体格式如表 5-1 所示。

表 5-1　所有者权益变动表　　　　　　　会企 04 表

编制单位：　　　　　　　　　　　年度　　　　　　　　　金额单位：元

项　　目	本年金额									上年金额								
	实收资本(股本)	其他权益工具			资本公积	减：库存股	其他综合收益	盈余公积	未分配利润	所有者权益合计	实收资本(股本)	其他权益工具			资本公积	减：库存股	其他综合收益	盈余公积	未分配利润	所有者权益合计
		优先股	永续债	其他								优先股	永续债	其他						
一、上年年末余额																				
加：会计政策变更																				
前期差错更正																				
二、本年年初余额																				
三、本年增减变动金额(减少以"-"号填列)																				
(一) 综合收益总额																				
小计																				
(二) 所有者投入和减少资本																				
1. 所有者投入资本																				
2. 其他权益工具持有者投入资本																				
3. 股份支付计入所有者权益的金额																				
4. 其他																				
(三) 本年利润分配																				
1. 提取盈余公积																				
2. 对所有者(或股东)的分配																				

项目	本年金额										上年金额									
	实收资本(股本)	其他权益工具			资本公积	减:库存股	其他综合收益	盈余公积	未分配利润	所有者权益合计	实收资本(股本)	其他权益工具			资本公积	减:库存股	其他综合收益	盈余公积	未分配利润	所有者权益合计
		优先股	永续债	其他								优先股	永续债	其他						
3. 其他																				
(四)所有者权益内部结转																				
1. 资本公积转增资本(或股本)																				
2. 盈余公积转增资本(或股本)																				
3. 盈余公积弥补亏损																				
4. 设定受益计划变动额结转留存收益																				
5. 其他综合收益结转留存收益(执行新收入准则和新金融准则的企业才有该项目)																				
6. 其他																				
四、本年年末余额																				

5.1.3 所有者权益变动表的填列

1. 所有者权益变动表各项目列报

1)"上年年末余额"项目

"上年年末余额"反映企业上年资产负债表的实收资本(或股本)、资本公积、盈余公积、未分配利润的年末余额。

2)"会计政策变更"项目

"会计政策变更"项目反映企业采用追溯调整方法处理的会计政策变更的累积影响金额。"前期差错更正"项目反映采用追溯重述方法处理的会计差错更正的累积影响金额。

为了体现会计政策变更和前期差错更正的影响,企业应当在上期期末所有者权益余额的基础上进行调整得出本期期初所有者权益金额,根据"盈余公积""利润分配""以前年度损益调整"等科目的发生额分析填列。

会计政策协调助推
"一带一路"战略

3)"本年增减变动金额"项目

"本年增减变动金额"项目分别反映如下内容:

(1)"综合收益总额"为净利润和其他综合收益的税后净额的合计数。

其中,"净利润"反映企业当年实现的净利润(或净亏损)金额,并对应列在"未分配利润"栏。

其他综合收益的税后净额是根据企业会计准则规定未在损益中确认的各项利得和损失扣除所得税影响后的净额。其他综合收益包括以下情况：

①　可供出售金融资产的公允价值变动、减值及处置导致的其他资本公积的增加或减少。

②　确认按照权益法核算的在被投资单位其他综合收益中所享有的份额导致的其他资本公积的增加或减少。

③　计入其他资本公积的现金流量套期工具利得或损失中属于有效套期的部分，以及其后续的转出。

④　境外经营外币报表折算差额的增加或减少。

⑤　与计入其他综合收益项目相关的所得税影响。

(2)　"所有者投入和减少资本"项目，反映企业接受投资者投入形成的实收资本(或股本)、资本溢价或股本溢价，并对应列在"实收资本"和"资本公积"栏。

"股份支付计入所有者权益的金额"项目，反映企业处于等待期中的权益结算的股份支付当年计入资本公积的金额，并对应列在"资本公积"栏。

(3)　"本年利润分配"各项目，反映当年对所有者(或股东)分配的利润(或股利)金额和按照规定提取的盈余公积金额，并对应列在"未分配利润"和"盈余公积"栏。其中：

①　"提取盈余公积"项目，反映企业按照规定提取的盈余公积。

②　"对所有者(或股东)的分配"项目，反映对所有者(或股东)分配的利润(或股利)金额。

(4)　"所有者权益内部结转"各项目，反映不影响当年所有者权益总额的所有者权益各组成部分之间的增减变动，包括资本公积转增资本(或股本)、盈余公积转增资本(或股本)、盈余公积弥补亏损等项目。为了全面反映所有者权益各组成部分的增减变动情况，所有者权益内部结转也是所有者权益变动表的重要组成部分，主要指不影响所有者权益总额及所有者权益各组成部分当期的增减变动，其中：

①　"资本公积转增资本(或股本)"项目，反映企业以资本公积转增资本或股本的金额。

②　"盈余公积转增资本(或股本)"项目，反映企业以盈余公积转增资本或股本的金额。

③　"盈余公积弥补亏损"项目，反映企业以盈余公积弥补亏损的金额。

2. 上年金额栏的列报方法

所有者权益变动表"上年金额"栏内各项数字，应根据上年度所有者权益变动表"本年金额"栏内所列数字填列。如果上年度所有者权益变动表规定的各个项目的名称和内容同本年度不一致，应对上年度所有者权益变动表各项目的名称和数字按本年度的规定进行调整，填入所有者权益变动表"上年金额"栏内。

3. 本年金额栏的列报方法

所有者权益变动表"本年金额"栏内各项数字一般应根据"实收资本(或股本)""资本公积""其他综合收益""盈余公积""利润分配""库存股""以前年度损益调整"等科

目的发生额分析填列。

企业的净利润及其分配情况作为所有者权益变动的组成部分，不需要单独设置分配表列示。

5.1.4 所有者权益变动表的作用

所有者权益变动表的作用主要表现在以下三个方面：

1. 所有者权益变动为公允价值的广泛运用创造条件

公允价值的运用能反映在物价、利率、汇率波动的情况下企业资产、负债和所有者权益的真实价值，突出体现以公允价值为基础的"资产负债观"的新会计理念，从而产生未实现的利得或损失。所有者权益变动表的出现使得企业未实现的利润或损失得到充分体现，也为公允价值的广泛运用创造了条件。

2. 所有者权益变动表提供更加全面的财务信息

所有者权益变动表的综合收益观，符合综合收益改革的国际趋势。综合收益的构成用公式表现为：综合收益 = 净利润 + 直接计入所有者权益的利得和损失。前者是企业已经实现并确认的收益，后者是企业未实现但根据会计准则的规定已确认的收益。因此，对强调以资产、负债确认和公允价值计量为基础的所有者变动表的分析，可以从综合收益的角度为企业的股东和投资者提供更加全面的财务信息。

3. 所有者权益变动表有利于全面反映企业经营业绩

所有者权益变动表既能反映企业以历史成本计价已确认实现的收入、费用、利得和损失，又能反映以多种计量属性计价的已确认但未实现的利得和损失，在一定程度上解决了衍生金融工具、外币换算、资产评估等产生的收益却无法在表内披露、确认的难题，更真实准确地反映了由于会计政策变更和前期差错更正对所有者权益的影响数额。另外也能反映由于股权分置、股东分配政策等财务政策对所有者权益的影响。总之，所有者权益变动表的出现使得会计报告的内容更丰富，反映企业经营业绩的信息更加广泛和真实，进而满足报表使用者对企业会计信息披露多样化的需求。

5.2 所有者权益变动表分析

通过分析所有者权益的来源及其变动情况，可以了解会计期间内影响所有者权益增减变动的具体情况，判断构成所有者权益的各个项目变动的合理性，为报表使用者提供较为真实的所有者权益总额及其变动信息，从而为股东、投资人、债权人以及其他报表使用人进行经济决策提供依据和参考。

5.2.1 所有者权益变动表的分析内容

企业编制所有者权益变动表的目的是让投资者了解企业的所有者权益是如何变动的，变动情况是否体现企业的实际生产经营情况，是否符合企业的生产经营战略。正是由于所有者权益的结构是复杂的，所以企业所有者权益的结构变动对评估企业的发展前景及所有者财富增减变化的趋势有重大意义。下面通过甲乙丙三家企业所有者权益变动进行说明，三家企业所有者权益变动结构分析表如表 5-2 所示。

表 5-2　所有者权益变动结构分析表　　　单位：万元

项　　　目	甲企业	乙企业	丙企业
所有者权益期初数	10,000	10,000	10,000
所有者权益期末数	25,000	25,000	25,000
本期所有者权益增加	15,000	15,000	15,000
其中：实收资本增加	15,000	3,000	—
资本公积增加	—	2,000	—
盈余公积增加	—	1,000	13,500
未分配利润增加	—	9,000	1,500

如表 5-2 所示，甲企业、乙企业、丙企业的所有者权益期初总额和结构是相同的，本期权益变动总额也相同，但变动结构不同。

甲企业所有者权益增加是由于所有者追加投资形成的。资本公积、盈余公积和未分配利润本期维持不变，意味着企业当期既无盈利也无资本溢价发生。所有者增加投资本质上不代表资本增值和所有者财富的增加，其投资的持续性取决于所有者对企业未来看好的程度。这种结构是非常不理想的。

乙企业所有者权益增加 15,000 万，其中 5,000 万是通过投资和资本公积形成的，其余 10,000 万是通过企业留存收益形成的。留存收益是通过企业经营取得盈利而形成的，表明投资者对企业有一定信心。与甲企业相比，乙企业资本得到了增值，所有者财富得到了增加，这种结构好于甲企业。

丙企业所有者权益的增加，全来自于留存收益，而且盈余公积占 90%，这意味着企业当期盈利丰厚。同时，由于盈余公积变动在一般情况下具有稳定性和可持续性。因此，这种结构是三种结构中最为理想的结构。

5.2.2　所有者权益变动表结构分析

所有者权益变动表结构分析，也称为所有者权益变动表垂直分析，是将所有者权益变动表中的各个项目的本期发生数与所有者权益变动表本期年末余额进行比较(即各个项目金额占本年年末余额的比重)，从而揭示企业当年所有者权益内部结构的情况，从静态角度判断所有者权益变动表各个项目构成的合理性。同时，将报告期各个项目所占的比重与基期各个项目所占的比重进行对比分析，从动态角度反映所有者权益的各个项目变动情况，找出影响所有者权益变动的主要项目，为报表使用者进行经济决策提供新的依据。

根据 M 企业所有者权益变动表(见附表 1)，编制 M 企业的所有者权益变动表结构分

净利润与所有者
权益之间的关系

析表，如表5-3所示。

表5-3　M企业所有权益变动表结构分析表　　　　单位：万元

影响所有者权益项目	2011年	2012年	2011年占比	2012年占比	变动
一、上年年末余额	1,459,482.18	1,784,451.97	81.79%	98.53%	16.74%
加：会计政策变更	—	—	—	—	—
前期差错更正	—	—	—	—	—
二、本年年初余额	1,459,482.18	1,784,451.97	81.79%	98.53%	16.74%
三、本年增减变动金额	324,969.79	26,652.59	18.21%	1.47%	−16.74%
（一）净利润	31,165.63	27,318.82	1.75%	1.51%	−0.24%
（二）其他综合收益	157.90	−550.27	0.01%	−0.03%	−0.04%
上述(一)和(二)小计	31,323.52	26,768.55	1.76%	1.48%	−0.28%
（三）所有者投入和减少资本	293,646.27	−115.96	16.46%	−0.01%	−16.46%
1.所有者投入资本	289,814.04	—	16.24%	—	−16.24%
2.股份支付计入所有者权益金额	187.81	—	0.01%	—	−0.01%
3.其他	3,644.42	−115.96	0.20%	—	−0.20%
（四）利润分配	—	—	—	—	—
1.提取盈余公积	—	—	—	—	—
2.对所有者(或股东)的分配	—	—	—	—	—
3.其他	—	—	—	—	—
（五）所有者权益内部结转	—	—	—	—	—
1.资本公积转增资本(或股本)	—	—	—	—	—
2.盈余公积转增资本(或股本)	—	—	—	—	—
3.盈余公积弥补亏损	—	—	—	—	—
4.其他	—	—	—	—	—
四、本年年末余额	1,784,451.97	1,811,104.56	100.00%	100.00%	—

1. 所有者权益变动表总体分析

所有者权益本年年末余额主要是由本年年初余额和本年增减变动金额组成，本年年初余额主要包括上年年末余额和会计政策变更、前期差错更正。根据表5-3编制所有者权益变动总体分析表，如表5-4所示。

表5-4　M企业所有者权益变动总体分析表　　　　单位：万元

影响所有者权益项目	2011年	2012年	2011年比重	2012年比重	变动
一、上年年末余额	1,459,482.18	1,784,451.97	81.79%	98.53%	16.74%
加：会计政策变更	—	—	—	—	—
前期差错更正	—	—	—	—	—
二、本年年初余额	1,459,482.18	1,784,451.97	81.79%	98.53%	16.74%
三、本年增减变动金额	324,969.79	26,652.59	18.21%	1.47%	−16.74%
四、本年年末余额	1,784,451.97	1,811,104.56	100.00%	100.00%	—

从表 5-4 中可以得知，2011 年本年增减变动金额项目为 324,969.79 万元，占年末所有者权益的比重为 18.21%，2012 年本年增减变动金额项目为 26,652.59 万元，占本年末所有者权益变动的比重为 1.47%，下降了 16.74%。要判断引起上述变化的具体原因，需要结合本年变动金额分析表作进一步分析。

从表 5-4 还可以得知，所有者权益由 2011 年的 1,784,451.79 万元增长到了 2012 年的 1,811,104.56 万元。

2. 所有者权益变动表年度增减变动分析

根据表 5-3 编制 M 企业所有者权益增减变动分析表，如表 5-5 所示。

表 5-5　M 企业所有者权益增减变动分析表　　单位：万元

影响所有者权益项目	2011 年	2012 年	2011 年比重	2012 年比重	变动
一、本年增减变动金额	324,969.79	26,652.59	100.00%	100%	0.00%
（一）净利润	31,165.63	27,318.82	9.59%	102.50%	92.91%
（二）其他综合收益	157.90	−550.27	0.05%	−2.06%	−2.11%
上述(一)和(二)小计	31,323.52	26,768.55	9.64%	100.44%	90.80%
（三）所有者投入和减少资本	293,646.27	−115.96	90.36%	−0.44%	−90.80%
（四）利润分配	—	—	—	—	—
（五）所有者权益内部结转	—	—	—	—	—

从表 5-5 可以得知，2011 年增减变动中，净利润为 31,165.63 万元，占变动金额的比重为 9.59%，其他综合收益为 157.90 万元，占变动金额比重为 0.05%，而所有者投入金额为 293,646.27 万元，占变动金额的 90.36%。即 M 企业 2011 年增加的股东权益，90.36% 是通过吸收投资以及资本溢价形成的。对所有者投入资金进行进一步分析可以发现：2012 年增减变动金额为 26,652.59 万元，变动最大的项目为净利润，占变动金额的比重为 102.50%。此外，其他综合收益出现负数，为−550.27 万元，所有者投入项目也出现负数，为−115.96 万元，这一变化的具体原因要结合其具体项目作进一步分析。

此外，净利润占变动额的比重由 2011 年的 9.59% 上升到 2012 年的 102.50%，而所有者投入和减少资本占变动额比重由 90.36% 下降到−0.44%。这表明，M 企业所有者权益增长方式由投入资本转向内部收益留存。

3. 所有者投入和减少资本分析

根据表 5-3 编制 M 公司所有者投入和减少资本分析表，如表 5-6 所示。

表 5-6　M 企业所有者投入和减少资本分析表　　单位：万元

影响所有者权益项目	2011 年	2012 年	2011 年比重	2012 年比重	变动
所有者投入和减少资本	293,646.27	−115.96	100.00%	100.00%	0.00%
1. 所有者投入资本	289,814.04	—	98.69%	0.00%	−98.69%
2. 股份支付计入所有者权益的金额	187.81	—	0.06%	0.00%	−0.06%
3. 其他	3,644.42	−115.96	1.24%	100.00%	98.76%

从表 5-6 可以得知，M 企业 2011 年所有者投入和减少资本为 293,646.27 万元，其中

所有者投入资本为 289,814.04 万元，占投入和减少资本的 98.69%，股份支付为 187.81 万元，其他为 3,644.42 万元。而 2012 年投入和减少资本为 –115.96 万元，全部来自其他项目，表明企业所有者投入和减少资本变化保持基本稳定。

4. 利润分配分析

根据表 5-3 编制 M 企业利润分配分析表，如表 5-7 所示。

表 5-7　M 企业利润分配表　　　　单位：万元

项　　　目	2011 年	2012 年	2011 年比重	2012 年比重	变动
未分配利润	31,165.63	27,318.82	100%	100%	0.00%
1. 提取盈余公积	3,116.56	2,731.88	10.00%	10.00%	0.00%
2. 对所有者(或股东)的分配	—	—	—	—	—

从表 5-7 可以得知，近两年 M 企业一直按照净利润 10% 提取盈余公积。虽然 2012 年利润由 31,165.63 万元下降到 27,318.82 万元，但是仍然按照 10% 提取盈余公积。盈余公积的变动在一般情况下具有相对稳定性和持续性，表明企业分配政策稳定。近两年企业没有进行利润分配，而是将净收益全部留存，表明企业可能准备增资扩张。

5. 所有者权益内部结转分析

根据 M 企业所有者权益变动表(见附录 1)和表 5-3，编制 M 企业所有者权益内部结转分析表，如表 5-8 所示。

表 5-8　M 企业所有者权益内部结转分析表　　　　单位：万元

项　　　目	2011 年	2012 年	2011 年比重	2012 年比重	变动
股本	461,624.42	461,624.42	100.00%	100.00%	—
1. 资本公积转增资本(或股本)	71,182.93	—	15.42%	—	–15.42%
2. 盈余公积转增资本(或股本)	—	—	—	—	—

从表 5-8 可以得知：M 企业 2011 年资本公积(资本溢价)转增资本的金额为 71,182.93 万元，占股本金额的 15.42%，2012 年没有所有者权益内部结转。需要注意的是，资本公积转增资本或盈余公积转增资本都是所有者权益内部结构的结转，不会引起所有者权益总额的变化。

5.2.3　所有者权益变动表趋势分析

所有者权益变动表趋势分析，也称为所有者权益变动表水平分析，是将所有者权益各个项目本年数与基准数(可以是上年数)进行对比分析，从静态角度揭示公司所有者权益各个项目绝对数的变动情况，从而反映所有者权益各个项目增减变动的具体原因和存在问题的一种分析方法。一般用变动额和变动率两个指标来反应所有者权益各个项目的变动情况。

根据 M 企业所有者权益变动表(见附录 1)，编制 M 企业的所有者权益变动表趋势分析表，如表 5-9 所示。

表 5-9　M 企业所有者权益变动表趋势分析表　　　　　单位：万元

影响所有者权益项目	2011 年	2012 年	变动额	变动率
一、上年年末余额	1,459,482.18	1,784,451.97	324,969.79	22.27%
加：会计政策变更	—	—	—	—
前期差错更正	—	—	—	—
二、本年年初余额	1,459,482.18	1,784,451.97	324,969.79	22.27%
三、本年增减变动金额	324,969.79	26,652.59	-298,317.20	-91.80%
（一）净利润	31,165.63	27,318.82	-3,846.80	-12.34%
（二）其他综合收益	157.90	-550.27	-708.17	-448.50%
上述(一)和(二)小计	31,323.52	26,768.55	-4,554.97	-14.54%
（三）所有者投入和减少资本	293,646.27	-115.96	-293,762.23	-100.04%
1. 所有者投入资本	289,814.04	—	-289,814.04	-100.00%
2. 股份支付计入所有者权益金额	187.81	—	-187.81	-100.00%
3. 其他	3,644.42	-115.96	-3,760.38	-103.18%
（四）利润分配				
1. 提取盈余公积	3116.56	2731.88	-384.68	-12.34%
2. 对所有者(或股东)的分配	—	—	—	—
3. 其他	—	—	—	—
（五）所有者权益内部结转				
1. 资本公积转增资本(或股本)	71182.93	—	-71,182.93	-100.00%
2. 盈余公积转增资本(或股本)	—	—	—	—
3. 盈余公积弥补亏损	—	—	—	—
4. 其他	—	—	—	—
四、本年年末余额	1,784,451.97	1,811,104.56	26,652.59	1.49%

从表 5-9 可知，M 企业 2010 年所有者权益年末余额为 1,459,482.18 万元，2011 年所有者权益年末余额为 1,784,451.97 万元，增长了 324,969.79 万元，增长率为 22.27%；2012 年所有者权益年末余额为 1,811,104.56 万元，比 2011 年增长了 26,652.59 万元，增长率为 1.49%。通过增长率对比得知，2012 年所有者权益增长速度明显放缓。

2011 年所有者权益高速增长的主要原因有两方面：一方面是企业经营活动净利润的增长，另一方面是所有者投入资金充实资本形成的。2012 年所有者权益增长金额的主要原因是企业正常经营活动所赚取的利润留存形成的。与 2011 年净利润相比，下降了 12.34%。

利润分配和所有者权益内部结转：利润分配中，提取盈余公积是和税后净利润密切相联系的，2012 年提取盈余公积的比率不变，但金额下降，主要是由 M 企业 2012 年税后净利润下降造成的。2011 年 M 企业通过所有者权益内部结转，资本公积(资本溢价)转增资本，充实了企业股本。

5.2.4 所有者权益变动表主要项目的质量分析

在前面章节中，已经简述了实收资本(股本)、资本公积、盈余公积、未分配利润、其他综合收益分析应该注意的问题，本节主要介绍所有者权益变动表中涉及利润分配和所有者权益内部结转的情况下应注意的问题。

1. 利润分配影响因素

公司的股利分配受很多因素影响，采取何种分配政策很大程度上由管理层决定，但其决策过程中会受到很多主观与客观因素的制约，影响公司分配政策的主要因素有以下几点。

1) 法律限制

(1) 资本保全的限制：法律规定公司不能用资本(包括股本和资本公积)发放股利。股利的支付不能减少法定资本，如果一个公司的资本已经减少或因支付股利而引起资本减少，则不能支付股利。

(2) 公司积累的限制：为了制约公司支付股利的任意性，按照法律规定，公司税后利润必须先提取法定公积金。此外还鼓励公司提取任意公积金，只有当提取的法定公积金达到注册资本的 50%时，才可以不再提取。提取法定公积金后的利润净额方可用于支付股利。

(3) 净利润的限制：公司年度累计净利润必须为正数时才可发放股利，股利发放之前必须先弥补以前年度亏损。

(4) 无力偿付的限制：基于对债权人的利益保护，如果一个公司已经无力偿付负债，或股利支付会导致公司失去偿债能力，则不能支付股利。

2) 股东因素

(1) 稳定的收入和避税：一些股东的主要收入来源是股利，他们往往要求公司支付稳定的股利。他们认为通过保留盈余引起股价上涨而获得资本利得是有风险的。若公司留存较多的利润，将受到这部分股东的反对。另外，一些股利收入较多的股东出于避税的考虑(股利收入的所得税高于股票交易的资本利得税)，往往反对公司发放较多的股利。

(2) 控制权的稀释：公司支付较高的股利，就会导致留存盈余减少，这又意味着将来发行新股的可能性加大，而发行新股必然稀释公司的控制权，这是公司拥有控制权的股东们所不愿看到的局面。

3) 公司因素

(1) 盈余的稳定性：公司是否能获得长期稳定的盈余，是其股利决策的重要基础。相对而言，盈余相对稳定的公司具有较高的股利支付能力。收益稳定的公司面临的经营风险和财务风险较小，筹资能力较强，这些都是其股利支付能力的保证。

(2) 资产的流动性：较多地支付现金股利会减少公司的现金持有量，使资产的流动性降低，而保持一定的资产流动性是公司经营所必需的条件之一。

(3) 举债能力：具有较强举债能力(与公司资产的流动性有关)的公司因为能够及时地

筹措到所需现金，有可能采取高股利政策；而举债能力弱的公司则不得不多滞留盈余，因而往往采取低股利政策。

(4) 投资机会：有着良好投资机会的公司，需要有强大的资金支持，因而往往少发放股利，将大部分盈余用于投资。缺乏良好投资机会的公司，保留大量现金会造成资金的闲置，于是倾向于支付较高的股利。因此，处于成长中的公司多采取低股利政策；处于经营收缩中的公司多采取高股利政策。

(5) 资本成本：与发行新股相比，保留盈余不需花费筹资费用，是一种比较经济的筹资渠道。所以从资本成本考虑，如果公司有扩大资金的需要，也应当采取低股利政策。

(6) 债务需要：具有较高债务偿还需要的公司，可以通过举借新债、发行新股筹集资金偿还债务，也可直接用经营积累偿还债务。如果公司认为后者适当的话(比如前者资本成本高或受其他限制难以进入资本市场)，将会减少股利的支付。

4) 其他限制

(1) 债务合同约束：公司的债务合同，特别是长期债务合同，往往有限制公司现金支付程度的条款，这使得公司只能采取低股利政策。

(2) 通货膨胀：在通货膨胀的情况下，由于货币购买力下降，公司计提的折旧不能满足重置资产的需要，因此在通货膨胀时期公司股利政策往往偏紧。

2. 股利分配政策

常用的股利分配政策有以下几条。

1) 剩余股利政策

股利分配与公司的资本结构相关，而资本结构又是由投资所需资金构成的，因此实际上股利政策要受到投资机会及其资本成本的双重影响。剩余股利政策就是在公司有着良好的投资机会时，根据一定的目标资本结构(最佳资本结构)，测算出投资所需的权益资本，先从盈余当中留用，然后将剩余的盈余作为股利予以分配。

公司采用剩余股利政策，意味着公司只将剩余的盈余用于发放股利。这样做是为了保持理想的资本结构，使加权平均资本成本最低。

2) 固定或持续增长股利政策

固定或持续增长股利政策是将每年发放的股利固定在某一相对稳定的水平上并在较长的时期内不变，只有当公司认为未来盈余会显著地、不可逆转地增长时，才提高年度的股利发放额。

公司采用固定或持续增长股利政策，透漏出以下信息：

(1) 稳定的股利向市场传递着公司正常发展的信息，有利于树立公司良好形象，增强投资者对公司的信心，稳定股票的价格。

(2) 稳定的股利额有利于投资者安排股利收入和支出，特别是对那些对股利有着很高依赖性的股东更是如此。而股利忽高忽低的股票，则不会受这些股东的欢迎，股票价格会因此而下降。

(3) 稳定的股利政策可能不符合剩余股利理论，但考虑到股票市场会受到多种因素的影响，其中包括股东的心理状态和其他要求，因此为了使股利维持在稳定的水平上，即使推迟某些投资方案或者暂时偏离目标资本结构，也可能要比降低股利或降低股利增长率更为有利。

固定或持续增长股利政策会使股利的支付与盈余相脱节。当盈余较低时仍要支付固定的股利，这可能导致资金短缺，财务状况恶化；同时不能像剩余股利政策那样保持较低的资本成本。

3) 固定股利支付率政策

固定股利支付率政策是公司确定一个股利占盈余的比率，长期按此比率支付股利的政策。在这一股利政策下，每年股利额随公司经营的好坏而上下波动，获得较多盈余的年份股利额高，获得盈余少的年份股利额较低。

公司采用固定股利支付率政策能使股利与公司盈余紧密地配合，以体现多赢多分、少盈少分、无盈不分的原则，才算真正公平地对待了每一位股东。但是，在这种政策下各年的股利变动较大，对于稳定股票价格不利。

4) 低正常股利加额外股利政策

低正常股利加额外股利政策是公司一般情况下每年只支付固定的、数额较低的股利，在盈余多的年份，再根据实际情况向股东发放额外股利。但额外股利并不固定化，不意味着公司永久地提高了规定的股利支付率。

公司采用低正常股利加额外股利政策使公司具有较大的灵活性。当公司盈余较少或投资需用较多资金时，可维持设定的较低但正常的股利，股东不会有股利跌落感；而当盈余有较大幅度增加时，可适度增发股利，使他们增强对公司的信心，这有利于稳定股票的价格。这种股利政策可使依赖股利生活的股东每年至少可以得到虽然较低但比较稳定的股利收入，从而吸引住这部分股东。

3. 股利支付方式

在我国上市企业，股利支付方式是现金股利、股票股利或者是两种方式兼有的组合分配方式。上市企业在实施现金股利和股票股利的利润分配方案时，有时也会同时实施从资本公积转增资本的方案。

股利分配、股票分割对
所有者权益的影响

此外，企业还可以使用财产和负债支付的方式支付股利。这两种股利方式目前在我国企业实际的股利支付实务中很少使用，但并非法律禁止。

1) 现金股利所包含的财务状况质量信息

现金股利是以现金支付的股利，它是股利支付的主要方式。企业支付现金股利首先要有累积盈余(特殊情况下可用弥补亏损后的盈余公积金支付)，其次有足够的现金。

企业派发现金股利是股东获取投资收益的一个来源，会导致现金流出企业，企业的资产和所有者权益总额同时减少，这在一定程度上会降低企业内源融资总量，有可能转向外源融资。这种发放股利的方式会引起两种变化：第一，引起所有者权益内部结构发生变化；第二，引起企业总资本结构发生变化。

企业现金股利分配政策既可以在一定程度上反映企业利润质量，也可以反映企业的管理层对企业未来的信心程度：利润质量不好、对利润支付能力较差以及未来盈利能力信心不足的企业，一般不会考虑支付大规模的现金股利。但有的企业发行现金股利主要是为了迎合中国证监会有关上市企业再融资的要求。因此，支付大规模现金股利的企业，其利润质量也不一定高。

现金股利的发放可以在一定程度上消除股东对未来收入不确定的担忧，增强他们对企业的信心，更加支持企业的发展壮大。如果企业不采用"稳定的股利政策"，通常被认为是企业竞争优势减弱、财务实力下降、发展前景莫测的信号。因此，企业通常会尽力维持每月现金股利不下降。

较多的分配现金股利会使企业减少内部融资来源，从而必须进入资本市场寻求外部融资，这样更利于企业接受资本市场的有效监督，达到减少代理成本的目的。一般情况下，经常通过金融市场筹集资金的企业更有可能按照投资者利益进行决策，从而显示出更好的财务状况质量。

2) 股票股利所包含的财务状况质量信息

股票股利是企业以发放的股票作为股利的支付方式。股票股利对企业来说，并没有现金流出，也不会导致企业的资产减少或负债的增加，而是将企业留存收益转化为股本。因此，不会增加企业的所有者权益，但会引起所有者权益各项目结构的变化。股票股利会增加流通在外的股票数量(股数)，同时降低股票的每股价值。从表面上看，分配股票股利除了增加所持股数外好像并没有给股东带来直接收益，事实上并非如此：因为市场和投资者普遍认为，企业发放股票股利往往预示着企业会有较大的发展和成长空间，这样的信息传递不仅会稳定股票价格甚至可能使股票价格上升。另外，如果股东出售股票变现，还会带来资本利得在纳税上的好处。相对于股利收入的纳税来说，投资者对资本利得收入在纳税时间上更具有选择性，即使股利收入和资本利得收入没有税率上的差别，仅就纳税时间而言，由于投资者可以自由向后推资本利得收入纳税的时间，所以它们之间会存在延迟纳税带来的收益差异。

值得注意的是，企业高比例地派发股票股利，不但不意味着企业一定具有较高的盈利能力和良好的财务状况质量，反而会引起股本规模的过快增长。如果企业的盈利水平不能以相应速度进行增长，就会引起每股收益的大幅度下降，进而会影响其市场形象和市场表现。

3) 所有者权益内部结转项目所包含的财务状况质量信息

所有者权益内部项目互相结转，虽然不改变所有者权益的总体规模，但是这种变化会对企业的财务形象产生直接影响：或增加了企业的股本数量，或弥补了企业的累积亏损。这种变化虽然对资产结构和质量没有直接影响，但可能对企业未来的股权价值变化以及利润分配前景产生直接影响。

所有者权益变动表与其他
报表间的关系

股权结构的变化，既可能是由于原股东之间股权结构的调整，也可能是由增加新的投资者引入股份而引起的。这种变化对企业的长期发展具有重要的影响：由于企业股权结构变化，企业的发展战略以及人力资源结构和政策均会发生显著变化，因此，按照原来的惯性思维对企业进行前景预测将有可能失去意义。

2016 年 4 月 18 日，中国医药健康产业股份有限公司(简称: 中国医药)召开了 2015 年度股东大会，审议通过了《公司 2015 年度利润分配方案》等议案，本次分配以 1,012,513,400 股为基数，向全体股东每 10 股派发现金红利 1.8206 元(含税)。公司于 2016 年 5 月 24 日公告了《中国医药健康产业股份有限公司关于公司 2015 年度利润分配方案实施的公告》(临 2016-029 号): 公司 2015 年度利润分配的股权登记日为 2016 年 5 月 27 日，除权(除息)日为 2016 年 5 月 30 日，现金红利发放日为 2016 年 5 月 30 日。

公司 2015 年度利润分配方案实施后，本次非公开发行 A 股股票的发行价格由 14.23 元/股调整为 14.05 元/股。具体计算公式如下:

调整后的发行价 = 调整前的发行价 − 每股现金红利(含税) = 14.23 − 0.18 = 14.05 元/股。

相应的发行数量由 122,024,491 股调整为 123,587,792 股。

5.3 所有者权益变动表相关指标分析

所有者权益变动表的指标分析主要是通过报表期末和期初的比较，或本报表项目与利润表项目的比较分析，来确定企业对股东权益保值、增值的保障情况，同时了解企业的盈利水平。

5.3.1 资本保值和增值绩效的指标分析

所有者权益变动表用来考核企业的资本保值、增值绩效的指标主要是资本保值增值率和所有者财富增长率。

1. 资本保值增值率

资本保值增值率是指企业期末所有者权益与期初所有者权益的比率，该比率是反映企业在一定会计期间内资本保值增值水平的评价指标，也是考核、评价企业经营效绩的重要依据。其计算公式为

$$资本保值增值率 = \frac{期末所有者权益}{期初所有者权益} \times 100\%$$

资本保值增值率案例分析

对于一个正常经营的企业，此比率应该大于 1。也就是说，企业的所有者权益每年应该都有适量的增长，企业才能不断发展。

它一方面反映了资本保全的原则要求，另一方面也能抑制企业资产流失的现象，是投资者和企业经营者都非常重视的指标。但该比率在提供有关资本保值增值的信息时却存在以下局限性:

(1) 这一指标高低除了受企业经营成果的影响外，还受企业利润分配政策的影响，同时也未考虑物价变动的影响。本期的资本增值不仅表现为所有者权益四个项目的增加，还应包括本期企业向投资者分配的利润，而分配的利润不再包括在期末所有者权益中，因此

不能简单地将期末所有者权益的增长理解为资本增值、期末所有者权益未减少理解为资本保值。资本保值是增值的基础，是在物价上涨形势下实际价值的保全，而非名义价值的保全。考虑物价上涨因素对资本保全的影响，只有在当期净利润不低于期初所有者权益与一般物价指数上升率的乘积时，才能实现真正的资本保值增值。

(2) 分子和分母为两个不同时点上的数据，缺乏时间上的相关性。

(3) 所有者权益由实收资本、资本公积、盈余公积和未分配利润构成，四个项目任何一个变动都将会引起所有者权益总额的变动。但在经营期间，因投资者投入资本、企业接受捐赠、资本溢价以及资产升值等客观原因，而导致实收资本、资本公积的增加并不是企业资本的增值(资本增值是经营者运用存量资产进行各项经营活动而产生的期初净资产与期末净资产的差异)。企业若出现亏损，资本是不能保值的。而按照该计算公式，只要报告期内上述客观原因增加的净资产大于企业的亏损额，资本保值率就会大于 1。

根据 M 企业所有者权益变动表(见附录 1)，资本保值增值率计算如表 5-10 所示。

表 5-10　M 企业资本保值增值率计算表　　　　单位：万元

项　　　目	2012 年	2011 年
①所有者权益年初余额	1,784,451.97	1,459,482.18
②实收资本增加(股本)	—	176,892.71
③资本公积增加	−666.23	116,911.45
④盈余公积增加	2,731.88	3,116.56
⑤未分配利润增加	24,586.94	28,049.06
⑥所有者权益年末余额	1,811,104.56	1,784,451.97
⑦资本增值保值率⑥/①	101.49%	122.27%

从表 5-10 可以得知，M 企业 2011 年资本保值增值率为 122.27%，从表面上看实现了资本的增值和保值，但从所有者权益增加的内部项目来看，年末所有者权益的增加主要来源于股东入资来增加所有者权益，而不是来自企业自身的盈利。两种方式相比，依靠自身盈利增加的所有者权益意味着企业可持续发展的前景比较好。

M 企业 2012 年资本保值增值率下降到 101.49%，主要靠企业自身的盈利增加了所有者权益。但是，资本保值增值率在计算时没有考虑物价因素，如果考虑物价变动因素，2012 年的资本保值增值率实际上低于 101.49%。

2. 所有者财富增长率

所有者(即股东)财富增长率是指在企业实收资本或股本一定的情况下，附加资本的增长水平。其计算公式为

$$所有者财富增长率 = \frac{期末实收资本净资产 - 期初实收资本净资产}{期初实收资本净资产} \times 100\%$$

所有者财富增长率是企业投资者或潜在投资者最为关心的指标，与每股收益一样，该指标集中反映了所有者的投资效益，也可作为对经营者的考核指标。

5.3.2　企业股利分配指标分析

企业在获得净利润后，就需要向所有者派发股利，这也是所有者投资企业的根本目的。但是分配多少股利比较合适，需要用股利分配率和留存收益比率来分析。

1. 股利分配率

股利分配率，又称股利支付率、股息支付率或股利发放率。评价一个企业的利润分配水平和利润分配政策，就要看企业实现的净利润中，有多大比例用于分配给股东。其计算公式为

$$股利分配率 = \frac{普通股每股股利}{普通股每股净收益} \times 100\%$$

不同企业股利分配率不同，具有成长潜力的企业会将利润的绝大部分留存下来，股利分配率较低。相反，处于成熟期的企业则将利润的较大部分派发给股东，因而股利分配率较高。此外，行业的特点也会影响股利分配率。例如经营收入稳定、举债容易、能获得低息举债经营的企业，股利分配率通常较高。

对投资者而言，较高的股利支付率意味着可供自己支配的收入增加，但对企业管理者而言，一个成长型企业希望保持尽可能低的股利支付率，把更多的资金留在企业内部继续发展业务；而一个成熟的企业则最好有一个比较高的股利支付率，因为它的股票升值潜力无法与成长型公司匹敌，而较高的股利可以弥补这一不足。

2. 留存收益比率

评价一个企业的资本积累水平，主要看其利润中有多大的比例用于扩大再生产，通常用留存收益比率指标来反映，留存收益率指企业税后盈利减去应发现金股利的差额与税后盈利的比率，其计算公式为

$$留存收益比率 = \frac{税后净利 - 应付股利}{净利润} \times 100\%$$

该比率表明企业的税后利润有多少用于发放股利，多少用于留存收益和扩大经营。其比率越高，表明企业越重视发展的后劲；比率越低，则表明企业经营不顺利，不得不动用更多利润去弥补损失，或者分红太多，发展潜力有限。

一般对于成长初期的企业而言，为了满足扩大生产规模的需要，考虑到外部融资的成本和风险，企业可能会多增加留存收益少分派股利，所以其留存收益比率会比较高；对于稳定发展的企业而言，该比例维持在 50% 左右；而对于处于衰退期的企业而言，由于没有好的项目可以投资，故其留存收益率可能会比较低，企业可能会倾向于把大部分的净利润直接分配给股东。

需要注意的是一个企业决定其股利分配政策(也就是留存收益政策)时，需要综合考虑企业的经营业绩、财务状况、权益结构、资产结构、近期资金需求以及股东利益等因素。

本 章 小 结

(1) 所有者权益是企业资产扣除负债后由所有者享有的剩余权益。所有者权益变动表

是反映构成所有者权益的各组成部分当期增减变动情况的财务报表。企业所有者权益又称为"股东权益"，股东权益是企业股东对企业净资产的所有权，所以该表也称为股东权益变动表。

(2) 所有者权益变动分析表的结构分析，也称为所有者权益变动表垂直分析，是将所有者权益变动表各个项目的本期发生数与所有者权益变动表本期年末余额进行比较(即各个项目金额占本年年末余额的比重)，从而揭示公司当年所有者权益内部结构的情况，从静态角度判断所有者权益变动表各个项目构成的合理性。同时，将报告期各个项目所占的比重与基期各个项目所占的比重进行对比分析，从动态角度反映所有者权益的各个项目变动情况，找出影响所有者权益变动的主要项目，为报表使用者进行经济决策提供新的依据。

(3) 所有者权益变动表的趋势分析，也称为所有者权益变动表的水平分析，是将所有者权益各个项目本年数与基准数(可以是上年数)进行对比分析，从静态角度揭示企业所有者权益各个项目绝对数变动情况，从而反映所有者权益各个项目增减变动的具体原因和存在问题的一种分析方法。一般用变动额和变动率两个指标来反应所有者权益各个项目企业本年数与上年数的变动情况。

(4) 企业管理层具体采用哪种股利政策主要受到法律、股东、公司以及其他等因素的影响。

(5) 常用的股利分配政策有剩余股利分配政策、固定或持续增长股利政策、固定股利支付率政策、低正常股利加额外股利政策。

本 章 练 习

一、简答题

1. 企业增加实收资本(股本)有哪几种形式？哪种更好？为什么？
2. 企业股利分配政策有哪几种？从企业股利分配政策中能解读出什么样的信息？
3. 企业股利分配方式主要有哪几种？主要的分配方式隐含着什么样的财务状况质量信息？
4. 什么叫资本保值增值率？在对该比率进行分析时，应该注意哪几点？
5. 留存收益率和股利分配率之间存在什么样的关系？

二、案例分析题

注册会计师王某审计裕丰公司 2016 年度会计报表时发现，由于裕丰公司连续几年亏损，企业净资产出现巨额赤字。2016 年 4 月董事会决议，对于出资人昌盛公司投入的资金超过其注册资本所占份额的部分确认为"其他应付款"并转作"资本公积—资本溢价"。同时，对于出资人同兴公司要求转让出资的事项，董事会要求出资方按照各自原先出资比例对资不抵债部分予以弥补，弥补后同兴公司才能转让出资。

请根据以上案例做出相关分析：

(1) 如果企业将投资者投入的资金超过其注册资本所占份额的部分确认为"其他应付款"，为降低资产负债率，经股东会同意，能否将"其他应付款"转作"资本公积—资本溢价"？

    (2) 企业净资产为负债或资不抵债时，是否需要出资人先亏损后增资？

    (3) 企业净资产出现巨额赤字时，出资人能否转让股权？

第6章 财务报表附注分析

本章目标

■ 理解财务报表附注的概念与内容

■ 了解财务报表附注的格式

■ 掌握财务报表附注的基本分析方法

■ 理解财务报表附注的优劣

■ 了解财务报表附注和财务情况说明书的联系与区别

重点难点

重点:

1. 财务报表附注主要内容

2. 财务报表附注分析

难点:

1. 会计政策和估计变更分析

2. 资产负债表日后事项分析

3. 关联方交易事项分析

案例导入

2018 年 8 月 17 日，因与关联方交易未及时进行信息披露，福建证监局决定对游族网络股份有限公司及公司董事会秘书出具警示函。

经查，游族网络与关联方泽时投资上的 4 笔交易均应当在交易发生后两个交易日内披露信息，但游族网络直至 2018 年 3 月 30 日才履行信息披露义务，违反了中国证监会《上市公司信息披露管理办法》(证监会令第 40 号，以下简称《信息披露管理办法》)第二条第一款的相关规定。

福建证监局表示，依照《信息披露管理办法》第五十九条第(三)项的规定，对游族网络股份有限公司采取出具警示函的监督管理措施。游族网络股份有限公司应采取切实有效的措施进行改正：一是公司应采取有效措施提升公司的规范运作和信息披露水平；二是公司董事、监事、高级管理人员应加强对有关证券法律法规的学习，切实履行勤勉尽责义务；三是根据公司规定开展内部问责，督促有关人员勤勉尽责。

作为游族网络时任董事会秘书刘楠，是上述违规行为的主要责任人。依据《信息披露管理办法》第五十九条第(三)项规定，决定对董事会秘书刘楠采取出具警示函的监督管理措施，警示加强有关法律法规学习，认真履行法定职责，切实提高信息披露质量。

资料来源：新浪财经新闻

报表分析者想更深入一层了解企业的财务状况，或者针对某一财务报表项目的变化做进一步分析，就需要使用财务报表附注和其他资料。本章简单介绍如何利用财务报表附注和其他资料提供的辅助信息进行财务报表的深层次分析。

6.1 认识财务报表附注

财务报表附注是对资产负债表、利润表、现金流量表和所有者权益变动表等报表中列式项目的文字或明细资料，以及对未能在这些报表中列式项目的说明等。财务报表附注是财务报表的重要组成部分。

财务报表附注编制
需遵循哪些原则

6.1.1 财务报表附注的主要内容

财务报表附注应当按照如下顺序披露有关内容。

1. 企业的基本情况

(1) 企业注册地、组织形式和总部地址。

(2) 企业的业务性质和主要经营活动。

(3) 母公司以及企业最终母公司的名称。

(4) 财务报告的批准报出者和财务报告批准报出日。

2. 财务报表的编制基础

财务报表的编制基础是指会计核算及报表编制的前提条件，即是持续经营，还是清算停止业务。

3. 遵循企业会计准则的声明

企业应当声明编制的财务报表符合企业会计准则的要求，真实、完整地反映了企业的财务状况、经营成果和现金流量等有关信息。以此明确企业编制财务报表所依据的制度基础。如果企业编制的财务报表只是部分地遵循了企业会计准则，附注中不得做出这种表述。

4. 重要会计政策和会计估计

根据财务报表列报准则的规定，企业应当披露采用的重要会计政策和会计估计，不重要的会计政策和会计估计可以不披露。

1) 重要会计政策的说明

由于企业经济业务的复杂性和多样化，某些经济业务可以有多种会计处理方法，即存在不止一种可供选择的会计政策。例如，存货的计价有先进先出法、加权平均法、个别计价法等；固定资产的折旧有平均年限法、工作量法、双倍余额递减法、年数总额法等。企业在发生某项经济业务时，必须从允许的会计处理方法中选择适合本企业特点的会计政策，企业选择不同的会计处理方法，可能极大地影响企业的财务状况和经营成果，进而编制出不同的财务报表数据。为了有助于报表使用者理解，有必要对这些会计政策加以披露。

需要特别指出的是，说明会计政策时还需要披露下列两项内容：

(1) 财务报表项目的计量基础。会计计量属性包括历史成本、重置成本、可变现净值、现值和公允价值，这些属性会直接、显著地影响报表使用者的分析。这项披露要求可供使用者了解企业财务报表中的项目是按何种计量基础予以计量的，如存货是按成本还是按可变现净值计量等。

(2) 会计政策的确定依据，主要是指企业在运用会计政策过程中所作的对报表中确认的项目金额最具影响的判断。例如，企业如何判断持有的金融资产是持有至到期的投资而不是交易性投资；又如，对于拥有的持股不足 50%的关联企业，企业如何判断企业拥有控制权而将其纳入合并范围；再如，企业如何判断与租赁资产相关的所有风险和报酬已转移给承租企业，从而符合融资租赁的标准；以及投资性房地产的判断标准等，这些判断对在报表中确认的项目金额具有重要影响。因此，这项披露要求有助于使用者理解企业选择和运用会计政策的背景，增加财务报表的可理解性。

2) 重要会计估计的说明

财务报表列报准则强调了对会计估计不确定因素的披露要求，企业应当披露会计估计中所采用的关键假设和不确定因素的确定依据，因为这些关键假设和不确定因素在下一会计期间内很可能导致资产、负债账面价值重大调整。

在确定报表资产和负债的账面金额过程中，企业有时需要在资产负债表日估计某些未来不确定事项对资产和负债的潜在影响。例如，固定资产可收回金额的计算需要根据其公允价值减去处置费用后的净额与预计未来现金流量的现值两者之间的较高者确定，在计算资产预计未来现金流量的现值时，需要对未来现金流量进行预测，并选择适当的折现率，应当在附注中披露未来现金流量预测所采用的假设及其依据、所选择的折现率为什么是合理的等。资产和负债项目金额的确定受这些假设的变动，有可能会在下一个会计年度内做出重大调整。因此，强调这一披露要求，有助于提高财务报表的可理解性。

5. 会计政策和会计估计变更以及差错更正的说明

企业应当按照《企业会计准则第 28 号——会计政策、会计估计变更和差错更正》及其应用指南的规定，披露会计政策和会计估计变更以及差错更正的有关情况。

6. 报表重要项目的说明

企业应当以文字和数字描述相结合，尽可能以列表形式披露报表重要项目的构成或当期增减变动情况，并且报表重要项目的明细金额合计应当与报表项目金额相衔接。在披露顺序上，一般应当按照资产负债表、利润表、现金流量表、所有者权益变动表及其项目顺序列示。

7. 其他需要说明的重要事项

其他需要说明的重要事项主要包括关联方及关联交易、或有事项、承诺事项、资产负债表日后事项、与金融工具相关风险、其他对投资者决策有影响的重要交易和事项等，具体的披露要求须遵循相关准则的规定。

6.1.2 财务报表附注编写实例

M 股份有限公司财务报表附注(节选)
2012 年度

一、公司的基本情况

(1) 公司概况：

M 电器股份有限公司是 1988 年经××市人民政府批准进行股份制企业改革试点而设立的股份有限公司，同年原人民银行某市分行批准公司向社会公开发行了个人股股票，截至 2012 年 12 月 31 日，公司注册资本和股本均为 461,624.42 万元。

(2) 注册地和总部地址：

注册地和总部地址：××省××市××区××路××号。

(3) 经营范围和主要活动：

经营范围：家用电器、电子产品及零配件、通信设备、计算机及其他电子设备、电子电工机械专用设备、电器机械及器材、电池系列产品、电子医疗产品、电力设备、数字监控产品、金属制品、仪器仪表、文化及办公用机械、文教体育用品、家具、橱柜及燃气具的制造、销售与维修；房屋及设备租赁；包装产品及技术服务；公路运输，仓储及装卸搬运；电子商务；软件开发、销售与服务；企业管理咨询与服务；高科技项目投资及国家允许的其他投资业务；房地产开发经营；废弃电器、电子产品回收及处理。

主要经营活动：2012 年度，公司主要从事电视机、冰箱、空调、压缩机、视听产品、电池、手机等产品的生产销售，IT 产品的销售以及房地产开发等生产经营活动。

(4) 控股股东以及企业最终实际控制人名称：××企业持有公司 23.19%的股权，是公司的控股股东。××市政府国有资产监督管理委员会持有××企业 100.00%的股权，是公司的最终实际控制人。

二、重要会计政策、会计估计

1) 财务报表的编制基础

本公司财务报表以持续经营为基础，根据实际发生的交易和事项，按照财政部颁布的

《企业会计准则》及相关规定，并基于本附注"重要会计政策、会计估计和编制方法"所述会计政策和会计估计编制。

2) 遵循企业会计准则的声明

本公司编制的财务报表符合企业会计准则的要求，真实、完整地反映了本公司的财务状况、经营成果和现金流量等有关信息。

3) 会计期间

本公司的会计期间为公历 1 月 1 日至 12 月 31 日。

4) 记账本位币

本公司以人民币为记账本位币。

5) 记账基础和计价原则

本公司会计核算以权责发生制为记账基础。根据《企业会计准则——基本准则》第四十三条和相关具体准则的规定，除交易性金融资产、可供出售金融资产、非同一控制下企业合并取得的资产及负债、债务重组、开展具有商业实质的非货币资产交换中换入和换出资产等按公允价值计量外，以历史成本为计价原则。

6) 现金及现金等价物

公司现金流量表之现金指库存现金以及可以随时用于支付的存款。现金流量表之现金等价物指持有期限短、流动性强、易于转换为已知金额现金且价值变动风险很小的投资。包括但不限于满足前项条件的从购买日起三个月内到期的债券投资、可以以通知方式提前支取的银行定期存款、可转让存单等。定期存款如果不可以随时支付，不作现金确认，如果可以随时支付，作为现金确认。其他货币资金中 6 个月以上的保证金存款不作为现金等价物确认，6 个月以下的保证金存款作为现金等价物确认。

7) 外币业务(略)

8) 金融资产和金融负债(略)

9) 应收款项坏账准备

应收款项采用摊余成本进行后续计量，摊余成本为初始确认的金额扣除已收到的金额及相应的坏账准备后的余额：对于收款期不足 1 年和本公司拥有随时收款权利的应收款项，直接以未来现金流量作为可收回金额，不考虑折现；对于收款期 1 年以上的长期应收款，合同或协议约定了明确的收款期限和收款期资金占用利率，还需要按实际利率法对余额进行调整，以调整后的余额作为报告金额，未到收款期的长期应收款账龄划分为 1 年以内(按 5%计提坏账准备)。公司应收款项(应收账款和其他应收款)分为三大类，分别是：

(1) 单项金额重大并计提坏账准备的应收款项：

单项金额重大的判断依据或金额标准	从单项金额占总额的5%开始测试，如果单项金额占总额5%以上汇总大于总额80%，单项金额占总额的5%可以作为单项重大的判断条件；如果单项金额占总额的5%以上汇总数小于总额80%，应当降低单项金额重大的认定条件，直到单项金额重大的汇总金额满足总额80%
单项金额重大并单项计提坏账准备的计提方法	根据实际情况对预计未来现金流量的现值进行减值测试，计提坏账准备；如发生减值，单独提坏账准备，不再按照组合计提坏账准备；如未发生减值，包含在组合中按组合性质进行减值测试

(2) 按组合计提坏账准备的应收款项：

组合名称	确定组合的依据
组合1	除员工备用金借款、投资借款、关联方往来款项以外的款项(IT 分销业务、冰箱压缩机业务、机顶盒业务除外)
组合2	IT 分销业务中除员工备用金借款、投资借款、关联方往来款项以外的款项
组合3	冰箱压缩机业务中除员工备用金借款、投资借款、关联方往来款项以外的款项
组合4	机顶盒业务中除员工备用金借款、投资借款、关联方往来款项以外的款项
组合5	员工备用金借款、投资借款、关联方往来款项
按组合计提坏账准备的计提方法(账龄分析法、余额百分比法、其他方法)	
组合1	账龄分析法
组合2	账龄分析法
组合3	账龄分析法
组合4	账龄分析法
组合5	余额百分比法

① 组合1中，采用账龄分析法计提坏账准备的比率：

账　龄	应收账款计提比例/(%)	其他应收款计提比例/(%)
1年以内(含1年)	5	5
1—2年	15	15
2—3年	35	35
3—4年	55	55
4—5年	85	85
5年以上	100	100

② 组合2中，采用账龄分析法计提坏账准备的比率：

账　龄	应收账款计提比例/(%)	其他应收款计提比例/(%)
1年以内(含1年)	0	0
1—2年	15	15
2—3年	35	35
3—4年	55	55
4—5年	85	85
5年以上	100	100

③ 组合3中，采用账龄分析法计提坏账准备的比率：

账　龄	应收账款计提比例/(%)	其他应收款计提比例/(%)
1年以内(含1年)	5	5
1—2年	15	15
2—3年	30	30
3—5年	50	50
5年以上	100	100

④ 组合4中，采用账龄分析法计提坏账准备的比率：

账　龄	应收账款计提比例/(%)	其他应收款计提比例/(%)
1年以内(含1年)	0	0
1—2年	10	10
2—3年	35	35
3—4年	55	55
4—5年	85	85
5年以上	100	100

⑤ 组合 5 中，采用余额百分比法计提坏账准备的比率：

组合名称	应收账款计提比例/(%)	其他应收款计提比例/(%)
组合 5	0	0

(3) 单项金额虽不重大但单项计提坏账准备的应收账款：

单项计提坏账准备的理由	单项金额不重大但按照组合计提坏账准备不能反映其风险特征的应收款项
坏账准备的计提方法	根据其未来现金流量现值低于其账面价值的差额计提坏账准备

10) 存货

(1) 分类、确认和计量：存货分房地产开发类和家电与电子类两大类。房地产开发类存货包括已完工开发产品、在建开发产品和拟开发土地。家电与电子类存货包括原材料、库存商品、在产品、自制半成品、委托加工材料、低值易耗品、周转材料等。存货的盘存制度为永续盘存制。已完工开发产品是指已建成、待出售的物业。在建开发产品是指尚未建成、已出售或经营为开发目的的物业。拟开发土地是指购入的、已决定将之发展为出售或出租物业的土地。项目整体开发时，全部转入在建开发产品；项目分期开发时，将分期开发用地部分转入在建开发产品，后期未开发土地仍保留在本项目中确认。公共配套设施按实际成本计入开发成本，完工时，摊销转入住宅等可售物业的成本，但如具有经营价值且拥有收益权的配套设施，单独计入"投资性房地产"。

家电与电子类存货按标准成本计价；原材料(屏、电子元器件等)采用标准价格进行日常核算，每月末按当月实际领用额分配价格差异，调整当月生产成本；低值易耗品一般用标准价格核算，于领用时一次性摊销，每月末按当月实际领用额分配价格差异调整为实际成本；库存商品按标准成本计价结转产品销售成本，月末摊销库存商品差价，调整当月销售成本；在途材料按实际成本计价入账。周转材料主要为模具，领用后在一年内摊销完毕。

(2) 存货可变现净值的确定方法：报告期末对存货按账面成本与可变现净值孰低法计价，存货跌价准备按单个存货项目账面成本高于其可变现净值的差额提取，计提的存货跌价准备计入当期损益。

11) 长期股权投资

(略)

12) 投资性房地产

本公司投资性房地产包括已出租的土地使用权、持有并准备增值后转让的土地使用权和已出租的房屋建筑物。投资性房地产按其成本作为入账价值，外购投资性房地产的成本包括购买价款、相关税费和可直接归属于该资产的其他支出；自行建造投资性房地产的成本，由建造该项资产达到预定可使用状态前所发生的必要支出构成。

本公司对投资性房地产采用成本模式进行后续计量，按其预计使用寿命及净残值率采用平均年限法计提折旧或摊销。投资性房地产的预计使用寿命、净残值率及年折旧(摊销)率按照固定资产和无形资产核算的相关规定执行。

当投资性房地产的用途改变为自用时，则自改变之日起将其转换为固定资产或无形资产。自用房地产的用途改变为赚取租金或资本增值时，则自改变之日起，将固定资产或无形资产转换为投资性房地产。发生转换时，以转换前的账面价值作为转换后的入账价值。

当投资性房地产被处置或者永久退出使用且预计不能从其处置中取得经济利益时，终止确认该项投资性房地产。投资性房地产出售、转让、报废或毁损的处置收入扣除其账面价值和相关税费后的金额计入当期损益。

13) 固定资产

本公司固定资产是指为生产商品、提供劳务、出租或经营管理而持有的，使用年限超过一个会计年度的有形资产。

固定资产包括房屋建筑物、仪器仪表、动力设备、专用设备、起重设备、运输设备、锻压设备、其他设备等，按其取得时的成本作为入账价值。其中，外购的固定资产成本包括买价和进口关税等相关税费，以及为使固定资产达到预定可使用状态前所发生的可直接归属于该资产的其他支出；自行建造固定资产的成本，由建造该项资产达到预定可使用状态前所发生的必要支出构成；投资者投入的固定资产，按投资合同或协议约定的价值作为入账价值，但合同或协议约定价值不公允的按公允价值入账；融资租赁租入的固定资产，按租赁开始日租赁资产公允价值与最低租赁付款额现值两者中较低者作为入账价值。

与固定资产有关的后续支出，包括修理支出、更新改造支出等，符合固定资产确认条件的，计入固定资产成本，对于被替换的部分，终止确认其账面价值；不符合固定资产确认条件的，于发生时计入当期损益。

除已提足折旧仍继续使用的固定资产和单独计价入账的土地外，公司对所有固定资产计提折旧。计提折旧时采用平均年限法，并根据用途分别计入相关资产的成本或当期费用。公司固定资产的分类折旧年限、预计净残值率、折旧率如下：

序号	类　　别	折旧年限(年)	预计残值率	年折旧率
1	房屋及建筑物	30～40	5%	2.38%～3.17%
2	机器设备	9～14	5%	6.79%～10.56%
3	运输设备	6	5%	15.83%
4	动力设备	9	5%	10.56%
5	起重设备	9	5%	10.56%
6	仪器仪表	6	5%	15.83%
7	锻压设备	8	5%	11.88%
8	其他设备	8～12	5%	11.88%～7.92%

公司于每年年度终了，对固定资产的预计使用寿命、预计净残值和折旧方法进行复核，如发生改变，则作会计估计变更处理。

14) 在建工程

在建工程按实际发生的成本计量。自营建筑工程按直接材料、直接工资、直接施工费等计量；出包建筑工程按应支付的工程价款等计量；设备安装工程按所安装设备的价值、安装费用、工程试运转等所发生的支出等确定工程成本。在建工程成本还包括应当资本化的借款费用和汇兑损益。

在建工程在达到预定可使用状态之日起，根据工程预算、造价或工程实际成本等，按估计的价值结转固定资产，次月起开始计提折旧，待办理了竣工决算手续后再对固定资产原值差异进行调整，不调整原已计提的折旧额。

15) 借款费用

借款费用包括借款利息、折价或溢价的摊销、辅助费用以及因外币借款而发生的汇兑差额等。可直接归属于符合资本化条件的资产的购建或者生产的借款费用，在资产支出已经发生、借款费用已经发生、为使资产达到预定可使用或可销售状态所必要的购建或生产活动已经开始时，开始资本化；当购建或生产符合资本化条件的资产达到预定可使用或可销售状态时，停止资本化。其余借款费用在发生当期确认为费用。

专门借款当期实际发生的利息费用，扣除尚未动用的借款资金存入银行取得的利息收入或进行暂时性投资取得的投资收益后的金额予以资本化；一般借款根据累计资产支出超过专门借款部分的资产支出加权平均数乘以所占用一般借款的资本化率，确定资本化金额。资本化率根据一般借款加权平均利率计算确定。

符合资本化条件的资产，是指需要经过相当长时间(通常指 1 年以上)的购建或者生产才能达到预定可使用或者可销售状态的固定资产、投资性房地产和存货等资产。

如果符合资本化条件的资产在购建或者生产过程中发生非正常中断且中断时间连续超过 3 个月，暂停借款费用的资本化，直至资产的购建或生产活动重新开始。

16) 无形资产

本公司无形资产包括土地使用权、专利技术、非专利技术、商标权等，按取得时的实际成本计量。其中，购入的无形资产按实际支付的价款和相关的其他支出作为实际成本；投资者投入的无形资产按投资合同或协议约定的价值确定实际成本，但合同或协议约定价值不公允的，按公允价值确定实际成本。

本公司于取得无形资产时分析判断其使用寿命。土地使用权等能确定使用寿命的无形资产，自无形资产可供使用时起，至不再作为无形资产确认时止的使用寿命期间内采用直线法摊销，其他无形资产按合同或法律规定的使用年限作为摊销年限。使用寿命不确定的无形资产不应摊销。自行开发取得的无形资产，按事先确认项目的成果受益期间，一般是 3～5 年平均摊销。年度终了，对使用寿命有限的无形资产的使用寿命及摊销方法进行复核。无形资产的预计使用寿命及摊销方法与以前估计不同的，改变其摊销期限和摊销方法。对使用寿命不确定的无形资产的使用寿命进行复核，如果有证据表明其使用寿命是有限的，估计其使用寿命，并按使用寿命有限的无形资产处理。复核后如有改变作为会计估计变更。

17) 研究与开发

本公司的研究开发支出根据其性质以及研发活动最终形成无形资产是否具有较大不确定性，分为研究阶段支出和开发阶段支出。研究阶段的支出发生时计入当期损益；开发阶段的支出，同时满足下列条件的，确认为无形资产：

(1) 完成该无形资产以使其能够使用或出售在技术上具有可行性。

(2) 具有完成该无形资产并使用或出售的意图。

(3) 运用该无形资产生产的产品存在市场或无形资产自身存在市场。

(4) 有足够的技术、财务资源和其他资源支持，以完成该无形资产的开发，并有能力使用或出售该无形资产。

(5) 归属于该无形资产开发阶段的支出能够可靠地计量。

不满足上述条件的开发阶段的支出，于发生时计入当期损益。前期已计入损益的开发支出在以后期间不再确认为资产。已资本化的开发阶段的支出在资产负债表上列示为开发支出，自该项目达到预定可使用状态之日起转为无形资产列报。

18) 金融长期资产减值

(略)

19) 长期待摊费用

本公司的长期待摊费用是指已经支出，但应由当期及以后各期承担的摊销期限在 1 年以上(不含 1 年)的费用，该费用在受益期内平均摊销。如果长期待摊费用项目不能使以后会计期间受益，则将尚未摊销的该项目的摊余价值全部转入当期损益。

20) 职工薪酬

(略)

21) 预计负债

当与对外担保、商业承兑汇票贴现、未决诉讼或仲裁、产品质量保证等或有事项相关的业务同时符合以下条件时，本公司将其确认为负债：该义务是本公司承担的现时义务；该义务的履行很可能导致经济利益流出企业；该义务的金额能够可靠地计量。

预计负债按照履行相关现时义务所需支出的最佳估计数进行初始计量，并综合考虑与或有事项有关的风险、不确定性和货币时间价值等因素。货币时间价值影响重大的，通过对相关未来现金流出进行折现后确定最佳估计数。每个资产负债表日对预计负债的账面价值进行复核，如有改变则对账面价值进行调整以反映当前最佳估计数。

22) 收入确认原则

本公司的营业收入主要包括销售商品收入、提供劳务收入、让渡资产使用权收入。收入确认原则如下：

(1) 企业应当在履行了合同中的履约义务，即在客户取得相关商品控制权时确认收入。

(2) 取得相关商品控制权，是指能够主导该商品的使用并从中获得几乎全部的经济利益。

当企业与客户之间的合同同时满足下列条件时，企业应当在客户取得相关商品控制权时确认收入：

(1) 合同各方已批准该合同并承诺将履行各自义务。

(2) 该合同明确了合同各方与所转让商品或提供劳务相关的权利和义务。

(3) 该合同有明确的与所转让商品相关的支付条款。

(4) 该合同具有商业实质，即履行该合同将改变企业未来现金流量的风险、时间分布或金额。

(5) 企业因向客户转让商品而有权取得的对价很可能收回。

23) 政府补助

(略)

24) 递延所得税资产和递延所得税负债

(略)

25) 租赁

本公司在租赁开始日将租赁分为融资租赁和经营租赁。

融资租赁是指实质上转移了与资产所有权有关的全部风险和报酬的租赁。公司作为承租方时，在租赁开始日，按租赁开始日租赁资产的公允价值与最低租赁付款额的现值两者中较低者，作为融资租入固定资产的入账价值，将最低租赁付款额作为长期应付款的入账价值，将两者的差额记录为未确认融资费用。

经营租赁是指除融资租赁以外的其他租赁。公司作为承租方的租金在租赁期内的各个期间按直线法计入相关资产成本或当期损益，公司作为出租方的租金在租赁期内的各个期间按直线法确认为收入。

26) 所得税的会计核算

(略)

27) 分部信息

(略)

三、会计政策、会计估计变更和前期差错更正

(1) 会计政策变更及影响：无。

(2) 会计估计变更及影响：无。

(3) 前期差错更正和影响：无。

四、主要税种

(略)

五、财务报表主要项目注释

下列所披露的财务报表数据，除特别注明之外，"年初"系指 2012 年 1 月 1 日，"年末"系指 2012 年 12 月 31 日，"本年"系指 2012 年 1 月 1 日至 12 月 31 日，"上年"系指 2011 年 1 月 1 日至 12 月 31 日，货币单位为人民币万元。

1) 货币资金

货币资金明细

项　　目	2012.12.31	2011.12.31
现金	633.18	443.89
银行存款	531,670.61	465,946.79
其他货币资金	555,527.51	648,687.77
合计	1,087,831.30	1,115,078.45

其他货币资金明细

项　　目	年末余额	项　　目	年末余额
银行承兑保证金	58,428.81	房贷按揭保证金*1	1,524.20
保函保证金	67,403.28	信用证保证金存款	207.97
质押保证金	424,970.21	远期结售汇保证金存款	141.05
存出证券投资款	21.44	外币待核查*2	2,615.94
公积金专户存款	214.61	合计	555,527.51

*1 房款按揭保证金是公司为所销售的"国际城"等楼盘按揭购房的购房者所提供的担保，在交房之前限制使用，未将其作为现金及现金等价物。

*2 根据国家新的外汇管理政策，对企业的外汇货款一律先计入待核查账户，在核查转出前，暂时限制使用。

2) 交易性金融资产

(略)

3) 应收票据

(1) 应收票据明细：

应收票据明细

票据种类	年末金额	年初金额
银行承兑汇票	864,512.00	907,389.43
商业承兑汇票	72.97	296.48
合计	864,584.97	907,685.91

(2) 年末已用于质押的应收票据金额最大的前五项明细：

质押应收票据前五项明细

票据种类	出票日	到期日	金额	票号
银行承兑汇票	2012.10.25	2013.04.24	6,488.20	5961463
银行承兑汇票	2012.09.20	2013.03.20	3,812.69	5602733
银行承兑汇票	2012.08.23	2013.02.23	2,604.54	5288038
银行承兑汇票	2012.09.07	2013.03.07	2,500.00	5453557
银行承兑汇票	2012.09.07	2013.03.07	2,424.52	5453524
合计			17,829.94	

(3) 年末无因出票人无力履约将票据转为应收账款的票据。

(4) 年末已经背书给他方但尚未到期的票据金额最大的前五项：

背书尚未到期票据金额前五项明细

票据种类	出票日	到期日	金额
银行承兑汇票	2012.09.24	2013.03.24	2,568.60
银行承兑汇票	2012.07.06	2013.01.05	2,231.40
银行承兑汇票	2012.08.23	2013.02.23	1,942.93
银行承兑汇票	2012.07.18	2013.01.08	1,779.38
银行承兑汇票	2012.08.14	2013.02.14	1,256.67
合计			9,778.99

(5) 2012 年末已贴现未到期的票据共 10 张，金额为 8,014.46 万元。

4) 应收账款

(1) 应收账款按种类划分：

应收账款种类明细

种　　类	期末余额				年初金额			
	账面余额		坏账准备		账面余额		坏账准备	
	金额	比率 /(%)	金额	比率 /(%)	金额	比率 /(%)	金额	比率 /(%)
单项金额重大并单项计提坏账的应收账款	—	—	—	—	—	—	—	—
按照组合计提坏账准备的应收账款								

种 类	期末余额				年初金额			
	账面余额		坏账准备		账面余额		坏账准备	
	金额	比率/(%)	金额	比率/(%)	金额	比率/(%)	金额	比率/(%)
除关联方、IT分销业务、冰箱压缩机业务、机顶盒业务款项以外的业务的款项	389,009.56	57.03	21,051.04	5.41	385,039.11	62.19	19,979.92	5.19
IT业务中除了关联方往来款项以外的款项	92,255.04	13.52	255.64	0.28	74,937.32	12.10	190.88	0.25
冰箱压缩业务除关联方往来款项以外的款项	52,304.74	7.67	2,673.95	5.11	51,841.33	8.37	2,616.44	5.05
机顶盒业务中除关联方往来款项以外的款项	85,058.46	12.47	2,461.57	2.89	46,193.48	7.46	2,197.51	4.76
关联方往来款项	60,773.83	8.91	—	—	59,861.06	9.67	—	—
组合小计	679,401.63	99.60	26,442.20		617,872.30	99.79	24,984.74	—
单项金额不重大并单项计提坏账准备的应收账款	2,714.14	0.40	1,986.86	73.20	1,314.95	0.21	1,207.98	91.87
合计	682,115.77	100.00	28,429.06		61,987.24	100.00	26,192.73	—

(2) 单项金额重大并单项计提坏账准备的应收账款：无。

(3) 按照组合计提坏账准备的应收账款：

除关联方往来款项、IT分销业务、冰箱压缩业务、机顶盒业务应收款外的往来款明细

项 目	期末余额			年初金额		
	账面余额		坏账准备	账面余额		坏账准备
	金额	比率/(%)	金额	金额	比率/(%)	金额
1年以内(含1年)	379,598.58	97.57	18,979.44	382,456.82	99.34	19,097.96
1—2年	7,684.24	1.98	1,152.64	1,284.94	0.33	192.74
2—3年	888.33	0.23	310.92	710.54	0.18	248.69
3—4年	502.60	0.13	276.43	194.39	0.05	106.92
4—5年	27.95	0.01	23.76	391.98	0.10	333.19
5年以上	307.86	0.08	307.86	0.43	—	0.43
合计	389,009.56	100.00	21,051.04	385,039.11	100.00	19,979.92

IT分销业务中除关联方往来款以外的款项明细

项 目	期末余额			年初金额		
	账面余额		坏账准备	账面余额		坏账准备
	金额	比率/(%)	金额	金额	比率/(%)	金额
1年以内(含1年)	91,302.09	98.97		73,945.92	98.67	
1—2年	389.45	0.42	58.42	814.49	1.09	122.17
2—3年	563.50	0.61	197.23	143.00	0.19	50.05
3—4年	—	—	—	33.91	0.05	18.65
4—5年	—	—	—			
5年以上	—	—	—			
合计	92,255.04	100.00	255.64	385,039.11	100.00	190.88

冰箱压缩机业务中除关联方往来款项以外的款项明细

项 目	期末余额			年初金额		
	账面余额		坏账准备	账面余额		坏账准备
	金额	比率/(%)	金额	金额	比率/(%)	金额
1年以内(含1年)	51,852.44	99.13	2,592.62	51,690.24	99.71	2,584.51
1—2 年	401.31	0.77	60.20	89.35	0.17	13.40
2—3 年	21.82	0.04	6.55	61.74	0.12	18.52
3—4 年	29.16	0.06	14.58	—	—	—
4—5 年	—	—	—	—	—	—
5 年以上	—	—	—	—	—	—
合计	52,304.74	100.00	2,673.95	51,841.32	100.00	2,616.44

机顶盒业务中除关联方往来款项以外的款项明细

项 目	期末余额			年初金额		
	账面余额		坏账准备	账面余额		坏账准备
	金额	比率/(%)	金额	金额	比率/(%)	金额
1年以内(含1年)	74,572.14	87.68		35,973.41	77.88	—
1—2 年	6,705.69	7.88	670.57	6,590.60	14.27	659.06
2—3 年	2,130.44	2.50	745.66	2,734.33	5.92	957.02
3—4 年	1,191.06	1.40	655.08	598.13	1.29	328.97
4—5 年	459.13	0.54	390.26	297.01	0.64	252.46
5 年以上	—	—	—	—	—	—
合计	85,058.46	100.00	2,461.57	46,193.48	100.00	2,197.51

关联方往来款项明细

组合名称	账面余额	计提比例	坏账准备
关联方往来款项	60773.83	—	—
合计	60773.83	—	—

(4) 单项金额不重大并单项计提坏账准备的应收账款,为应收账款金额比较小,按照组合不能反映其风险特征的应收账款,涉及客户 58 家。

(5) 本年度坏账准备转回金额为 46.4 万元,为本年度收回以前年度核销的应收款。

(6) 本年度实际核销的应收账款为 503.12 万元,涉及客户 18 家。

(7) 持有公司 5%(含 5%)以上表决权的股东××公司欠款 3,655.07 万元。

(8) 应收账款前 5 名单位共计 109,414.90 万元,占应收账款总额的比例为 16.04%。

(9) 应收账款应收关联方款项。(略)

(10) 应收账款外币金额。(略)

5) 预付账款

(1) 预付账款账龄:

预付账款账龄明细

项 目	期末余额		年初金额	
	账面余额		账面余额	
	金额	比率/(%)	金额	比率/(%)
1年以内(含1年)	122,412.76	95.68	105,331.88	97.74
1—2 年	4,018.16	3.14	1,547.06	1.43
2—3 年	886.31	0.69	333.78	0.31
3 以上	627.28	0.49	565.28	0.52
合计	127,944.51	100.00	107,778.00	100.00

(2) 预付账款本年末账面余额中预付金额前 5 名的金额合计为 49,782.74 万元，占预付款余额的 38.91%。

(3) 年末预付账款中无持本公司 5%(含 5%) 以上表决权股份的股东单位欠款。

(4) 预付账款中应收关联方款项。(略)

(5) 预付账款中外币金额。(略)

6) 应收利息

(略)

7) 其他应收款

(1) 其他应收款按照种类明细：

其他应收款按照种类明细

种 类	期末余额				年初金额			
	账面余额		坏账准备		账面余额		坏账准备	
	金额	比率/(%)	金额	比率/(%)	金额	比率/(%)	金额	比率/(%)
单项金额重大并单项计提坏账的其他应收账款	5,551.46	10.33	3,282.49	59.13	—	—	—	—
按照组合计提坏账准备的其他应收账款								
除员工备用金借款、投资借款、关联方往来款项、IT 分销业务、冰箱压缩机业务、机顶盒业务款项以外的业务的款项	14,275.45	26.55	1,079.86	7.56	15,356.44	22.36	1,064.65	6.93
IT 业务中除了关联方往来款项、员工备用金、投资借款以外的款项	2,739.64	5.10	—	—	893.69	1.30	—	—
冰箱压缩业务除了关联方往来款项、员工备用金、投资借款以外的款项	1,038.94	1.93	154.90	14.91	1,890.63	2.75	187.56	9.92
机顶盒业务中除了关联方往来款项、员工备用金、投资借款以外的款项	497.12	0.92	—	—	227.65	0.33	1.72	0.75
员工备用金借款、投资借款、关联方往来的款项	29,298.19	54.50	—	—	49,501.63	72.07	—	—
组合小计	47,849.33	89.00	1,234.75		67,870.04	98.81	1,253.93	18.50
单项金额不重大并单项计提坏账准备的其他应收账款	359.25	0.67	359.25	100.00	816.47	1.19	816.47	100.00
合 计	53,760.04	100.00	4,876.49	—	68,686.52	100.00	2,070.41	—

按照单项金额重大并计提坏账准备的其他应收款：

年末单项金额重大并计提坏账准备的其他应收款明细

其他应收账款内容	账面余额	坏账准备	计提比例/(%)	计提理由
单位1	3,600.01	1,800.00	50.00	收回存在风险
单位2	1,406.89	937.92	66.67	收回存在风险
单位3	361.35	361.35	100.00	预计无法收回
单位4	131.12	131.12	100.00	预计无法收回
单位5	52.09	52.09	100.00	预计无法收回
合计	5,551.46	3,282.49	—	—

按照组合计提坏账准备的其他应收款：

除员工备用金借款、投资借款、关联方外来款项以外的
款项(IT分销业务、冰箱压缩机业务、机顶盒业务除外)明细

项 目	期末余额			年初金额		
	账面余额		坏账准备	账面余额		坏账准备
	金额	比率/(%)	金额	金额	比率/(%)	金额
1年以内(含1年)	12,619.69	88.40	628.62	14,216.80	92.58	713.09
1—2年	1,191.14	8.34	178.67	710.56	4.63	106.59
2—3年	136.66	0.96	47.83	250.55	1.63	87.69
3—4年	225.14	1.58	123.83	29.07	0.19	15.99
4—5年	12.71	0.09	10.80	54.39	0.35	46.23
5年以上	90.10	0.63	90.10	95.06	0.62	95.06
合计	14,275.45	100.00	1,079.86	15,356.44	100.00	1,064.65

IT分销业务中除员工备用金借款、投资借款、关联方外来款项以外的款项明细

项 目	年末金额			年初金额		
	金额	比例/(%)	坏账准备	金额	比例/(%)	坏账准备
1年以内(含1年)	2,739.64	100.00	—	893.69	100.00	—
合计	2,739.64	100.00	—	893.69	100.00	—

冰箱压缩机业务中除员工备用金借款、投资借款、关联方外来款项以外的款项明细

项 目	期末余额			年初金额		
	账面余额		坏账准备	账面余额		坏账准备
	金额	比率/(%)	金额	金额	比率/(%)	金额
1年以内(含1年)	703.60	67.72	35.18	1,578.27	83.47	78.91
1—2年	93.38	8.99	14.01	166.54	8.81	24.98
2—3年	128.46	12.36	38.54	8.95	0.47	2.68
3—4年	0.69	0.07	0.34	99.77	5.28	49.88
4—5年	91.97	8.85	45.99	12.02	0.64	6.01
5年以上	20.84	2.01	20.84	25.09	1.33	25.09
合计	1,038.94	100.00	154.90	1,890.63	100.00	187.56

机顶盒业务中除员工备用金借款、投资借款、关联方往来款项以外的借款明细

项　　目	期末余额			年初金额		
	账面余额		坏账准备	账面余额		坏账准备
	金额	比率/(%)	金额	金额	比率/(%)	金额
1 年以内(含 1 年)	497.12	100.00	—	216.34	95.04	—
1—2 年	—	—	—	10.00	4.39	1.00
2—3 年	—	—	—	—	—	—
3—4 年	—	—	—	1.30	0.57	0.72
合计	497.12	100.00	—	227.65	100.00	1.72

期末单项金额虽不重大但单项计提坏账准备的其他应收款明细

应收账款内容	账面余额	坏账准备	计提比例/(%)	计提理由
单位 1*	241.05	241.05	100.00	预计无法收回
单位 2	30.00	30.00	100.00	预计无法收回
单位 3	16.32	16.32	100.00	预计无法收回
单位 4	24.20	24.20	100.00	预计无法收回
单位 5	17.33	17.33	100.00	预计无法收回
其他零星客户	30.34	30.34	100.00	预计无法收回
合计(含 1 年)	359.25	359.25	—	

单位 1*：此项款项为多笔无法收回的员工备用金。

(2) 坏账准备转回金额为 27.27 万元。

(3) 本年度实际核销的其他应收款：

本年度实际核销的其他应收款

单位名称	性质	核销金额	核销原因	是否关联交易产生
单位 1*	重组转入应收债权	847.42	不能收回	否
单位 2	员工备用金	14.35	已经离职	否
单位 3	应收赔偿款	3.58	不能收回	否
单位 4	押金	0.45	过期未退	否
合计		865.79		

(4) 持有公司 5%(含 5%)以上表决权股份股东单位的欠款：无。

(5) 其他应收款金额前五名单位情况：

其他应收款金额前五名明细

单位名称	性质	核销金额	账龄	占总额的比例/(%)
单位 1	外部单位	3,600.01	1—2 年	6.66
应收 2012 年下半年废弃电器处理基金	外部单位	3,873.86	一年以内	7.16
张李波*1	员工	2,589.99	一年以内	4.79
肖丽*2	员工	2,265.00	一年以内	4.19
王笙链*3	员工	1,700.00	1—2 年	3.14
合计		14,028.86		25.94

张李波*1：此项借款是竞买土地保证金。

肖丽*2：此项借款为从国外采购的原材料，为迅速出关预先支付的增值税和关税，待手续完毕后凭发票予以冲销。为备用金借款，不计提坏账准备。

王笙链*3：为预付工程款项。

(6) 其他应收款关联方款项。(略)

(7) 其他应收款中的外币余额。(略)

(8) 本公司没有以其他应收款为标的进行证券化的金额。

8) 存货

(1) 存货分类:

存货分类明细

项　　目	期末余额			年初金额		
	账面余额	跌价准备	账面净值	账面余额	跌价准备	账面净值
原材料	184,928.20	9,099.62	175,828.58	166,103.09	9,804.64	156,298.45
低值易耗品	959.65	19.59	940.06	960.50	17.51	942.99
生产成本	29,566.65	2,065.89	27,500.75	24,775.49	899.93	23,875.56
委托加工物资	8,634.55	77.82	8,556.73	4,457.49	83.25	4,374.24
库存商品	686,862.64	28,411.81	658,450.83	605,611.33	30,478.83	575,132.50
发出商品	52,847.86	4,235.96	48,611.90	39,384.97	4,124.91	35,260.07
开发成本	328,007.44	—	328,007.44	202,325.04	—	202,325.04
周转材料	7,705.05	—	7,705.05	6,499.69	—	6,499.69
合计	1,299,512.03	43,910.69	1,255,601.33	1,050,117.61	45,409.07	1,004,708.54

本年度末房地产项目开发成本余额中包含借款费用资本化明细

项　　目	年初余额	本年增加	本年减少	年末余额
A 项目	3,641.33	2,743.07	1,684.38	4,700.02
B 项目	1,368.27	2,474.43	—	3,842.71
C 项目		3,116.93	—	3,116.93
D 项目	—	90.44		90.44
E 项目	12,614.79	5,746.86	3,686.14	14,675.51
合计	17,264.40	14,171.74	5,370.52	26,425.61

注: 用资本化计算的依据是根据《企业会计准则第 17 号——借款费用》规定, 资本化率是根据各资产占有方的一般借款加权平均利率计算确定。资本化减少金额为结转房地产成本时按照成本比例减少。

(2) 存货跌价准备:

存货跌价准备明细

项　　目	年初金额	本年增加	本年减少		年末金额
			转销	其他转回	
原材料	10,584.81	827.92	2,313.12	—	9,099.62
低值易耗品	17.51	2.09	—	—	19.59
生产成本	119.76	2,151.13	204.99	—	2,065.89
委托加工物资	83.25	-5.43	—	—	77.82
库存商品	30,469.48	41,389.94	43,447.62	—	28,411.81
发出商品	4,134.25	17,666.81	17,565.10	—	4,235.96
合计	45,409.07	62,032.46	63,530.83		43,910.69

(3) 存货中所有权受到限制的资产: 无。

9) 其他流动资产

其他流动资产明细

项　　目	年初余额	年末余额	性质
其他流动资产	549.99	1,195.29	—
合计	549.99	1,195.29	—

主要是公司房地产项目按照合同预收客户销售款时按规定向当地税务机关预缴的各项税费。

10) 持有至到期投资

(略)

11) 长期股权投资

(略)

12) 投资性房地产

(1) 按成本计量的投资性房地产:

成本计量的投资房地产明细

项　　目	年初金额	本年增加	本年减少	年末金额
原价	10,198.37	36,063.28	3,930.48	42,331.17
房屋、建筑物	10,198.37	36,063.28	3,930.48	42,331.17
土地使用权	—	—	—	—
累计折旧和累计摊销	3,193.34	507.21	1,563.65	2,136.90
房屋、建筑物	3,193.34	507.21	1,563.65	2,136.90
土地使用权	—	—	—	—
减值准备	71.45	—	—	71.45
房屋、建筑物	71.45	—	—	71.45
土地使用权	—	—	—	—
账面价值	6,933.58	—	—	40,122.83
房屋、建筑物	6,933.58	—	—	40,122.83
土地使用权	—	—	—	—

投资性房地产原价本期增加的主要是国际城商业街 2.84 亿建成并投入使用;长虹道丰园写字楼完工建成转入投资性房地产 6,843.00 万元;投资性房地产原价、累计折旧和累计摊销本期减少主要是转让土地导致的减少;投资性房地产累计折旧和累计摊销本期增加均为计提增加。

(2) 未办妥产权证书的投资房地产的账面价值:

资产类别	原价	累计折旧	减值准备	账面净值
房屋建筑物	27,968.31	147.61	—	27,820.70

13) 固定资产

(1) 固定资产种类:

固定资产明细

项　　目	年初金额	本年增加		本年减少	年末金额
原价	1,133,458.11	117,928.56		32,446.26	1,218,940.40
房屋建筑物	396,475.84	68,142.32		15,513.10	449,105.06
仪器仪表	33,833.26	6,098.88		1,576.05	38,356.09
动力设备	49,320.78	874.38		1,064.40	49,130.76
专用设备	604,871.37	35,676.17		11,959.81	628,587.73
起重设备	1,301.20	21.22		50.15	1,272.27
锻压设备	4,431.09	2,092.38		—	6,523.48
运输设备	16,487.53	2,105.99		1,322.51	17,271.01
其他设备	26,737.03	2,917.22		960.24	28,694.00
		本年新增	本年计提		
累计折旧	317,403.46	86,021.07		17,446.24	385,978.29
房屋建筑物	71,550.08	—	12,743.45	6,713.78	77,579.75
仪器仪表	19,677.90	—	4,249.36	1,014.11	22,913.16
动力设备	18,426.04	—	4,836.91	455.30	22,807.65

续表

项　　目	年初金额	本年增加		本年减少	年末金额
专用设备	180,870.81	—	57,783.89	7,397.95	231,256.75
起重设备	752.29	—	68.77	22.10	798.95
锻压设备	2,312.73	—	870.51	—	3,183.24
运输设备	10,309.86	—	1,980.35	1,118.28	11,171.93
其他设备	13,503.76	—	3,487.84	724.72	16,266.88
账面净值	816,054.64	—		—	832,962.11
房屋建筑物	324,925.76	—		—	371,525.31
仪器仪表	14,155.36	—		—	15,442.93
动力设备	30,894.74	—		—	26,323.11
专用设备	424,000.56	—		—	397,330.99
起重设备	548.91	—		—	473.32
锻压设备	2,118.36	—		—	3,340.24
运输设备	6,177.68	—		—	6,099.08
其他设备	13,233.27	—		—	12,427.13
减值准备	5,605.44	281.36		286.20	5,600.61
房屋建筑物	1,990.18	—		—	1,990.18
仪器仪表	329.25	0.20		29.06	300.39
动力设备	504.16	—		42.60	461.55
专用设备	2,186.41	280.67		172.32	2,294.77
起重设备	61.72	—		0.72	61.00
锻压设备	8.69	—		—	8.69
运输设备	152.18	0.49		23.58	129.09
其他设备	372.86	—		17.92	354.94
账面价值	810,449.20	—		—	827,361.50
房屋建筑物	322,935.58	—		—	369,535.13
仪器仪表	13,826.11	—		—	15,142.54
动力设备	30,390.59	—		—	25,861.56
专用设备	421,814.16	—		—	395,036.22
起重设备	487.20	—		—	412.33
锻压设备	2,109.67	—		—	3,331.54
运输设备	6,025.50	—		—	5,969.99
其他设备	12,860.41	—		—	12,072.19

本期增加的固定资产原价中在建工程转入的金额为 83,640.82 万元。本期增加的固定资产原价中房屋建筑物增加主要是由于科技大厦本年完工转固 1.99 亿，新厂区建成转固增加 1.18 亿，房屋建筑物原价增加 2.44 亿。本期专用设备原价增加主要是新购增加 2.68 亿。

本期房屋建筑物原价减少主要是由于转让老厂区土地导致的房屋建筑物减少，合计约 1.3 亿元。本期减少的专用设备原价主要是由于本年处置老厂区的土地导致的资产报废和处置；本期报废和处置一批专用设备，金额为 4775 万元。

本期累计折旧减少均为处置固定资产而致的转出。

本期新增的固定资产减值准备主要是对闲置的固定资产计提减值准备。

(2) 用于抵押的固定资产：

抵押的固定资产明细

类　　　别	账面净值	抵押银行
房屋及建筑物	1,918.76	招商银行佛山分行
机器设备	6,023.72	中国银行景德镇分行
机器设备	11,675.89	中国进出口银行上海分行
房屋及建筑物	16,126.19	交通银行景德镇市分行
房屋及建筑物	2,736.69	中信银行武汉分行
房屋及建筑物	1,544.83	中国农业银行嘉兴王店支行
合计	40,026.08	

(3) 暂时闲置的固定资产：

闲置固定资产明细

项　　　目	账面原价	累计折旧	减值准备	账面净值
房屋建筑物	488.64	130.33	46.50	311.80
专用设备	4,630.40	2,890.71	1,581.44	158.25
运输设备	30.67	24.21	2.48	3.98
其他设备	29.40	25.83	0.27	3.30
合计	5,179.10	3,071.08	1,630.70	477.33

(4) 通过融资租入的固定资产：(无)。

(5) 通过经营租赁租出的固定资产：

项　　　目	账面原价	累计折旧	减值准备	账面净值
专用设备	130.74	77.32	—	53.42
合计	130.74	77.32	—	53.42

(6) 年末持有待售的资产：无。

(7) 未办妥产权的固定资产：

固定资产类别	固定资产原价	累计折旧
房屋建筑物	226,694.31	39,701.54

14) 在建工程

(1) 在建工程明细：

项　　　目	年末金额			年初金额		
	账面余额	减值准备	账面价值	账面余额	减值准备	账面价值
合计	51,112.92	—	51,112.92	82,566.24	—	82,566.24

(2) 重大在建工程项目变动情况：

重大在建工程项目变动情况明细

项目名称	年初账面	本年增加	转固金额	其他减少	期末账面	资金来源
丰园写字楼	25,372.83	1,400.57	26,773.40	—	—	自筹
科技大厦	6,778.73	11,242.44	—	—	18,021.17	自筹
豪华冰箱生产基地项目	14,606.12	10,326.29	24,029.58	—	902.83	募集为主
冰柜扩能项目	909.90	708.49	341.31	—	1,277.08	募集为主
新产业园区	5,127.24	7,903.39	11,574.49	—	1,456.13	自筹
超高效变频压缩机项目*1	3,405.99	1,887.77	—	4,223.42	1,070.33	募集为主
合计	56,200.81	33,468.94	62,718.78	4,223.42	22,727.55	—

*1：本期其他减少主要是压缩在建工程的其他减少。

重大在建工程预算进度情况明细

工程名称	预算数	工程投入占预算比例%	工程进度%*1
丰园写字楼	2.60 亿	102.97	已完工
科技大厦	5.00 亿	38.09	在建
豪华冰箱生产基地项目*1	7.93 亿	60.92	85
冰柜扩能项目*2	3.75 亿	72.57	95
新产业园区*3	3.91 亿	—	见*4
超高效变频压缩机项目	6.53 亿	8.26	在建

*1：豪华冰箱生产基地项目预计总投资 79,330.38 万元，拟投入募集资金 73,000 万元，剩余投资自筹。生产厂房、设备及成品库房已经在 2012 年 11 月 30 日转固并投入使用，年末部分设备还在安装调试未办理验收。

*2：冰柜扩能项目预计总投资 37,517.78 万元，拟投入募集资金 30,000 万元，剩余投资自筹。项目一期已于 2011 年 1 月建成投产，项目二期第一阶段于 2012 年 3 月建成投产，第二阶段预计 2013 年 4 月完工试生产。

*3：2010 年经董事会通过，拟进行新产业园建设，立项编号为 2010(工程)-01，投资预算约 39,082 万元(含土地款)。新产业园建设从 2010 年 11 月开始，截止 2012 年 12 月 31 日，工程主体已经完工转固，剩余部分附属道路、设施尚未完工。

(3) 在建工程减值准备：无。

15) 无形资产

(1) 无形资产项目列示如下：

无形资产明细

项　　目	年初金额	本年增加	本年减少	年末金额
无形资产原价	400,152.42	42,082.33	10,189.97	432,044.78
土地使用权	140,415.28	16,044.82	6,407.35	150,052.76
软件	7,741.39	1,434.05	—	9,175.44
商标权	168,516.71	—	—	168,516.71
专利技术	20,098.99	—	—	20,098.99
非专利技术	63,380.04	24,603.46	3,782.63	84,200.88
累计摊销	73,793.88	23,705.04	2,701.28	94,797.65
土地使用权	16,591.97	2,697.35	951.19	18,338.13
软件	5,108.94	1,121.44	—	6,230.38
商标权	24,292.15	1,408.73	—	25,700.89
专利技术	4,388.44	2,885.14	—	7,273.57
非专利技术	23,412.38	15,592.38	1,750.08	37,254.68
减值准备	—	—	—	—
土地使用权	—	—	—	—
软件	—	—	—	—
商标权	—	—	—	—
专利技术	—	—	—	—

续表

项　目	年初金额	本年增加	本年减少	年末金额
非专利技术	—	—	—	—
账面价值	326,358.54	—	—	337,247.13
土地使用权	123,823.32	—	—	131,714.63
软件	2,632.45	—	—	2,945.06
商标权	144,224.56	—	—	142,815.83
专利技术	15,710.55	—	—	12,825.42
非专利技术	39,967.66	—	—	46,946.20

土地使用权原价增加主要为本公司新增 1.1 亿元，为支付的土地价款及相关税费，土地类型为工业用地，使用年限 45 年。

非专利技术原价增加主要是本公司自行研发的技术。

土地使用权原价减少主要是转让老厂区土地导致的减少。

非专利技术原值减少主要是报废一批过时的非专利技术所致。

(2) 用于抵押的土地使用权情况：

用于抵押的土地使用权产权面积 1,237,146.59 m^2，账面净值为 46,919.97 万元。

16) 开发支出

开发支出明细

项　目	年初金额	本年增加	本年减少			年末金额
			计入当期损益	确认为无形资产	其他减少	
SOC 开发	12,545.58	3,148.46	671.96	484.66	—	14,537.42
电视产品开发	11,403.61	33,178.19	9,853.68	20,660.39	3,660.12	10,407.61
OLED 屏开发	3,332.52	5,343.32	502.82	389.71	118.55	7,664.77
空调产品开发	2,715.28	2,370.36	611.78	1,244.59	—	3,229.27
其他	17,989.82	5,405.88	2,974.11	1,824.11	—	1,533.81
总计	47,986.81	49,446.21	14,614.35	24,603.46	3,778.67	54,436.54

2012 年发生的内部研究开发项目支出总额 89,790.71 万元，其中计入研究阶段支出金额为 40,314.51 万元，计入开发阶段的金额为 49,446.21 万元。开发达到可应用状态专利技术转出 24,603.46 万元，技术开发终止转出确认为当期费用 14,614.35 万元，其他转出 3,778.67 万元。

17) 长期待摊费用

长期待摊费用明细

项　目	年初金额	本年增加	本年摊销	本年其他减少	年末金额	其他减少原因
固定资产大修	730.16	1,046.39	450.41	—	1,326.13	—
销售网络建设*	328.02	—	68.48	—	259.54	—
合计	1,058.18	1,046.39	518.89	—	1,585.67	—

18) 递延所得税资产和递延所得税负债

(略)

19) 资产减值准备

资产减值准备明细

项　　目	年初金额	本年增加	本年减少		年末金额
			转回*1	转销等*2	
坏账减值准备	28,263.14	6,457.79	-73.70	1,489.07	33,305.56
存货减值准备	45,409.07	62,032.46	—	63,530.83	43,910.69
长期股权投资减值准备	1,225.58	0	—	—	1,225.58
投资性房地产减值准备	71.45	0	—	—	71.45
固定资产减值准备	5,605.44	281.36	—	286.20	5,600.61
商誉减值准备	—	—	—	0	3,925.23
合计	80,574.68	68,771.61	-73.70	65,306.09	84,113.88

*1 坏账减值准备本期转回的原因是收回前期已核销的应收款项而转回的坏账准备。

*2 坏账减值准备转销主要是本期实际核销的坏账准备。存货减值准备转销是因存货被使用或销售，对应的存货跌价准备结转至营业成本。本期固定资产减值准备转销是因为对应的固定资产毁损报废而转出。

20) 短期借款

(1) 借款种类：

借款种类明细

借款类别	年末金额	年初金额
信用借款	366,747.48	158,117.01
抵押借款*1	10,500.00	5,500.00
质押借款*2	416,543.02	338,907.13
保证借款*3	244,491.02	384,172.35
合计	1,038,281.52	886,696.49

抵押借款*1 明细

借款行	借款期限	借款金额
工行中山南头支行	2012-8-17 到 2013-6-24	500.00
工行中山南头支行	2012-9-13 到 2013-9-9	500.00
中国银行景德镇分行	2012-9-11 到 2013-3-11	5,500.00
交通银行景德镇市分行	2012-11-27 到 2013-5-27	3,000.00
中信银行武汉分行	2012-8-21 到 2013-8-20	1,000.00
合计	—	10,500.00

土地使用权及固定资产抵押情况详细见土地使用权和固定资产附注。

*2 年末质押借款中定期存款质押借款 112,614.24 万元，应收账款质押借款 47,682.07 万元，应收票据质押借款 255,246.72 万元，股权质押借款 1,000 万元。

*3 年末保证借款均为关联方担保。年末无已到期未归还的短期借款。

(2) 短期借款币种。(略)

21) 交易性金融负债

(略)

22) 应付票据

应付票据明细

票据种类	年末金额	年初金额
银行承兑汇票	536,433.22	475,832.47
商业承兑汇票	1,622.00	11,227.08
合计	538,055.22	487,059.54

前五名重大的银行承兑汇票明细

出票银行	出票日	到期日
汇丰银行北京分行	2012.10.29	2013.04.29
深圳发展银行成都万福支行	2012.12.13	2013.06.13
中国银行绵阳分行	2012.12.25	2013.06.25
中国银行绵阳分行	2012.08.30	2013.02.28
中国银行绵阳分行	2012.07.30	2013.01.30
合计	—	

23) 应付账款

(1) 应付账款：

项　　目	年末金额	年初金额
合计	921,960.36	792,217.88
其中：1 年以上	12,049.93	21,712.97

(2) 年末应付账款中无应付持公司 5%(含 5%)以上表决权股份的股东单位款项。

(3) 应付款项中应付关联方款项。(略)

(4) 应付账款中外币余额。(略)

24) 预收账款

(1) 预收账款：

项　　目	年末金额	年初金额
合计	143,416.37	151,294.42
其中：1 年以上	21,405.71	13,628.56

(2) 年末无预收持有本公司 5%(含 5%)以上表决权股份股东单位款项。

(3) 预收账款中预收关联方款项。(略)

(4) 预收账款中外币余额。(略)

25) 应付职工薪酬

(略)

26) 应交税费

(略)

27) 应付利息

(略)

28) 应付股利

(略)

29) 其他应付款

(1) 其他应付款：

项　　目	年末金额	年初金额
合计	218,530.87	166,500.06
其中：1 年以上	38,638.31	26,161.38

(2) 年末大额其他应付款：

项　　目	金　额	账　龄
销售费用	40,704.26	1 年以内
保证金、抵押金	11,106.57	1 年以内
合计	51,810.83	—

(3) 应付持有本公司 5%(含 5%)以上表决权股份股东单位的款项。(无)

(4) 其他应付款项中关联方。(略)

(5) 其他应付款外币金额。(略)

30) 一年内到期的非流动负债

(1) 一年内到期的非流动负债：

一年内到期的非流动负债明细

项　　目	年末金额	年初金额
一年内到期的长期借款	201,578.98	128,698.46
一年内到期的应付债券	—	—
一年内到期的长期应付款	—	—
一年内转入损益的递延收益*	6,590.58	4,039.27
合计	208,169.55	132,737.73

(2) 一年内到期的长期借款：

一年内到期的长期借款

借款类别	年末金额	年初金额
信用借款	400.00	6,500.00
抵押借款	6,285.50	500.00
质押借款	191,393.48	99,698.46
保证借款	3,500.00	22,000.00
合计	201,578.98	128,698.46

(3) 年末一年内到期的长期借款外币余额。(略)

31) 长期借款

(1) 长期借款分类：

长期借款分类明细

借款类别	年末金额	年初金额
信用借款	635.46	1,530.55
抵押借款	123,430.25	139,503.05
质押借款	24,167.75	197,533.21
保证借款	—	10,500.00
合计	148,233.46	349,066.81

(2) 长期借款前五名。(略)

(3) 年末金额中无展期的长期借款。(略)

(4) 年末长期借款外币金额。(略)

32) 应付债券

(略)

33) 专项应付款

(略)

34) 预计负债

项　目	年初金额	本年增加	本年结转	年末金额
未决诉讼*1	202.16	—	—	202.16
产品质量保证*2	45,166.29	6,410.35	3,732.81	47,843.84
其他*3	580.76	114.11	19.53	675.34
合计	45,949.21	6,524.47	3,752.34	48,721.33

未决诉讼*1：主要是公司根据诉讼事项的进展情况预计的或有负债。

产品质量保证*2：主要是为已销产品在产品保修期间预计可能发生的产品保修费用。

其他*3：主要是预计的售后费用。

35) 其他非流动负债

(略)

36) 股本

(略)

37) 资本公积

项　目	年初金额	本年增加	本年减少	年末金额
股本溢价	328,812.56	—	—	328,812.56
其他资本公积	522,364.05	—	666.23	521,697.82
合计	851,176.61	—	666.23	850,510.38

38) 盈余公积

(略)

39) 未分配利润

(略)

40) 营业收入、营业成本

营业收入、营业成本明细

项　目	本年金额	上年金额
主营业务收入	5,101,035.21	5,024,483.49
其他业务收入	132,379.70	175,849.34
合计	5,233,414.91	5,200,332.83
主营业务成本	4,301,002.28	4,242,806.67
其他业务成本	98,021.54	145,029.21
合计	4,399,023.81	4,387,835.88

(1) 主营业务——按行业分类：

主营业务——按行业分类明细

行业名称	本年金额		上年金额	
	营业收入	营业成本	营业收入	营业成本
家电	4,146,099.34	3,498,846.04	4,034,740.16	3,395,924.53
中间产品	777,610.62	686,779.21	767,969.02	708,240.22
运输、加工	40,646.12	33,432.15	28,753.87	23,801.61
房地产	88,849.34	44,649.68	151,844.08	76,190.49
其他	47,829.79	37,295.20	41,176.36	38,649.81
合计	5,101,035.21	4,301,002.28	5,024,483.49	4,242,806.67

(2) 主营业务——按产品分类：

主营业务——按产品分类明细

产品名称	本年金额		上年金额	
	营业收入	营业成本	营业收入	营业成本
电视	1,712,152.83	1,408,116.92	1,768,412.41	1,430,517.68
空调冰箱	874,140.25	647,352.74	829,052.82	633,943.56
IT 产品	1,197,045.76	1,141,045.84	1,093,861.81	1,042,115.34
通讯产品	112,490.37	103,303.59	135,270.78	121,428.81
机顶盒	131,951.92	105,489.09	86,834.14	75,618.75
电池	66,289.00	46,297.19	54,885.16	34,422.47
数码影音	19,741.40	19,034.39	36,090.70	34,706.18
系统工程	12,717.33	9,904.04	12,912.22	10,467.49
厨卫产品	19,570.47	18,302.23	17,420.12	12,704.25
中间产品	777,610.62	686,779.21	767,969.02	708,240.22
运输、加工	40,646.12	33,432.15	28,753.87	23,801.61
房地产	88,849.34	44,649.68	151,844.08	76,190.49
其他	47,829.79	37,295.20	41,176.36	38,649.81
合计	5,101,035.21	4,301,002.28	5,024,483.49	4,242,806.67

(3) 主营业务——按地区分类：

主营业务——按地区分类明细

地区名称	本年金额		上年金额	
	营业收入	营业成本	营业收入	营业成本
国内	4,417,174.51	3,654,841.12	4,479,335.80	3,728,780.88
国外	683,860.71	646,161.15	545,147.69	514,025.79
合计	5,101,035.21	4,301,002.28	5,024,483.49	4,242,806.67

(4) 前五名客户的销售收入总额为 620,209.84 万元，占全部销售收入的 11.85%。

41) 营业税金及附加

营业税金及附加明细

项　目	本年金额	上年金额
营业税	10,047.55	10,803.77
城市维护建设税	9,306.61	6,856.74
教育费附加	6,985.83	4,568.55
房产税	61.63	79.63
地方基金及费用	710.04	743.68
土地增值税	3,610.17	7,517.32
废弃电子产品处理基金	6,153.58	—
合计	36,875.41	30,569.69

42) 销售费用

项　目	本年金额	上年金额	备注
合计	476,495.60	497,800.94	

43) 管理费用

项　目	本年金额	上年金额	备注
合计	226,345.11	206,915.09	

44) 财务费用

项　目	本年金额	上年金额
利息支出	60,246.21	71,119.93
减：利息收入	33,697.99	21,382.86
加：汇兑损失	1,278.09	−42,362.59
加：其他支出	−2,187.18	−971.26
合计	25,639.13	6,403.23

45) 资产减值损失

项　目	本年发生额	上年发生额
一、坏账损失	6,457.79	1,409.69
二、存货跌价损失	62,032.46	56,265.01
三、固定资产减值损失	281.36	449.05
合计	68,771.61	58,123.75

46) 公允价值变动收益

(略)

47) 投资收益

(略)

48) 营业外收入

营业外收入明细

项　　目	本年金额	上年金额
非流动资产处置利得	26,344.88	3,536.95
其中：固定资产处置利得	26,344.88	3,536.95
无形资产处置利得	—	—
罚款及滞纳金收入	1,135.95	807.59
盘盈利得	13.21	7.23
接受捐赠	—	6.62
政府补助	29,503.52	32,836.85
增值税返还	1,293.21	1,193.23
其他	4,781.29	2,045.10
合计	63,072.06	40,433.58

49) 营业外支出

营业外支出明细

项　　目	本年金额	上年金额
非流动资产处置损失合计	3,487.46	9,649.57
其中：固定资产处置损失	2,879.24	2,012.73
无形资产处置损失	608.21	7,636.84
罚款及滞纳金支出	391.52	44.47
捐赠支出	35.10	29.22
盘亏损失	156.13	31.82
其他	725.57	4,888.54
合计	4,795.78	14,643.62

50) 所得税费用

(略)

51) 每股收益计算

(略)

52) 现金和现金等价物

现金和现金等价物明细

项　　目	本年金额	上年金额
现金	956,940.37	805,918.73
其中：库存现金	633.18	443.89
可随时用于支付的银行存款	531,670.61	464,945.95
可随时用于支付的其他货币资金	424,636.58	340,528.89
现金等价物	—	—
其中：三个月内到期的债券投资	—	—
期末现金和现金等价物余额	956,940.37	805,918.73

资产负债表中的货币资金与现金流量表中的现金的关系表

项　目	本年金额	上年金额
资产负债表中货币资金	1,087,831.30	1,115,078.45
其中：库存现金	633.18	443.89
银行存款	531,670.61	464,945.95
其他货币资金	555,527.51	649,688.61
减：6 个月以上保证金	130,890.93	309,159.72
其中：6 个月以上保函保证金	38,932.32	21,442.86
6 个月以上信用证保证金	0	10,218.72
6 个月以上质押保证金	90,434.40	276,627.71
6 个月以上银行承兑汇票保证金	0	—
房款按揭保证金	1,524.20	870.43
现金流量表中的现金	956,940.37	805,918.73

53）现金流量表其他项目

（略）

六、关联方情况及其交易

（略）

七、或有事项

截至 2012 年 12 月 31 日，涉及未决诉讼 14 宗，其中公司为原告的案件 9 宗，公司为被告的案件 5 宗。涉及本公司为原告的标的总额 742.48 万元，涉及公司为被告的标的总额 132.76 万元。根据目前的诉讼情况，除与一原告达成支付 6,000.00 元使用费的调解意向外，其他未决诉讼公司均不能可靠估计是否需承担诉讼赔偿，以及可能承担诉讼赔偿的金额。

或有事项

关于 2007 年反担保事项的诉讼进展情况，截至 2012 年 12 月 31 日，案件尚处于调解过程，公司认为已按照《借款合同》的还款期限全额偿还本息；诉讼双方的债权债务、担保义务已解除，公司不应承担相关责任。但为慎重起见，根据律师意见计提 202.16 万元的预计负债。

八、承诺事项

（略）

九、资产负债表日后事项

灾害导致的资产损失：在 2013 年 1 月 29 日，本公司仓库发生火灾。由于事故发生在春节期间，本公司大部分员工已休假，所幸发现及时未造成重大的经济损失，并已向中国太平洋保险公司申报了财产损失。由于一部分电器原件及建筑物被水淋湿，是否对以上原材料的性能造成破坏还不确定，所以具体的财产损失数据无法提供。中国太平洋保险公司也未对我公司因为大火造成的损失给出具体的理赔金额。

◆知识链接◆

1. 资产负债表日后事项涵盖的期间

资产负债表日后事项涵盖期间是指从资产负债表日次日起至财务报告批准报出日止的

这一段时间。这段期间包括:

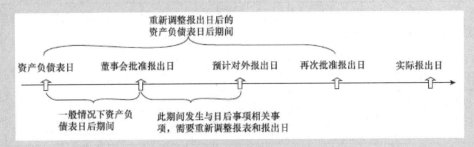

图6-1　资产负债表日后事项涵盖的期间

2. 调整事项与非调整事项的区别和共同点

某一事项究竟是调整事项还是非调整事项,主要取决于该事项表明的情况在资产负债表日或资产负债表日以前是否已经存在。调整事项是存在于资产负债表日或以前,资产负债表日后提供了新的或进一步证据的事项;而非调整事项是在资产负债表日尚未存在,是在资产负债表日以后才发生的事项。

其共同点在于:调整事项和非调整事项都是在资产负债表日后至财务报告批准报出日之间存在或发生的,对报告年度的财务报告所反映的财务状况、经营成果都将产生重大影响。

注意:提取盈余公积属于调整事项,其他利润分配事项属于非调整事项。按照公司法规定,公司分配当年税后利润时,应当提取利润的百分之十列入公司法定公积金(即会计上所说的法定盈余公积)。因此,提取法定盈余公积本质上是企业的法定义务,是资产负债表日已经存在的义务,满足日后调整事项的定义,只不过当时没有计算出净利润而没有提取,所以日后真正提取时,应作为日后调整事项来处理。

3. 资产负债表日后调整事项的处理原则

(1) 涉及损益的事项,通过"以前年度损益调整"科目核算。

调整减少以前年度利润或调整增加以前年度亏损的事项,计入"以前年度损益调整"科目的借方;调整增加以前年度利润或调整减少以前年度亏损的事项,计入"以前年度损益调整"科目的贷方。

(2) 涉及利润分配调整的事项,直接在"利润分配——未分配利润"科目核算。

注意:政策变更:直接调整"利润分配——未分配利润"。

前期差错更正、资产负债表日后事项:先通过"以前年度损益调整"核算,再转入"利润分配——未分配利润"。

(3) 不涉及损益及利润分配的事项,调整相关科目。

(4) 通过上述账务处理后,还应同时调整财务报表相关项目的数字,包括:① 资产负债表日编制的财务报表相关项目的期末数或当年发生数;② 当期编制的财务报表相关项目的期初数;③ 经过上述调整后,如果涉及报表附注内容的,还应当调整报表附注相关项目的数字。

十、其他重要事项

(1) 重大非货币性交易。(无)

(2) 重大债务重组。(无)

(3) 租赁。(略)

十一、财务报表批准

本财务报告于 2013 年 4 月 17 日由本公司董事会批准报出。

十二、财务报表补充资料

两个期间的数据变动幅度达 30%以上报表项目说明

交易性金融资产	2,812.00	5,180.02	−46%	公允价值变动导致的减少
应收利息	5,226.49	642.59	713%	主要是因借款质押的定期存款增加所致
其他流动资产	549.99	1,195.29	−54%	预缴的各项税费已结转
持有至到期投资	3,000.00	7,000.00	−57%	本期购买理财产品减少
投资性房地产	40,122.83	6,933.58	479%	国际城完工转投资性房地产
在建工程	51,112.92	82,566.24	−38%	在建工程转固
长期待摊费用	1,585.67	1,058.18	50%	公司装修费摊销增加约 1000 万
交易性金融负债	9,691.15	3,943.01	146%	公司金融产品合约增加所致
应交税费	−60,476.52	−28,892.55	109%	本期增值税进项增加
应付股利	4,127.38	779.87	429%	公司股利分配导致应付少数股东的股利增加
其他应付款	218,530.87	166,500.06	31%	已发生未报销的费用增加
一年内到期的非流动负债	208,169.55	132,737.73	57%	一年内到期的长期借款较去年增加 7.5 亿所致
长期借款	148,233.46	349,066.81	−58%	短期融资增多
其他非流动负债	67,465.44	48,166.63	40%	收到与资产有关的政府补助
公允价值变动收益	−10,749.14	812.97	−1422%	持有的交易性金融资产、负债公允价值变化
投资收益	4,980.00	13,861.78	−64%	上年转让、处置长期股权收益约 8641.6 万元
营业外收入	63,072.06	40,433.58	56%	土地转让收益约 2.6 亿元
营业外支出	4,795.78	14,643.62	−67%	上年处置固定资产较大

6.2 财务报表附注分析

财务报表附注是对财务报表本身无法或难以充分表达的内容和项目所作的补充和详细解释，根据财务报表附注所披露的内容，报表分析者可以从以下几个方面挖掘公司财务信息。

6.2.1 企业实际情况分析

报表使用者可以从附注中了解企业的历史变革、所处行业、经营范围、主要产品或者提供的劳务。这可以对已获得财务报表数据信息起到修正作用，从而更加准确地理解财务数据。

通过对 M 企业财务报表附注的阅读，了解到该企业 2012 年主要从事电视机、冰箱、空调、压缩机、视听产品、手机等产品的生产销售以及房地产开发等生产经营活动。

通过阅读附注中行业收入明细，编制行业收入分析明细表如表 6-1 所示。

表 6-1　M 企业业务收入分析明细表　　　　　　单位：万元

行业名称	2012 年金额		占营业收入比	毛利率	2011 年金额		占营业收入比	毛利率
	营业收入	营业成本			营业收入	营业成本		
家电	4,146,099.34	3,498,846.04	81.28%	15.61%	4,034,740.16	3,395,924.53	80.30%	15.83%
中间产品	777,610.62	686,779.21	15.24%	11.68%	767,969.02	708,240.22	15.28%	7.78%
运输加工	40,646.12	33,432.15	0.80%	17.75%	28,753.87	23,801.61	0.57%	17.22%
房地产	88,849.34	44,649.68	1.74%	49.75%	151,844.08	76,190.49	3.02%	49.82%
其他	47,829.79	37,295.20	0.94%	22.03%	41,176.36	38,649.81	0.82%	6.14%
合计	5,101,035.21	4,301,002.28	100.00%	15.68%	5,024,483.49	4,242,806.67	100.00%	15.56%

从以上明细可以看出：在该企业行业中，家电生产销售额占营业收入比重处于主导地位，2011 年和 2012 年分别占营业收入的 80.30% 和 81.28%。需要关注的是，在企业涉足房地产后，房地产业务的营业收入由 2011 年的 151,844.08 万元下滑到 2012 年的 88,849.34 万元，但是毛利一直维持在 50% 左右，在该公司所涉及行业中毛利是最高的。

通过阅读附注中收入产品明细，编制产品收入分析明细表如表 6-2 所示。

表 6-2　M 企业产品收入分析明细表　　　　　　单位：万元

产品名称	2012 年金额		占收入比	毛利率	2011 年金额		占收入比	毛利率
	营业收入	营业成本			营业收入	营业成本		
电视	1,712,152.83	1,408,116.92	33.56%	17.76%	1,768,412.41	1,430,517.68	35.20%	19.11%
空调冰箱	874,140.25	647,352.74	17.14%	25.94%	829,052.82	633,943.56	16.50%	23.53%
IT 产品	1,197,045.76	1,141,045.84	23.47%	4.68%	1,093,861.81	1,042,115.34	21.77%	4.73%
通讯产品	112,490.37	103,303.59	2.21%	8.17%	135,270.78	121,428.81	2.69%	10.23%
机顶盒	131,951.92	105,489.09	2.59%	20.05%	86,834.14	75,618.75	1.73%	12.92%
电池	66,289.00	46,297.19	1.30%	30.16%	54,885.16	34,422.47	1.09%	37.28%
数码影音	19,741.40	19,034.39	0.39%	3.58%	36,090.70	34,706.18	0.72%	3.84%
系统工程	12,717.33	9,904.04	0.25%	22.12%	12,912.22	10,467.49	0.26%	18.93%
厨卫产品	19,570.47	18,302.23	0.38%	6.48%	17,420.12	12,704.25	0.35%	27.07%
中间产品	777,610.62	686,779.21	15.24%	11.68%	767,969.02	708,240.22	15.28%	7.78%
运输加工	40,646.12	33,432.15	0.80%	17.75%	28,753.87	23,801.61	0.57%	17.22%
房地产	88,849.34	44,649.68	1.74%	49.75%	151,844.08	76,190.49	3.02%	49.82%
其他	47,829.79	37,295.20	0.94%	22.03%	41,176.36	38,649.81	0.82%	6.14%
合计	5,101,035.21	4,301,002.28	100.00%	15.68%	5,024,483.49	4,242,806.67	100.00%	15.56%

从以上明细表可以看出：在家电中，电视的销售额占主导地位，两年营业收入占总营业收入的 35.20% 和 33.56%，毛利分别是 19.11% 和 17.76%。企业整体毛利为 15.68%，此外，房地产具有很高的毛利率，高达 50% 左右。

6.2.2　偿债能力分析

或有负债是指过去交易或事项形成的潜在义务，其存在需通过未来不确定事项或不发生予以证实；或过去的交易或事项形成的现时义务，履行该义务不是很可能导致经济利益流出企业或该义务的金额不能可靠地计量。或有事项准则规定，只有同时满足如下三个条件才能将或有事项确认为负债，列示在资产负债表中：

(1) 义务是企业承担的现时义务。

(2) 该义务的履行很可能导致经济利益流出企业。

(3) 该义务的金额能够可靠地计量。

或有事项准则规定了 4 类或有事项必须在财务报表附注中披露：已贴现商业承兑汇票形成的或有负债；未决诉讼、仲裁形成的或有负债；为其他单位提供债务担保形成的或有负债；其他或有负债(不包括极小可能导致经济利益流出企业的或有负债)。

或有负债有可能导致经济利益流出企业，虽然未经确定，但一旦成为事实上的负债，将加大企业的偿债负担，影响公司的偿债能力。由于或有负债的存在，资产负债表确认的负债并不一定完整反映企业的负债总额，所以企业偿债能力分析应该结合财务报表附注。如果存在或有负债，显然会减弱企业流动资产的变现能力。如果存在未作披露的或有负债，更会令偿债能力指标的准确性大打折扣。不考虑或有负债的资产负债率显然放大了企业的偿债能力。

从 M 企业财务报表附注或有事项的披露可知：第一，企业涉及 14 宗诉讼案，其中作为被告的案件 5 宗，标的总额 132.76 万元，大部分案件诉讼赔偿不能可靠估计其赔偿金额。第二，2007 年开始的反担保诉讼案件，根据律师意见计提了 202.16 万元的预计负债，预计负债已经列报于资产负债表内具体项目中，但是截至 2012 年 12 月 31 日还未结束，对企业偿债能力影响金额不限于资产负债表预计负债列示的 202.16 万元。

6.2.3　营运能力分析

企业发出存货可选择的计价方法如先进先出法、加权平均法都是采用一定技术方法在销售成本和期末存货之间进行分配，销售成本和平均存货成本存在着此消彼长的关系。为了准确分析企业的存货周转率，必须在附注中查明企业的存货流转假设。在应收账款周转率中，平均应收账款余额指未扣除坏账准备的应收账款余额，而统一资产负债表中列示的应收账款是扣除坏账准备的数额。此外，收入确认是一项重要的会计政策，在财务报表附注有专门披露。

1. 利用财务报表附注分析存货

存货是指企业在生产经营过程中为销售或耗用而储存的各种有形资产，是企业流动资产的一项重要内容。存货计价的方法不同，对企业财务状况、盈亏情况会产生不同的影响。公司若采用不适当的方法计价或任意分摊存货成本，就可能降低销售成本，增加营业利润。

M 企业存货分房地产开发类存货和家电与电子类存货两大类。家电与电子类存货按标准成本计价；原材料(屏、电子元器件等)采用标准价格进行日常核算，每月末按当月实际领用额分配价格差异，调整当月生产成本；低值易耗品一般用标准价格核算，于领用时一次性摊销，每月末按当月实际领用额分配价格差异调整为实际成本；库存商品按标准成本计价结转产品销售成本，月末摊销库存商品差价，调整当月销售成本；在途材料按实际成本计价入账。周转材料主要为模具，领用后在一年内摊毕。

2. 利用财务报表附注分析应收账款

分析应收账款周转率时，要关注财务报表附注中披露的坏账风险。

高额的应收账款会使企业面临很大的坏账风险，这些坏账风险不仅影响公司的正常运作，还影响企业营运能力。此外，统一的资产负债表具体项目中，应收账款列示的是扣除坏账准备的余额。如果一个企业的应收账款计提大量的坏账准备，势必会夸大应收账款周转率，造成营运能力强的假象。因此，报表分析者要想进一步了解企业的应收账款周转率，应结合财务报表附注中的应收账款坏账准备，综合分析企业的营运能力。

M 企业扣除坏账准备的应收账款周转率如表 6-3 所示。

表 6-3　M 企业扣除坏账准备的应收账款周转率

项　　目	2012 年	2011 年
①主营业务收入(万元)	5,233,414.91	5,200,332.83
②应收账款年末余额(万元)	653,686.71	592,994.52
③应收账款平均余额(万元)	623,340.62	
④应收账款周转率①/③	8.4	
⑤应收账款周转天数 365/④	43.45	

M 企业未扣除坏账准备的应收账款周转率如表 6-4 所示。

表 6-4　M 企业未扣除坏账准备的应收账款周转率

项　　目	2012 年	2011 年
①主营业务收入(万元)	5,233,414.91	5,200,332.83
②应收账款年末净额(万元)	653,686.71	592,994.52
③坏账准备(万元)	28,429.06	26,192.73
④应收账款年末余额(万元)	682,115.77	619,187.25
⑤应收账款平均余额(万元)	650,651.51	—
⑥应收账款周转率①/⑤	8.04	—
⑦应收账款周转天数 365/⑥	45.40	—

从以上两表可以看出，结合财务报表附注的应收账款的周转率下降到 8.04，这个比率和未结合财务报表附注计算的应收账款周转率相比更能反映企业真实的营运能力。

此外，在分析应收账款周转率时，要分析应收账款账龄分布状态，即应收账款余额属于 1 年以内、1—2 年、2—3 年、3 年以上的比例及数值。如果企业销售额呈上升状态，而账龄较长的应收账款占其总额的比重较大，则可初步认为企业经营活动现金流较好，但应收账款或有损失风险较高，或者可以说已虚增了一定的销售收入，一旦严格考核资产的优良程度，将对这部分不容易收回的应收账款提取较高比例的坏账准备，会直接冲减企业当期利润。

下面通过一个例子观察账龄分布对企业营运能力影响程度。某电器公司 3 年应收账款账龄分析表如表 6-5 所示。

表 6-5　某电器公司 3 年应收账款账龄分析表　　　　单位：万元

年　　份	2014 年		2015 年		2016 年	
账龄	余额	占总额比率 l(%)	余额	占总额比率 l(%)	余额	占总额比率 l(%)
1 年以内(含 1 年)	230.00	19.38%	220.00	18.61%	208.00	16.68%
1—2 年	364.00	30.66%	153.00	12.95%	172.00	13.79%
2—3 年	247.00	20.81%	302.00	25.55%	112.00	8.98%
3 年以上	346.00	29.15%	507.00	42.89%	755.00	60.55%
合计	1,187.00	100.00%	1,182.00	100.00%	1,247.00	100%
当年坏账准备余额	59.35	—	59.10	—	62.35	—
当年销售收入	2,000.00	—	2,109.00	—	2,254.00	—

表 6-5 附带提供的有该企业每年坏账准备科目期末余额数及当年销售收入总额。此外，该企业 2013 年底的应收账款总额为 1,142 万元。

计算某电器企业 2014—2016 年 3 年的应收账款周转率，如表 6-6 所示。

表 6-6　某电器企业 3 年应收账款周转率　　　　　　　　单位：万元

项　　目	2014.12.31	2015.12.31	2016.12.31
①销售收入	2,000.00	2,109.00	2,254.00
②期初应收账款	1,142.00	1,187.00	1,182.00
③期末应收账款	1,187.00	1,182.00	1,247.00
④应收账款平均余额	1,164.50	1,184.50	1214.5
⑤应收账款周转率①/④	1.72	1.78	1.86
⑥应收账款周转天数 365/⑤	212.21	205.06	196.24

从计算的 3 年应收账款周转率及周转天数结果来看，该企业应收账款的周转率逐年提高，应收账款回收速度也在提高。

但从应收账款账龄分析表可以看出：2014—2016 年，企业的应收账款总额并没有大幅波动，但 3 年以上应收账款占整个应收账款的比率却连年攀升，比率分别为 29.15%、42.89% 和 60.55%。由此得知，该企业应收账款回款速度较差，从 3 年的数据来看，应收账款成为坏账的几率非常高。

总之，如果当年应收账款增长率高于销售收入增长率，则至少说明企业回笼资金比较慢。如果连续数年较长的应收账款逐渐增多，而销售收入的增长却有限，则说明应收账款回款质量正在恶化。

3．利用财务报表附注分析收入

在企业利润表项目中，主营业务收入项目数额绝大部分是根据《企业会计准则第 14 号——收入》确认销售收入，但有一部分可能是根据《企业会计准则第 7 号——非货币交易》确认的视同销售收入。如准则规定：换出资产为存货时，应当视同销售处理，根据《企业会计准则第 14 号——收入》按照公允价值确认收入，同时结转成本，相当于公允价值确认的收入和按照账面价值结转成本之间的差额，在利润表中作为营业利润的构成部分予以列示。涉及换出存货的非货币性交易业务的发生，一方面增加了主营业务收入，一方面减少了流动资产中的存货，加快了存货的周转速度，同时换入的却是其他资产，如换入的是固定资产，这可能会放慢固定资产的周转率。但影响企业营运能力的驱动因素不只是存货周转率，还有应收账款周转率、固定资产周转率等。因此要关注财务报表附注中重大非货币性交易，分析其影响营运能力的大小。

6.2.4　盈利能力分析

一般情况下，分析企业的盈利能力只涉及正常的营业状况，而非正常的营业状况同样会给企业带来收益或损失，但只是特殊状况下的个别结果，不能说明企业的赢利能力。因此在分析企业赢利能力时，应当排除以下事项：证券买卖等非正常项目；已经或将要停止的营业项目；重大事故或法律更改等特别项目；会计准则和财务制度变更带来的累积影响等因素。这四个项目都要从财务报表附注中获得。

除此之外，影响企业利润的还有以下几点：

(1) 存货流转假设。在物价持续上涨的情况下，采用先进先出法结转的销售成本较低，因而计算出的利润偏高，而资产负债表的存货金额较大，虚增资产。物价持续下降情况正好相反。

(2) 计提的损失准备。财政部颁布的《企业会计准则》要求企业按规定计提八项减值准备，其计提方法和比例会对企业利润总额产生影响。

(3) 长期投资核算方法。长期股权投资核算方法包括成本法和权益法。企业采用不同的核算方法会对企业利润产生不同的影响。

(4) 固定资产折旧方法。固定资产采用加速折旧法还是直线法会对企业利润产生不同的影响。

(5) 或有负债的存在。或有负债有可能导致经济利益流出企业，未作记录的或有负债将可能减少企业的预期利润。

6.2.5 会计政策和估计变更分析

附注中重要会计政策和会计估计

会计政策变更是指企业对相同的交易或事项由原来采用的会计政策改用另一会计政策的行为。为保证会计信息的可比性，使财务报表使用者在比较企业一年以上期间的会计报表时，能够正确判断企业的财务状况、经营成果和现金流量的趋势，一般情况下，企业应在每期采用相同的会计政策，不应也不能随意变更会计政策，否则，势必会削弱会计信息的可比性，使财务报表使用者在比较企业的经营业绩时发生困难。

但是，并不意味着会计政策不能变更，企业出现下列情况时，应改变原采用的会计政策：

(1) 法律、行政法规或者国家统一的会计制度等要求变更。

(2) 会计政策变更能够提供更可靠、更相关的会计信息。

在法律或会计准则等行政法规的要求下发生的会计政策变更，属于"不可抗力"，企业只能被动地按照国家的规定执行变更政策。这种条件不会成为企业会计政策变更的经常性原因。

企业所用的会计政策与新会计政策相比，不能提供更可靠、更相关的会计信息时，原则上企业应当进行会计政策变更。这种变更属于企业在会计政策选择方面的一种主动行为。但是，需要注意的是这种变更的必要性是以企业自身的主观判断为依据的。在很多情况下，企业也可能出于其他方面的考虑(如粉饰报表)而进行政策变更，因此，企业财务信息的使用者应当对这种可能性有所警惕。

会计估计变更是指由于资产和负债的当前状况及预期经济利益和义务发生了变化，从而对资产或负债的账面价值或者资产的定期消耗金额进行调整。

企业进行估计的基础发生了变化，或者由于取得新的信息，积累更多经验以及后来的经营情况发生变化，可能需要对会计估计进行修订。显然，会计估计的变更是企业的一种主动行为。与会计政策变更相似，在很多情况下，企业也有可能处于其他方面的考虑(如新的会计估计的运用，有可能导致企业所披露的财务信息更有利于企业管理层对其业绩的展示)而变更会计估计。企业财务信息的使用者应当对这种可能性有所警惕。

需要特别关注的是，为了防止企业利用会计估计调节年度间的盈亏状况，我国现行的《企业会计准则》对企业关于会计估计的处理进行了规范。例如，资产减值准则规定已计提的减值准备不允许转回。

还需要关注的是，企业会计估计和会计政策的变更，会导致企业在不同会计年度之间的财务信息出现不可比性。

6.2.6　资产负债表日后事项分析

资产负债表日后事项是指资产负债表日至财务报告批准报出日之间所发生的有利或不利事项。一般包括调整事项和非调整事项。企业对资产负债表的调整事项，已经进行了报表调整，其对财务状况的影响已经体现在相应的报表项目中。非调整事项，虽不影响资产负债表日存在的状况，但由于其对财务信息使用者判断企业未来的发展方向有着重要影响，财务信息的使用者应当对其予以足够的重视，如资产负债表日后发生的重大诉讼、仲裁、承诺、自然灾害、重大投资、融资活动、企业合并或分立、巨额亏损等事项。这些重大的日后事项，有些会对企业的财务状况、经营成果产生积极的影响，有些则会对企业造成巨大的损失。在分析当期的财务报表时，必须加以考虑。对于有的企业故意延期披露或对重要事项说明存在不实陈述的情况，则要着重分辨其真伪。

● 经典案例 ●

投资者一直看好也在投资某金矿 S 公司，在本年度末，S 公司的报表数据也显示，公司经营状况一切良好。但其实在本年 11 月份时，政府已颁发相关法令：为了保护国有资源，将从明年 5 月份开始，对区域内金矿进行限量开发，而给 S 公司的开采量远远低于目前公司的产量。这一信息，不管对于企业自身还是投资者，无疑都是至关重要的。但是 S 公司却不能用数据来说明未来要发生的事情，不能从报表说明政府限制开采到底会给公司带来什么样的影响。所以，今天能从报表上看到的风平浪静其实已经是历史，要真实地反应企业面临的严峻形势，要让投资者知道他们需要与企业共同面对这个事实，就只能在报表附注中进行说明。作为报表使用者，也需要特别关注报表附注中企业披露的类似信息。

6.2.7　关联方交易事项分析

关联方和关联方交易是公司在生产经营过程中必然存在的现象，但如果发生了不公允的关联交易，就有可能使个别控制权人受益，使外部股东遭受损失。因此，对于关联方关系的交易需要详细的信息披露。相关法规要求上市公司披露与关联方之间存在采购、销售关系和往来款项等情况。这些信息是对公司关联交易公允性做出判断的最基本的信息来源。例如，A 企业为了在一定时期内实现较多的利润，其关联方就有可能通过向 A 企业以低于市场正常水平的价格提供产品和劳务，以高于市场正常水平的价格从 A 企业购买产品和劳务，这样，就可以把其他关联企业的利润转移到 A 企业，从而将其"包装"为外在盈利能力远远超过其实际盈利能力的企业。在分析披露关联方交易时，对于公司删繁就简、有意回避、点到为止、模糊不清的陈述，还要结合其他渠道披露的信息综合分析。应重点关注以下几点：关联方交易的价格对损益的影响；关联方的债权、债务所占的比例；关联交易的公平合理性以及交易金额占销售收入比例。尤其注意的是，不涉及现金收入的大比例的关联交易往往是为了粉饰公司的财务报表，极有可能误导报表使用者。

6.3 财务报表附注的优劣

财务报表中的数字是经过分类和汇总的结果，是对企业发生的经济业务的高度简化和浓缩的数字，但是没有这些数字的相关披露，财务报表就不能充分发挥作用。因此，附注与资产负债表、利润表、现金流量表和所有者权益变动表具有同等的重要性。

6.3.1 财务报表的局限性

财务报表附注是对在会计报表中列示项目所作的进一步说明，以及对未能在这些报表中列示项目的说明，它是财务会计报告的组成部分。在报表的基础上增加附注作为财务报告的组成部分最根本原因是现行财务报表不能完全满足报表使用者的需要。现行财务报表本身存在的局限性主要有：

(1) 财务报表仅仅是数字列示，不能反映某些重要的资产类项目的质量水平。

(2) 财务报表上反映的信息都是历史的、过去的、已经发生的经济业务事项，而对于会影响企业发展的未来事项没有提及。但有很多未来将要发生的事项，在本期已经有征兆，有的事项甚至在本期已经发生，只是不能用金额准确地计量，所以不能在报表中体现。而这些事项有可能就是影响报表使用者决策的主导因素。

(3) 财务报表反映的信息具有高度浓缩性，往往删略了许多重要项目的细节，而这些细节很可能是分析财务报表时所必需的。

6.3.2 财务报表附注的优势

财务报表附注的目的主要是为报表使用者理解和分析报表的内容提供帮助，是对财务报表本身无法或难以充分表达的内容和项目所作的补充说明和详细解释，其作用是财务报告的其他部分所无法替代的。其具体优势表现在以下四个方面：

(1) 能使报表使用者更能深入了解企业的具体信息。由于报表使用者的层次、专业、使用报表的目的不同，其对会计信息披露的要求差别很大，单纯依靠资产负债表、现金流量表及利润表等提供的信息，无法满足要求。财务报表附注在一定程度上细化财务报表具体项目和信息。例如，对于企业存货，资产负债表只列示了其总额，至于其分别由多少原材料、多少库存商品组成，无法从报表中得到相应的数据。而在财务报表附注具体项目附注中，存货的种类被一一列示。

(2) 扩充财务报表所提供信息的容量。由于财务报表内容和形式有严格的规定，限制了财务报表披露的信息量，而财务报表附注却可以通过灵活的披露方式，丰富财务报表所提供信息的数量和内容，使其提供的信息更加完整和全面。

(3) 附注突破了提供企业信息必须用货币计量的局限性。财务报表设定的项目是固定的，企业财务人员的职责就是把企业的财务数据统计、分类列示到指定的项目中，与金额无关的和不能用金额来说明的项目则不能在报表中体现，而附注却没有用货币计量的限制。

(4) 提高财务报表信息的可比性。由于各公司或同一家公司在不同时期可能采用不同的会计政策，降低了会计信息的可比性，而仅靠财务报表又无法避免这种情况的出现，因此需要通过在附注中详细说明采用的会计政策及其变更情况，尽量消除有关的不可比因素，提高信息的可比性。

6.3.3　财务报表附注的局限性

虽然财务报表附注为财务信息的可理解性、可比性和充分性提供了很好的表达平台，但就目前国内企业对外报出的附注资料来看，其本身还存在很多问题，需要完善的地方还很多，具体表现在以下几个方面：

(1) 附注信息披露不充分。附注信息要发挥应有的效用，必须紧密结合财务报表的数据，更有赖于其充分性的表达。目前我国企业的附注披露情况，披露不够详细，有的甚至避重就轻，一点而过。比如对关联方交易的披露，有的企业删繁就简，有意回避。许多企业对其主要投资者、关键管理人员以及其关系密切的家庭成员的披露不够具体，甚至空白。

(2) 附注内容滞后和随意性。有的企业甚至是故意将内容滞后披露。比如对或有事项、提供担保等需要及时公布的企业信息，由于其可能会影响报表使用者对企业的评价，企业就有意延期披露，这其实就是一种欺骗报表使用者的行为。当然，有的企业并非故意而为，主要是因为企业高级管理层及会计人员的素质有待提高，或有事项发生时未能正确理解附注应披露哪些内容，从而造成了信息滞后披露。

(3) 附注存在虚假信息。附注中的虚假信息，非专业人士很难及时发现，所以容易被误导而做出错误决策，甚至造成经济损失。

(4) 附注内容中缺少相关部门的监督和评价。任何企业都不是孤立地存在于社会的，其不可避免地会与政府职能部门如工商、税务、银行、质检等有密切联系，而目前企业对外报出的附注资料，完全没有涉及这些部门对企业评价的内容。

6.3.4　财务情况说明书

财务情况说明书是对企业一定会计期间内财务、成本等情况进行分析总结的书面文字报告，也是财务会计报告的重要组成部分。财务情况说明书全面提供企业生产经营、业务活动情况。

财务情况说明书作为报表编制人对企业财务状况简明扼要的说明，通常包括以下几个方面。

1. 企业生产经营的基本情况

这部分主要介绍企业的经营情况，包括主营业务范围及经营情况；按销售额排名时，企业在本行业的地位；主要商品占销售市场的百分比；企业员工数量和专业素质以及培养提高的目标；经营中出现的问题与困难以及解决方案；企业经营环境情况，如采购环境、生产环境和销售环境的变化；新年度的业务发展计划，如生产经营的总目标及措施、配套资金的筹措计划、新产品的开发计划等。

2. 企业利润实现和分配情况

这部分主要是介绍企业本年度实现的净利润以及分配情况。此外，企业还应该反映资本公积转增实收资本(或股本)的情况。如果在本年度内没有利润分配情况，则企业需要在财务状况说明书中明确说明。企业利润的实现和分配情况，对于判断企业未来发展前景至关重要，所以需要企业披露有关利润实现和分配情况方面的信息。

3. 企业资金的增减和周转状况

这部分一般需要说明的内容有：本年度内企业各项资产、负债、所有者权益、利润构成等项目的增减情况及其原因；存货、应收账款、总资产等资产的周转率等。

4. 企业资产质量的简要分析

这部分主要涉及一些财务分析，如应收账款账龄分析、投资收益分析等。

5. 企业的重要财务事项

这部分具体内容有：本期企业发生的重大资产损失、对外提供担保、涉及未决诉讼和仲裁、财产抵押、超过授权经营范围的风险性业务等。

6. 其他

这部分介绍如企业境外子公司所在国的税收政策及纳税调整情况，以及对企业财务状况、经营成果和现金流量有重大影响的事项和需要说明或反映的其他事项等。

6.3.5 财务报表附注和财务情况说明书比较

财务情况说明书在信息披露方面方式灵活多样，内容生动广泛，和报表附注有很多相似的地方，相同之处表现在以下三个方面：

(1) 不仅可以披露会计信息，还可以披露与企业会计信息密切相关的非会计信息，如企业所处的行业，主要业务范围等。

(2) 都能作适量的分析。如都有其他重要事项的说明，这样能分析企业过去、预测将来，弥补了财务报表只能反映过去的缺点。

(3) 披露方式都较为灵活。受既定会计准则限制较少，因此披露的信息范围远比财务报表披露的信息广泛。

虽然财务情况说明书和财务报表附注都是企业财务信息披露的重要方式和了解企业财务信息的重要途径，但是两者各有偏重：财务报表附注是以企业资产负债表和利润表情况的说明为主，而财务情况说明书更像是对整个财务报表的分析。

本 章 小 结

(1) 财务报表附注是在基本报表主体之外列示的，对报表主体的形成以及重要的报表项目的详细说明。报表附注一般包括：企业在年度内执行的会计政策以及采用的主要会计处理方法；会计处理方法的变更情况，变更原因以及对财务状况和经营成果的影响；非正常项目的说明；企业财务报表中有关重要项目的明细资料；其他有助于理解和分析报表需要说明的事项等。

(2) 企业的会计方法、会计估计在不同年度之间应尽量保持一致,以便使会计信息有可比性。但是,当企业已选用的方法或估计严重不适用时,企业就应考虑变更其他使用方法和估计。在这种情况下,报表使用者就应对会计方法的变更情况、变更原因以及这些变更对企业财务状况和经营成果的影响进行分析。

(3) 资产负债表日后事项是指资产负债表日至财务报告批准报出日之间所发生的有利或不利事项,一般包括调整事项和非调整事项。企业对资产负债表的调整事项,已经进行了报表调整,其对财务状况的影响已经体现在相应的报表项目中。非调整事项,虽不影响资产负债表日存在的状况,但由于其对财务信息使用者判断企业未来的发展方向有着重要影响,财务信息的使用者应当对其予以足够的重视。

(4) 或有项目即包括或有负债,又包括或有收益。从一般会计惯例来看,附注中仅对或有负债进行说明,对或有收益则根据稳健性原则不予列示。从分析角度上来说,或有项目要结合企业的偿债能力、营运能力和盈利能力进行深入分析。

本 章 练 习

简答题

1. 财务报表附注的概念及基本内容是什么?
2. 会计政策的估计和变更是什么?它们对财务分析的影响如何?
3. 财务报表附注所披露的内容对企业偿债能力、营运能力、盈利能力有何影响?
4. 资产负债表日后事项对企业财务状况有何影响?
5. 财务报表附注有什么优点和缺点?应该怎么改进?
6. 什么是财务情况说明书?它和财务报表附注有什么区别和联系?

第 7 章　财务报表综合分析

📖 本章目标

■ 了解财务报表综合分析的意义、特点和方法

■ 熟练掌握杜邦财务分析体系的指标分解及其分析方法

■ 熟悉杜邦财务分析的作用

■ 掌握沃尔评价法的程序及其方法

■ 了解财务报表分析报告的种类和内容

■ 熟悉财务报表分析报告的编制要求和步骤

📖 重点难点

重点：

1. 杜邦财务分析体系

2. 沃尔评价法

难点：

1. 杜邦财务分析体系指标分解及其分析

2. 财务报表分析报告编制要求和步骤

2016 年苏宁云商经营绩效评价分析表如表 7-1 所示。

表 7-1　2016 年苏宁云商经营绩效评价分析表

指标性质	评价指标	权重赋值 Wi①	标准值 SVi②	实际值 AVi③	实际得分 ④=①*③/②
财务绩效定量评价指标(70%)	流动比率	8	1.39	1.34	7.71
	资产负债率	12	66.74%	49.02%	8.81
	利息保障倍数	8	5.46	3.17	4.64
	股东权益报酬率	18	6.69%	1.38%	2.06
	总资产报酬率	10	2.49%	0.63%	2.53
	销售净利率	5	7.81%	0.47%	0.30
	应收账款周转率	7	211.16	164.18	5.44
	存货周转率	6	8.06	8.96	6.67
	总资产周转率	7	1.22	1.32	7.57
	营业收入增长率	9	9.82%	9.62%	8.82
	资本积累率	8	12.24%	119.06%	77.79
	总资产增长率	8	6.73%	55.74%	66.26
定量总分		100			198.60
管理绩效定性评价指标(30%)	战略管理	17	15	16	18.13
	发展创新	14	11	12	15.27
	经营决策	15	13	14	16.15
	风险控制	12	9	11	14.67
	客户满意度	12	9	10	13.33
	人力资源	10	8	9	11.25
	行业影响	10	7	10	14.29
	社会贡献	10	8	9	11.25
定性总分		100			114.34
综合得分					173.32

注：标准值采用近 5 年 10 家同行业财务报表各指标的算术平均值。

沃尔的方法虽然在理论上还有待证明，在技术上也不完善，但它还是在实践中被应用。耐人寻味的是，很多理论上相当完善的经济计量模型在实践中往往很难应用，而企业实际使用并行之有效的模型却又在理论上无法证明。

资料来源：世界经理人

财务报表综合分析是对单项财务分析的汇总综合，也是企业管理中不可缺少的环节，具有十分重要的意义。本章主要阐述了财务报表综合分析的具体分析方法。

7.1　认识财务报表综合分析

财务分析的最终目的在于全方位地了解企业的经营及财务状况，并对企业经济效益的优劣做出系统、合理的评价。单独分析一项财务指标，很难全面评价企业的财务状况和经营成果。报表使用者要想对企业财务状况和经营成果进行全局把握，就应该采取适当的方法进行综合评价。

7.1.1　财务报表综合分析的意义

财务报表综合分析是在分别解读资产负债表、利润表、现金流量表和所有者权益变动表后，对企业在盈利能力、营运能力、发展能力等方面进行分析而得出的财务指标进行系统、综合的剖析和评价，以此来说明企业整体的经营情况和财务状况。

财务报表的单项分析揭示的仅是企业经济效益和财务状况的某一侧面。但是，测算几个简单的、孤立的财务比率，或者将一些孤立的财务分析指标堆垒在一起，彼此毫无联系地进行考察，并不能形成对复杂的企业财务状况的最终评价，甚至会出现一个或几个比率误导报表使用者的假象，有时候甚至会得出错误的结论。如偿债能力很强的企业，其盈利能力可能会很弱；偿债能力很强的企业，其营运能力可能很差。因此，只有将企业的偿债能力、营运能力、盈利能力及发展能力各项分析指标有机地联系起来，作为一套完整的体系互相配合使用，才能对企业的财务状况做出系统的综合评价。

由此可见，财务报表综合分析是企业经营管理不可缺少的必要环节，具有十分重要的意义。

7.1.2　财务报表综合分析的特点

综合分析与前述的单项分析相比，具有以下特点。

1. 分析的方法不同

单项分析是把企业财务活动的总体分解为每个具体项目，逐一加以分析考察；而综合分析是在分析的基础上通过归纳综合而把握企业的财务状况。因此，单项分析具有实务性和实证性，而综合分析具有高度的抽象性和概括性。

单项分析能够真切地认识每一具体项目的财务现象，可以对财务状况和经营成果的某一方面做出评价，但如果不在此基础上抽象概括，把具体问题提高到理性高度认识，就难以全面、完整和综合评价企业的财务状况和经营成果。因此，综合分析要以各单项分析指标及其各指标要素为基础，这些要素与指标一定要真实、全面和适当，并涵盖企业的盈利能力、偿债能力及营运能力等诸多方面。只有将单项分析和综合分析结合起来，才能提高财务报表分析的质量。

2. 分析的重点和基准不同

单项分析的重点和比较基准是财务计划、财务理论标准；而综合分析的重点和比较基准是企业的整体发展趋势，两者考察的角度是有区别的。由于分析的重点和基准不同，单项分析通常不考虑各项指标之间的相互关系；而财务报表综合分析强调各种指标有主辅之分，应重点把握主要指标。只有抓住影响企业财务状况的主要指标，在主要指标分析的基础上再对其辅助指标进行分析，才能分析得更透彻。

3. 分析的目的不同

单项分析的目的是有针对性的，侧重于找出企业财务状况和经营成果某一方面存在的问题，并提出改进意见；综合分析的目的是要全面评价企业的财务状况和经营成果，并提出具有全局性的改进意见。

7.1.3 财务报表综合分析的方法

财务报表综合分析的方法有很多，其中主要有杜邦分析法、沃尔评分法。

杜邦财务分析法是利用主要财务指标的内在联系，对企业财务状况和经营状况进行综合分析和评价的方法。因其最初由美国杜邦公司成功运用而得名。

沃尔评分法也称之为沃尔比重评分法或评分综合法，是一种对确定核心指标分数比重进行综合分析的方法。针对其中的财务比率，该方法给定其在总评价中所占有的分值，总和为 100 分，然后确定标准比率，并与实际进行比较，评出每项指标的实际得分，最后求出总分，以总评分来评价企业的财务状况。

7.2 杜邦财务分析体系

杜邦财务分析体系，又称为杜邦分析法，是 20 世纪 20 年代首先由美国杜邦公司成功创造出来的，故命名为"杜邦财务分析体系"。该体系是以盈利能力为企业的核心能力，以净资产收益率为核心财务指标，根据盈利能力比率、资产管理比率和债务管理比率三者之间的内在联系，对企业的财务状况和经营成果进行综合、系统的分析和评价的一种方法。

7.2.1 杜邦财务分析指标分解及分析

杜邦财务分析体系是一种分解财务比率的方法。该体系以净资产收益率为基础，以资产净利率和权益乘数为核心，重点评价企业获利能力及权益乘数对净资产收益率的影响，以及各指标间的互相关系。该体系层层分解至企业最基本生产要素的使用、成本与费用的构成以及企业风险，揭示指标变动的原因和趋势。

从四个要点学习杜邦分析法

1. 净资产收益率的分解

净资产收益率也称之为权益净利率，是杜邦财务分析体系的核心比率，该比率不仅有很好的可比性，而且有很好的综合性。

$$净资产收益率 = \frac{净利润}{净资产}$$

$$= \frac{净利润}{销售收入} \times \frac{销售收入}{总资产} \times \frac{总资产}{净资产}$$

$$= 销售净利率 \times 总资产周转率 \times 权益乘数$$

其中：

$$销售净利率 = \frac{净利润}{销售收入}$$

$$总资产周转率 = \frac{销售收入}{总资产}$$

$$权益乘数 = \frac{总资产}{净资产} = \frac{1}{1-资产负债率}$$

$$总资产净利率 = 销售净利率 \times 总资产周转率$$

2. 杜邦财务体系的基本框架

根据净资产收益率的核心指标与各项分解指标之间的内在联系，以及所涉及的各个要素，按照一定规律有序排列成杜邦财务分析框架图，如图 7-1 所示。

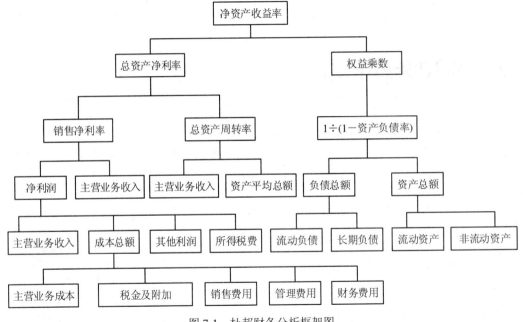

图 7-1 杜邦财务分析框架图

杜邦财务分析框架图通过几种主要的财务比率之间的相互关系，全面、系统、直观地反映了企业的整体状况和经营成果，从而节省了报表使用者分析报表的时间。从图 7-1 可以看出，净资产收益率是杜邦体系中的核心，是一项综合性最强的指标，它反映了企业财务管理的目标。企业财务管理的重要目标就是实现股东财富最大化，净资产收益率正是反映了股东投入资金的获利能力，这一比率反映了企业筹资、投资和生产运营等各方面经营活动的效率。净资产收益率取决于销售净利率、总资产周转率、权益乘数。这样分解以后，就可以把净资产收益率具体化，更能说明问题。

杜邦财务分析体系的主要指标分析如下：

(1) 总资产净利率：该指标反映了企业全部资产创造盈利的能力，是影响净资产收益率的关键指标，其本身也是一个综合性的指标。总资产净利率同时受到销售净利率和总资产周转率的影响。销售净利率和总资产周转率越大，则总资产净利率越大；而总资产净利率越大，则净资产收益率越大，反之亦然。

(2) 销售净利率：该指标的高低取决于企业实现的销售收入和企业净利润的关系。企业的净利润是其销售收入扣除有关成本费用后的部分，它的高低取决于销售收入和成本总额的高低。一般来说，销售收入的增加，企业的净利润会随之增加。但想要提高净利率，就必须一方面提高主营业收入，另一方面降低各种成本费用，这样才能使净利润的增长高于主营业务收入的增长，从而使得销售净利率得到提高。由此可见，提高销售净利率有两个途径：一是开拓市场，增加销售收入；二是加强成本费用控制，降低消耗。从杜邦分析图可以看出成本费用的结构是否合理，从而找出降低成本费用的途径和加强成本费用的控制方法。如果企业财务费用支出过高，就要进一步分析其负债比率是否过高；如果管理费用过高，就要进一步分析其资产周转情况。

(3) 总资产周转率：该指标是反映企业通过资产运营实现销售收入能力的指标。影响总资产周转率的一个重要因素是资产总额，它是由流动资产和非流动资产组成。它们的结构是否合理直接影响资产的周转速度。一般来说，流动资产直接体现企业的偿债能力和变现能力，而长期资产则体现该企业的经营规模、发展潜力。两者之间应保持一种合理的比率。

(4) 权益乘数：该指标实质上代表了企业的融资结构，表明企业的负债程度。受资产负债率的影响，企业负债程度越高，负债比率越大，权益乘数越高，说明企业有较高的负债程度，给企业带来较多的权益收益，同时也给企业带来了较多的风险。

权益乘数反映了财务杠杆对利润水平的影响。财务杠杆具有正反两方面的作用。在收益较好的经营周期，它可以使股东获得潜在的报酬增加，但股东要承担因负债增加而引起的风险；在收益不好的经营周期，则可能使股东潜在的报酬下降。当然，从投资者角度而言，只有资产报酬率高于借贷资本利息率时，负债比率越多越好。企业的经营者做出借入资本决策时，必须充分估计预期的利润和增加风险，在两者之间权衡，从而做出正确决策。在资产总额不变的条件下，适度开展负债经营，可以减少所有者权益所占的份额，达到提高净资产收益率的目的。

3. 杜邦财务体系主要指标分析

1) 销售净利率的分析

通过分析销售净利率可以对企业经营损益进行一系列的分析，发现经营活动中存在的问题，为进一步提高企业盈利水平提供决策依据。具体分析如下：

(1) 计算销售产品的毛利率，分析企业是否具有核心竞争力。

(2) 计算成本利润率，分析企业是否具有产品创利能力。

(3) 计算期间费用占收入的比重，分析企业费用对盈利的影响程度。

(4) 计算营业利润占利润总额的比重，分析企业主营业务利润对利润的贡献程度。

(5) 计算费用与成本比例及结构，分析企业耗费构成。

2) 总资产周转率的分析

通过分析总资产周转率可以对企业投资效率作进一步分析，体现企业在一定时期内资产营运的效率和效果，具体分析如下：

(1) 计算总资产周转率，分析企业资产创造营业收入的能力，可以看出资产的总体营运效率。

(2) 计算流动资产及非流动资产的周转率,分析两类资产各自的营运效率。

(3) 计算应收账款周转率,分析企业对应收账款规模的控制能力和变现能力。

(4) 计算存货周转率,分析企业对存货的规模控制能力和销售转化能力。

(5) 计算其他单项资产对销售收入的贡献程度。

3) 财务杠杆分析

以资产负债表为核心,对企业负债结构进行的分析,可以反映企业在一定期间内的偿债能力。具体分析如下:

(1) 计算资产负债率,分析企业总体的负债水平。

(2) 计算流动比率,分析企业流动性资产保障流动负债的能力。

(3) 计算速动比率,分析速动性资产保障流动负债能力。

(4) 计算利息保障倍数,分析企业以盈利现金流偿付债务利息的能力。

(5) 计算短期债务与长期债务的比例,分析企业资金支付能力。

4) 利润留存率的分析

以利润留存率为核心,可以展开融资与股利政策分析,可以反映股利政策对企业预期业绩的影响。具体分析如下:

(1) 计算利润留存率,分析企业总体以留存利润进行内源融资水平。

(2) 计算在一定的负债权益结构下,分析企业负债增量能力。

(3) 计算在预期的销售增长率下,分析企业内源融资支持业务增长能力。

(4) 计算在预期的销售增长率下,分析企业外源融资的数量与比例。

(5) 计算利润留存对所有者权益的贡献度。

知识链接

杜邦财务分析体系(简称杜邦体系)由美国杜邦公司首先采用并成功运用而得名,它是利用各财务指标间的内在关系,对企业综合经营理财及经济效益进行系统分析评价的方法。该体系以净资产收益率为核心,将其分解为若干财务指标,通过分析各分解指标的变动对净资产收益率的影响来揭示企业获利能力及其变动原因。

杜邦体系各主要指标之间的关系如下:

$$净资产收益率=销售净利率×总资产周转率×权益乘数$$

其中,

$$销售净利率=净利润÷销售收入$$

$$总资产周转率=销售收入÷平均资产总额$$

$$权益乘数=资产总额÷所有者权益总额=1÷(1-资产负债率)$$

对企业的股东来说,最重要的是要取得理想的投资收益率(即净资产收益率),了解和分析影响股东投资收益率的所有因素,不管是对股东还是对企业管理者而言,都非常重要。从上面的连环公式来看,杜邦财务分析体系就是通过对这种互相关系的分析来研究影响股东权益(即净资产)收益率的有关因素。

杜邦分析法从所有者的角度出发,将综合性最强的净资产收益率分解,这样有助于深入分析及比较企业的经营业绩。该综合分析法提供了分析指标变化原因和变动趋势的方法，并为企业今后采取改进措施提供了方向。

杜邦分析法指标分解原理：销售净利率能反映企业的盈利能力；总资产周转率反映企业资产的使用效率，而且可再细分为存货周转率、应收账款周转率等几个指标，从而衡量企业的资产构成是否存在问题；权益乘数的高低能反映企业的负债程度，负债程度上升，企业的财务风险就高。

通过杜邦分析法，能给企业的管理层提供一张考察企业资产管理效率和是否最大化股东投资回报的路线图。

7.2.2 杜邦财务分析的作用

杜邦财务分析方法在财务报表分析中占据着重要的地位，其作用主要表现在以下方面。

1. 利用杜邦财务分析可以评价企业资产的营运能力

在杜邦财务分析体系中，总资产周转率是综合评价企业全部资产经营质量和资产利用效率的重要指标，反映企业单位资产创造的销售收入，体现企业在一定期间全部资产从投入到产出周而复始的流转速度。其计算公式为

$$总资产周转率 = \frac{销售净额}{总资产}$$

企业的总资产周转率又可分解为流动资产周转率和固定资产周转率两部分。其中，流动资产周转率越高，资产周转速度就越快，能够相对节约流动资金投入，增加企业盈利能力，提高企业短期偿债能力。如果周转速度过低，会形成资产的浪费，使企业的现金过多地占用在存货、应收账款等非现金资产上，变现速度慢，影响企业资产的流动性及偿债能力。

流动资产周转率比较高，说明企业在以下方面比较好：销售收入稳步增长；货币资金存量合理；应收账款管理比较好，货款回收速度快；存货周转速度快。

固定资产周转率比较高，表明企业固定资产投资得当，固定资产结构合理，能够充分发挥效率；反之，则表明固定资产使用效率不高，提供的生产成果不多，企业的营运能力不强。因此，在固定资产的管理中，一是要注意控制固定资产的规模，规模过大会造成设备闲置，形成资源浪费，而规模过小，又表明企业生产能力小，不能形成规模效益；二是主要控制生产经营和非生产经营用的固定资产结构，主次得当，才能最大限度地发挥资产的作用。

总之，在企业赢利能力较高的前提下，通过适当地降低产品售价，提高销售量，加快资金的周转速度，从而提高企业总资产周转率，提高企业盈利能力；在企业资产规模和生产效率均不变的情况下，通过提高产品销售价格，增加销售收入，可以提高企业总资产周转率；企业通过处置闲置的固定资产，减少资产规模，也会提高企业的总资产周转率；在企业资产规模不变时，通过提高生产效率和提高产能利用率，从而达到提高总资产周转率的目的。

2. 利用杜邦分析体系可以评价企业的盈利能力

净资产收益率是综合评价企业投资者投入企业资本获取净收益的能力，反映企业持续盈利的能力。

净资产收益率是评价企业资本经营效益的核心指标，该指标在我国评价上市公司业绩综合指标的排序中居于首位，一般认为，企业净资产收益率越高，企业的营运效益越好，对投资者、债权人的保证程度越高。对该指标的综合对比分析，可以看出企业获利能力在同行业中所处的地位以及与同类企业的差异水平。

7.2.3 杜邦财务分析体系的局限性

从企业绩效评价的角度讲，杜邦财务分析体系仅包括财务方面的信息，不能全面反映企业的实力，因此有很大的局限性。主要表现在以下方面：

(1) 对短期财务结果过分重视，助长了企业管理层的短期行为，忽略企业长期的创造价值。

(2) 财务指标反映的是企业过去的业绩，能够有效衡量工业时代的经营业绩。但在信息高度发达的今天，企业的经营业绩越来越多受到顾客、供应商、雇员、技术创新的影响，而杜邦财务分析体系在这些方面是无能为力的。

(3) 在目前的市场环境中，企业的无形资产对于提高企业的长期竞争力至关重要，杜邦财务分析体系却不能解决无形资产的估值问题。

7.3 沃尔评分法

1928 年，亚历山大·沃尔(Alexander Wole)在出版的《信用晴雨表研究》和《财务报表比率分析》中提出了信用能力指数的概念，他选择了 7 个财务比率即流动比率、产权比率、固定资产比率、存货周转率、应收账款周转率、固定资产周转率和自有资金周转率，分别给定各指标的比重，然后确定标准比率(以行业平均数为基础)，将实际比率与标准比率相比，得出相对比率，将此相对比率与各指标比重相乘，确定各项指标的得分及总体指标的累计得分，从而对企业的信用水平做出评价。

由于采用了财务指标的评价标准，沃尔评分法有利于报表分析者评价其在市场竞争中的优劣地位。

财务报表使用者在进行财务分析时，普遍存在将财务比率计算出来后，无法判断其水平高低的问题，横向比较(与企业历史数据比较)只能了解企业自身的变化，而难以判断企业的市场地位。沃尔评分法是将若干选定的财务比率用线性关系结合起来，并按照重要程度分别给定各自的分数比重，即重要性系数，然后通过与标准比率进行比较，确定各项指标的得分及累计指标的累计分数，从而对企业的财务状况做出评价的方法。

国内关于沃尔综合评分法指标的规范介绍

7.3.1 实施沃尔评分法的应用步骤

与沃尔所处的时代相比，现在的经营环境已经发生很大的变化。沃尔最初提出的七项指标已经难以完全适用当前企业评价的需要。通常认为，在选择评价指标时，应包括偿债能力、营运能力、获利能力和发展能力等方面的指标。除此之外，还应当选取一些非财务指标作为参考。

沃尔比重评分法的基本步骤包括：

(1) 选择评价指标并分配指标权重。在选择财务比率时，要考虑以下三个方面：一是指标要具有全面性，能够反映企业财务能力的各项财务比率都应包括在内。二是指标要具有代表性，要选择能够说明问题财务比率。三是指标要具有变化分析的一致性。当财务比率增大时表示财务状况的改善，反之，则表示财务状况的恶化。

各指标权重即标准评分确定是沃尔评分法的重点问题，其权重之和为 100，它直接影响到企业财务状况的评分。各指标权重的确定应该根据企业的经营业务、生产规模等因素对各项财务比率的重要性做出判断。

分析者可以参考财政部《企业效绩评价操作细则(修订)》中的企业效绩评价指标体系建立评价指标和各评价指标的权数。

(2) 确定各项评价指标的标准值。财务指标的标准值一般可以用行业平均数、企业历史最佳数、国家有关标准或国际公认数为基准来加以确定。

(3) 计算企业在一定时期各项指标的实际值。

(4) 对各项评价指标计分并计算综合分数。

各项评价指标的计分按下列公式进行

$$各项评价指标的得分 = 各项指标的权重 \times \frac{指标的实际值}{指标的标准值}$$

$$综合分数 = \sum 各项评价指标的得分$$

(5) 形成评价结果。在最终评价时，如果综合得分大于 100，则说明企业的财务状况比较好；反之，则说明企业的财务状况低于同行业平均水平或本企业历史先进水平等评价指标。

7.3.2　沃尔评分法的实例

下面以 2010 年某上市公司年度报告为例，说明沃尔比重评分法的具体应用，某上市公司年度报告的沃尔评分表如表 7-2 所示。

表 7-2　沃尔评分表

选定的指标	权重 ①	标准值 ②	实际值 ③	得分 ④ = ③/② × ①
一、偿债能力指标	20			
1. 资产负债率	12	60%	39%	7.8
2. 已获利息倍数	8	10	24	19.2
二、获利能力指标	38			
1. 净资产收益率	25	25%	16%	16
2. 总资产报酬率	13	10%	10%	13
三、运营能力指标	18			
1. 总资产周转率	9	2	1	4.5
2. 流动资产周转率	9	5	5	9
四、发展能力指标	24			
1. 营业增长率	12	25%	44%	21.12
2. 资本累积率	12	15%	20%	16
五、综合得分	100			106.62

从表 7-1 中可以看出，该企业综合评分大于 100，说明企业的财务状况良好，特别是企业的偿债能力较强，市场占有率和竞争力比较强，具有一定的可持续发展能力。但与同行业相比，盈利能力不是很强，资产利用效率不高。

7.3.3 沃尔评分法的评价

沃尔评分法在理论上存在一个明显的问题，即未能证明为什么要选择这 8 个指标，而不是更多或更少些，或者选择别的财务比率，以及未能证明每个指标所占比重的合理性。这个问题至今仍然没有从理论上得到解决。沃尔评分法在技术上也存在一个问题，即某一个指标严重异常时，会对总评分产生不合逻辑的重大影响。这是由财务比率与其比重相"乘"引起的。财务比率提高一倍，评分增加 100%；而减小一半，其评分只减少 50%。

在整个指标体系中，只有财务指标，而没有非财务指标的辅助说明和揭示，因此评价体系不完善。

7.4 财务报表分析报告

财务报表分析报告是在对财务报表和其他资料财务分析的基础上，对企业的财务状况和财务成果意见的说明性和结论性的书面文件。

7.4.1 财务报表分析报告的作用

财务报表分析报告使用者包括企业经营者、投资者以及有关的单位或个人，其作用主要表现在以下几个方面。

(1) 有利于利益相关者掌握企业的财务状况、经营成果和资金状况，从而为项目决策提供指导性意见。

(2) 企业经营者可以根据财务报表分析制定出符合本企业生产经营情况的财务预算。

(3) 企业可以依据财务报表分析报告提出改善经营管理工作的具体措施，有利于提高企业财务管理水平。

(4) 政府有关部门通过财务报表分析报告，可以了解企业在经营活动中遵守法规制度、经济政策的情况，从而为有关部门决策提供依据。

7.4.2 财务报表分析报告的种类

1. 按照报告内容范围划分

财务分析报告按其内容、范围不同，可分为综合分析报告、专题分析报告、简要分析报告和项目分析报告。

1) 综合分析报告

综合分析报告又称全面分析报告，是企业依据资产负债表、利润表、现金流量表、所有者权益变动表、财务报表附注及财务情况说明书、财务和经济活动所提供的丰富、重要的信息及其内在联系，运用一定的科学分析方法，对企业财务状况做出客观、全面、系统的分析和评价，并进行必要的科学预测而形成的书面报告。它具有内容丰富、涉及面广、分析透彻的特点。它还具有以下两方面的作用：

(1) 为企业的重大财务决策提供科学依据。由于综合分析报告几乎涵盖了企业财务计划各项指标的对比、分析和评价，能使企业经营活动的成果和财务状况一目了然，并及时反映出企业存在的问题，这就给企业的经营管理者做出财务决策提供了科学依据。

(2) 全面、系统的综合分析报告，可以作为今后对企业财务管理进行动态分析的重要历史参考资料。

综合分析报告主要在半年度、年度进行财务分析时撰写。撰写时必须对分析的各项具体内容的轻重缓急做出合理安排，既要全面，又要突出重点。

2) 专题分析报告

专题分析报告又称单项分析报告，是指针对某一时期企业经营管理中的某些关键问题、重大经济措施或薄弱环节等进行专门分析后形成的书面报告。它具有不受时间限制、一事一议、易被经营管理者接受、收效快的特点。因此，专题报告针对性强，能直接反映出相关问题，从而提高企业管理水平。

专题分析的内容很多，如关于企业库存及应收账款的管理情况、资金、成本、费用、利润等方面的预测分析均可以进行专题分析，从而为各级领导做出决策提供现实的依据。

3) 简要分析报告

简要分析报告是对主要经济指标在一定时期内，存在的问题或比较突出的问题，进行概要的分析而形成的书面报告。简要分析报告具有简明扼要、切中要害的特点。通过分析，能反映和说明企业在分析期内业务经营的基本情况，企业累计完成各项经济指标的情况并预测今后发展趋势。主要适用于定期分析，可按月、按季进行编制。

4) 项目分析报告

项目分析报告是对企业的局部或某一个独立的运作项目形成的分析报告，如某一投资项目的财务分析报告、某一分公司或子公司的财务分析报告等。

2. 按照其分析的时间划分

财务分析报告按其分析的时间，可分为定期分析报告与不定期分析报告两种。

1) 定期分析报告

定期分析报告一般是由上级主管部门或企业内部规定的每隔一段相等的时间应予以编制和上报的财务分析报告。如每半年、年末编制的综合财务分析报告就属于定期分析报告。

2) 不定期财务分析报告

不定期分析报告，是从企业财务管理和业务经营的实际需要出发，不做时间规定而编制的财务分析报告。如上述的专题分析报告就属于不定期分析报告。

7.4.3　财务报表分析报告的内容

财务报表分析报告是对企业经营状况、资金运作的综合概括和高度反映，因此财务报

表分析报告的内容要有一个清晰的框架和分析思路,财务报表分析报告主要包括下述五项内容:

(1) 提要段:主要介绍公司综合情况,让财务报告阅读者对财务分析内容有一个总括的认识。

(2) 说明段:主要介绍公司运营及财务现状。该部分要求文字表述恰当、数据引用准确。对经济指标进行说明时可适当运用绝对数、比较数及复合指标数。特别要关注公司当前运作上的重心,对重要事项要单独反映。公司在不同阶段、不同月份的工作重点有所不同,所需要的财务分析重点也不同。如公司正进行新产品的投产、市场开发,则公司各阶层需要对新产品的成本、回款、利润数据进行分析。

(3) 分析段:主要分析研究公司的经营情况。在说明问题的同时还要分析问题,寻找问题的原因和症结,以达到解决问题的目的。财务分析一定要有理有据,要细化分解各项指标,因为有些报表的数据是比较含糊和笼统的,要善于运用表格、图示,突出表达分析的内容。分析问题一定要善于抓住当前要点,多反映公司经营焦点和易于忽视的问题。

(4) 评价段:做出财务说明和分析后,对于经营情况、财务状况、盈利业绩,应该从财务角度给予公正、客观的评价和预测。财务评价不能运用似是而非、可进可退、左右摇摆等不负责任的语言,评价要从正面和负面两方面进行,评价既可以单独分段进行,也可以将评价内容穿插在说明部分和分析部分。

(5) 建议段:财务人员在对经营运作、投资决策进行分析后形成的意见和看法,特别是对运作过程中存在的问题所提出的改进建议。值得注意的是,财务分析报告中提出的建议不能太抽象,而要具体化,最好有一套切实可行的方案。

7.4.4 财务报表分析报告的编写步骤

财务报表分析报告的编写可以分为确定报表分析的目的和方案、资料的搜集整理、财务报表分析报告选题、财务报表分析报告编写和审定等四个阶段。

1. 确定报表分析的目的和方案

首先要明确阅读对象,阅读对象不同内容也有所差异,对象要有针对性。分析工作要达到什么样的目的,整个工作要围绕目的展开。其次,要明确范围,先搜集资料,再确定分析方法。

2. 资料的搜集整理阶段

资料的搜集整理是一个调查的过程。财务分析人员要根据财务报表分析报告的类型、报送对象,确定需要搜集的资料。需要搜集的资料有:各类财务资料、业务资料、报纸杂志公布的行业资料以及其他资料。

搜集完成后,要去伪存真,以保证其合法、合理和真实。与此同时,要根据制定的财务报表分析报告的内容要点进行分类。整理核实资料是财务分析工作中非常重要的环节,起承上启下的作用。

3. 财务报表分析报告选题阶段

标题是对财务报表分析报告最精炼的概括，它不仅要确切体现分析报告的主题思想，而且要简洁、醒目。一旦确定了标题，财务分析人员就应围绕它并利用所收集的资料进行分析并编写。

4. 财务报表分析报告的编写和审定阶段

这个阶段的首要工作就是起草分析报告，起草的报告应围绕标题并根据报告结构进行。不同的报告，起草内容不同。比如，对于专题分析报告，财务分析人员要将问题分析透彻，真正地做到分析问题、解决问题。对于综合分析报告，财务分析人员最好先确定报告的编写提纲，然后在提纲框架的基础上，依据所收集整理的资料，选择恰当的分析方法进行编写。

财务报表分析报告的初稿可交主管领导审阅，并征求主管领导的意见和建议，反复推敲，不断进行修改，使之完善，直至最后由主管领导审定。

7.4.5　财务报表分析报告实例

案例资料

一、H 实业集团股份有限公司简介

H 实业集团股份有限公司是全国乳品行业龙头企业之一，下设液态奶、冷饮、酸奶和原奶四大事业部，所属企业近百个，旗下有纯牛奶、乳饮料、雪糕、冰激凌、奶粉、奶茶粉、酸奶等 1000 多个产品品种，其产品销量在全国遥遥领先。

二、乳品业行业简介

中国乳业起步晚，起点低，但发展迅速。特别是改革开放以来，奶类生产量以每年两位数的增长速度迅速增加，远远高于 1%的同期世界平均水平。中国乳制品产量和总产值在最近的 10 年内增长了 10 倍以上，已逐渐吸引了世界的眼光。

近年来，我国乳品加工业已成为食品工业中发展最快的产业。乳品企业经济总量大幅增长，2008 年，乳品企业共实现工业产值 1,556 亿元，比 1998 年增长了 11.7 倍；乳制品产量持续增长，产品结构逐步优化。2008 年我国乳制品产量合计 1,810.5 万吨，已占世界年产量的 4.6%。2008 年我国城镇居民奶类消费量为人均 22.7 公斤，比 1992 年增长了146.2%。农村居民 2007 年乳和乳制品消费量为人均 3.52 公斤，比 1992 年增长了 203%。我国乳制品行业已取得了显著成就。

2006 年以来，由于乳品的生产和流通监管失衡，市场竞争无序，奶牛养殖成本不断攀升，行业整体利润下降。国务院随之出台政策，加大扶持力度，保障乳品质量安全，加快乳业发展方式转变，从单纯的数量扩张向提高素质和整体优化转变，我国的乳业进入了从传统向现代转变的关键时期。

2008 年 9 月爆发的"三聚氰胺事件"使整个行业的信誉遭受严重危机，国内市场急剧下滑，消费者信心受挫，几乎所有企业都陷入了极端困难之中。危机下，国家出台了一系列整顿乳业的重大举措，经过一年多的努力，奶业形势逐步好转。

2009 年在国家宏观经济企稳回升、产业扶持政策效应显现和市场信心恢复等因素共同作用下，2009 年三季度我国乳制品行业生产回升势头良好，行业效益稳步回升，企业亏损面继续缩小。

近年来，尽管我国年人均占有奶量上升很快，但与世界平均水平相比仍有很大差距。同时，城乡之间、地区之间的乳品消费也极不平衡。目前，城市乳制品销量占到全国乳制品总销量的 90%，广大农村乳品市场潜力巨大，有待挖掘。随着农村乳制品消费量的逐步增长，我国乳制品行业将会迎来更加广阔的发展空间。

"三聚氰胺事件"虽对乳制品行业造成较大影响，但从长远看，国内乳制品需求上升的趋势未变。经过一段时间调整后，中国乳业还会快速发展。

三、所处行业竞争程度

近一段时间，乳制品行业事件频出，先有伊利、蒙牛、光明、三元纷纷加快全国市场推进的步伐，然后是雀巢并购云南蝶泉引发各方人士的关注和评论，不久新希望又同时将四川华西乳业公司和重庆天友乳业公司两家当地的著名品牌纳入麾下等。以上种种迹象表明乳制品行业的竞争已经发生了根本性的变化，这种变化将直接引发乳品行业的竞争格局和未来走向。

趋势一：市场竞争由产品竞争扩展到资源的竞争

乳制品行业是个相关性很强的行业，在种植业、饲料业、养殖业、乳制品加工业、顾客整个产业链中处于下游，因此它的行业特征和变迁也不可避免要受到上游产业的影响。最初我国的乳制品市场是区域分割、相互独立的，市场竞争也主要集中在各地进行，竞争的结果是各地的市场经过整合产生了领导性的地方品牌，各个品牌各有一片市场，彼此相安无事，全国市场维持着一种相对平衡状态。但近年来，随着保鲜技术的发展，乳制品市场的地域划分被逐渐打破，一些大的品牌开始向全国市场开拓，伊利、三元开始南下，光明开始北上，但这些品牌的扩张遭到各地地方品牌的顽强阻击，许多地方出现了激烈的价格战。

趋势二：从产品经营转向资本运营

我国目前人均的牛奶消费仅为世界平均水平的十六分之一，与发达国家相比差距更大。随着经济的发展，人们生活水平的提高，乳制品市场的上升空间还有很大。以前，乳制品企业可以说是边发展，边培育和开发市场。产品品种也由单一的奶粉逐渐向酸奶、鲜奶、利乐枕、百利包等多样化发展，同时经过企业的辛勤培育，原来一些销售的盲区也被开发，如伊利经过艰难开拓，以纯牛奶打开广东市场。

纵观中国乳制品市场的发展，经历了区域市场竞争时期与整合时期，目前，全国市场垄断竞争和区域市场垄断竞争并存。在前期，乳制品企业是将产品经营放在首位，以加大产品开发力度、提高产品质量以及多样化的营销手段来实现市场的扩张和竞争地位的提升。这种产品经营方式对企业产品质量的提高、营销网络的建设等都起到了很好的促进作用，从整体上提高了乳品行业的经营水平。当前，人们对乳品营养效果较从前有了更多的认识，国家对"喝奶健身，兴农强国"的重视以及学生奶计划实施等活动的推广使市场需求处于激活状态，乳业将迎来快速发展期。

趋势三：宏观联合，微观竞争

中国乳品市场发展经历了自由竞争和第一次整合阶段之后，目前及今后一段时间的发展将是宏观联合、微观竞争。在北京召开的由北京仁慧特智业公司等单位主办的中国乳业高峰论坛上，不少与会代表都表达了相同的看法。宏观联合将表现在两个层面：一是入世后外资及国外品牌在进入中国市场时会同国内企业联合(如参股等)。因为虽然前期如雀巢、达能、联合利华等在中国耕耘多年，已经打下了良好的基础，并且它们的品牌也极具号召力，但是更多的国外公司，如荷兰、新西兰等乳制品大国的企业尚未进入或刚刚进入中国市场，同雀巢等公司相比，它们不具备品牌优势，要想在短时间内打开中国市场，采用联合的方式，借助国内企业的销售网络快速切入并迅速熟悉中国市场不失为一种好的策略。二是各地的地方品牌之间的联合。国内有些地方已经形成寡头垄断的市场格局，但更多的地方仍处于垄断竞争的状态，企业数量多，规模小，很难有效抵抗大品牌的入侵，如南京的乳制品企业就有 20 余家。在这些企业中，没有特别强的企业能对当地的市场进行兼并、重组、整合，因此联合起来结成同盟，增强竞争力是这些地方品牌的一个出路，这样才能避免被大品牌一一击破。

四、数据收集

为了分析 2009 年 H 公司的财务状况，收集了 H 公司 2007—2009 年的资产负债表(表7-3)、利润表(表 7-4)、现金流量表及其他相关数据(表 7-5)。为了确定其在行业内的地位及排行，收集了其竞争对手的相关资料。(以下资料数据单位：万元)

表 7-3 2007—2009 年资产负债表相关资料数据

会计年度	2007/12/31	2008/12/31	2009/12/31
货币资金	177,159.19	277,443.26	411,346.61
应收票据	12,580.99	2,297.81	100.00
应收账款	20,495.54	19,697.84	21,797.84
预付账款	49,701.05	28,394.61	56,883.91
其他应收款	29,917.93	8,311.12	9,156.82
存货	173,737.11	202,036.59	183,565.10
一年内到期的非流动资产	—	3.79	—
其他流动资产	—	3,601.28	278.27
流动资产合计	463,591.81	541,786.28	683,128.54
可供出售金融资产	2,133.44	740.93	1,335.11
长期股权投资	39,043.26	51,597.24	38,683.56
固定资产	440,739.96	500,718.55	510,920.89
在建工程	47,201.17	25,820.03	22,657.98
工程物资	3,167.99	158.71	123.50
固定资产清理	30.51	47.98	1.54
生产性生物资产	—	5,075.10	8,729.03
无形资产	17,969.24	22,472.26	26,522.97

续表

会计年度	2007/12/31	2008/12/31	2009/12/31
长期待摊费用	1,666.38	1,024.71	193.28
递延所得税资产	1,846.29	28,607.10	22,917.94
非流动资产合计	553,798.24	636,262.61	632,085.82
资产总计	1,017,390.05	1,178,048.89	1,315,214.36
短期借款	89,090.47	270,300.00	268,487.98
应付票据	2,035.00	30,054.50	35,874.00
应付账款	215,357.66	286,770.14	340,682.26
预收账款	87,975.77	128,459.96	86,214.63
应付职工薪酬	30,488.80	29,858.92	69,266.78
应交税费	−21,223.71	−38,255.38	−24,275.53
应付利息	129.07	165.61	128.47
应付股利	944.33	944.08	944.08
其他应付款	100,427.21	102,447.53	119,334.79
一年内到期的非流动负债	3,491.95	9,357.48	7,085.18
流动负债合计	508,716.56	820,102.83	903,742.63
长期借款	9,462.90	5,462.90	10,972.90
长期应付款	11,862.93	6,610.15	2,434.10
专项应付款	3,364.69	3,361.76	3,355.31
预计负债	—	—	300.00
递延所得税负债	306.04	215.56	186.29
其他非流动负债	12,953.61	19,538.70	23,229.25
非流动负债合计	37,950.17	35,189.06	40,477.84
负债合计	546,666.73	855,291.89	944,220.48
实收资本(或股本)	66,610.23	79,932.28	79,932.28
资本公积	279,266.36	264,919.62	265,523.63
盈余公积	39,465.40	40,691.75	40,691.75
未分配利润	35,946.84	−106,617.32	−41,851.35
少数股东权益	49,434.50	43,830.72	26,697.76
外币报表折算价差	—	−0.051	−0.19
归属母公司所有者权益	421,288.83	278,926.28	344,296.12
所有者权益(股东权益)合计	470,723.32	322,757.00	370,993.89
负债和所有者(股东权益)合计	1,017,390.05	1,178,048.89	1,315,214.36

表 7-4 2007—2009 年利润表相关资料数据

会计年度	2007/12/31	2008/12/31	2009/12/31
一、营业收入	1,935,969.49	2,165,859.03	2,432,354.75
减：营业成本	1,434,727.27	1,584,914.29	1,577,807.37
营业税金及附加	8,260.83	12,151.58	10,883.28
销售费用	391,126.81	553,239.00	649,609.15
管理费用	88,439.09	191,543.09	119,096.31
财务费用	2,915.30	1,445.45	2,240.27
资产减值损失	1,743.91	29,568.25	7,689.53
投资收益	−288.05	2,001.44	1,512.51
二、营业利润	8,468.23	−205,001.19	66,541.36
营业外收入	12,143.47	21,870.51	20,923.28
减：营业外支出	9,972.48	12,433.66	6,276.95
其中：非流动资产处置净损失	1,033.41	1,717.64	1,564.17
三、利润总额	10,639.22	−195,564.34	81,187.68
减：所得税	11,095.55	−21,893.24	14,660.85
四、净利润	−456.33	−173,671.09	66,526.83
归属于母公司所有者的净利润	−2,059.91	−168,744.76	64,765.97
少数股东损益	1,521.41	−4,926.34	1,760.86

表 7-5 2007—2009 年现金流量表相关资料数据

报告年度	2007/12/31	2008/12/31	2009/12/31
一、经营活动产生的现金流量			
销售商品、提供劳务收到的现金	2,416,631.21	2,445,584.84	2,882,930.23
收到的税费返还	8,914.90	9,688.79	1,734.28
收到其他与经营活动有关的现金	15,079.89	36,481.08	39,327.73
经营活动现金流入小计	2,440,626.00	2,491,754.71	2,923,992.24
购买商品、接受劳务支付的现金	2,095,103.42	2,193,594.13	2,405,701.99
支付给职工以及为职工支付的现金	108,294.58	119,362.14	143,049.00
支付的各项税费	107,393.16	126,446.87	141,266.52
支付其他与经营活动有关的现金	52,021.76	34,094.05	31,092.08
经营活动现金流出小计	2,362,812.92	2,473,497.19	2,721,109.59
经营活动产生的现金流量净额	77,813.08	18,257.51	202,882.65
二、投资活动产生的现金流量			
收回投资收到的现金	80.00	—	1,726.52
取得投资收益收到的现金	154.46	3,426.47	124.48
处置固定资产、无形资产和其他长期资产收回的现金净额	2,033.35	1,601.38	760.58
处置子公司及其他营业单位收到的现金净额	391.95	293.93	—
收到其他与投资活动有关的现金	—	—	—

续表

报告年度	2007/12/31	2008/12/31	2009/12/31
投资活动现金流入小计	2,659.76	5,321.78	2,611.58
购建固定资产、无形资产和其他长期资产支付的现金	104,117.99	82,029.65	57,145.41
投资支付的现金	37,763.16	14,250.00	9,250.32
取得子公司及其他营业单位支付的现金净额	5,634.54	—	—
支付其他与投资活动有关的现金	—	—	7,758.03
投资活动现金流出小计	147,515.69	96,279.65	74,153.76
投资活动产生的现金流量净额	−144,855.93	−90,957.87	−71,542.18
三、筹资活动产生的现金流量			
吸收投资收到的现金	137,900.86	1,082.39	1,423.00
取得借款收到的现金	116,600.00	332,800.00	261,980.38
收到其他与筹资活动有关的现金	7,373.86	—	—
筹资活动现金流入小计	261,874.72	333,882.39	263,403.38
偿还债务支付的现金	105,300.00	155,590.47	266,300.00
分配股利、利润或偿付利息支付的现金	13,396.31	6,791.50	6,917.31
支付其他与筹资活动有关的现金	222.93	—	—
筹资活动现金流出小计	118,919.24	162,381.97	273,217.31
筹资活动产生的现金流量净额	142,955.48	171,500.41	−9,813.92
四、汇率变动对现金的影响	37.69	4.49	−0.14
五、现金及现金等价物净增加额	75,950.32	98,804.55	121,526.42
期初现金及现金等价物余额	101,208.87	177,159.19	275,963.74
期末现金及现金等价物余额	177,159.19	275,963.74	397,490.16

财务报表分析报告

H实业集团股份有限公司财务报表分析报告

一、资产负债表分析

1. 资产结构与趋势分析

(1) 资产结构与趋势分析如表7-6所示，资产结构与总体趋势分析表如表7-7所示。

表7-6　资产结构与趋势分析表

项　　目	2009年	2008年	2009年占比	2008年占比	增减额	增减率
流动资产						
货币资金	411,346.61	277,443.26	31.28%	23.55%	133,903.35	48.26%
应收票据	100.00	2,297.81	0.01%	0.20%	−2,197.81	−95.65%
应收账款	21,797.84	19,697.84	1.66%	1.67%	2,099.99	10.66%
预付账款	56,883.91	28,394.61	4.33%	2.41%	28,489.30	100.33%
其他应收款	9,156.82	8,311.12	0.70%	0.71%	845.70	10.18%
存货	183,565.10	202,036.59	13.96%	17.15%	−18,471.49	−9.14%
一年内到期非流动资产	—	3.79	—	0.0003%	−3.79	−100.00%

续表

项　　目	2009 年	2008 年	2009 年占比	2008 年占比	增减额	增减率
其他流动资产	278.27	3,601.28	0.02%	0.31%	−3,323.01	−92.27%
流动资产合计	683,128.54	541,786.28	51.94%	45.99%	141,342.26	26.09%
非流动资产						
可供出售金融资产	1,335.11	740.93	0.10%	0.06%	594.18	80.19%
长期股权投资	38,683.56	51,597.24	2.94%	4.38%	−12,913.68	−25.03%
固定资产	510,920.89	500,718.55	38.85%	42.50%	10,202.34	2.04%
在建工程	22,657.98	25,820.03	1.72%	2.19%	−3,162.05	−12.25%
工程物资	123.50	158.71	0.01%	0.01%	−35.20	−22.18%
固定资产清理	1.54	47.98	0.00%	0.00%	−46.44	−96.78%
生产性生物资产	8,729.03	5,075.10	0.66%	0.43%	3,653.93	72.00%
无形资产	26,522.97	22,472.26	2.02%	1.91%	4,050.71	18.03%
长期待摊费用	193.28	1,024.71	0.01%	0.09%	−831.43	−81.14%
递延所得税资产	22,917.94	28,607.10	1.74%	2.43%	−5,689.16	−19.89%
非流动资产合计	632,085.82	636,262.61	48.06%	54.01%	−4,176.79	−0.66%
资产总计	1,315,214.36	1,178,048.89	100.00%	100.00%	137,165.47	11.64%

表 7-7   资产结构与总体趋势分析表

项　　目	2009 年	占比	2008 年	占比	增减额	增减率
流动资产合计	683,128.54	51.94%	541,786.28	45.99%	141,342.26	26.09%
非流动资产合计	632,085.82	48.06%	636,262.61	54.01%	−4,176.79	−0.66%
资产总计	1,315,214.36	100.00%	1,178,048.89	100.00%	137,165.47	11.64%

从表 7-6 和表 7-7 来看：2009 年，H 股份有限公司总资产为 1,315,214.36 万元，比上年同期增加了 137,165.47 万元，增加幅度为 11.64%。其中，流动资产为 683,128.54 万元，占资产总量的 51.94%，同比增长 26.09%；非流动资产为 632,085.82 万元，占资产总量的 48.06%，同比减少 0.66%。

流动资产中，预付账款的增长幅度最大，为 100.33%，货币资金增长幅度为 48.26%；非流动资产中，固定资产清理变动幅度最大，同比减少了 96.78%，长期待摊费用减少了 81.14%。

由此可见，企业流动资产与上一期比增幅较大，而非流动资产较上期略有下降，总资产有所增长；从比重的变动情况看，企业流动资产比重超过非流动资产，可判断企业对其资产结构进行了调整。从资产和净利润关系来看，资产总额略有增长、净利润增长幅度较大，净利润增长幅度远远大于总资产的增长幅度，说明新增利润并不是由资产的增加带来的。

(2) 流动资产结构与趋势分析如表 7-8 所示。

表 7-8 流动资产结构与趋势分析表

项　　目	2009 年	2008 年	2009 年占比	2008 年占比	增减额	增减率
流动资产						
货币资金	411,346.61	277,443.26	60.22%	51.21%	133,903.35	48.26%
应收票据	100.00	2,297.81	0.01%	0.42%	−2,197.81	−95.65%
应收账款	21,797.84	19,697.84	3.19%	3.64%	2,099.99	10.66%
预付账款	56,883.91	28,394.61	8.33%	5.24%	28,489.30	100.33%
其他应收款	9,156.82	8,311.12	1.34%	1.53%	845.70	10.18%
存货	183,565.10	202,036.59	26.87%	37.29%	−18,471.49	−9.14%
一年内到期的非流动资产	—	3.79		0.00%	−3.79	−100.00%
其他流动资产	278.27	3,601.28	0.04%	0.66%	−3,323.01	−92.27%
流动资产合计	683,128.54	541,786.28	100.00%	100.00%	141,342.26	26.09%
营业收入	2,432,354.75	2,165,859.03	—	—	266,495.72	12.30%
流动资产周转率(期末)	3.56	4.00	—	—	−0.34	−8.51%

从表 7-8 可以看出，2009 年 H 股份有限公司的流动资产总额为 683,128.54 万元。其中，货币资金为 411,346.61 万元，占比 60.22%；应收票据为 100.00 万元，占比 0.01%；应收账款为 21,797.84 万元，占比 3.19%；预付账款为 56,883.91 万元，占比 8.33%；其他应收款为 9,156.82 万元，占比 1.34%；存货为 183,565.10 万元，占比 26.87%；其他流动资产为 278.27 万元，占比 0.04%。而上期上述指标分别为：51.21%，0.42%，3.64%，5.24%，1.53%，37.29%，0.66%。

2009 年流动资产总额比上期增长 26.09%，营业收入比上期增长 12.30%。流动资产总额增加的原因如下：货币资金增加 133,903.35 万元，增长率为 48.26%；预付账款增加 28,489.30 万元，增长率为 100.33%；应收账款和其他应收款分别增加了 2,099.99 万元和 845.70 万元，增长率为 10.66% 和 10.18%。而应收票据、存货及其他流动资产都有所减少，其中应收票据减少 2,197.81 万元，同比下降 95.65%；存货减少 18,471.49 万元，同比下降 9.14%；其他流动资产减少 3,323.01 万元，同比下降 92.27%。

货币资金大幅增加，增长速度明显快于流动资产总额的增长速度，可以看出应收票据、存货等的变现对货币资金造成了一定的影响。

应收账款的增长幅度小于货币资金、流动资产总额以及营业收入的增长幅度，可以看出企业货款回收的情况比较好。

流动资产变化可以判断：企业在流动资产总额增加的同时，销售收入也在增加，但其增长幅度小于流动资产总额的增长幅度，由此看来，2009 年流动资产的经营质量不如上期。从期末流动资产周转率判断，营运能力有所下降。

2. 资本结构与趋势分析

(1) 资本结构总体分析如表 7-9 所示。

表 7-9　资本结构总体分析表

项　目	2009 年	2008 年	2009 年占比	2008 年占比	增减额	增减率
流动负债合计	903,742.63	820,102.83	68.71%	69.62%	83,639.80	10.20%
非流动负债合计	40,477.84	35,189.06	3.08%	2.99%	5,288.78	15.03%
少数股东权益	26,697.76	43,830.72	2.03%	3.72%	−17,132.96	−39.09%
所有者权益合计	370,993.89	322,757.00	28.21%	27.40%	48,236.88	14.95%
负债所有者合计	1,315,214.36	1,178,048.89	100.00%	100.00%	137,165.47	11.64%
资产负债率	71.79%	72.60%	—	—	−0.81%	−1.12%
产权比率	2.55	2.65	—	—	−0.1	−3.77%

表 7-9 中，H 股份有限公司 2009 年资本总额为 1,315,214.36 万元。其中，流动负债为 903,742.63 万元，占比为 68.71%；非流动负债为 40,477.84 万元，占比为 3.08%；少数股东权益为 26,697.76 万元，占比为 2.03%；所有者权益合计为 370,993.89 万元，占比为 28.21%；长期资本(非流动负债+所有者权益合计)占比为 31.29%。经营性负债水平比较高，日常经营生产活动重要性比较强，财务风险比较大。而 2008 年上述指标分别为 69.62%、2.99%、3.72%、27.40%、30.39%。

2009 年资本总额比 2008 年增加了 137,165.47 万元，增长率为 11.64%。资本总额增加的原因主要是流动负债和所有者权益的增加，增长幅度分别为 10.20%、14.95%。

(2) 流动负债结构与趋势分析如表 7-10 所示。

表 7-10　流动负债结构与趋势分析表

项　目	2009 年	2008 年	2009 年占比	2008 年占比	增减额	增减率
其他应付款	119,334.79	102,447.53	13.20%	12.49%	16,887.26	16.48%
应付票据	35,874.00	30,054.50	3.97%	3.66%	5,819.50	19.36%
应付账款	340,682.26	286,770.14	37.70%	34.97%	53,912.12	18.80%
预收账款	86,214.63	128,459.96	9.54%	15.66%	−42,245.33	−32.89%
应付职工薪酬	69,266.78	29,858.92	7.66%	3.64%	39,407.86	131.98%
应交税费	−24,275.53	−38,255.38	−2.69%	−4.66%	13,979.85	36.54%
经营负债合计	627,096.93	539,335.66	69.39%	65.76%	87,761.27	16.27%
短期借款	268,487.98	270,300.00	29.71%	32.96%	−1,812.02	−0.67%
应付利息	128.47	165.61	0.01%	0.02%	−37.15	−22.43%
应付股利	944.08	944.08	0.10%	0.12%	—	—
一年内到期非流动负债	7,085.18	9,357.48	0.78%	1.14%	−2,272.30	−24.28%
流动负债合计	903,742.63	820,102.83	—	100.00%	83,639.80	10.20%

表 7-10 中，2009 年 H 股份有限公司流动负债总额为 903,742.63 万元，其中，用于生产经营的负债为 627,096.93 万元，占比为 69.39%；其他环节的流动负债占比为 30.61%。这说明该公司的流动负债中营业环节上的负债比重大，表明公司的资金来源以营业性质为主。

2009 年流动负债总额比 2008 年增加 83,639.80 万元，增长率为 10.20%。流动负债总额增加的原因主要在于：应付账款增加 53,912.12 万元，增长率为 18.80%。

此外，与销售收入密切相关的预收账款减少 42,245.33 万元，降幅为 32.89%，有可能企业未来的业务合同会减少。

流动负债的变化可以判断：企业经营性流动负债增长幅度大于总流动负债的增长幅度，说明企业短期资金来源中经营性负债增加，对外欠款增多，资金压力较 2008 年增大。

(3) 长期资本结构与趋势分析如表 7-11 所示。

表 7-11　长期资本结构与趋势分析表

项　　目	2009 年	2008 年	2009 年占比	2008 年占比	增减额	增减率
长期借款	10,972.90	5,462.90	2.67%	1.53%	5,510.00	100.86%
长期应付款	2,434.10	6,610.15	0.59%	1.85%	−4,176.05	−63.18%
专项应付款	3,355.31	3,361.76	0.82%	0.94%	−6.44	−0.19%
预计负债	300.00	—	0.07%	—	—	—
递延所得税负债	186.29	215.56	0.05%	0.06%	−29.27	−13.58%
其他非流动负债	23,229.25	19,538.70	5.65%	5.46%	3,690.54	18.89%
实收资本(或股本)	79,932.28	79,932.28	19.43%	22.33%	—	—
资本公积	265,523.63	264,919.62	64.53%	74.01%	604.01	0.23%
盈余公积	40,691.75	40,691.75	9.89%	11.37%	—	0.00%
未分配利润	−41,851.35	−106,617.32	−10.17%	−29.79%	64,765.97	60.75%
外币报表折算差额	−0.19	−0.051	0.00%	0.00%	−0.14	−269.57%
归于母公司所有者权益	344,296.12	278,926.28	83.67%	77.92%	65,369.84	23.44%
少数股东权益	26,697.76	43,830.72	6.49%	12.25%	−17,132.96	−39.09%
所有者权益合计	370,993.89	322,757.00	90.16%	90.17%	48,236.88	14.95%
长期资本总计	411,471.73	357,946.06	100.00%	100.00%	53,525.67	14.95%
净利润	66,526.83	−173,671.09	—	—	240,197.92	138.31%
净资产收益率(期末)	17.93%	−53.81%	—	—	71.74%	133.33%

表 7-11 中，H 股份有限公司 2009 年长期资本总额为 411,471.73 万元，其中，实收资本为 79,932.28 万元，占比为 19.43%；资本公积为 265,523.63 万元，占比为 64.53%；盈余公积为 40,691.75 万元，占比为 9.89%；其他各项所占比重较小。

2009 年长期资本总额比上期增加 53,525.67 万元，增长率为 14.95%。长期资本总额增加的原因主要是：长期借款增长了 100.86%；其他非流动负债增长了 18.89%；未分配利润增长了 60.75%。长期借款的大幅度增长虽然导致了资金成本的增加，但也一定程度上使非流动负债的比重比上期有所增长，这对于当前流动负债比重过大的风险型资产负债状况来讲是降低了短期偿债能力。

长期资本总额的增长幅度高于营业收入的增长幅度(12.30%)，但远低于净利润的增长幅度(138.31%)。净资产收益率增长幅度达到了 133.33%，这与 2009 年乳业销售快速恢复增长，以及 H 股份有限公司 2009 年以来投资建设新项目、加强技术创新、强化营销等一系列举措有关。

3. 与生产经营有关的重要报表项目分析

(1) 应收款项分析如表 7-12 所示。

表 7-12　应收款项分析表

项　　目	2009 年	2008 年	2009 年占比	2008 年占比	增减额	增减率
应收票据	100.00	2,297.81	0.11%	3.91%	-2,197.81	-95.65%
应收账款	21,797.84	19,697.84	24.79%	33.56%	2,099.99	10.66%
预付账款	56,883.91	28,394.61	64.69%	48.37%	28,489.30	100.33%
其他应收款	9,156.82	8,311.12	10.41%	14.16%	845.70	10.18%
应收款项合计	87,938.56	58,701.37	100.00%	100.00%	29,237.19	49.81%
营业收入	2,432,354.75	2,165,859.03	—	—	266,495.72	12.30%

表 7-12 中，2009 年，H 股份有限公司应收款项合计为 87,938.56 万元，其中，应收票据为 100.00 万元，占比为 0.11%；应收账款为 21,797.84 万元，占比为 24.79%；预付账款为 56,883.91 万元，占比为 64.69%；其他应收款为 9,156.82 万元，占比为 10.41%。

与 2008 年相比，2009 年的应收款项合计数大幅增加，增长率为 49.81%。其中，预付账款的增长幅度最大，达 100.33%，应收账款和其他应收款分别增长了 10.66% 和 10.18%。应收账款的增幅小于营业收入 12.30% 的增长率，表明企业货款回收速度较快。预付账款的大幅度增加或许与原材料以及能源价格的上涨有关。

(2) 存货分析如表 7-13 所示。

表 7-13　存货分析表

项　　目	2009 年	2008 年	增减额	增减率
存货	183,565.10	202,036.59	−18,471.49	−9.14%
营业收入	2,432,354.75	2,165,859.03	266,495.72	12.30%
营业成本	1,577,807.37	1,584,914.29	−7,106.92	−0.45%
毛利率	35.13%	26.82%	8.31%	30.98%

表 7-13 中，H 股份有限公司 2009 年的存货为 183,565.10 万元，与上期相比减少 18,471.49 万元；营业成本为 1,577,807.37 万元，与 2008 年相比，存货的下降幅度(9.14%)超过营业成本的下降幅度(0.45%)。

通过对毛利率分析可以看出，毛利率大幅度增长，表明营业收入中营业成本的比重减小，企业通过销售获取利润的空间增强。

(3) 固定资产分析如表 7-14 所示。

表 7-14　固定资产分析表

项　　目	2009 年	2008 年	2009 年占比	2008 年占比	增减额	增减率
固定资产	510,920.89	500,718.55	94.19%	94.15%	10,202.34	2.04%
在建工程	22,657.98	25,820.03	4.18%	4.86%	−3,162.05	−12.25%
工程物资	123.50	158.71	0.02%	0.03%	−35.20	−22.18%
固定资产清理	1.54	47.98	0.00%	0.01%	−46.44	−96.78%
生产性生物资产	8,729.03	5,075.10	1.61%	0.95%	3,653.93	72.00%
固定资产合计	542,432.96	531,820.38	100.00%	100.00%	10,612.58	2.00%
营业收入	2,432,354.75	2,165,859.03	—	—	266,495.72	12.30%

表 7-14 中，2009 年，H 股份有限公司的固定资产总额为 542,432.96 万元，其中，固定资产为 510,920.89 万元，占比为 94.19%；在建工程为 22,657.98 万元，占比为 4.18%；工程物资为 123.50 万元，占比为 0.02%；生产性生物资产为 8,729.03 万元，占比为 1.61%。而 2008 年上期上述指标所占比重分别为：94.15%、4.86%、0.03%、0.95%。

2009 年固定资产总额比上期增加了 106,612.58 万元，增长率为 2.00%。其中，生产性生物资产与上期比大幅度增长 72.00%，固定资产增长 2.04%。在建工程、工程物资、固定资产清理分别下降 12.25%、22.18%、96.78%。生产性生物资产的增幅远大于固定资产总额的增长幅度。

由此可见，企业固定资产总额较上期上升 2.00%，而营业收入上升 12.30%，说明固定资产利用率提高，企业的固定资产结构比上期合理。

4. 资产负债表总体结构及风险分析(表 7-15)

表 7-15　2009 年资产负债表总体结构分析表

资产项目	占　比	负债及所有者权益项目	占　比
流动资产	52%	流动负债	69%
非流动资产	48%	非流动负债	3%
—	—	所有者权益	28%

由表 7-15 可以看出，该公司资产负债表的结构属于风险型结构。其流动负债所占比例高于流动资产，说明流动资产变现后并不能全部清偿流动负债，企业需要用非流动资产变现来满足偿还短期债务的需要。但是非流动资产并不是为了维持生产经营存在的，所以该企业的债务筹资风险极大，易产生资金周转困难。

二、利润表分析

1. 利润表趋势分析

表 7-16　利润表趋势分析表

项　　目	2009 年	2008 年	增减额	增减率
一、营业收入	2,432,354.75	2,165,859.03	266,495.72	12.30%
减：营业成本	1,577,807.37	1,584,914.29	−7,106.92	−0.45%
营业税金及附加	10,883.28	12,151.58	−1,268.30	−10.44%
销售费用	649,609.15	553,239.00	96,370.16	17.42%
管理费用	119,096.31	191,543.09	−72,446.78	−37.82%

续表

项 目	2009 年	2008 年	增减额	增减率
财务费用	2,240.27	1,445.45	794.82	54.99%
资产减值损失	7,689.53	29,568.25	−21,878.73	−73.99%
投资收益	1,512.51	2,001.44	−488.93	−24.43%
二、营业利润	66,541.36	−205,001.19	271,542.54	−132.46%
营业外收入	20,923.28	21,870.51	−947.23	−4.33%
减：营业外支出	6,276.95	12,433.66	−6,156.71	−49.52%
其中：非流动资产处置净损失	1,564.17	1,717.64	−153.47	−8.93%
三、利润总额	81,187.68	−195,564.34	276,752.02	−141.51%
减：所得税	14,660.85	−21,893.24	36,554.10	−166.97%
四、净利润	66,526.83	−173,671.09	240,197.92	−138.31%

从表 7-16 可以看出，2009 年 H 股份有限公司利润总额为 81,187.68 万元，较 2008 年上升了 141.51%。营业利润为 66,541.36 万元，较上期的−205,001.19 元上升了 132.46%。原因是 H 股份有限公司 2007 年宣布亏损。根据其 2007 年年报，利润总额下降了 96.78%，净利润下降了 179.05%。2007 年遭遇了成本上涨、利润趋薄的市场环境。在主营行业中，液体乳及乳制品制造业的营业成本上涨了 19.99，主营产品液体乳的营业成本，上涨了 16.56%，超过营业收入增长幅度，从而导致毛利率下降。2007 年，新增或改进产品 180 余种。2008 年，公司还继续优化产品结构，加强高端产品、高附加值产品的投入、推广和销售。经过两年的结构改革以及进一步优化，在 2009 年时，H 股份有限公司扭亏为盈，净利润较上期上升了 138.31%。

背景介绍：受"禁鲜令"出台的影响，我国乳制品行业对原奶需求增大，但受到奶源限制，2006 年年底原奶出现供不应求局面，并导致了原奶价格的上升，另外，再加上畜牧业饲养成本及包装、运输费用的上涨，乳制品毛利率呈下降趋势。"十一五"提出的奶业发展规划有效地促进了我国乳制品行业的发展。国家出台各种产业政策，对乳制品行业采取了大力扶植的态度，企业大规模兴建奶源基地，扩张产能，实现产业链的合并，经济效益得到提高。

因此，乳制品行业遭遇 2007、2008 年利润的巨额下降，并非是件坏事，这是乳制品行业在市场上的一次翻天覆地的改革。

2. 利润表主要项目分析

(1) 成本费用分析如表 7-17 所示。

表 7-17 成本费用分析表

项 目	2008 年	2009 年	2008 年比重	2009 年比重	增减额	增减率
营业成本	1,584,914.29	1,577,807.37	67.64%	66.87%	−7,106.92	−0.45%
营业税金及附加	12,151.58	10,883.28	0.52%	0.46%	−1,268.30	−10.44%
销售费用	553,239.00	649,609.15	23.61%	27.53%	96,370.16	17.42%
管理费用	191,543.09	119,096.31	8.17%	5.05%	−72,446.78	−37.82%
财务费用	1,445.45	2,240.27	0.06%	0.09%	794.82	54.99%
成本费用合计	2,343,293.41	2,359,636.38	—	—	16,342.97	0.70%

从成本费用分析表(表 7-17)可以看出，2009 年 H 股份有限公司成本费用总计为 2,359,636.38 万元。其中，营业成本为 1,577,807.37 万元，占成本费用总额的 66.87%；销售费用为 649,609.15 万元，占成本费用总额的 27.53%；管理费用为 119,096.31 万元，占成本费用总额的 5.05%；财务费用为 2,240.27 万元，占成本费用总额的 0.09%。从增减率变动中可以看出，财务费用的增减变动比较大，有可能是 2009 年 H 股份有限公司进行改革时，大量资金投入到产品转型中，因此不得不举借外债。从资产负债表中也可以看出长期借款较上期增长了 100.86%。此外，销售费用大幅度增加，该公司加大了营销力度以促进产品的销售。

(2) 资产减值损失。

从 H 公司报表附注搜集到资产减值损失明细和对比明细如表 7-18 和表 7-19 所示。

表 7-18　2009 年资产减值损失明细

工程名称	年初账面	本期计提	本期减少		期末账面余额
			转回	转销	
一、坏账准备	8,511.29	1,414.79	—	110.50	9,815.58
二、存货跌价准备	20,870.64	5,538.47	—	5,220.38	21,188.74
三、可供出售金融资产减值准备	—	—	—	—	—
四、持有至到期投资减值准备	—	—	—	—	—
五、长期股权投资减值准备	35.00	—	—	—	35.00
六、投资性房地产减值准备	—	—	—	—	—
七、固定资产减值准备	3,830.95	736.26	—	726.37	3,840.84
八、工程物资减值准备	—	—	—	—	—
九、在建工程减值准备	—	—	—	—	124.10
十、无形资产减值准备	573.42	—	—	—	—
十一、商誉减值准备	—	—	—	—	—
十二、其他	—	—	—	—	—
合计	59,433.12	796.94	—	6,057.25	35,004.26

表 7-19　2008 年与 2009 年资产减值对比明细

项　目	本期发生数	上期发生数
一、坏账损失	1,414.79	3,461.82
二、存货跌价损失	5,538.47	23,848.07
三、可供出售金融资产减值损失	—	—
四、持有至到期投资减值损失	—	—
五、长期股权投资减值损失	—	—
六、投资性房地产减值损失	—	—
七、固定资产减值损失	736.26	2,258.36
八、工程物资减值损失	—	—

续表

项　目	本期发生数	上期发生数
九、在建工程减值损失	—	—
十、无形资产减值损失	—	—
十一、商誉减值损失	—	—
十二、其他	—	—
合计	7,689.53	29,568.25

从报表附注的资产减值明细和对比明细可以看出 H 股份有限公司 2008 年计提了大量的减值，尤其是存货，表明存货的总体质量不高，但在 2009 年有所改善。

(3) 收入质量分析如表 7-20 所示。

表 7-20　2008 年与 2009 年收入质量分析表

项　目	2009 年	2008 年	增减额	增减率
营业收入	2,432,354.75	2,165,859.03	266,495.72	12.30%
利润总额	81,187.68	−195,564.34	276,752.02	−141.51%
经营活动产生现金流量净额	202,882.65	18,257.51	184,625.14	1011.23%
总资产	1,315,214.36	1,178,048.89	137,165.47	11.64%
所有者权益	344,296.12	278,926.28	65,369.84	23.44%

从收入的质量分析表(表 7-20)可以看出，2009 年营业收入同比增长 12.30%，利润总额与净利润都在增加，收入扩大的同时，使得经营活动产生的现金流量增加，这说明收入转换成现金的质量随之增加。

三、现金流量表分析

(1) 经营活动结构与趋势分析如表 7-21 所示。

表 7-21　经营活动结构与趋势分析表

项　目	2008 年	2009 年	2008年占比	2009 年占比	增减额	增减率
销售商品、提供劳务收到的现金	2,445,584.84	2,882,930.23	98.15%	98.60%	437,345.39	17.88%
收到的税费返还	9,688.79	1,734.28	0.39%	0.07%	−7,954.51	−82.10%
收到其他与经营活动有关的现金	36,481.08	39,327.73	1.46%	27.49%	2,846.65	7.80%
经营活动现金流入小计	2,491,754.71	2,923,992.24	100%	100%	432,237.54	17.35%
购买商品、接受劳务支付的现金	2,193,594.13	2,405,701.99	88.68%	88.41%	212,107.86	9.67%
付给职工以及为职工支付的现金	119,362.14	143,049.00	4.83%	70.51%	23,686.86	19.84%
支付的各项税费	126,446.87	141,266.52	5.11%	5.19%	14,819.65	11.72%
支付其他与经营活动有关的现金	34,094.05	31,092.08	1.38%	1.14%	−3,001.97	−8.80%
经营活动现金流出小计	2,473,497.19	2,721,109.59	100%	100%	247,612.40	10.01%
经营活动产生的现金流量净额	18,257.51	202,882.65	—	—	184,625.14	1011.23%

通过表 7-21 分析得出：经营活动现金流入增长了 17.35%，经营活动现金流出增长 10.01%，经营活动现金流量净额增长 1011.23%。其中销售商品、提供劳务收到的现金占

现金流入的 98.6%，比 2008 年增长了 17.88%。这说明企业经营活动产生的现金流量对企业经营活动的稳定与发展、企业投资规模的扩大起到重要的促进作用。

另外，销售商品、提供劳务收到的现金增长了 17.88%，主要是因为消费者已经逐渐忘记了"三聚氰胺"所带来的消极影响。此外，2009 年政府对乳制品产业的支持也是不可缺少的原因。

从经营活动产生的现金净流量的质量来分析，H 股份有限公司净利润为 66,526.83 万元，经营活动产生的现金流量净额为 202,882.65 万元，说明现金活动产生的现金流量净额指标比较高，能涵盖非付现成本，会计利润收现的能力较强，收益质量比较好。

从现金流量对销售收入的比率来看，经营现金净流量与销售收入的比为 0.8，从这个角度判断，企业营业并没有带来实质性的现金流入，财务风险比较大。虽然显示 2009 年的利润比较好，但是销售收入中的含金量较低，这在一定程度说明企业的收入有可能是应收账款增加所带来的。

从现金流量对负债的比率来评价经营活动产生的现金流量质量，经营现金净流量对流动负债的比率为 0.22，说明该公司短期偿债能力并不强，财务风险较高。

(2) 投资活动结构与趋势分析如表 7-22 所示。

表 7-22 投资活动结构与趋势分析表

项　　目	2008 年	2009 年	2008 年占比	2009 年占比	增减额	增减率
收回投资收到的现金	—	1,726.52	—	66.11%	1726.52	—
取得投资收益收到的现金	3,426.47	124.48	64.39%	4.77%	−3,301.99	−96.37%
处置固定资产、无形资产和其他长期资产收回的现金净额	1,601.38	760.58	30.09%	29.12%	−840.80	−52.50%
处置子公司及其他营业单位收到的现金净额	293.93	—	5.52%	—	—	—
收到其他与投资活动有关的现金	—	—	—	—	—	—
投资活动现金流入小计	5,321.78	2,611.58	100%	100%	−2,710.19	−50.93%
购建固定资产、无形资产和其他长期资产支付的现金	82,029.65	57,145.41	85.20%	77.06%	−24,884.24	−30.34%
投资支付的现金	14,250.00	9,250.32	14.80%	12.47%	−4,999.68	−35.09%
支付其他与投资活动有关的现金	—	7,758.03	—	10.46%	—	—
投资活动现金流出小计	96,279.65	74,153.76	100%	100%	−22,125.89	−29.84%
投资活动产生的现金流量净额	−90,957.87	−71,542.18			19,415.69	−21.35%

经分析表 7-22，H 股份有限公司投资支出中购建固定资产、无形资产和其他长期资产支付的现金比 2008 年减少了 30.34%。这表明发展模式有所转变。

H 股份有限公司投资活动产生的现金流量净额小于零，意味着企业在购建固定资产、无形资产和其他长期资产、权益性投资以及债权性投资等方面所流出的现金之和大于企业在收回投资，分得股利或利润，取得债券利息收入，处置固定资产、无形资产和其他长期资产而收到的现金净额之和。

(3) 筹资活动结构与趋势分析如表 7-23 所示。

表 7-23　筹资活动结构与趋势分析表

项　　目	2008 年	2009 年	2008 年占比	2009 年占比	增减额	增减率
吸收投资收到的现金	1,082.39	1,423.00	0.32%	0.54%	340.61	31.47%
取得借款收到的现金	332,800.00	261,980.38	99.68%	99.46%	−70,819.62	−21.28%
收到其他与筹资活动有关的现金	—	—	—	—	—	—
筹资活动现金流入小计	333,882.39	263,403.38	100%	100%	−70,479.00	−21.11%
偿还债务支付的现金	155,590.47	266,300.00	95.82%	97.47%	110,709.53	71.15%
分配股利、利润或偿付利息支付的现金	6,791.50	6,917.31	4.18%	2.53%	125.80	1.85%
支付其他与筹资活动有关的现金	—	—	—	—	—	—
筹资活动现金流出小计	162,381.97	273,217.31	100%	100%	110,835.33	68.26%
筹资活动产生的现金流量净额	171,500.41	−9,813.92	—	—	−181,314.34	−105.72%

经分析表 7-23，2009 年筹资收到的现金虽然有 99.46% 来自借款，但是比 2008 年减少了 21.28%，而筹资活动流出的现金中有 97.47% 用于偿还债务，比 2008 年增加了 71.15%。这说明在 2009 年 H 股份有限公司经营活动和投资活动中现金流量运营良好，有能力偿还债务和支付股利。

四、财务比率分析

1. 偿债能力分析(表 7-24)

表 7-24　偿债能力指标分析表

财务指标	2009 年	2008 年	2007 年
资产总额	1,315,214.36	1,178,048.89	1,017,390.05
负债总额	944,220.48	855,291.89	546,666.73
流动负债	903,742.63	820,102.83	508,716.56
流动资产	683,128.54	541,786.28	463,591.81
货币资金	411,346.61	277,443.26	177,159.19
应收账款	21,797.84	19,697.84	20,495.54
其他应收款	9,156.82	8,311.12	29,917.93
应收票据	100.00	2,297.81	12,580.99
资产负债率(%)	71.79%	72.60%	53.73%
流动比率(%)	75.58%	66.06%	91.12%
速动比率(%)	48.95%	37.53%	47.21%
现金比率(%)	45.52%	33.83%	34.82%

(1) 短期偿债能力分析。

从短期偿债能力来看，流动比率是衡量企业短期偿债能力的一项重要指标。从表 7-24 可以发现，H 股份有限公司在 2009 年的流动比率为 75.58%，说明 H 股份有限公司在 2009 年的短期偿债能力不是很理想。另外该公司的速动比率也为 48.95%，通过这项重要的财务指标说明了该企业短期偿债能力比较弱。特别是公司的现金比率为 45.51%，说明公司并没有足够的资金来直接偿还短期借款，财务风险比较大。

(2) 长期偿债能力分析。

从长期偿债能力来看，表 7-24 中 H 股份有限公司 2009 年的资产负债率是 71.79%，说明公司资产的 71.79% 是通过举债获得的。该公司之所以有比较高的资产负债率，可能是与公司有良好的商业信誉有关，相比同行业，蒙牛资产负债率 2007—2009 年依次为 40%、55%、37%；光明资产负债率 2007—2009 年依次为 41%、48%、2%。通过同行业对比看出，H 股份有限公司偿债能力比较弱，财务风险较大。

综上所述，从企业的偿债能力来判断，短期偿债能力一般，长期偿债能力也不强，所以企业的综合偿债能力不是很理想。

2. 营运能力分析(表 7-25～表 7-29)

表 7-25　应收账款周转率分析表

项　　目	2009 年	2008 年	2007 年	2006 年
营业收入(万元)	2,432,354.75	2,165,859.03	1,935,969.49	1,657,969.30
应收账款年末余额	21,797.84	19,697.84	20,495.54	34,315.59
应收账款平均余额	20,747.84	20,096.69	27,405.56	—
应收账款周转率	117.23	107.77	70.64	—
应收账款周转天数	3.11	3.39	5.17	—

表 7-26　存货周转率分析表

项　　目	2009 年	2008 年	2007 年	2006 年
营业成本	1,577,807.37	1,584,914.29	1,434,727.27	1,602,739.71
存货年末余额	183,565.10	202,036.59	173,737.11	150,474.25
存货平均余额	192,800.85	187,886.85	162,105.68	—
存货周转率	8.18	8.44	8.85	—
存货周转天数	44.60	43.27	41.24	—

表 7-27　固定资产周转率分析表

项　　目	2009 年	2008 年	2007 年	2006 年
营业收入	2,432,354.75	2,165,859.03	1,935,969.49	1,657,969.30
固定资产年末余额	510,920.89	500,718.55	440,739.96	345,262.88
固定资产平均余额	505,819.72	470,729.25	393,001.42	—
固定资产周转率	4.81	4.60	4.93	—
固定资产周转天数	75.90	79.33	74.09	—

表 7-28　总资产周转率分析表

项　　目	2009 年	2008 年	2007 年	2006 年
营业收入	2,432,354.75	2,165,859.03	1,935,969.49	1,657,969.30
总资产年末余额	1,315,214.36	1,178,048.89	1,017,390.05	736,448.37
总资产平均余额	1,246,631.63	1,097,719.47	876,919.21	—
总资产周转率	1.95	1.97	2.21	—
总资产周转天数	187.07	184.99	165.33	—

表 7-29　2009 年 H、蒙牛和光明营运能力对比

项　　目	存货周转率	应收账款周转率	总资产周转率
H	8.18	117.23	1.95
蒙牛	24.50	63.37	2.05
光明	8.80	14.58	1.96

从表 7-25～表 7-29 可以看出：

从存货营运能力来看，H 股份有限公司经营比较顺利，存货周转速度很快，企业的销

售能力强, 存货占用的营运资金少, 但是与同行业对比存货周转率处于劣势。

从应收账款周转率来看, H 股份有限公司应收账款周转率达到 117.23, 应收账款回收期仅为 3 天, 说明了该公司收账款的速度较快, 坏账损失较少, 资产的流动性强。

从企业的总资产周转率来说, H 股份有限公司为 1.95。三家企业总资产周转率不分伯仲。

不足之处是: 应收账款周转率过高会限制企业销售量的扩大, 一定程度上影响了企业的盈利水平。

3. 盈利能力分析(表 7-30)

表 7-30　盈利能力指标分析表

项　　　目	2009 年	2008 年	2007 年	2006 年
营业收入	2,432,354.75	2,165,859.03	1,935,969.49	1,657,969.30
营业成本	1,577,807.37	1,584,914.29	1,434,727.27	1,602,739.71
净利润	66,526.83	−173,671.09	−456.33	37,595.31
总资产年末余额	1,315,214.36	1,178,048.89	1,017,390.05	736,448.37
总资产平均余额	1,246,631.63	1,097,719.47	876,919.21	—
净资产年末余额	370,993.89	322,757.00	470,723.32	297,047.81
净资产平均余额	346,875.44	396,740.16	383,885.57	—
销售毛利率	35.13%	26.82%	25.89%	3.33%
销售净利率	2.73%	−8.02%	−0.02%	2.27%
总资产净利率	5.33%	−15.82%	−0.05%	—
净资产收益率	19.18%	−43.77%	−0.12%	—

通过表 7-30 可以看出:

H 股份有限公司在 2008 年净利润大幅下降, 原因是三鹿奶粉事件曝光后, H 股份有限公司也受到很大影响。但 2009 年又大幅上升, 甚至超过 2006 年的净利润。

2007 年至 2009 年, H 股份有限公司的销售毛利率逐年增大, 表明公司盈利空间也越来越大。

2007 年至 2009 年, H 股份有限公司的销售净利率总体是呈现上升的趋势, 说明 H 股份有限公司获得利润的空间加大。原因是乳制品行业回暖及乳制品价格的上涨。

总资产净利率是反映企业获利能力和投资产出状况的指标, H 股份有限公司的总资产净利率为 5.33%, 说明运用企业的资产获取利润的能力有待提高, 这个指标也说明该公司的盈利能力不高。

4. 发展能力分析(表 7-31)

表 7-31　发展能力指标分析表

项　　　目	2009 年	2008 年	2007 年	2006 年	2009 年增长率	2008 年增长率	2007 年增长率
营业收入	2,432,354.75	2,165,859.03	1,935,969.49	1,657,969.30	12.30%	11.87%	16.77%
营业成本	1,577,807.37	1,584,914.29	1,434,727.27	1,602,739.71	−0.45%	10.47%	−10.48%
营业利润	66,541.36	−205,001.19	8,468.23	55,514.42	−132.46%	−2520.83%	−84.75%

从表 7-31 可以看出：虽然 H 股份有限公司主营业务收入增长率很稳定，但营业利润增长率却始终很低。利润应主要来自主营业务收入，若两者增减趋势不同，那么公司的利润很可能是暂时性的、不稳定的。这样的变动趋势应引起投资者的极大关注。

五、杜邦财务分析体系分析

杜邦财务分析体系框架如图 7-2 所示。

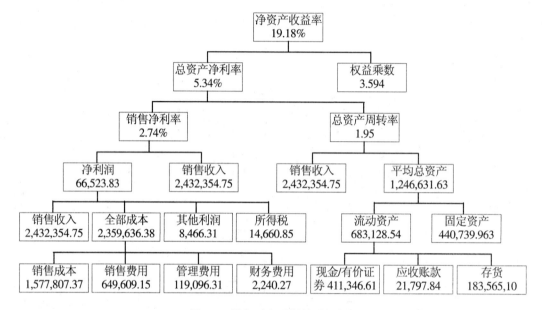

图 7-2　杜邦财务分析体系框架

通过图 7-2 我们可以看出，H 股份有限公司的净资产收益率不高，仅为 19.18%，资本获利能力并不理想。

六、综合评价

从偿债能力来看，2009 年，H 股份有限公司流动资产增长速度远低于流动负债；资产负债率高于 60%。这种结构财务风险相对比较大。

从营运能力来看，应收账款流动性强，回收速度快，坏账损失少。存货与同行业相比处于劣势，企业应制定相应的存货管理制度，改善存货管理，减少存货占用量，加快存货周转。总资产周转率处于行业平均水平，应加大资产的利用效率，提高总资产周转率。

从盈利能力和发展水平来看，H 股份有限公司盈利能力和发展能力的稳定性不是很理想，虽然有不错的产品毛利，产品市场竞争力强势，但是，其费用支出压缩了毛利空间，导致净利润较低。再次，公司没有采取多元化发展的战略，主营项目单一，一旦受到市场和国家宏观政策的不利影响，往往导致企业整体效益下滑。

融资借款是一把"双刃剑"，较强的融资能力是企业资金链持续运转的重要保障，负债经营也在一定程度给企业带来财务杠杆效益。但融资借款成本日益飙升的现状使得项目整体成本加大，从而降低了营业利润，同时也使企业承担着到期偿债的财务风险。如何利用好融资工具、优化资本结构，是 H 股份有限公司需要进一步思考的问题。

本 章 小 结

(1) 杜邦财务分析体系是以盈利能力为企业的核心能力，以净资产收益率为核心的财务指标，根据盈利能力比率、资产管理比率和债务管理比率三者之间的内在关系，对企业的财务状况和经营成果进行综合、系统的分析和评价的一种方法。

(2) 沃尔评分法是通过对选定的多项财务比率进行评价，然后计算综合得分，并据此评价企业综合财务状况。

(3) 财务报表分析报告是在财务分析的基础上，概括、提炼出反映企业财务状况和财务成果意见的说明性和结论性的书面文件。财务人员将财务分析评价结果向财务报表的使用者报告，便于企业经营者、投资及其他单位或个人了解企业的财务状况和财务成果，从而进行投资、经营、交易等决策。

本 章 练 习

一、简答题

1. 与单项分析相比，财务报表综合分析具有哪些特点？

2. 杜邦财务分析有哪些局限性？有什么好的想法和改进建议？

3. 沃尔评分法的局限性有哪些？有什么好的想法和改进建议？

二、计算分析题

东方股份有限公司 2016 年的有关资料如表 7-32 所示。

表 7-32　2016 年财务资料表　　　　　　　　　　　　　　单位：元

项　　目	年初数	年末数	本年数或平均数
存货	7,200.00	9,600.00	—
流动负债	6,000.00	8,000.00	—
总资产	15,000.00	17,000.00	—
流动比率	—	1.50	—
速动比率	0.80	—	—
权益乘数	—	—	1.50
流动资产周转次数	—	—	4.00
净利润	—	—	2,880.00

要求：

(1) 计算流动资产年初余额、年末余额和平均余额(假定流动资产由速动资产与存货组成)。

(2) 计算本年产品销售收入净额和总资产周转率。

(3) 计算销售净利率和净资产收益率。

三、案例分析题

某公司 2014—2015 年主要财务指标如表 7-33 所示。

表 7-33　公司 2014—2015 年主要财务指标

指　　标	2014 年	2015 年
流动比率	3.57	3.61
速动比率	2.30	2.41
现金比率	0.51	0.57
资产负债率	31%	30%
利息保障倍数	192.74	246.22
应收账款周转率	33.91	19.61
存货周转率	2.64	2.56
固定资产周转率	11.39	12.64
流动资产周转率	1.34	1.23
总资产周转率	1.51	1.08
销售毛利率	30.16%	30.53%
管理费用率	2.93%	2.38%
销售费用率	12.92%	13.07%
销售净利率	13.27%	13.28%
总资产净利率	15.28%	14.28%
净资产收益率	22.11%	20.37%

请根据该公司 2014 年和 2015 年的年报及相关数据，应用杜邦财务分析体系分析该公司 2015 年净资产收益率较 2014 年下降的原因。

实践篇

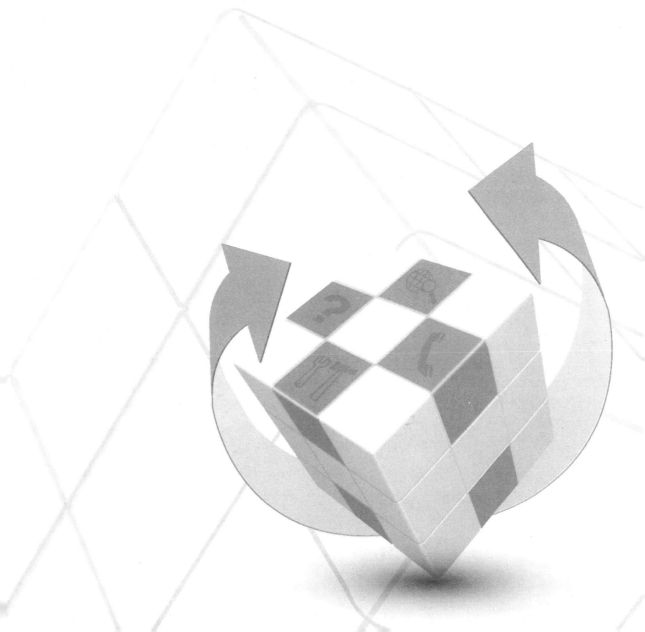

实践 1 资产负债表分析

 实践指导

认真阅读本书附录 2 中的"实践资料一"内容，完成对 W 企业的资产负债表分析，共包括四项任务，分别为结构分析、趋势分析、具体项目质量分析和资产负债表相关比率分析(本实践主要针对合并报表数据进行分析)。通过本实践，进一步了解资产负债表的基本内容，理解资产负债表分析的目的，掌握资产负债表分析的方法。

实践 1.1 资产负债表结构分析

根据"实践资料一"中 W 企业资产负债表及其相关信息，运用资产负债表分析方法对 W 企业的财务状况进行初步分析，使企业利益相关者对企业资产、负债及其所有者权益的结构与变动有所了解。

【分析】

对 W 企业的资产负债表结构进行分析，采取以下分析思路：

(1) 编制资产负债表结构分析表。

(2) 编制总体资产结构分析表，并进行初步分析。

(3) 编制流动资产结构分析表，并进行初步分析。

(4) 编制资本总体结构分析表，并进行初步分析。

(5) 编制流动负债分析表，并进行初步分析。

(6) 分析企业资产结构和权益结构对称性。

【参考解决方案】

1. 编制 W 企业资产负债表结构分析表

编制 W 企业资产负债表结构分析表是企业结构分析的第一步，是对 W 企业资产负债表原始数据的进一步加工处理，以便满足结构分析的需要。

公式如下

$$某项目的结构比重 = \frac{某项目金额}{资产总额或权益总额} \times 100\%$$

某项目的结构变动情况 = 报告期(本期)结构比重 − 基期(上一期)结构比重

根据以上公式与附录 2 中"实践资料一"的内容，编制 W 企业的资产负债表结构分析表，如表 S1-1 所示。

表 S1-1　W 企业资产负债表结构分析表　　　　　单位：元

项　　目	2010 年	2011 年	2010 年比重	2011 年比重	变动情况
流动资产					
货币资金	1,417,085,462	2,120,038,297	18.51%	22.48%	3.97%
应收票据	622,627,806	734,877,589	8.13%	7.79%	−0.34%
应收账款	381,535,897	731,120,036	4.98%	7.75%	2.77%
预付账款	89,011,737	165,879,789	1.16%	1.76%	0.60%
应收股利	164,994,765	187,704,983	2.15%	1.99%	−0.17%
其他应收款	1,057,874,066	133,664,884	13.82%	1.42%	−12.40%
存货	1,123,325,956	1,945,617,637	14.67%	20.63%	5.95%
其他流动资产	6,412,719	14,966,645	0.08%	0.16%	0.07%
流动资产合计	4,862,868,408	6,033,869,860	63.51%	63.97%	0.46%
非流动资产					
长期应收款	85,602,908	34,000,000	1.12%	0.36%	−0.76%
长期股权投资	198,173,987	172,383,399	2.59%	1.83%	−0.76%
固定资产	1,987,993,334	1,830,668,338	25.96%	19.41%	−6.56%
在建工程	192,565,963	170,955,680	2.52%	1.81%	−0.70%
工程物资	11,323,062	117,845,210	0.15%	1.25%	1.10%
无形资产	318,011,667	1,073,068,727	4.15%	11.38%	7.22%
非流动资产合计	2,793,670,921	3,398,921,354	36.49%	36.03%	−0.46%
资产总计	7,656,539,329	9,432,791,214	100.00%	100.00%	0.00%
流动负债					
短期借款	960,164,036	858,900,000	12.54%	9.11%	−3.43%
应付票据	942,591,729	1,938,635,005	12.31%	20.55%	8.24%
应付账款	739,184,874	1,401,689,440	9.65%	14.86%	5.21%
预收账款	337,665,921	456,523,479	4.41%	4.84%	0.43%
应付职工薪酬	48,198,058	28,285,545	0.63%	0.30%	−0.33%
应交税费	39,849,854	−32,821,459	0.52%	−0.35%	−0.87%
其他应交款	2,944,393	5,833,042	0.04%	0.06%	0.02%
其他应付款	616,790,396	406,206,061	8.06%	4.31%	−3.75%
一年内到期的非流动负债	65,233,515	405,517,722	0.85%	4.30%	3.45%
其他流动负债	211,076,574	221,235,587	2.76%	2.35%	−0.41%
流动负债合计	3,963,699,350	5,690,004,422	51.77%	60.32%	8.55%
长期借款	714,766,571	544,353,852	9.34%	5.77%	−3.56%
长期应付款	75,822,128	62,778,960	0.99%	0.67%	−0.32%
预计负债	105,031,134	89,556,581	1.37%	0.95%	−0.42%
非流动负债合计	895,619,833	696,689,393	11.70%	7.39%	−4.31%
负债	4,859,319,183	6,386,693,815	63.47%	67.71%	4.24%
股东权益					
实收资本(或股本)	992,006,563	992,006,563	12.96%	10.52%	−2.44%
资本公积	2,452,995,887	1,516,787,706	32.04%	16.08%	−15.96%
盈余公积	343,742,703	114,580,901	4.49%	1.21%	−3.27%
未分配利润	−1,211,930,161	184,436,195	−15.83%	1.96%	17.78%
外币报表折算差额	−1,814,159	919,576	−0.02%	0.01%	0.03%
归属于母公司所有者权益合计	2,575,000,833	2,808,730,941	33.63%	29.78%	−3.86%
少数股东权益	222,219,313	237,366,458	2.90%	2.52%	−0.39%
股东权益合计	2,797,220,146	3,046,097,399	36.53%	32.29%	−4.24%
负债和股东权益合计	7,656,539,329	9,432,791,214	100.00%	100.00%	—

2. 编制资产总体结构表，并进行初步分析

根据表 S1-1 编制 W 企业资产总体结构分析表，如表 S1-2 所示。

表 S1-2　W 企业资产总体结构分析表　　　　　　　　　　单位：元

项　　目	2010 年	2011 年	2010 年比重	2011 年比重	变动情况
流动资产	4,862,868,408	6,033,869,860	63.51%	63.97%	0.45%
非流动资产	2,793,670,921	3,398,921,354	36.49%	36.03%	−0.46%
资产总计	7,656,539,329	9,432,791,214	100.00%	100.00%	—

初步分析： 从表 S1-1 和 S1-2 中可以看出，该企业的资产结构中，流动资产所占比重比较高，基本维持在 64% 左右。这种状况一方面可能与企业所处的行业特点有关；另一方面可能也与企业防范短期债务的偿还需求有关。从结构变动来看，2011 年流动资产所占比重有上升，非流动资产所占比重减少了 0.46%，这表明企业资产的流动性增强，偿还能力、支付能力提高。

3. 编制流动资产结构分析表，并进行初步分析

根据表 S1-1 编制流动资产结构分析表，如表 S1-3 所示。

表 S1-3　W 企业流动资产结构分析表　　　　　　　　　　单位：元

项　　目	2010 年	2011 年	2010 年比重	2011 年比重	变动情况
流动资产					
货币资金	1,417,085,462	2,120,038,297	29.14%	35.14%	5.99%
应收票据	622,627,806	734,877,589	12.80%	12.18%	−0.62%
应收账款	381,535,897	731,120,036	7.85%	12.12%	−.27%
预付账款	89,011,737	165,879,789	1.83%	2.75%	0.92%
应收股利	164,994,765	187,704,983	3.39%	3.11%	−0.28%
其他应收款	1,057,874,066	133,664,884	21.75%	2.22%	−19.54%
存货	1,123,325,956	1,945,617,637	23.10%	32.24%	9.14%
其他流动资产	6,412,719	14,966,645	0.13%	0.25%	0.12%
流动资产合计	4,862,868,408	6,033,869,860	100.00%	100.00%	—

初步分析： 从表 S1-3 中可以看出，2011 年的货币资金、存货、应收票据和应收账款在流动资产中所占比重分别为 35.14%、32.24%、12.18% 和 12.12%，增长幅度分别为 5.99%、9.14%、−0.62% 和 4.27%。

货币资金、存货和应收账款合计所占比重高达 91.68%，表明企业资产向现金转换的效率比较高。

其他应收款所占比重由 21.75% 下降到 2.22%，减少幅度为 19.54%，应结合附注作进一步分析。

4. 编制资本总体结构分析表，并进行初步分析

根据表 S1-1 编制 W 企业资本总体结构分析表，如表 S1-4 所示。

表 S1-4　W 企业资本总体结构分析表　　　　　　　　　　单位：元

项　　目	2010 年	2011 年	2010 年比重	2011 年比重	变动情况
负债	4,859,319,183	6,386,693,815	63.47%	67.71%	4.24%
股东权益	2,797,220,146	3,046,097,399	36.53%	32.29%	−4.24%
负债和股东权益	7,656,539,329	9,432,791,214	100.00%	100.00%	—

初步分析： 从表 S1-4 可以看出，2011 年负债所占资本比重为 67.71%，所有者权益

所占比重为 32.29%，资产负债率较高，风险相对较大。这种资本结构是否合理，仅凭以上分析难以做出判断，必须结合企业获利能力、营运能力才能予以说明。

5. 编制流动负债结构分析表，并进行初步分析

根据 S1-1 编制 W 企业流动负债结构分析表，如表 S1-5 所示。

表 S1-5　W 企业流动负债结构分析表　　　　　　　　　　单位：元

项　　　目	2010 年	2011 年	2010 年比重	2011 年比重	变动情况
流动负债					
短期借款	960,164,036	858,900,000	24.22%	15.09%	−9.13%
应付票据	942,591,729	1,938,635,005	23.78%	34.07%	10.29%
应付账款	739,184,874	1,401,689,440	18.65%	24.63%	5.99%
预收账款	337,665,921	456,523,479	8.52%	8.02%	−0.50%
应付职工薪酬	48,198,058	28,285,545	1.22%	0.50%	−0.72%
应交税费	39,849,854	−32,821,459	1.01%	−0.58%	−1.58%
其他应交款	2,944,393	5,833,042	0.07%	0.10%	0.03%
其他应付款	616,790,396	406,206,061	15.56%	7.14%	−8.42%
一年内到期的非流动负债	65,233,515	405,517,722	1.65%	7.13%	5.48%
其他流动负债	211,076,574	221,235,587	5.33%	3.89%	−1.44%
流动负债合计	3,963,699,350	5,690,004,422	100.00%	100.00%	—

初步分析：从表 S1-5 中可以看出，2011 年该企业流动负债所占比重较高的项目依次为应付票据、应付账款、短期借款、预收款项等，所占比重分别为 34.07%、24.63%、15.09% 和 8.02%。变化幅度分别为 10.29%、5.99%、9.13%、−0.50%。这说明企业的负债资金主要来源于商业信用，属于无成本负债，因此企业负债成本较低。合理利用无成本负债是企业降低负债资金成本的重要途径之一，但商业信用过高，会影响到企业的信誉和支付能力。

此外，需要注意的是一年内到期的非流动负债由 2010 年所占比重的 1.65% 上升到 2011 年的 7.13%，增长幅度为 5.48%，说明企业短期偿债压力增大。

6. 分析企业资产结构和权益结构对称性

从表 S1-1 可以看出，2011 年流动资产占资产总额的 63.97%，非流动资产占资产总额的 36.03%，流动负债占资本总额的 60.32%，非流动资产占资本总额的 7.39%，所有者权益占资本总额的 32.29%。

该企业长期资产需要依靠长期资金来解决，流动资产则需要使用长期资金和短期资金共同解决，因此属于稳健型资产与资本结构。

实践 1.2　资产负债表趋势分析

根据"实践资料一"中 W 企业资产负债表及其相关信息，运用资产负债表分析方法对 W 企业财务状况进行初步分析，使企业利益相关者对企业资产、负债和其所有者权益的变动情况及其发展趋势有所了解。

【分析】

对 W 企业资产负债表趋势进行分析，采取以下分析思路：

(1) 编制企业资产负债表趋势分析表。

(2) 结合资产负债表趋势分析表分析企业资产变动趋势。

(3) 结合资产负债表趋势分析表分析企业权益变动趋势。

【参考解决方案】

1. 编制企业资产负债表趋势分析表

编制企业资产负债表趋势分析表是进行企业财务状况趋势分析的第一步，其计算公式为

$$某项目的变动额 = 报告期(本年)金额 - 标准(上年)金额$$

$$某项目的变动率 = \frac{某项目变动额}{标准(上年)金额} \times 100\%$$

根据"实践资料一"中的内容编制 W 企业资产负债表趋势分析表，如表 S1-6 所示。

表 S1-6　W 企业资产负债表趋势分析表　　　　　单位：元

项　　　目	2010 年	2011 年	2011 变动额	2011 变动率
流动资产				
货币资金	1,417,085,462	2,120,038,297	702,952,835	49.61%
应收票据	622,627,806	734,877,589	112,249,783	18.03%
应收账款	381,535,897	731,120,036	349,584,139	91.63%
预付账款	89,011,737	165,879,789	76,868,052	86.36%
应收股利	164,994,765	187,704,983	22,710,218	13.76%
其他应收款	1,057,874,066	133,664,884	−924,209,182	−87.36%
存货	1,123,325,956	1,945,617,637	822,291,681	73.20%
其他流动资产	6,412,719	14,966,645	8,553,926	133.39%
流动资产合计	4,862,868,408	6,033,869,860	1,171,001,452	24.08%
非流动资产				
长期应收款	85,602,908	34,000,000	−51,602,908	−60.28%
长期股权投资	198,173,987	172,383,399	−25,790,588	−13.01%
固定资产	1,987,993,334	1,830,668,338	−157,324,996	−7.91%
在建工程	192,565,963	170,955,680	−21,610,283	−11.22%
工程物资	11,323,062	117,845,210	106,522,148	940.75%
无形资产	318,011,667	1,073,068,727	755,057,060	237.43%
非流动资产合计	2,793,670,921	3,398,921,354	605,250,433	21.67%
资产总计	7,656,539,329	9,432,791,214	1,776,251,885	23.20%
流动负债				
短期借款	960,164,036	858,900,000	−101,264,036	−10.55%
应付票据	942,591,729	1,938,635,005	996,043,276	105.67%
应付账款	739,184,874	1,401,689,440	662,504,566	89.63%
预收账款	337,665,921	456,523,479	118,857,558	35.20%
应付职工薪酬	48,198,058	28,285,545	−19,912,513	−41.31%
应交税费	39,849,854	-32,821,459	−72,671,313	−182.36%
其他应交款	2,944,393	5,833,042	2,888,649	98.11%
其他应付款	616,790,396	406,206,061	−210,584,335	−34.14%
一年内到期的非流动负债	65,233,515	405,517,722	340,284,207	521.64%
其他流动负债	211,076,574	221,235,587	10,159,013	4.81%
流动负债合计	3,963,699,350	5,690,004,422	1,726,305,072	43.55%
长期借款	714,766,571	544,353,852	−170,412,719	−23.84%
长期应付款	75,822,128	62,778,960	−13,043,168	−17.20%
预计负债	105,031,134	89,556,581	−15,474,553	−14.73%

项　　目	2010 年	2011 年	2011 变动额	2011 变动率
非流动负债合计	895,619,833	696,689,393	−198,930,440	−22.21%
负债	4,859,319,183	6,386,693,815	1,527,374,632	31.43%
股东权益				
实收资本(或股本)	992,006,563	992,006,563	—	0.00%
资本公积	2,452,995,887	1,516,787,706	−936,208,181	−38.17%
盈余公积	343,742,703	114,580,901	−229,161,802	−66.67%
未分配利润	−1,211,930,161	184,436,195	1,396,366,356	−115.22%
外币报表折算差额	−1,814,159	919,576	2,733,735	−150.69%
归属于母公司所有者权益合计	2,575,000,833	2,808,730,941	233,730,108	9.08%
少数股东权益	222,219,313	237,366,458	15,147,145	6.82%
股东权益合计	2,797,220,146	3,046,097,399	248,877,253	8.90%
负债和股东权益合计	7,656,539,329	9,432,791,214	1,776,251,885	23.20%

2. 分析资产变动趋势

根据表 S1-6，可以对 W 企业资产变动趋势做出以下分析：

(1) 总资产变动分析。

2011 年该企业总资产增长了 1,776,251,885 元，增长幅度为 23.20%，说明企业经营规模逐渐扩大。从资产的构成来看，2011 年流动资产增加了 1,171,001,452 元，增长幅度为 24.08%，而非流动资产增长了 605,250,433 元，增长幅度为 21.67%，表明 2011 年流动资产增幅大于非流动资产增幅。

(2) 流动资产变动分析。

从流动资产内部构成来看，2011 年影响流动资产增加的项目主要是存货、货币资金、应收账款、应收票据和预付款项，增长额分别为 822,291,681 元、702,952,835 元、349,584,139 元、112,249,783 元、76,868,052 元，增长幅度分别为 73.2%、49.61%、91.63%、18.03%、86.36%。从流动资产趋势可以看出，企业采取了宽松的信用政策，导致企业的销售规模扩大。

此外，其他应收款减少了 924,909,182 元，减少幅度为 87.36%，说明企业的其他应收款管理得到改善。

(3) 非流动资产变动分析。

从非流动资产内部构成来看，影响非流动资产增加的主要项目有无形资产和工程物资，增加额分别为 755,057,060 元、106,522,148 元，增长幅度分别为 237.43% 和 940.75%。而固定资产和长期应收款减少额分别为 157,324,996 元和 51,602,908 元，减少幅度分别为 7.91% 和 60.28%。初步分析可以看出，作为企业重要资产的固定资产减少数额相当明显。

3. 分析资本变动趋势

(1) 资本总体变动分析。

2011 年，权益总额增长 1,776,251,885 元，增长幅度为 23.20%。从权益内部结构来看，负债增长 1,527,374,632 元，增长幅度为 31.43%。所有者权益增长 248,877,253 元，增长幅度为 8.9%。负债的增长额大于所有者权益增长额，说明企业资金增长主要来自外部。

(2) 负债变动分析。

从负债内部构成来看，流动负债增长 1,726,305,072 元，增长幅度为 43.55%；非流动负债减少了 198,930,440 元，减少幅度为 22.21%。流动负债上升意味着企业财务风险增大。从流动负债内部结构来看，主要是应付票据、应付账款和预收款项的增加。流动负债的增长额度明显高于流动资产的增长，这将影响到企业的短期偿付能力。

(3) 所有者权益变动分析。

从所有者权益内部构成看，其增长主要来自未分配利润，增长额为 1,396,366,356 元，增长幅度为 115.22%。引起所有者权益减少的项目主要为资本公积和盈余公积。W 企业资产总额增长大于所有者权益增长，表明企业债务负担加重，引起偿债保证程度下降。

实践 1.3　资产负债表具体项目质量分析

根据"实践资料一"中 W 企业资产负债表及其相关信息，运用资产负债表分析方法对 W 企业财务状况进行初步分析，使企业利益相关者对企业资产、负债及其所有者权益的各个具体项目质量有所了解。

【分析】

资产负债表具体项目质量分析是在对资产负债表的结构、趋势分析上，结合财务报表附注及其相关报表，对企业的资产、负债和所有者权益的主要变动项目质量状况进行深入分析。

【参考解决方案】

在对资产负债表的结构和趋势进行初步分析后，对主要项目的质量进行分析。

1. 货币资金

企业的货币资金主要用于购买原材料、无形资产等经营性资产，对企业的资金质量进行分析，应当结合有关项目进行具体分析。从总体规模来看，企业的货币资金规模大幅增加；从融资方面来看，企业从债权人借入的款项有所下降，表明企业的货币资金比较充裕。但需要注意的是，从该公司的财务报表附注中(见附表 2-5)可以得知，货币资金中包含的用于开具银行承兑汇票、信用证及银行借款的质押存款为 1,379,940,125 元，占货币资金总额的 65.09%，这部分质押的保证金会影响公司实际偿付能力。

2. 应收票据

编制应收票据分析表，如表 S1-7 所示。

表 S1-7　应收票据分析表

单位：元

项　　目	2011 年	2010 年	2011 年比重	2010 年比重	2011 年变化率
银行承兑汇票—未质押	354,560,252	108,722,422	48.25%	17.46%	30.79%
商业承兑汇票—未质押	380,317,337	513,905,384	51.75%	82.54%	-30.79%
合计	734,877,589	622,627,806	100.00%	100.00%	

从表 S1-7 中可以看出，银行承兑票据所占比重由 2010 年的 17.46%上升到 2011 年的 48.25%，增长幅度为 30.79%，表明企业采用了更加安全的银行承兑汇票结算方式。

该企业合并报表中，2011 年应收票据占比为 7.79%，增长额为 112,249,783 元。从报表附注可以得知，合并应收票据的金额均比母公司的应收票据金额大，且与母公司的变化趋势相反。这在一定程度上说明，企业在应收票据业务方面与母公司关联交易的程度不大。

3. 应收账款及其坏账准备

首先，编制 2010 年和 2011 年营业收入配比表，分析应收账款的变动与收入是否同比增长，如表 S1-8 所示。

表 S1-8 营业收入配比表　　　　　　　　　　单位：元

项　　目	2010 年	2011 年	2011 年变化额	2011 年变化率
应收账款	381,535,897	731,120,036	349,584,139	91.63%
营业收入	4,894,869,559	6,216,509,905	1,321,640,346	27.00%
占比	7.79%	11.76%	—	3.97%

从表 S1-8 中可以看出，应收账款的增长幅度远远大于营业收入的增长幅度，应收账款所占营业收入的比重增幅 3.97%，这充分表明企业为了扩大销售，采取了宽松的信用政策，这有可能导致未来年份企业坏账增多，应收账款回收率质量堪忧。

从财务报表附注(见附表 2-7)中可以看出，该企业 2011 年一年内的应收账款占总额的 86%，应收账款的管理比较合理。

从应收账款附注披露中可以看出，企业合并数年末为 73,112 万元，而母公司应收账款年末为 26,143.8 万元，比年初降低了 5.16%，表明母公司采用了较为紧缩的信用政策，进一步表明企业应收账款的增加主要是对外商品交易形成的，受关联方交易的影响较小。

4. 其他应收款

W 企业的其他应收款年末数比年初数降低了 87.36%，而母公司其他应收款的年末数达到了 165,263 万元，说明企业可能存在大量的关联方交易，资金被关联方占用过多，应引起注意。

5. 存货及跌价准备

结合财务报表附注(见附表 2-9)中可以看出，在产品和产成品都有不同程度的增加，且产成品本年还计提了跌价准备，说明企业产成品的质量不高，企业可能在销售上遇到了困难而引发存货积压。

还应注意的是，合并财务报表附注中披露的原材料增加了 73%，而原材料跌价准备却减少了 25%，最终存货跌价准备比上年减少近 24%。由此对企业年度内的影响是：企业没有因为在产品跌价准备的计提而减少营业利润，反而通过冲减多提的原材料跌价准备增加了营业利润。

6. 固定资产

从财务报表附注(见附表 2-11)中可以看出，企业对固定资产计提了减值准备，且本期有所增加，表明企业部分固定资产质量堪忧。

根据企业财务报表附注中固定资产的相关信息，编制固定资产构成分析表，如表 S1-9 所示。

表 S1-9　W 企业固定资产构成分析表

单位：元

项　目	年初账面余额	本期增加额	本期减少额	期末账面余额	期末占比
原价合计	3,635,836,132	93,389,136	34,369,649	3,694,855,619	100.00%
房屋及建筑物	1,421,575,318	29,815,260	8,220,774	1,443,169,804	39.06%
机器设备	1,840,524,621	46,169,142	17,092,571	1,869,601,192	50.60%
电子设备、器具及家具	305,632,935	11,129,600	5,249,597	311,512,938	8.43%
运输设备	68,103,258	6,275,134	3,806,707	70,571,685	1.91%

从表 S1-9 中可以看出，W 企业固定资产中房屋建筑物和机器设备占绝大部分比例，说明企业把资金重点放在生产上。W 企业是生产性企业，固定资产自然以生产为主，机器设备增加大于减少，更新稳步增长。

从财务报表附注(见附表 2-11)中可以看出，固定资产更新速度慢于淘汰速度，下降了 7.91%。

7. 在建工程、工程物资

从资产负债表结构和趋势分析表可得知，在建工程和工程物资 2011 年增长比较大，说明企业正进行固定资产的更新。

从财务报表附注(见附表 2-12)中可以看出，在建工程预算占比最大的是厂房的建设投资。

8. 应付票据、应付账款

年末企业应付账款和应付票据较年初的增长幅度分别为 105.67%和 89.63%，企业营业成本配比情况如表 S1-10 所示。

表 S1-10　W 企业应付项目与营业成本配比表

单位：元

项　目	2010 年	2011 年	2011 年变化额	2011 年变化率
应付票据	942,591,729	1,938,635,005	996,043,276	105.67%
应付账款	739,184,874	1,401,689,440	662,504,566	89.63%
应付项目合计	1,681,776,603	3,340,324,445	1,658,547,842	98.62%
营业成本	3,852,539,111	4,483,202,710	630,663,599	16.37%
应付项目占比	43.65%	74.51%	—	30.85%

从表 S1-10 中可以看出，2010 年应付项目占成本的比重为 43.65%，而 2011 年所占成本的比重达到了 74.51%，变化幅度高达 30.85%。应付项目 2011 年比 2010 年增长了 98.62%，增长幅度为 98.62%，而成本增长幅度却仅为 16.37%。正常来说，随着企业营业成本和存货的增长，应付项目应该相应增长。

一般认为，应付票据和应付账款的相对规模代表了企业利用商业推动其经营活动的能力，同时也反映了企业对于供应商的议价能力。该企业应付账款和应付票据大幅度增长，表明其对于供应商在结算方式上处于强势地位。

实践 1.4　资产负债表相关比率分析

根据"实践资料一"中 W 企业资产负债表及其相关信息，对 W 企业偿债能力及营运能力进行分析和评价，并揭示企业所面临的财务风险及营运能力的强弱。

【分析】

资产负债表相关比率分析包括短期偿债能力、长期偿债能力、营运能力等指标的分析。

短期偿债能力主要包括流动比率、速动比率、现金比率。

长期偿债能力主要包括资产负债率、产权比率、利息保障倍数。

营运能力主要包括应收账款周转率、存货周转率、流动资产周转率、固定资产周转率、总资产周转率。

最后，结合计算出的数据对 W 企业的偿债能力和营运能力进行简要评价，并提出改进建议。

【参考解决方案】

1. 计算短期偿债能力主要指标

根据"实践资料一"中 W 企业的资产负债表计算该企业的短期偿债能力指标，结果如表 S1-11 所示。

表 S1-11　W 企业短期偿债能力指标计算表　　　　单位：元

项　　目	2010 年	2011 年
①货币资金	1,417,085,462	2,120,038,297
②应收票据	622,627,806	734,877,589
③应收账款	381,535,897	731,120,036
④应收股利	164,994,765	187,704,983
⑤其他应收款	1,057,874,066	133,664,884
⑥速动资产合计	3,644,117,996	3,907,405,789
⑦流动资产合计	4,862,868,408	6,033,869,860
⑧流动负债合计	3,963,699,350	5,690,004,422
流动比率⑦/⑧	122.69%	106.04%
速动比率⑥/⑧	91.94%	68.67%
现金比率①/⑧	35.75%	37.26%

2. 计算长期偿债能力主要指标

根据"实践资料一"中 W 企业的资产负债表计算长期偿债能力指标，结果如表 S1-12 所示。

表 S1-12　W 企业长期偿债能力指标计算表　　　　单位：元

项　　目	2010 年	2011 年
①利润总额	103,919,721	220,003,504
②财务费用	75,536,164	54,012,477
③息税前利润①+②	179,455,885	274,015,981
④资产	7,656,539,329	9,432,791,214
⑤负债	4,859,319,183	6,386,693,815
⑥股东权益	2,797,220,146	3,046,097,399
资产负债率⑤/④	63.47%	67.71%
产权比率⑤/⑥	173.72%	209.67%
利息保障倍数③/②	2.38	5.07

3. 计算营运能力主要指标

根据"实践资料一"中 W 企业的资产负债表计算营运能力指标，结果如表 S1-13 所示。

表 S1-13 W 企业营运能力指标计算表 单位：元

项 目	2011 年	2010 年
①应收账款	731,120,036	381,535,897
②平均应收账款	556,327,967	—
③存货	1,945,617,637	1,123,325,956
④平均存货	1,534,471,797	—
⑤流动资产合计	6,033,869,860	4,862,868,408
⑥平均流动资产	5,448,369,134	—
⑦固定资产	1,830,668,338	1,987,993,334
⑧平均固定资产	1,909,330,836	—
⑨资产总计	9,432,791,214	7,656,539,329
⑩平均总资产	8,544,665,272	—
⑪营业收入	6,216,509,905	4,894,869,559
应收账款周转率⑪/②	11.17	—
存货周转率⑪/④	4.05	—
流动资产周转率⑪/⑥	1.14	—
固定资产周转率⑪/⑧	3.26	—
总资产周转率⑪/⑩	0.73	—

4. 资产负债表总体评价

从资产负债表结构、趋势和具体项目分析来看，企业资产的总体质量较好，能够维持企业的正常运转。但是，企业的资产中存货总额有大幅度的增长，可能导致企业资金的周转不利；其他应收款中的关联企业占有资金较多，应引起财务报表使用者的关注。对企业的负债而言，流动负债呈增加的趋势，而较高代价的长期借款和短期借款呈卜降趋势，说明企业面临的总体偿债压力不大，但也表明企业没有充分发挥财务杠杆的作用。

1) 短期偿债能力分析

从短期偿债能力指标看出，流动比率、速动比率较上年均略有下降，说明该企业当年的短期偿债能力在下降；但现金比率有所上升，且处在较高水平，表明企业现金比较充裕，可能存在资金闲置问题。

分析短期偿债能力，还应考虑应收账款周转率和存货周转率。该企业应收账款周转率和存货周转率较快，有助于提高短期偿债能力。

2) 长期偿债能力分析

从长期偿债能力指标可以看出，资产负债率和产权比率都有所上升，企业的资产负债率处于中等偏上水平，表明企业通过长期负债融资的空间已经不大。

对企业长期偿债能力的评价，还应考虑企业的盈利能力。该企业的利息保障倍数增长了近两倍，说明企业偿付资金利息能力比较强。

3) 营运能力指标分析

从营运能力指标来看，企业的资产流转速度较快。存货、应收项目的增长应与收入成本相匹配。虽然 2011 年企业资产整体周转质量比较高，但不代表未来企业整体周转质量就好。

实践 2　利润表分析

 实践指导

认真阅读本书附录 2 中的"实践资料一"内容，完成对 W 企业利润表的初步分析，主要任务包括利润表结构、趋势和利润表相关比率分析(本实践主要针对合并报表数据进行分析)。通过本实践，进一步理解利润表基本内容、利润表分析的目的，掌握资产负债表分析方法。

实践 2.1　利润表结构分析

根据"实践资料一"中 W 企业利润表及其相关信息，运用结构分析方法对 W 企业利润构成、盈利情况进行初步分析，使企业利益相关者对企业利润表构成项目的结构状况及变动有所了解。

【分析】

对利润表结构进行初步分析，采取以下分析思路：

(1) 编制利润表结构分析表。

(2) 编制营业利润结构分析表，并进行初步分析。

(3) 编制利润总额结构分析表，并进行初步分析。

(4) 编制净利润结构分析表，并进行初步分析。

【参考解决方案】

1. 编制利润表结构分析表

利润表的结构分析也称为利润表垂直分析，是通过编制利润表结构分析表来进行分析。将利润表各项目与营业收入比较，计算出各项目占营业收入的比重，并将各项目比重的历史数据、行业水平进行比较，分析说明企业利润的结构及增减变动情况。

编制利润结构分析表是进行利润表结构分析的第一步，是对企业利润表数据的进一步加工处理，相关计算公式为

$$某项目的结构比重 = \frac{某项目金额}{营业收入金额} \times 100\%$$

某项目的结构变动情况=报告期(本期)结构比重 − 基期(上一期)结构比重

根据"实践资料一"中 W 企业的利润表编制利润表结构分析表，如表 S2-1 所示。

表 S2-1　W 企业利润表结构分析表　　　　单位：元

项　　目	2010 年	2011 年	2010 年比重	2011 年比重	2011 年变动率
一、营业收入	4,894,869,559	6,216,509,905	100.00%	100.00%	—
减：营业成本	3,852,539,111	4,483,202,710	78.71%	72.12%	−6.59%
营业税金及附加	265,104	362,373	0.01%	0.01%	0.00%
营业费用	791,497,880	1,002,390,964	16.17%	16.12%	−0.05%
管理费用	59,899,332	64,897,076	1.22%	1.04%	−0.18%
财务费用	75,536,164	100,397,258	1.54%	1.62%	0.07%
资产减值损失	453,357,209	−157,036,099	9.26%	−2.53%	−11.79%
投资收益	436,303,232	−507,200,607	8.91%	−8.16%	−17.07%
其中：对联营企业和合营企业的投资收益	251,732,886	253,432,856	5.14%	4.08%	−1.07%
二、营业利润	98,077,991	215,095,016	2.00%	3.46%	1.46%
加：营业外收入	9,941,494	10,402,787	0.20%	0.17%	−0.04%
减：营业外支出	4,099,764	5,494,299	0.08%	0.09%	0.00%
其中：非流动资产处置损失	748,140	2,629,116	0.02%	0.04%	0.03%
三、利润总额	103,919,721	220,003,504	2.12%	3.54%	1.42%
减：所得税费用	3,031,454	11,676,111	0.06%	0.19%	0.13%
四、净利润	100,888,267	208,327,393	2.06%	3.35%	1.29%

2. 编制营业利润结构分析表，并进行初步分析

根据"实践资料一"中 W 企业的利润表及表 S2-1 编制营业利润结构分析表，如表 S2-2 所示。

表 S2-2　W 企业营业利润结构分析表　　　　单位：元

项　　目	2010 年	2011 年	2010 年比重	2011 年比重	2011 年变动率
一、营业收入	4,894,869,559	6,216,509,905	100.00%	100.00%	
减：营业成本	3,852,539,111	4,483,202,710	78.71%	72.12%	−6.59%
营业税金及附加	265,104	362,373	0.01%	0.01%	0.00%
营业费用	791,497,880	1,002,390,964	16.17%	16.12%	−0.05%
管理费用	59,899,332	64,897,076	1.22%	1.04%	−0.18%
财务费用	75,536,164	100,397,258	1.54%	1.62%	0.07%
资产减值损失	453,357,209	−157,036,099	9.26%	−2.53%	−11.79%
投资收益	436,303,232	−507,200,607	8.91%	−8.16%	−17.07%
其中：对联营企业和合营企业的投资收益	251,732,886	253,432,856	5.14%	4.08%	−1.07%
二、营业利润	98,077,991	215,095,016	2.00%	3.46%	1.46%

从表 S2-2 中可以看出 W 企业收入、成本和费用项目的变动及构成情况：该企业营业收入 2011 年为 6,216,509,905 元，比 2010 年增长了 1,321,640,346 元。营业成本随着营业收入的增加而增加，但营业成本占营业收入的比重由 2010 年的 78.71% 下降到 2011 年的 72.12%，说明产品获利能力增强，盈利空间增大。营业费用和管理费用所占营业收入的比重分别由原来的 16.17%、1.22% 下降到 2011 年的 16.12% 和 1.04%。2010 年资产减值损失为 453,357,209 元，2011 年却为 –157,036,099 元，投资收益 2010 年为 436,303,232 元，2011 年却为 –507,200,607 元，应进一步分析其原因，是否存在人为操纵利润的因素。

营业成本所占比重的减少使企业的产品获利能力提高；管理费用和销售费用所占比重下降在一定程度上提高了企业的获利能力。

2010 年营业利润占营业收入的比重由 2.00% 上升到 2011 年的 3.46%，进一步说明企业盈利能力的增强。

3. 编制利润总额结构分析表，并进行初步分析

根据"实践资料一"中 W 企业的利润表及表 S2-1 编制利润总额结构分析表，如表 S2-3 所示。

表 S2-3　W 企业利润总额结构分析表　　　　　　　　单位：元

项　　目	2010 年	2011 年	2010 年比重	2011 年比重	2011 年变动率
二、营业利润	98,077,991	215,095,016	94.38%	97.77%	3.39%
加：营业外收入	9,941,494	10,402,787	9.57%	4.73%	-4.84%
减：营业外支出	4,099,764	5,494,299	3.95%	2.50%	-1.45%
其中：非流动资产处置损失	748,140	2,629,116	0.72%	1.20%	0.48%
三、利润总额	103,919,721	220,003,504	100.00%	100.00%	

从表 S2-3 中可以看出，W 企业营业利润占利润总额的比重由 2010 年的 94.38% 上升到 2011 年的 97.77%，说明企业的营业利润是其利润总额的主体，企业经营活动稳定，盈利水平有所增长。企业的营业外收入占利润总额的比重 2011 年为 4.73%，比 2010 年下降了 4.84%。营业外支出占利润总额的比重 2011 年为 2.5%，比 2010 年下降了 1.45%，营业外收支所占比重及其变化情况均属正常。

4. 编制净利润结构分析表，并进行初步分析

根据"实践资料一"中 W 企业的利润表及表 S2-1 编制净利润结构分析表，如表 S2-4 所示。

表 S2-4　W 企业净利润结构分析表　　　　　　　　单位：元

项　　目	2010 年	2011 年	2010 年比重	2011 年比重	2011 年变动率
三、利润总额	103,919,721	220,003,504	100.00%	100.00%	0.00%
减：所得税费用	3,031,454	11,676,111	2.92%	5.31%	2.39%
四、净利润	100,888,267	208,327,393	97.08%	94.69%	−2.39%

从表 S2-4 中可以看出，W 企业 2011 年净利润是利润总额的 94.69%，比 2010 年 97.08% 有所下降，主要原因是受所得税影响。

实践 2.2 利润表趋势分析

根据"实践资料一"中 W 企业利润表及其相关信息,运用趋势分析方法对 W 企业利润构成、盈利情况进行初步分析,使企业利益相关者对企业利润的构成项目、盈利项目发展趋势有所了解。

【分析】

对利润表趋势进行分析,采取以下分析思路:

(1) 编制企业利润表趋势分析表。

(2) 结合利润表趋势分析表,对利润构成项目变动趋势进行分析。

(3) 结合利润表趋势分析表,对企业利润的变动趋势进行分析。

【参考解决方案】

1. 编制企业利润表趋势分析表

编制利润表趋势分析表是进行利润表趋势分析的第一步,是对企业利润表数据的进一步加工,以便满足趋势分析的需要,其计算公式为

$$某项目的变动率 = \frac{某项目的变动额}{基期(上年)金额} \times 100\%$$

$$某项目的变动额 = 报告期(本年)金额 - 基期(上年)金额$$

根据"实践资料一"中 W 企业的利润表编制利润表趋势分析表,如表 S2-5 所示。

表 S2-5 W 企业利润表趋势分析表   单位:元

项　　　目	2010 年	2011 年	2011 年变动额	2011 年变动率
一、营业收入	4,894,869,559	6,216,509,905	1,321,640,346	27.00%
减:营业成本	3,852,539,111	4,483,202,710	630,663,599	16.37%
营业税金及附加	265,104	362,373	97,269	36.69%
营业费用	791,497,880	1,002,390,964	210,893,084	26.64%
管理费用	59,899,332	64,897,076	4,997,744	8.34%
财务费用	75,536,164	100,397,258	24,861,094	32.91%
资产减值损失	453,357,209	−157,036,099	−610,393,308	−134.64%
投资收益	436,303,232	−507,200,607	−943,503,839	−216.25%
其中:对联营企业和合营企业的投资收益	251,732,886	253,432,856	1,699,970	0.68%
二、营业利润	98,077,991	215,095,016	117,017,025	119.31%
加:营业外收入	9,941,494	10,402,787	461,293	4.64%
减:营业外支出	4,099,764	5,494,299	1,394,535	34.02%
其中:非流动资产处置损失	748,140	2,629,116	1,880,976	251.42%
三、利润总额	103,919,721	220,003,504	116,083,783	111.71%
减:所得税费用	3,031,454	11,676,111	8,644,657	285.17%
四、净利润	100,888,267	208,327,393	107,439,126	106.49%

2. 结合利润表趋势分析表，对利润构成项目变动趋势进行分析

从表 S2-5 中可以看出，W 企业 2010 年和 2011 年收入、成本和费用的项目增减幅度及变化趋势如下：

营业收入 2011 年比 2010 年增加了 1,321,640,346 元，增长幅度为 27%；营业成本 2011 年比 2010 年增加了 630,663,599 元，增长幅度为 16.37%。营业成本增长幅度低于营业收入的增长幅度，说明企业在控制成本工作上成绩显著，企业获利能力增强。

2011 年与 2010 年的期间费用变化如下：营业费用增加了 210,893,084 元，增长幅度为 26.64%；管理费用增加了 4,997,744 元，增长幅度为 8.34%；财务费用增加了 24,861,094 元，增长幅度为 32.91%。这说明该企业期间费用的增长高于营业成本的增长，蚕食了企业的毛利，减弱了企业的盈利能力。

在正常情况下，投资收益和资产减值损失项目不是影响企业营业利润的主要因素，增长幅度应保持在正常水平。该企业却出现了资产减值损失减少幅度为 134.64%，投资收益减少幅度为 216.25% 的现象，应结合计提减值准备的项目和长期股权投资作进一步分析，观察是否存在人为粉饰利润表的现象。

3. 结合利润表趋势分析表，对企业利润的变动趋势进行分析

利润表趋势分析表显示，W 企业在 2011 年实现营业利润 215,095,016 元，比 2010 年增加了 117,017,025 元，增长幅度为 119.31%。2011 年营业利润大幅度增长，除了营业收入、营业成本、营业税金及附加、期间费用的变化外，资产减值损失的变化也是影响其增长的主要因素。此外，投资收益是一种间接获取的收益，其稳定性和真实性不易控制，W 企业投资收益的变动对营业利润的变动影响也比较大，可能给企业带来潜在的风险。

W 企业 2011 年的利润总额为 220,003,504 元，比 2010 年增加了 116,083,783 元，增长幅度为 111.71%。利润总额主要受营业外收支影响，但这两个项目为非经常性偶然项目，金额过大均属于不正常现象。从利润表趋势分析表可以看出，该企业的营业外收支处于正常状态，对利润总额的影响不大。

W 企业的净利润 2011 年为 208,327,393 元，比 2010 年增加了 107,439,126 元，增长幅度为 106.49%，说明该企业的获利能力增强。

实践 2.3　利润表相关比率分析

根据"实践资料一"中 W 企业利润表及其相关信息，对 W 企业盈利能力进行分析和评价，并揭示企业盈利能力强弱。

【分析】

与利润表相关的比率分析主要包括与销售有关的盈利能力、与投资报酬有关的盈利能力以及与盈利能力有关的特殊指标分析。这里主要分析与利润表相关的前两类指标。

与销售有关的盈利能力指标主要有销售毛利率、销售净利率、营业利润率、成本费用利润率。

与投资报酬有关的盈利能力指标主要有总资产报酬率、净资产收益率。

【参考解决方案】

1. 计算与销售有关的盈利能力主要指标

W 企业与销售有关的盈利能力指标计算，结果如表 S2-6 所示。

表 S2-6 W 企业与销售有关的盈利能力指标计算表   单位：元

项　　目	2010 年	2011 年
①营业收入	4,894,869,559	6,216,509,905
②营业成本	3,852,539,111	4,483,202,710
③营业费用	791,497,880	1,002,390,964
④管理费用	59,899,332	64,897,076
⑤财务费用	75,536,164	100,397,258
⑥成本费用合计	4,779,472,487	5,650,888,008
⑦毛利	1,042,330,448	1,733,307,195
⑧营业利润	98,077,991	1,733,307,195
⑨利润总额	103,919,721	220,003,504
⑩净利润	100,888,267	208,327,393
销售毛利率⑦/①	21.29%	27.88%
营业利润率⑧/①	2.00%	27.88%
成本费用利润率⑨/⑥	2.17%	3.89%
销售净利率⑩/①	2.06%	3.35%

2. 计算与投资报酬有关的盈利能力指标

W 企业与投资报酬有关的盈利能力指标计算，结果如表 S2-7 所示。

表 S2-7 W 企业与投资报酬有关的盈利能力指标计算表   单位：元

项　　目	2010 年	2011 年
①利润总额	103,919,721	220,003,504
②利息支出	75,536,164	100,397,258
③息税前利润①+②	179,455,885.00	320,400,762.00
④净利润	100,888,267	208,327,393
⑤资产总额	7,656,539,329	9,432,791,214
⑥资产平均总额	8,544,665,271.50	—
⑦股东权益合计	2,797,220,146	3,046,097,399
⑧股东权益平均总额	2,921,658,773	—
总资产报酬率③/⑤	2.10%	—
净资产收益率④/⑧	3.45%	—

3. 利润表总体评价

从企业利润表揭示的信息可以看出，企业净利润上升的主要原因是销售收入增长、成本相对下降。不过资产减值损失和投资收益的变化需要引起关注。此外，反映企业获利的指标都有所增长，说明该企业的获利能力提高。结合实践 2.1 可知，该企业的各类资产周转速度比较快，进一步提升了企业的盈利能力。

实践 3 现金流量表分析

 实践指导

现金流量表是以收付实现制为基础编制的，反映企业在一定会计期间内现金及现金等价物流入和流出的信息，说明企业在报告期内经营活动、投资活动和筹资活动的会计报表。通过分析企业的现金流量表，能够从动态上了解企业现金的变动情况及变动原因，判断企业获取现金的能力，从而评价企业的盈利质量。

认真阅读本书附录 2 中的"实践资料一"，根据 W 公司现金流量表及其相关信息，运用现金流量表分析方法，对 W 公司财务状况进行初步分析，共包括三项任务，分别为现金流量表结构分析、现金流量表趋势分析和经营现金流量具体项目质量及其相关比率分析。通过本实践，进一步理解现金流量表的分析方法，并能对企业的财务状况有较全面、整体的认识(本实践主要针对合并报表数据进行分析)。

实践 3.1 现金流量表结构分析

根据附录 2"实践资料一"中附表 2-3 W 公司现金流量表及其相关信息，运用结构分析方法对 W 公司财务状况进行初步分析，使企业利益相关者对企业的现金流入、现金流出以及现金流入流出比例的结构状况及其变动有所了解。

【分析】

现金流量表结构分析是指在现金流量表有关数据的基础上，通过对现金流量表中不同项目的比较，分析企业现金流入的来源和现金流出的方向，并评价现金流入流出对净现金流量的影响。现金流量表的结构分析，可以从以下方面分步进行：

(1) 编制现金流量表流入结构分析表，并进行初步分析。

(2) 编制现金流量表流出结构分析表，并进行初步分析。

(3) 编制现金流量表流入流出比例分析表，并进行初步分析。

【参考解决方案】

1. 编制现金流量表流入结构分析表，进行初步分析

现金流入结构包括经营活动现金流入、投资活动现金流入、筹资活动现金流入。现金总流入结构分析就是分析这三项现金流入占现金总流入的比重。现金内部结构分析就是分析这三项活动中各内部项目流入占该内部现金总流入的比重。

总流入结构分析公式为

$$经营活动现金流入所占的比重 = \frac{经营活动现金流入}{现金总流入} \times 100\%$$

$$投资活动现金流入所占的比重 = \frac{投资活动现金流入}{现金总流入} \times 100\%$$

$$筹资活动现金流入所占的比重 = \frac{筹资活动现金流入}{现金总流入} \times 100\%$$

内部结构分析公式为

$$经营活动某内部项目现金流入所占的比重 = \frac{该内部项目现金流入}{经营活动现金流入} \times 100\%$$

$$投资活动某内部项目现金流入所占的比重 = \frac{该内部项目现金流入}{投资活动现金流入} \times 100\%$$

$$筹资活动某内部项目现金流入所占的比重 = \frac{该内部项目现金流入}{筹资活动现金流入} \times 100\%$$

根据"实践资料一"中 W 公司的现金流量表编制现金流量表流入结构分析表，如表 S3-1 所示。

表 S3-1　W 公司现金流量表流入结构分析表　　　　单位：元

项　　目	2010 年	2011 年	2010 年比重	2011 年比重	变动情况
一、经营活动产生的现金流量					
销售商品、提供劳务收到的现金	4,599,555,916	7,541,307,010	99.47%	98.57%	−0.89%
收到的税费返还	—	100,603,053	—	1.31%	1.31%
收到其他与经营活动有关的现金	24,638,444	8,624,168	0.53%	0.11%	−0.42%
经营活动现金流入小计	4,624,194,360	7,650,534,231	72.38%	83.97%	11.59%
二、投资活动产生的现金流量					
收回投资收到的现金	56,909,418	—	18.35%	—	−18.35%
取得投资收益收到的现金	104,326,781	16,389,786	33.63%	50.06%	16.43%
处置固定资产、无形资产和其他长期资产收回的现金净额	48,769,648	10,616,021	15.72%	32.43%	16.71%
收到其他与投资活动有关的现金	100,210,258	5,732,504	32.30%	17.51%	−14.79%
投资活动现金流入小计	310,216,105	32,738,311	4.86%	0.36%	−4.50%
三、筹资活动产生的现金流量					
吸收投资收到的现金	—	9,000,000	—	0.63%	0.63%
取得借款所收到的现金	1,454,465,000	1,418,900,000	100.00%	99.37%	−0.63%
筹资活动现金流入小计	1,454,465,000	1,427,900,000	22.77%	15.67%	−7.09%
现金流入总量	6,388,875,465	9,111,172,542	100.00%	100.00%	—

从表 S3-1 中可以看出，W 公司 2010 年、2011 年的现金流入总量分别为 6,388,875,465 元和 9,111,172,542 元。其中经营活动现金流入量平均比重为 78.18%左右，投资活动现金流入量平均比重为 2.61%左右，筹资活动现金流入量平均比重为 19.22%左右，说明该企业现金流入主要来自经营活动，而投资活动产生的现金流量极少。进一步分析可以发现，经营活动产生现金流入量的主要是销售商品、提供劳务收到的现金。2010 年、2011 年销售商品、提供劳务收到的现金占经营活动现金流入量比重分别为 99.47%和 98.57%，说明该企业的主业明显。另外，筹资活动最近两年比较活跃。2011 年融资结构比 2010 年有所改进，从而降低了发展过程中的债务风险，优化了融资结构。

2. 编制现金流量表流出结构分析表，进行初步分析

现金流出结构包括经营活动现金流出、投资活动现金流出和筹资活动现金流出。

现金流出结构分析就是分析经营、投资和筹资活动现金流出所占现金总流出的比重。现金流出内部结构分析就是分析经营、投资和筹资这三项活动中各内部项目现金流出所占该项目现金总流出的比重。

现金流出结构分析公式为

$$经营活动现金流出所占的比重 = \frac{经营活动现金流出}{现金总流出} \times 100\%$$

$$投资活动现金流出所占的比重 = \frac{投资活动现金流出}{现金总流出} \times 100\%$$

$$筹资活动现金流出所占的比重 = \frac{筹资活动现金流出}{现金总流出} \times 100\%$$

现金流出内部结构分析公式为

$$经营活动某内部项目现金流出所占的比重 = \frac{该内部项目现金流出}{经营活动现金流出} \times 100\%$$

$$投资活动某内部项目现金流出所占的比重 = \frac{该内部项目现金流出}{投资活动现金流出} \times 100\%$$

$$筹资活动某内部项目现金流出所占的比重 = \frac{该内部项目现金流出}{筹资活动现金流出} \times 100\%$$

根据"实践资料一"中 W 公司的现金流量表编制现金流量表流出结构分析表，如表 S3-2 所示。

表 S3-2　W 公司现金流量表流出结构分析表　　　　　　单位：元

项　　目	2010 年	2011 年	2010 年比重	2011 年比重	变动情况
一、经营活动产生的现金流量					
购买商品、接受劳务支付的现金	3,491,550,189	5,196,396,395	84.66%	78.26%	−6.40%
支付给职工以及为职工支付的现金	329,590,993	438,566,099	7.99%	6.60%	−1.39%
支付的各项税费	109,248,030	199,542,039	2.65%	3.01%	0.36%
支付其他与经营活动有关的现金	194,020,338	805,809,947	4.70%	12.14%	7.43%
经营活动现金流出小计	4,124,409,550	6,640,314,480	64.90%	73.19%	8.29%
二、投资活动产生的现金流量					
购建固定资产、无形资产和其他长期资产支付的现金	264,510,507	349,838,222	30.47%	34.55%	4.08%
投资支付的现金	—				
支付其他与投资活动有关的现金	603,452,809	662,686,299	69.53%	65.45%	−4.08%
投资活动现金流出小计	867,963,316	1,012,524,521	13.66%	11.16%	−2.50%
三、筹资活动产生的现金流量					
偿还债务所支付的现金	1,272,530,166	1,350,165,357	93.39%	95.08%	1.68%
分配股利、利润或偿付利息所支付的现金	90,008,597	68,939,001	6.61%	4.85%	−1.75%
支付其他与筹资活动有关的现金	—	1,000,000		0.07%	
筹资活动现金流出小计	1,362,538,763	1,420,104,358	21.44%	15.65%	−5.79%
现金流出总量	6,354,911,629	9,072,943,359	100.00%	100.00%	—

从表 S3-2 中可以看出，W 公司 2010 年和 2011 年现金流出量分别为 6,354,911,629 元和 9,072,943,359 元。其中经营活动现金流出量 2010 年和 2011 年分别占现金流出总量的 64.90%和 73.19%；投资活动现金流出量 2010 年和 2011 年分别占现金流出总量 13.66%和 11.16%；而筹资活动现金流出量占现金流出总量的 21.44%和 15.65%。说明该公司现金流出主要是经营活动现金流出，进一步分析可以发现：2010 年和 2011 年购买商品、接受劳务支付的现金占经营活动现金流出量的比重分别为 84.66%和 78.26%。支付其他与投资有关的现金占投资活动现金流出量的比重分别为 69.53%和 65.45%。而在筹资活动现金流出量中，用于偿还债务所支付的现金所占比重分别为 93.39%和 95.08%。

3. 编制现金流量表流入流出比例结构分析表，进行初步分析

现金流入流出比例包括经营活动的流入流出比例、投资活动的流入流出比例和筹资活动流入流出比例。

现金流入流出比例计算公式为

$$经营活动现金流入流出比 = \frac{经营活动现金流入}{经营活动现金流出}$$

$$投资活动现金流入流出比 = \frac{投资活动现金流入}{投资活动现金流出}$$

$$筹资活动现金流入流出比 = \frac{筹资活动现金流入}{筹资活动现金流出}$$

根据"实践资料一"中 W 公司的现金流量表编制现金流量表流入流出比例结构分析表，如表 S3-3 所示。

表 S3-3 W 公司现金流量表流入流出比例结构分析表 单位：元

项　　目	2010 年	2011 年	流入：流出	
			2010 年	2011 年
经营活动现金流入小计	4,624,194,360	7,650,534,231	1.12	1.15
经营活动现金流出小计	4,124,409,550	6,640,314,480		
投资活动现金流入小计	310,216,105	32,738,311	0.36	0.03
投资活动现金流出小计	867,963,316	1,012,524,521		
筹资活动现金流入小计	1,454,465,000	1,427,900,000	1.07	1.01
筹资活动现金流出小计	1,362,538,763	1,420,104,358		

从表 S3-3 中可以看出，该公司 2010 年和 2011 年经营活动流入流出比例分别为 1.12 和 1.15，表明 1 元的现金流出可换回 1.12 元和 1.15 的现金流入，此值越大越好。该公司投资活动的现金流入和流出比例分别为 0.36 和 0.03，表明该公司处于发展期。一般来说，处于发展时期的公司该值比较小，而衰退期和缺少投资机会时该值较大。筹资活动流入流出比例两年分别为 1.07 和 1.01，表明筹款大于还款。一般来说，对于一个成长型的公司来说，经营活动的现金流量应为正数，投资活动的现金流量应为负数，筹资活动的现金流量应在正负之间，该企业的现金流量基本体现了这种成长型公司状况。

实践 3.2 现金流量表趋势分析

根据"实践资料一"中 W 公司现金流量表及其相关信息，运用趋势分析方法对

W 公司财务状况初步分析，使企业利益相关者对企业经营活动、投资活动和筹资活动的变动情况及其发展趋势有所了解。

【分析】

如果企业的生产经营活动处于持续健康发展状态，那么，其现金流量表的主要项目数据会呈现出持续稳定的发展趋势。如果企业的主要项目数据出现异常波动，则意味着企业的现金流量在某些方面发生了重大变化。一般按以下步骤进行分析：

(1) 编制现金流量表趋势分析表。

(2) 结合现金流量表趋势分析表，分析企业经营活动的现金流量的变动趋势。

(3) 结合现金流量表趋势分析表，分析企业投资活动的现金流量的变动趋势。

(4) 结合现金流量表趋势分析表，分析企业筹资活动的现金流量的变动趋势。

【参考解决方案】

1. 编制现金流量表趋势分析表

一般来说，对现金流量表趋势分析，首先要编制现金流量趋势分析表。其计算公式为

$$某项目的变动额 = 报告期(本年)金额 - 标准(上年)金额$$

$$某项目的变动率 = \frac{某项目变动额}{标准(上年)金额}$$

根据"实践资料一"中 W 公司的现金流量表编制现金流量表趋势分析表，如表 S3-4 所示。

表 S3-4　W 公司现金流量表趋势分析表　　　　　单位：元

项　　目	2010 年	2011 年	增减额	变动率
一、经营活动产生的现金流量				
销售商品、提供劳务收到的现金	4,599,555,916	7,541,307,010	2,941,751,094	63.96%
收到的税费返还	—	100,603,053	100,603,053	—
收到其他与经营活动有关的现金	24,638,444	8,624,168	−16,014,276	−65.00%
经营活动现金流入小计	4,624,194,360	7,650,534,231	3,026,339,871	65.45%
购买商品、接受劳务支付的现金	3,491,550,189	5,196,396,395	1,704,846,206	48.83%
支付给职工以及为职工支付的现金	329,590,993	438,566,099	108,975,106	33.06%
支付的各项税费	109,248,030	199,542,039	90,294,009	82.65%
支付其他与经营活动有关的现金	194,020,338	805,809,947	611,789,609	315.32%
经营活动现金流出小计	4,124,409,550	6,640,314,480	2,515,904,930	61.00%
经营活动产生的现金流量净额	499,784,810	1,010,219,751	510,434,941	102.13%
二、投资活动产生的现金流量				
收回投资收到的现金	56,909,418	—	−56,909,418	−100.00%
取得投资收益收到的现金	104,326,781	16,389,786	−87,936,995	−84.29%
处置固定资产、无形资产和其他长期资产收回的现金净额	48,769,648	10,616,021	−38,153,627	−78.23%
收到其他与投资活动有关的现金	100,210,258	5,732,504	−94,477,754	−94.28%
投资活动现金流入小计	310,216,105	32,738,311	−277,477,794	−89.45%
购建固定资产、无形资产和其他长期资产支付的现金	264,510,507	349,838,222	85,327,715	32.26%
投资支付的现金	—	—		
支付其他与投资活动有关的现金	603,452,809	662,686,299	59,233,490	9.82%

项　　目	2010 年	2011 年	增减额	变动率
投资活动现金流出小计	867,963,316	1,012,524,521	144,561,205	16.66%
投资活动产生的现金流量净额	−557,747,211	−979,786,210	−422,038,999	75.67%
三、筹资活动产生的现金流量				
吸收投资收到的现金	—	9,000,000	9,000,000	—
取得借款所收到的现金	1,454,465,000	1,418,900,000	−35,565,000	−2.45%
筹资活动现金流入小计	1,454,465,000	1,427,900,000	−26,565,000	−1.83%
偿还债务所支付的现金	1,272,530,166	1,350,165,357	77,635,191	6.10%
分配股利、利润或偿付利息所支付的现金	90,008,597	68,939,001	−21,069,596	−23.41%
支付其他与筹资活动有关的现金	—	1,000,000	1,000,000	—
筹资活动现金流出小计	1,362,538,763	1,420,104,358	57,565,595	4.22%
筹资活动产生的现金流量净额	91,926,237	7,795,642	−84,130,595	−91.52%
四、汇率变动对现金及现金等价物的影响	1,477,790	2,037,353	559,563	37.86%
五、现金及现金等价物净增加额	35,441,576	40,266,536	4,824,960	13.61%
加：期初现金及现金等价物余额	651,196,564	686,638,140	35,441,576	5.44%
六、期末现金及现金等价物余额	686,638,140	726,904,676	40,266,536	5.86%

2. 经营活动现金流量趋势分析

根据表 S3-4 可以对 W 公司经营活动现金流量变动趋势作如下分析：

(1) 经营活动现金流入量趋势分析。

W 公司 2010 年的经营活动现金流入量为 4,624,194,360 元，2011 年增至 7,650,534,231 元，其变动额为 3,026,339,871 元，增长率为 65.45%。其增长的主要原因是销售商品、提供劳务而收到的现金增长。表明企业通过营业收入产生现金的能力增强。

(2) 经营活动现金流出量趋势分析。

W 公司 2010 年的经营现金活动流出量为 4,124,409,550 元，2011 年增至 6,640,314,480 元，其变动额为 2,515,904,930 元，增长率为 61%。其增长的主要原因是支付各项税费和支付其他与经营活动有关的现金增加。

(3) 经营活动现金净流量趋势分析。

W 公司 2010 年的经营现金净流量为 499,784,810 元，2011 年增至 1,010,219,751 元，其变动额为 510,434,941 元，增长率为 102.13%。其主要原因是经营活动现金流入增加额大于经营活动现金流出增加额。

3. 投资活动现金流量趋势分析

根据表 S3-4 可以对 W 公司投资活动现金流量变动趋势作如下分析：

(1) 投资活动现金流入量趋势分析。

W 公司 2010 年的投资活动现金流入量为 310,216,105 元，2011 年降至 32,738,311 元，减少额为 −277,477,794 元，变动率为 −89.45%。主要是投资活动现金流入的有关项目都不同程度的下降造成的。

(2) 投资活动现金流出量趋势分析。

W 公司 2010 年的投资活动现金流出量为 867,963,316 元，2011 年增至 1,012,524,521 元，变动额为 144,561,205 元，变动率为 16.66%。主要原因是购建固定资产、无形资产和其他长期资产支付的现金增加,这些购建项目所需现金增长额为 85,327,715 元,增长率为 32.26%。

(3) 投资活动现金净流量趋势分析。

W 公司 2010 年的投资活动净流量为-557,747,211 元,2011 年降至-979,786,210 元,变动额为-422,038,999 元,变动率为 75.67%。主要原因是投资活动现金流入量大幅度减少,而投资活动现金流出量大幅度增加。

4. 筹资活动现金流量趋势分析

根据表 S3-4 可以对 W 公司筹资活动现金流量变动趋势作如下分析:

(1) 筹资活动现金流入量趋势分析。

W 公司 2010 年筹资活动现金流入量为 1,454,465,000 元,2011 年筹资活动现金流入量为 1,427,900,000 元,减少额为 26,565,000,变动率为-1.83%。主要原因是取得借款收到的现金流量减少,减少额为 35,565,000 元。

(2) 筹资活动现金流出量趋势分析。

W 公司 2010 年筹资活动现金流出量为 1,362,538,763 元,2011 年筹资活动现金流出量为 1,420,104,358 元,减少额为 57,565,595,变动率为 4.22%。主要原因是偿还债务所支付的现金增加,增加额为 77,635,191 元。

(3) 筹资活动现金净流量趋势分析。

W 公司 2010 年筹资活动现金净流量为 91,926,237 元,2011 年筹资活动现金流入量为 7,795,642 元,减少额为 84,130,595 元,变动率为-91.52%。主要原因是筹资活动现金流入量减少,而筹资活动现金流出量增加不一致。

实践 3.3 经营现金流量具体项目质量及其相关比率分析

根据"实践资料一"中 W 公司现金流量表及其相关信息,结合现金流量表的结构和趋势分析,对 W 公司经营现金流量具体项目质量及相关指标揭示的财务状况进行分析,使报表使用者进一步了解企业的财务状况及其经营情况。

【分析】

经营活动现金流量是企业现金的主要来源,与净利润相比,经营活动所产生的现金流量多少,能够更确切的反映企业的经营质量。

分析企业经营活动产生的现金流量,分析思路如下:

(1) 经营活动现金流量总体质量分析。

(2) 经营活动获取现金的质量分析。

(3) 经营活动获现金流动性(偿债能力)质量分析。

【参考解决方案】

1. 经营活动现金流量总体质量分析

从 W 公司现金流量表趋势分析表 S3-4 中可以看出,2010 年现金流量净额为 499,784,810 元,2011 年增至 1,010,219,751 元,变动额为 510,434,941 元,变动率为 102.13%,且两年的现金流量净额均大于 0,表明企业生产经营状况较好,其金额能够弥补当期的非现金消耗性成本，企业经营活动产生的现金流量已经处于良好的运转状态。在这种状态下，企业所生产的产品符合市场需求，市场占有率高，同时企业的付现成本、费用控制有效。

2. 经营活动获取现金的质量分析

根据 W 公司财务报表相关资料计算有关数据，结果如表 S3-5 所示。

表 S3-5　W 公司获取现金能力比率计算表 单位：元

项　　目	2010 年	2011 年
①营业收入	4,894,869,559	6,216,509,905
②净利润	100,888,267	208,327,393
③资产总额	7,656,539,329	9,432,791,214
④资产平均总额	—	8,544,665,271.50
⑤经营活动产生的现金流量净额	499,784,810	1,010,219,751
盈利现金比率⑤/②	495.38%	484.92%
销售现金比率⑤/①	10.21%	16.25%
全部资产现金回收率⑤/④	—	11.82%

从表 S3-5 中计算的盈利指标可以看出：

W 公司的盈利现金比率两年分别为 495.38%和 484.92%，从盈利能力比率可以了解公司净利润的现金含量，而净利润的现金含量则是企业市场竞争力的根本体现。W 企业经营活动现金流量净额与净利润两者都为正，且比值远远大于 1，表明企业创造的净利润全部可以以现金形式实现，企业收现能力较强。

W 公司的销售现金比率两年分别为 10.21%和 16.25%，销售现金比率反映每 1 元销售得到的现金，数据越大越好。该指标呈上升趋势，表明企业的营业活动获取净现金的能力较好。

W 公司的全部资产现金回收率 2011 年为 11.82%，全部资产现金回收率反映了公司运用资产获取现金的能力，比值越大说明资产利用效果越好，利用资产创造的现金流入越多，整个企业获取现金的能力越强，经营管理水平越高。反之，则经营管理水平越低，经营者有待提高管理水平，进而提高企业的经济效益。从这个指标来看，该企业资产获取现金的能力很理想，经营管理水平高。

3. 经营活动获现流动性(偿债能力)质量分析

根据 W 公司财务报表相关资料，计算有关数据，结果如表 S3-6 所示。

表 S3-6　W 公司偿债能力比率计算表 单位：元

项　　目	2010 年	2011 年
①流动负债	3,963,699,350	5,690,004,422
②负债总额	4,859,319,183	6,386,693,815
③财务费用	75,536,164	54,012,477
④经营活动产生的现金流量净额	499,784,810	1,010,219,751
现金流动负债比	12.61%	17.75%
现金债务总额比	10.29%	15.82%
现金流量利息保障倍数	6.61	18.70

从表 S3-6 中可以看出：

W 公司的现金流动负债比两年分别为 12.61%和 17.75%，呈上升趋势。该指标可以从现金流量角度来反映企业当期偿付短期负债的能力。现金流动负债比率越大，表明企业经营活动产生的现金净流量越多，越能保障企业按期偿还到期债务。但是，该指标也不是越大越好，指标过大表明企业流动资金利用不充分，获利能力不强。从现金流量角度来看，W 公司的短期偿债能力较强。

W 公司的现金负债总额比两年分别为 10.29%和 15.82%，呈上升趋势。指标反映了企业承担债务的能力，是评估企业中长期偿债能力的重要指标，同时也是预测企业破产的可靠指标。该比率要与历史数值或同行业数值比较才能确定高低。比率越高，企业承担债务的能力越强，破产可能性越小，相反比率越低，企业财务灵活性越差，破产的可能性越大。

W 公司的现金流量利息保障倍数两年分别为 6.61 和 18.70，显示了公司对利息有较强的支付能力。现金流量保障倍数是以现金为基础的利息保障倍数，表明每 1 元利息费用由多少经营现金净流量做保障。它比以利润为基础的利息保障倍数更可靠，因为实际用来支付利息的是现金，而不是利润。

实践 4　杜邦财务分析

实践指导

认真阅读本书附录 2 中的"实践资料二"内容，运用杜邦财务分析方法，评价企业各环节的经营业绩，共包括三项任务，分别为净资产收益率的计算和分解、连环替代法的运用、销售净利率的影响因素分析。通过本实践，进一步掌握杜邦财务分析体系的基本分析方法，并用相应的指标进行财务报表综合评价。

实践内容

根据"实践资料二"，计算雅戈尔 2009 年、2010 年净资产收益率、总资产周转率、销售净利率和权益乘数，并根据杜邦财务分析原理运用连环替代法分析净资产收益率下降的主要原因。

【分析】

净资产收益率是杜邦分析体系的核心，可以分解为销售净利率、总资产周转率和权益乘数。分析者要找出相关的重要变动指标，对其层层分析。根据企业具体情况，分析思路如下：

1. 销售净利率分析

通过销售净利率可以对企业经营损益进行一系列的分析，进而发现经营活动中存在的问题，为进一步提高企业盈利水平提供决策依据。具体分析思路如下：

(1) 计算销售产品的毛利率，分析企业是否具有核心竞争力。

(2) 计算成本利润率，分析企业的产品是否具有创利能力。

(3) 计算期间费用占收入的比重，分析企业费用对盈利的影响程度。

(4) 计算营业利润占利润总额的比重，分析企业主营业务利润对净利润的贡献程度。

(5) 计算费用与成本的比例，分析企业的耗费构成。

2. 总资产周转率分析

通过总资产周转率可以对企业投资效率作进一步分析，以评价企业在一定时期内资产营运的效率和效果，具体分析思路如下：

(1) 计算总资产周转率，分析企业资产创造营业收入的能力及总体营运效率。

(2) 计算流动资产及非流动资产的周转率，分析两类资产各自的营运效率。

(3) 计算应收账款周转率，分析企业对应收账款规模的控制能力和变现能力。

(4) 计算存货周转率，分析企业对存货的规模控制能力和销售转化能力。

(5) 计算其他单项资产对销售收入的贡献程度。

3. 财务杠杆分析

以资产负债表为基础对企业负债结构进行分析，可以反映企业在一定期间的偿债能力。具体分析思路如下：

(1) 计算资产负债率，分析企业总体的负债水平。

(2) 计算流动比率，分析企业流动性资产保障流动负债的能力。

(3) 计算速动比率，分析企业速动资产保障流动负债的能力。

(4) 计算利息保障倍数，分析企业盈利现金偿付债务利息的能力。

(5) 计算短期债务与长期债务的比例，分析企业的现金支付能力。

【参考解决方案】

1. 计算雅戈尔杜邦财务分析体系相关指标

根据"实践资料二"，计算雅戈尔 2009 年、2010 年杜邦财务分析体系相关指标，如表 S4-1 所示。

表 S4-1　雅戈尔杜邦财务分析体系相关指标计算表　　　　　　　单位：元

项　　　目	2008 年	2009 年	2010 年
①营业收入	10,780,310,835.33	12,278,622,223.27	14,513,590,505.84
②净利润	1,791,530,810.23	3,494,180,331.84	2,934,320,517.64
③股东权益合计	9,907,469,857.74	15,573,215,896.22	15,206,851,510.32
④平均股东权益	—	12,740,342,876.98	15,390,033,703.27
⑤资产总计	31,631,666,106.26	41,934,001,116.14	48,262,700,064.47
⑥平均资产	—	36,782,833,611.20	45,098,350,590.31
净资产收益率②/④	—	27.43%	19.07%
销售净利率②/①	—	28.46%	20.22%
总资产周转率①/⑥	—	0.3338	0.3218
权益乘数⑥/④	—	2.8871	2.9304

2. 用连环替代法分析主要驱动因素

净资产收益率 = 销售净利率 × 总资产周转率 × 权益乘数

2009 年净资产收益率：27.43% = 28.46% × 0.3338 × 2.8871

2010 年净资产收益率：19.07% = 20.22% × 0.3218 × 2.9304

净资产收益率变动：19.07% − 27.43% = −8.36%

通过计算可以看出，净资产收益率有所下降，影响净资产收益率高低的不利因素是销售净利率和总资产周转率，有利因素是权益乘数。

利用连环替代法定量分析各影响因素对净资产收益率的影响大小：

(1) 销售净利率变动的影响。

按 2010 年的销售净利率计算的净资产收益率为

净资产收益率 = 20.22% × 0.3338 × 2.8871 = 19.49%

销售净利率变动的影响 = 19.49% − 27.43% = −7.94%

(2) 总资产周转率变动的影响。

按 2010 年销售净利率、总资产周转率计算的净资产收益率为

净资产收益率 = 20.22% × 0.3218 × 2.8871 = 18.79%

总资产周转率变动的影响 = 18.79% − 19.49% = −0.70%

(3) 权益乘数变动的影响。

按 2010 年销售净利率、总资产周转率和权益乘数计算的净资产收益率为

2010 年净资产收益率 = 20.22% × 0.3218 × 2.9304 = 19.07%

权益乘数变动的影响 = 19.07% − 18.79% = 0.28%

通过对驱动因素替代计算可知：

(1) 销售净利率反映营业收入与净利润关系。雅戈尔在 2010 年销售收入增加，净利润却减少，说明企业成本增大。因此雅戈尔在今后的经营生产过程中应该注意公司成本费用的控制。

(2) 总资产周转率反映了总资产的周转速度。雅戈尔 2010 年总资产周转率下降，表明其资产营运效率较低或资产结构不合理，所以雅戈尔在以后生产经营中应该合理配置资产，提高资产营运效率。

(3) 权益乘数又叫财务杠杆。雅戈尔 2010 年权益乘数增大，表明其负债不断增加，而净资产收益率下降，财务风险较大，所以公司应适当的利用财务杠杆，将提高净资产收益率的重点转移到改善生产经营上来，合理安排资本结构。

3. 销售净利率影响因素分析

销售净利率的变动是由利润表的各个项目变动引起的，因此可以从利润表的趋势和结构进行分析，找出引起销售净利润下降的主要因素。

(1) 编制利润表趋势分析表。

根据"实践资料二"编制雅戈尔利润表趋势分析表，如表 S4-2 所示。

表 S4-2　雅戈尔利润表趋势分析表　　　　单位：元

项　　目	2009 年	2010 年	增减额	变化率
一、营业收入	12,278,622,223.27	14,513,590,505.84	2,234,968,282.57	18.20%
减：营业成本	7,562,856,061.37	9,634,579,845.66	2,071,723,784.29	27.39%
营业税金及附加	350,015,942.23	971,053,947.10	621,038,004.87	177.43%
营业费用	1,098,217,781.09	1,139,286,518.75	41,068,737.66	3.74%
管理费用	813,038,025.79	1,004,004,951.88	190,966,926.09	23.49%
财务费用	301,151,231.61	420,632,282.73	119,481,051.12	39.67%
资产减值损失	28,074,621.33	−30,511,151.59	−58,585,772.92	−208.68%
加：公允价值变动收益	35,434,412.03	−31,822,477.85	−67,256,889.88	−189.81%
投资收益	1,979,018,706.93	2,057,854,203.72	78,835,496.79	3.98%
其中：对联营企业和合营企业的投资收益	2,683,363.41	50,638,664.96	47,955,301.55	1787.13%
二、营业利润	4,139,721,678.81	3,400,575,837.18	−739,145,841.63	−17.85%
加：营业外收入	61,035,869.28	306,479,966.20	245,444,096.92	402.13%
减：营业外支出	103,156,289.72	46,332,485.63	−56,823,804.09	−55.09%
其中：非流动资产处置损失	17,513,685.82	3,232,857.90	−14,280,827.92	−81.54%
三、利润总额	4,097,601,258.37	3,660,723,317.75	−436,877,940.62	−10.66%
减：所得税费用	603,420,926.53	726,402,800.11	122,981,873.58	20.38%
四、净利润	3,494,180,331.84	2,934,320,517.64	−559,859,814.20	−16.02%

从表 S4-2 中可以看出:

雅戈尔公司 2010 年实现净利润 2,934,320,517.64 元，比上年减少 559,859,814.20 元，下降幅度为 16.02%。主要原因是利润总额比上年减少 436,877,940.62 元，所得税费用比上年增长 122,981,873.58 元，导致净利润减少。

该公司利润总额 2010 年比上年减少 436,877,940.62 元，关键原因是营业利润减少 739,145,841.63 元，下降幅度为 17.85%。

该公司营业利润 2010 比上年减少 739,145,841.63 元，下降幅度为 17.85%，影响因素主要有：营业税金及附加增加 621,038,004.87 元，增加幅度为 177.43%；公允价值变动损益减少了 67,256,889.88 元，下降幅度为 189.81%；此外，营业成本和费用都存在不同幅度的增加。

(2) 编制利润表结构分析表。

根据"实践资料二"编制雅戈尔利润表结构分析表，如表 S4-3 所示。

表 S4-3　雅戈尔利润表结构分析表
单位：元

项　　目	2009 年	2010 年	2009 比重	2010 比重	变化率
一、营业收入	12,278,622,223.27	14,513,590,505.84	100.00%	100.00%	—
减：营业成本	7,562,856,061.37	9,634,579,845.66	61.59%	66.38%	4.79%
营业税金及附加	350,015,942.23	971,053,947.10	2.85%	6.69%	3.84%
营业费用	1,098,217,781.09	1,139,286,518.75	8.94%	7.85%	−1.09%
管理费用	813,038,025.79	1,004,004,951.88	6.62%	6.92%	0.30%
财务费用	301,151,231.61	420,632,282.73	2.45%	2.90%	0.45%
资产减值损失	28,074,621.33	−30,511,151.59	0.23%	−0.21%	−0.44%
加：公允价值变动收益	35,434,412.03	−31,822,477.85	0.29%	−0.22%	−0.51%
投资收益	1,979,018,706.93	2,057,854,203.72	16.12%	14.18%	−1.94%
其中：对联营企业和合营企业的投资收益	2,683,363.41	50,638,664.96	0.02%	0.35%	0.33%
二、营业利润	4,139,721,678.81	3,400,575,837.18	33.71%	23.43%	−10.28%
加：营业外收入	61,035,869.28	306,479,966.20	0.50%	2.11%	1.61%
减：营业外支出	103,156,289.72	46,332,485.63	0.84%	0.32%	−0.52%
其中：非流动资产处置损失	17,513,685.82	3,232,857.90	0.14%	0.02%	−0.12%
三、利润总额	4,097,601,258.37	3,660,723,317.75	33.37%	25.22%	−8.15%
减：所得税费用	603,420,926.53	726,402,800.11	4.91%	5.00%	0.09%
四、净利润	3,494,180,331.84	2,934,320,517.64	28.46%	20.22%	−8.24%

从表 S4-3 中可看出:

2010 年营业利润占营业收入的比重为 23.43%，比上年度的 33.71%下降 10.28%；2010 年利润总额所占比重为 25.22%，比上年度的 33.37%下降了 8.15%；2010 年净利润所占比重为 20.22%，比上年的 28.46%减少了 8.24%。从利润的构成情况上看，雅戈尔公司盈利能力比上年度有所下降。从营业利润结构看，主要是营业成本、营业税金及附加与营业收入增长幅度不一致导致。另外，管理费用、财务费用的增加对营业利润、利润总额和净利润都带来了一定的不利影响。

(3) 利润表相关指标分析。

根据"实践资料二",编制雅戈尔利润表相关指标分析表,如表 S4-4 所示。

表 S4-4 雅戈尔利润表相关指标分析表   单位:元

项　　目	2009 年	2010 年	增长额	变化率
①营业收入	12,278,622,223.27	14,513,590,505.84	2,234,968,282.57	18.20%
②营业成本	7,562,856,061.37	9,634,579,845.66	2,071,723,784.29	27.39%
③销售费用	1,098,217,781.09	1,139,286,518.75	41,068,737.66	3.74%
④管理费用	813,038,025.79	1,004,004,951.88	190,966,926.09	23.49%
⑤财务费用	301,151,231.61	420,632,282.73	119,481,051.12	39.67%
费用总额③+④+⑤	2,212,407,038.49	2,563,923,753.36	351,516,714.87	15.89%
毛利①-②	4,715,766,161.90	4,879,010,660.18	163,244,498.28	3.46%
毛利率	38.41%	33.62%	—	−4.79%
费用总额占收入比重	18.02%	17.67%	—	−0.35%
销售净利率	28.46%	20.22%	—	−8.24%

从表 S4-4 中可以看出:

(1) 毛利率。

雅戈尔 2009 年的销售毛利率为 38.41%,2010 年下降到 33.62%,下降幅度为 4.79%。主要原因是营业成本的大幅度增加,增长幅度分别为 27.39%,远远高于营业收入 18.20%的增长幅度。

(2) 费用总额。

从发展趋势上看,费用总额 2009 年为 2,212,407,038.49 元,2010 年为 2,563,923,753.36 元,增长幅度为 15.89%,低于收入的增长幅度 18.20%;从费用总额占收入的比重看,2009 年所占比重为 18.02%,2010 年所占比重为 17.67%,减少幅度为 0.35%。从发展趋势和比重分析可以得知,雅戈尔对费用的总体费用控制比较合理。

实践 5　沃尔评分法

 ## 实践指导

认真阅读本书附录 2 中的"实践资料三"内容，运用沃尔评分法，对企业的财务状况和经营成果进行综合评价，共包括六项任务，分别为选择评价指标、确定评分值、确定各项指标的对比值、计算所选指标实际值、计算企业财务比率的实际得分、综合评价。通过本实践，进一步掌握沃尔评分法的基本分析方法，并根据指标总得分进行财务报表综合评价。

 ## 实践内容

根据"实践资料三"，分别计算贵州茅台选定的财务指标，并采用沃尔评分法对贵州茅台的财务状况和经营成果进行综合评价。

【分析】

沃尔评分法的原理是：将分散的财务指标通过一个加权体系综合起来，使一个多维度的评价体系变成一个综合得分，以此对企业进行综合评价。具体分析思路如下：

(1) 选择评价指标。常用的指标有偿债能力指标、营运能力指标、获利能力指标、营运能力指标、发展能力指标。

(2) 根据各项目财务比率的重要程度，确定其标准评分值。

(3) 确定各项比率指标的对比值。

(4) 计算企业在一定时期内的各项财务比率指标的实际值。

(5) 计算企业财务比率的实际得分。

(6) 综合评价。

【参考解决方案】

1. 选择评价指标

根据企业的实际情况，选定的财务比率指标如下：

偿债能力指标：资产负债率、利息保障倍数。

营运能力指标：总资产周转率、应收账款周转率。

获利能力指标：净资产收益率、总资产报酬率。

发展能力指标：营业收入增长率、总资产增长率。

2. 确定评分值

上述四类八项财务比率指标的评分值分别为：

偿债能力指标(22 分)：资产负债率 12 分、利息保障倍数 10 分。

营运能力指标(22 分)：总资产周转率 10 分、应收账款周转率 12 分。

获利能力指标(34 分)：净资产收益率 20 分、总资产报酬率 14 分。

发展能力指标(22 分)：营业收入增长率 12 分、总资产增长率 10 分。

3. 确定各项指标的对比值

根据该企业的财务和生产状况，以"实践资料三"(见附表 2-29)的良好值为标准。

4. 计算所选指标实际值

根据"实践资料三"中相关财务报表资料，分别计算贵州茅台选定的财务指标，结果如表 S5-1 所示。

表 S5-1　贵州茅台财务比率计算表　　　　　　　单位：元

项　　目	2008 年	2009 年	2010 年
①应收账款	34,825,094.84	21,386,314.28	1,254,599.91
②平均应收账款	—	28,105,704.56	11,320,457.10
③负债总额	4,250,769,540.40	5,118,057,753.51	7,038,190,246.07
④股东权益	11,503,418,295.95	14,651,565,394.21	18,549,389,694.62
⑤平均股东权益	—	13,077,491,845.08	16,600,477,544.42
⑥资产总额	15,754,187,836.35	19,769,623,147.72	25,587,579,940.69
⑦平均资产	—	17,761,905,492.04	22,678,601,544.21
⑧营业收入	8,241,685,564.11	9,669,999,065.39	11,633,283,740.18
⑨利润总额	5,385,300,638.16	6,080,539,884.64	7,162,416,731.37
⑩财务费用	−102,500,765.33	−133,636,115.78	−176,577,024.91
⑪息税前利润	5,282,799,872.83	5,946,903,768.86	6,985,839,706.46
⑫净利润	4,000,759,343.11	4,552,888,944.00	5,339,761,496.97
净资产收益率⑫/⑤	—	34.8%	32.2%
总资产报酬率⑫/⑦	—	23.0%	20.9%
总资产周转率⑧/⑦	—	0.5	0.5
应收账款周转率⑧/②	—	452.2	1,027.6
资产负债率③/⑥	27.0%	25.9%	27.5%
利息保障倍数⑪/⑩	−51.5	−44.5	−39.6
营业收入增长率		17.3%	20.3%
总资产增长率		25.5%	29.4%

5. 计算企业财务比率的实际得分

沃尔评分法的计算公式为

$$\text{实际分数} = \text{关系比率} \times \text{评分值} = \frac{\text{实际值}}{\text{选取的标准值}} \times \text{评分值}$$

贵州茅台 2010 年的沃尔评分表如表 S5-2 所示。

表 S5-2　贵州茅台 2010 年沃尔评分表

选定的指标	权重 ①	标准值 ②	实际值 ③	得分 ④ = ③/② × ①
一、获利能力指标	34			
1. 净资产收益率	20	16.7%	32.2%	38.5
2. 总资产报酬率	14	12%	20.9%	24.3
二、营运能力指标	22			
1. 总资产周转率	10	1.2	0.5	4.3
2. 应收账款周转率	12	24.3	1,027.6	507.5
三、偿债能力指标	22			
1. 资产负债率	12	33.7%	27.5%	9.8
2. 利息保障倍数	10	18.5	−39.56	−21.4
四、发展能力指标	22			
1. 营业收入增长率	12	37.9%	20.3%	6.4
2. 总资产增长率	10	42.4%	29.4%	6.9
五、综合得分	100			576.4

6. 综合评价

从表 S5-2 中可以看出：贵州茅台的总得分 576.4 分，得分很高，表明企业的财务和生产经营状况十分理想。其绝对优势表现在应收账款的周转率上，其周转率为 1027.6。具体分析如下：

(1) 获利能力。

总资产报酬率表示企业全部资产获取收益的水平，全面反映了企业的获利能力和投入产出状况。该指标越高，表明资产利用效率越高，说明企业在增加收入、节约资金使用等方面取得了良好的效果。由该表得分可知，贵州茅台的资产运营效率较高。

(2) 营运能力。

贵州茅台应收账款周转为 1027.6，评分为 507.5。应收账款的周转率过高，周转天数过少，可能是贵州茅台奉行了比较严格的信用政策。这种信用政策会在一定程度上限制销售的扩大，从而影响盈利水平，往往表现为存货的周转率偏低。进一步计算贵州茅台存货周转率为 2.38，该存货周转率低于行业平均水平。

(3) 偿债能力。

利息保障倍数着重反映企业的付息能力。付息能力的重要性不亚于还本能力。贵州茅台的财务费用为负，说明企业的利息收入大于利息支出，这种情况下，计算利息保障倍数是没有意义的。这种情况出现的原因可能有：一是企业的银行存款余额很大，给企业带来了巨额的利息收入；二是企业的资金转移给其他企业使用并收取利息；三是贵州茅台企业持有大量外币，在利率波动的情况下获得巨大的汇兑收益。财务费用为负的突出问题是"资产回报率"低于"银行利率"，而企业暂时找不到适合的项目，企业只好将大量资金存进银行或者拆借给他人。由此可见，企业财务费用为负的背后是资产回报率低、资产结构不合理，企业在这方面应该加以注意。

(4) 发展能力。

贵州茅台营业收入增长率和总资产增长率与其他能力指标相比，得分并不高。从茅台的销售渠道来看，政府采购渠道占到销售总量的约为 30%，企业采购约占 20%，超市与餐饮销量只占 20%，其余销售渠道为专门店销售。这种渠道销售方式的利弊，要用时间去检验。

7. 沃尔评分法在实践中的评价

从实践中可以看出，沃尔评分法理论在实践中有一个明显问题就是某一个指标严重异常时，会对总评分产生很大的影响，比如贵州茅台的应收账款周转率。这种缺陷是由财务比率与其比重相"乘"而引起的。

附　　录

附录1

M 企业是一家多元化发展的股份有限公司，其营业范围包括：电视机、冰箱、空调、压缩机、视听产品、电池、手机等产品的生产销售、IT 产品的销售以及房地产开发等。以下为该企业 2010 年—2012 年相关财务报表资料。(单位：万元，币种：人民币)

附表 1-1　M 企业 2010—2012 年资产负债表

项　目	2012.12.31	2011.12.31	2010.12.31
流动资产			
货币资金	1,087,831.30	1,115,078.45	1,023,546.79
交易性金融资产	2,812.00	5,180.02	4,983.52
应收票据	864,584.97	907,685.91	636,875.48
应收账款	653,686.71	592,994.52	462,436.90
预付账款	127,944.51	107,778.00	60,501.34
应收利息	5,226.49	642.59	0.00
其他应收款	48,883.54	66,616.11	53,821.68
存货	1,255,601.33	1,004,708.54	885,190.35
其他流动资产	549.99	1,195.29	642.52
流动资产合计	4,047,120.85	3,801,879.42	3,127,998.59
非流动资产			
可供出售金融资产	—	—	46.27
持有至到期投资	3,000.00	7,000.00	—
长期股权投资	76,036.78	61,109.60	58,175.20
投资性房地产	40,122.83	6,933.58	7,317.23
固定资产	827,361.50	810,449.20	839,652.25
在建工程	51,112.92	82,566.24	44,709.86
无形资产	337,247.13	326,358.54	312,342.50
开发支出	54,436.54	47,986.81	44,655.98
长期待摊费用	1,585.67	1,058.18	1,220.14
递延所得税资产	16,529.85	19,764.84	19,476.37
非流动资产合计	1,407,433.22	1,363,226.99	1,327,595.79
资产总计	5,454,554.07	5,165,106.41	4,455,594.38
流动负债			
短期借款	1,038,281.52	886,696.49	892,504.73
交易性金融负债	9,691.15	3,943.01	2,259.12
应付票据	538,055.22	487,059.54	439,997.70
应付账款	921,960.36	792,217.88	652,100.13
预收账款	143,416.37	151,294.42	211,331.75
应付职工薪酬	49,259.49	46,408.32	40,484.37
应交税费	−60,476.52	−28,892.55	−40,429.53
应付利息	6,063.77	5,331.07	4,263.76

续表

项　目	2012.12.31	2011.12.31	2010.12.31
应付股利	4,127.38	779.87	473.62
其他应付款	218,530.87	166,500.06	121,334.44
一年内到期的非流动负债	208,169.55	132,737.73	41,695.63
流动负债合计	3,077,079.16	2,644,075.83	2,366,015.73
非流动负债			
长期借款	148,233.46	349,066.81	292,889.12
应付债券	290,835.21	277,062.63	234,446.40
专项应付款	—	1,849.50	3,321.41
预计负债	—	45,949.21	45,323.83
递延所得税负债	11,114.90	14,483.82	17,591.57
其他非流动负债	67,465.44	48,166.63	36,524.13
非流动负债合计	566,370.34	736,578.60	630,668.81
负债总计	3,643,449.51	3,380,654.44	2,996,684.54
股东权益			
实收资本(或股本)	461,624.42	461,624.42	284,731.71
资本公积	850,510.38	851,176.61	734,265.16
盈余公积	341,527.57	338,795.69	335,679.13
未分配利润	157,442.19	132,855.25	104,806.18
所有者权益(或股东权益)合计	1,811,104.56	1,784,451.97	1,459,482.18
负债和所有者权益总计	5,454,554.07	5,165,106.41	4,455,594.38

附表 1-2　M 企业 2010—2012 年利润表

项　目	2012 年	2011 年	2010 年
一、营业收入	5,233,414.91	5,200,332.83	4,171,180.89
减：营业成本	4,399,023.81	4,387,835.88	3,490,610.65
营业税金及附加	36,875.41	30,569.69	19,677.61
销售费用	476,495.59	497,800.94	432,426.96
管理费用	226,345.11	206,915.09	161,895.35
财务费用	25,639.13	6,403.23	13,161.80
资产减值损失	68,771.61	58,123.75	65,668.93
加：公允价值变动收益	−10,749.14	812.97	−2,208.20
投资收益	4,980.00	13,861.78	43,272.67
其中：对联营企业和合营企业的投资收益	1,295.77	223.98	401.59
二、营业利润	−5,504.89	27,359.00	28,804.05
加：营业外收入	63,072.06	40,433.58	48,812.15
减：营业外支出	4,795.78	14,643.62	10,486.68
其中：非流动资产处置损失	3,487.46	9,649.57	8,345.53
三、利润总额	52,771.39	53,148.96	67,129.53
减：所得税费用	25,452.57	21,983.34	19,398.33
四、净利润	27,318.82	31,165.62	47,731.20
五、每股收益			
(一) 基本每股收益	—	—	—
(二) 稀释每股收益	—	—	—
六、其他综合收益的税后净额	−550.28	157.9	−10,652.47
七、综合收益总额	26,768.54	31,323.52	37,078.73

附表 1-3　M 企业 2010—2012 年现金流量表

项　目	2012 年	2011 年	2010 年
一、经营活动产生的现金流量			
销售商品、提供劳务收到的现金	5,238,651.06	4,784,588.35	3,852,715.02
收到的税费返还	49,463.41	54,271.08	29,527.44
收到其他与经营活动有关的现金	68,474.22	93,061.16	46,339.13
经营活动现金流入小计	5,356,588.68	4,931,920.59	3,928,581.59
购买商品、接受劳务支付的现金	4,467,537.89	4,341,267.61	3,388,956.03
支付给职工以及为职工支付的现金	349,476.38	313,122.25	256,638.88
支付的各项税费	179,888.37	140,200.95	96,639.64
支付其他与经营活动有关的现金	287,740.12	259,310.38	260,200.74
经营活动现金流出小计	5,284,642.77	5,053,901.19	4,002,435.28
经营活动产生的现金流量净额	71,945.92	−121,980.60	−73,853.70
二、投资活动产生的现金流量			
收回投资收到的现金	26,678.83	1,578.59	50,721.14
取得投资收益收到的现金	3,866.78	5,226.87	16,316.08
处置固定资产、无形资产和其他长期资产收回的现金净额	44,200.47	17,802.25	9,277.15
处置子公司及其他营业单位收到的现金净额	—	21,548.31	−2,988.65
收到其他与投资活动有关的现金	49,656.69	36,867.07	29,224.69
投资活动现金流入小计	124,402.78	83,023.09	102,550.41
购建固定资产、无形资产和其他长期资产支付的现金	105,072.79	129,810.79	148,617.27
投资支付的现金	43,187.34	10,267.42	27,928.87
取得子公司及其他营业单位支付现金净额	−12,015.07	859.84	6,637.13
支付其他与投资活动有关的现金	1,838.43	16,696.90	
投资活动现金流出小计	138,083.50	157,634.95	183,183.27
投资活动产生的现金流量净额	−13,680.72	−74,611.86	−80,632.85
三、筹资活动产生的现金流量			
吸收投资收到的现金	205.36	299,060.38	81457.57
取得借款所收到的现金	1,887,167.46	1,681,420.93	1,731,159.43
发行债券收到的现金		30,581.60	
收到其他与筹资活动有关的现金	178,268.79	1,048.03	4,399.85
筹资活动现金流入小计	2,065,641.60	2,012,110.94	1,817,016.84
偿还债务所支付的现金	1,890,644.95	1,666,888.06	1,310,180.97
分配股利、利润或偿付利息所支付的现金	68,770.82	54,824.73	27,073.14
支付其他与筹资活动有关的现金	1,634.11	102,649.55	86,388.71
筹资活动现金流出小计	1,961,049.88	1,824,362.33	1,423,642.81
筹资活动产生的现金流量净额	104,591.72	187,748.60	393,374.03
四、汇率变动对现金及现金等价物的影响	−11,835.28	−1,525.07	−1,115.56
五、现金及现金等价物净增加额	151,021.64	−10,368.94	237,771.93
加：期初现金及现金等价物余额	805,918.73	816,287.67	578,515.74
六、期末现金及现金等价物余额	956,940.37	805,918.73	816,287.67
七、6 个月以上使用受限的现金及现金等价物余额	130,890.93	309,159.72	130,890.93

附表 1-4　M 企业 2011—2012 年所有者权益变动表一

项　　目	2012 年金额					
	实收资本 (或股本)	资本公积	减：库 存股	盈余公积	未分配 利润	所有者权益 合计
一、上年年末余额	461,624.42	851,176.61	—	338,795.69	132,855.25	1,784,451.97
加：会计政策变更	—	—	—	—	—	—
前期差错更正	—	—	—	—	—	—
二、本年年初余额	461,624.42	851,176.61	—	338,795.69	132,855.25	1,784,451.97
三、本年增减变动金额	—	−666.23		2,731.88	24,586.94	26,652.59
(一) 净利润	—	—		—	27,318.82	27,318.82
(二) 其他综合收益的税后净额	—	−550.27		—		−550.27
(一)和(二)小计	—	−550.27		—	27,318.82	26,768.55
(三) 所有者投入和减少资本	—	−115.96		—	—	−115.96
1. 所有者投入资本	—	—		—	—	—
2. 股份支付计入所有者权益的金额	—	—		—	—	—
3. 其他	—	−115.96		—	—	−115.96
(四) 利润分配	—	—	—	2,731.88	−2,731.88	—
1. 提取盈余公积	—	—		2,731.88	−2,731.88	—
2. 对所有者(或股东)的分配	—	—	—	—	—	—
3. 其他	—	—	—	—	—	—
(五) 所有者权益内部结转						
1. 资本公积转增资本	—	—	—	—	—	—
2. 盈余公积转增资本	—	—	—	—	—	—
3. 盈余公积弥补亏损	—	—	—	—	—	—
4. 其他	—	—	—	—	—	—
四、本年年末余额	461,624.42	850,510.38		341,527.57	157,442.19	1,811,104.56

附表 1-5　M 企业 2011—2012 年所有者权益变动表二

项　　目	2011 年金额					
	实收资本 (或股本)	资本公积	减：库 存股	盈余 公积	未分配 利润	所有者权益 合计
一、上年年末余额	284,731.71	734,265.16	—	335,679.13	104,806.18	1,459,482.18
加：会计政策变更	—	—	—	—	—	—
前期差错更正	—	—	—	—	—	—
二、本年年初余额	284,731.71	734,265.16	—	335,679.13	104,806.18	1,459,482.18
三、本年增减变动金额	176,892.71	116,911.45		3,116.56	28,049.06	324,969.79
(一) 净利润	—	—		—	31,165.63	31,165.63
(二) 其他综合收益的税后净额	—	157.90		—	—	157.90
(一)和(二)小计	—	157.90		—	31,165.63	31,323.52
(三) 所有者投入和减少资本	105,709.78	187,936.49	—	—	—	293,646.27

项　　目	2011 年金额					
	实收资本 (或股本)	资本公积	减：库 存股	盈余 公积	未分配 利润	所有者权益 合计
1. 所有者投入资本	105,709.78	184,104.26	—	—		289,814.04
2. 股份支付计入所有 者权益的金额	—	187.81	—			187.81
3. 其他	—	3,644.42	—	—		3,644.42
(四) 利润分配	—	—	—	3,116.56	–3,116.56	—
1. 提取盈余公积	—	—		3,116.56	–3,116.56	—
2. 对所有者(或股东)的 分配	—	—			—	—
3. 其他	—	—	—	—	—	—
(五) 所有者权益内部 结转	71,182.93	–71,182.93	—	—	—	—
1. 资本公积转增资本	71,182.93	–71,182.93	—	—	—	—
2. 盈余公积转增资本	—	—	—	—	—	—
3. 盈余公积弥补亏损	—	—	—	—	—	—
4. 其他	—	—	—	—	—	—
四、本年年末余额	461,624.42	851,176.61		338,795.69	132,855.25	1,784,451.97

附录 2

实践资料一

W 电器股份有限公司全体股东：

我们审计了 W 有限公司(以下简称 W 公司)财务报表，包括 2011 年 12 月 31 日的资产负债表和 2011 年度的利润表、现金流量表、股东权益变动表以及财务报表附注。

一、管理层对财务报表的责任

按照企业会计准则的规定编制财务报表是 W 公司管理层的责任。这种责任包括：(1) 设计、实施和维护与财务报表编制相关的内部控制，以使财务报表不存在由于舞弊或错误而导致的重大错报；(2) 选择和运用恰当的会计政策；(3) 做出合理的会计估计。

二、注册会计师的责任

我们的责任是在实施审计工作的基础上对财务报表发表审计意见。我们按照中国注册会计师审计准则的规定执行了审计工作。中国注册会计师审计准则要求我们遵守职业道德规范，计划和实施审计工作以对财务报表是否不存在重大错报获取合理保证。

审计工作涉及实施审计程序，以获取有关财务报表金额和披露的审计证据。选择的审计程序取决于注册会计师的判断，包括对由于舞弊或错误导致的财务报表重大错报风险的评估。在进行风险评估时，我们考虑与财务报表编制相关的内部控制，以设计恰当的审计程序，但目的并非对内部控制的有效性发表意见。审计工作还包括评价管理层选用会计政策的恰当性和做出会计估计的合理性，以及评价财务报表的总体列报。

我们相信，我们获取的审计证据是充分、适当的，为发表审计意见提供了基础。

三、审计意见

我们认为，W 公司财务报表已经按照企业会计准则的规定编制，在所有重大方面公允反映了 W 公司 2011 年 12 月 31 日的财务状况以及 2011 年度的经营成果和现金流量。

××会计事务所　　　　　　　　　　　　　　中国注册会计师：×××

　　　　　　　　　　　　　　　　　　　　　中国注册会计师：×××

中国××市　　　　　　　　　　　　　　　　2012 年×月×日

W 公司主要财务报表数据

附表 2-1　W 公司资产负债表　　会企 01 表

2011 年 12 月 31 日　　　　　　　　单位：人民币元

项　　目	合并年初数	母公司年初数	合并年末数	母公司年末数
流动资产				
货币资金	1,417,085,462	1,065,118,299	2,120,038,297	1,595,877,944
交易性金融资产	—	—	—	—
应收票据	622,627,806	613,597,439	734,877,589	548,232,619
应收账款	381,535,897	275,661,469	731,120,036	261,438,092
预付账款	89,011,737	36,549,630	165,879,789	20,599,915
应收利息				
应收股利	164,994,765	—	187,704,983	—
其他应收款	1,057,874,066	2,107,281,156	133,664,884	1,652,631,976
存货	1,123,325,956	679,131,994	1,945,617,637	961,962,539
其他流动资产	6,412,719	5,136,444	14,966,645	13,870,001
流动资产合计	4,862,868,408	4,782,476,431	6,033,869,860	5,054,613,086
非流动资产				
可供出售金融资产	—	—	—	—
持有至到期投资	—	—	—	—
长期应收款	85,602,908	51,602,908	34,000,000	—
长期股权投资	198,173,987	1,223,334,010	172,383,399	1,458,354,550
投资性房地产				
固定资产	1,987,993,334	911,106,760	1,830,668,338	842,984,938
在建工程	192,565,963	66,644,180	170,955,680	43,368,194
工程物资	11,323,062	7,550,688	117,845,210	33,015,098
无形资产	318,011,667	198,209,350	1,073,068,727	953,917,703
开发支出				
长期待摊费用				
递延所得税资产				
其他非流动资产	—	—	—	—
非流动资产合计	2,793,670,921	2,458,447,896	3,398,921,354	3,331,640,483
资产总计	7,656,539,329	7,240,924,327	9,432,791,214	8,386,253,569
流动负债				
短期借款	960,164,036	400,000,000	858,900,000	310,000,000
交易性金融负债	—	—	—	—
应付票据	942,591,729	1,075,014,036	1,938,635,005	1,940,688,655
应付账款	739,184,874	652,568,689	1,401,689,440	365,938,682
预收账款	337,665,921	300,245,037	456,523,479	414,162,842
应付职工薪酬	48,198,058	31,860,359	28,285,545	9,858,676
应交税费	39,849,854	62,552,141	−32,821,459	−48,587,455
其他应交款	2,944,393	2,029,317	5,833,042	230,783
其他应付款	616,790,396	519,065,990	406,206,061	649,808,146
一年内到期的非流动负债	65,233,515	60,000,000	405,517,722	400,000,000
其他流动负债	211,076,574	185,670,788	221,235,587	191,113,522
流动负债合计	3,963,699,350	3,289,006,357	5,690,004,422	4,233,213,851
非流动负债				
长期借款	714,766,571	690,000,000	544,353,852	525,000,000
应付债券	—	—	—	—

续表

项　目	合并年初数	母公司年初数	合并年末数	母公司年末数
长期应付款	75,822,128	564,141,950	62,778,960	393,369,437
预计负债	105,031,134	105,031,134	89,556,581	89,556,581
非流动负债合计	895,619,833	1,359,173,084	696,689,393	1,007,926,018
负债	4,859,319,183	4,648,179,441	6,386,693,815	5,241,139,869
股东权益				
实收资本(或股本)	992,006,563	992,006,563	992,006,563	992,006,563
资本公积	2,452,995,887	2,452,995,887	1,516,787,706	1,840,635,588
盈余公积	343,742,703	343,742,703	114,580,901	114,580,901
未分配利润	−1,211,930,161	−1,194,186,108	184,436,195	197,890,645
外币报表折算差额	−1,814,159	−1,814,159	919,576	—
归属于母公司所有者权益合计	2,575,000,833	2,592,744,886	2,808,730,941	3,145,113,697
少数股东权益	222,219,313	—	237,366,458	—
股东权益合计	2,797,220,146	2,592,744,886	3,046,097,399	3,145,113,697
负债股东权益合计	7,656,539,329	7,240,924,327	9,432,791,214	8,386,253,566

附表 2-2　W 公司利润表

会企 02 表

2011 年度

单位：人民币元

项　目	合并上年累计	母公司上年累计	合并本年累计	母公司本年累计
一、营业收入	4,894,869,559	4,065,162,946	6,216,509,905	5,343,817,853
减：营业成本	3,852,539,111	3,209,655,362	4,483,202,710	4,321,611,797
营业税金及附加	265,104	214,873	362,373	306,774
营业费用	791,497,880	506,561,656	1,002,390,964	566,232,489
管理费用	59,899,332	62,038,190	64,897,076	61,675,644
财务费用	75,536,164	54,012,477	100,397,258	37,616,150
资产减值损失	453,357,209	−250,154,331	−157,036,099	30,812,035
加：公允价值变动收益	—	—	—	—
投资收益	436,303,232	107,961,019	−507,200,607	−132,529,717
其中：对联营企业和合营企业的投资收益	251,732,886	38,756,327	253,432,856	34,584,625
二、营业利润	98,077,991	90,487,076	215,095,016	193,033,247
加：营业外收入	9,941,494	1,584,742	10,402,787	7,196,799
减：营业外支出	4,099,764	866,017	5,494,299	2,339,401
其中：非流动资产处置损失	748,140	277,798	2,629,116	1,741,979
三、利润总额	103,919,721	91,205,801	220,003,504	197,890,645
减：所得税费用	3,031,454	—	11,676,111	
四、净利润	100,888,267	91,205,801	208,327,393	197,890,645
归属于母公司所有者净利润	101,276,990	—	202,180,248	
少数股东损益	−388,723	—	6,147,145	—
五、每股收益				
(一) 基本每股收益	0.10		0.20	
(二) 稀释每股收益	—		—	—

附表 2-3　W 公司现金流量表

2011 年度

会企 03 表

单位：人民币元

项　目	合并上年累计	母公司上年累计	合并本年累计	母公司本年累计
一、经营活动产生的现金流量				
销售商品、提供劳务收到的现金	4,599,555,916	4,340,024,516	7,541,307,010	6,208,775,706
收到的税费返还	—	—	100,603,053	18,190
收到其他与经营活动有关的现金	24,638,444	13,772,281	8,624,168	8,641,980
经营活动现金流入小计	4,624,194,360	4,353,796,797	7,650,534,231	6,217,435,876
购买商品、接受劳务支付的现金	3,491,550,189	3,291,622,581	5,196,396,395	4,627,547,141
支付给职工以及为职工支付的现金	329,590,993	154,073,311	438,566,099	178,782,591
支付的各项税费	109,248,030	71,367,624	199,542,039	148,224,752
支付其他与经营活动有关的现金	194,020,338	213,147,377	805,809,947	611,505,524
经营活动现金流出小计	4,124,409,550	3,730,210,893	6,640,314,480	5,566,060,008
经营活动产生的现金流量净额	499,784,810	623,585,904	1,010,219,751	651,375,868
二、投资活动产生的现金流量				
收回投资收到的现金	56,909,418			
取得投资收益收到的现金	104,326,781	104,326,781	16,389,786	10,378,651
处置固定资产、无形资产和其他长期资产收回的现金净额	48,769,648	282,277	10,616,021	11,720,563
收到其他与投资活动有关的现金	100,210,258	100,210,258	5,732,504	8,416,587
投资活动现金流入小计	310,216,105	204,819,316	32,738,311	30,515,801
购建固定资产、无形资产和其他长期资产支付的现金	264,510,507	43,113,074	349,838,222	87,899,447
投资支付的现金	—	147,763,896	—	88,666,950
支付其他与投资活动有关的现金	603,452,809	598,051,003	662,686,299	555,675,410
投资活动现金流出小计	867,963,316	788,927,973	1,012,524,521	732,241,807
投资活动产生的现金流量净额	−557,747,211	−584,108,657	−979,786,210	−701,726,006
三、筹资活动产生的现金流量				
吸收投资收到的现金	—	—	9,000,000	
取得借款所收到的现金	1,454,465,000	1,180,000,000	1,418,900,000	1,075,000,000
筹资活动现金流入小计	1,454,465,000	1,180,000,000	1,427,900,000	1,075,000,000
偿还债务所支付的现金	1,272,530,166	1,190,000,000	1,350,165,357	990,000,000
分配股利、利润或偿付利息所支付的现金	90,008,597	64,608,064	68,939,001	58,565,627
支付其他与筹资活动有关的现金	—	—	1,000,000	1,000,000
筹资活动现金流出小计	1,362,538,763	1,254,608,064	1,420,104,358	1,049,565,627
筹资活动产生的现金流量净额	91,926,237	−74,608,064	7,795,642	25,434,373
四、汇率变动对现金及现金等价物的影响	1,477,790	—	2,037,353	—
五、现金及现金等价物净增加额	35,441,576	−35,130,817	40,266,536	−24,915,765
加：期初现金及现金等价物余额	651,196,564	381,358,836	686,638,140	356,228,019
六、期末现金及现金等价物余额	686,638,140	346,228,019	726,904,676	331,312,254

W 公司会计报表附注(摘要)

一、公司概况

W 电器股份有限公司是于 1992 年××月××日在中华人民共和国注册成立的股份有限公司，1996 年××月××日，公司的 459,589,808 股境外公众股(H 股)在香港联合交易所有限公司上市交易。1998 年，公司获准发行 110,000,000 股人民币普通股(A 股)，并于 1999 年××月××日在深圳证券交易所上市交易。

2001 年××月××日和 2002 年××月××日，公司的原单一大股东 A 集团有限公司(原持股比例 34.06%)与中国注册成立的 B 企业发展有限公司签署股份转让合同的补充合同。根据合同，A 向 B 转让公司 20.64%的股权，共计 204,775,755 股法人股。股权已于 2002 年××月××日过户，至此 B 公司拥有公司股权比例为 20.64%，A 公司拥有股权比例为 13.42%。

A 公司于 2002 年××月××日与 C 经济咨询公司签订股份转让合同，将其所持有本公司 68,666,667 股法人股(占股权比例 6.92%)转让给 C 经济咨询公司；于 2002 年××月××日与 D 实业有限公司签订法人转让书，将其所持有的本公司 5,7436,439 股法人股(占股权比例 5.97%)转让给 D 实业有限公司。

经过以上股权转让，公司原股东 A 公司已不再持有本公司的任何股份，B 公司成为公司的主要股东。

公司主要从事冰箱、空调及家用电器的制造和销售业务。

工商登记号：××

注册地址：××××

法人代表：××

注册资本：992,006,563 元

证券代码：××××

二、财务报表的编制基础

1. 会计年度

会计年度自公历 1 月 1 日起至 12 月 31 日止。

2. 记账本位币

以人民币为记账本位币。

3. 会计计量所运用的计量基础

公司采用权责发生制为记账基础，各项资产和负债的计量遵循《企业会计准则 2006》的计量要求。所选的计量属性有历史成本、重置成本、可变现净值和公允价值。

4. 现金和现金等价物的构成

现金等价物是指企业持有的期限短、流动性强、易于转换的已知金额现金、价值变动很小的投资。

三、遵循企业准则的声明

公司执行《企业会计准则 2006》及其补充规定，编制的财务报表符合企业准则体系的要求，真实、公允地反映了企业的财务状况、经营成果和现金流量。

四、重要会计政策和会计估计

1. 坏账准备

公司采用备抵法核算坏账损失。对于应收账款坏账损失的估计主要采用账龄分析

法，具体比例为

一年以内：3%

一年以上：100%

在采用账龄分析法对应收账款估计坏账损失的同时，还可根据具体情况采用个别认定法。对其他应收款，采用个别认定法估计坏账损失。具体而言，如果某项应收账款的可回收性与其他应收款项存在明显的差别，导致该项应收款项如果按照与其他应收款项同样的方法计提坏账准备，将无法真实地反映其可收回金额的，可对该应收账款采用个别认定法计提坏账准备。

2. 存货

存货分为原材料、在产品及产成品等。存货按取得时的实际成本计价。

原材料发出时，按照标准成本核算，期末将成本差异率予以分摊，将标准成本调整为实际成本。在产品、产成品发出时，照实际成本进行核算，并按加权平均法确定其实际成本。

期末，存货按照成本与可变现净值孰低计量。存货跌价准备按单个存货项目的成本高于其可变现净值的差额提取。

3. 长期股权投资

公司对符合下列条件的长期股权投资采用成本法核算。

(1) 公司能够对被投资单位实施控制。此种情况下，采用成本法核算长期股权投资，编制合并财务报表时再按权益法进行调整。

(2) 投资企业对被投资单位不具有共同控制或重大影响，并且在活跃市场中没有报价、公允价值不能可靠计量的长期股权投资。

当公司对被投资单位具有共同影响或重大影响时，采用权益法核算长期股权投资。

对于按照成本法核算的、在市场上没有报价、公允价值不能可靠计量的长期股权投资，其减值按照《企业会计准则第 22 号——金融工具的确认和计量》处理。其他长期股权投资，其减值按照《企业会计准则第 8 号——资产减值》处理，即期末对于存在减值迹象的长期股权投资，应当估计其可收回金额，可收回金额的计量结果表明，资产的可收回金额低于其账面金额的，应当将长期股权投资的账面价值减记至可收回金额，确认为资产减值损失，长期股权投资减值准备一经计提，以后期间不得转回。

4. 固定资产

固定资产是指为生产商品、提供劳务、出租或经营管理而持有的，使用寿命超过一年的有形资产。固定资产以取得的实际成本入账，并从使其达到可使用状态的次月起，采用直线法计提折旧。各类固定资产的类别划分、估计经济使用年限和预计残值(原值的5%)的确定及折旧率，如附表 2-4 所示。

附表 2-4　固定资产折旧

类　　别	估计经济使用年限	年折旧率/(%)
房屋及建筑物	20～50	1.9～4.75
机器设备	10	9.5
运输设备	5	19
电子设备、器具及家具	5	19

5. 无形资产

无形资产以取得时的实际成本计量。

无形资产分为使用寿命有限的无形资产和使用寿命不确定的无形资产。其中，使用寿命有限的无形资产自取得当月起，在预计使用年限内分期平均摊销，计入损益。使用寿命不确定的无形资产不摊销。

期末，应判断无形资产是否存在可能减值的迹象。存在减值的迹象的，应当估计其可收回金额，可收回金额的计量结果表明，无形资产的可回收金额低于其账面价值的，应当将无形资产的账面价值减记至可收回金额，确认为资产减值损失。无形资产的减值准备一经计提，以后期间不得转回。

6. 资产减值

存货的减值，遵循《企业会计准则第 1 号——存货》。

采用公允价值模式计量的投资性房地产减值，遵循《企业会计准则第 3 号——投资性房地产》。

金融资产的减值，遵循《企业会计准则第 22 号——金融工具确认和计量》。

固定资产、无形资产、在建工程、长期股权投资的减值，遵循《企业会计准则第 8 号——资产减值》。

7. 收入

(1) 销售商品收入。

在公司已将商品所有权的重要风险和报酬转移给买方，并不再对该商品实施继续管理权和实际控制权，与交易相关的经济利益能够流入企业，相关的收入和成本能够可靠的计量时，确认营业收入的实现。

(2) 利息收入。

按让渡现金使用权的时间和适用利率计算确定。

8. 租赁

融资租赁为实质上转移了与资产所有权有关的风险和报酬的租赁。融资租赁以外的其他租赁为经营租赁。

公司作为承租人记录经营租赁业务，经营租赁的租金支出在租赁期内的各个期间按直线法确认为费用。

公司作为出租人记录经营租赁业务，经营租赁的租金收入在租赁期内的各个期间按照直线法确认为收入。

9. 所得税费用

所得税费用是按资产负债表债务法核算。

10. 合并财务报表编制方法

(1) 合并报表确定原则。

合并财务报表的合并范围以控制为基础予以确定。年度合并财务报表合并了每年 12 月 31 日止公司及其所有子公司的年度财务会计报表。

(2) 合并财务报表所采用的会计方法。

公司及子公司采用的会计年度和会计政策一致。

子公司在购买日后的经营成果及现金流量已适当地分别包括在合并利润表及合并现

金流量表中。

公司与子公司相互之间的所有重大账目及交易已于合并时冲销。

11．税项(略)

五、会计政策和会计估计变更以及差错更正说明(无)

六、重要报表项目的说明(单位：人民币元)

1．货币资金

货币资金保证金明细情况，如附表2-5所示。

附表2-5　货币资金保证金明细

项　　目	合并年末数	合并年初数
人民币元	1,378,127,084	730,447,322
美元(年末1,813,041)	15,006,537	-

保证金存款用于开具银行承兑汇票、商业承兑汇票、信用证及银行借款的质押存款。

2．应收票据

应收票据明细情况，如附表2-6所示。

附表2-6　应收票据明细

项　　目	合并年末数	合并年初数
银行承兑汇票—未质押	354,560,252	108,722,422
商业承兑汇票—未质押	380,317,337	513,905,384
合计	734,877,589	622,627,806

3．应收账款

应收账款账龄分析表如附表2-7所示。

附表2-7　应收账款账龄分析表

年限	合并年末数				合并年初数			
	金额	比例%	坏账准备	账面价值	金额	比例%	坏账准备	账面价值
1年以内	757,635,557	86	26,515,521	731,120,036	400,338,508	77	18,802,611	381,535,897
1—2年	60,769,251	7	60,769,251	—	52,783,143	10	52,783,143	—
2—3年	45,860,807	5	45,860,807	—	68,920,387	13	68,920,387	—
3年以上	16,432,437	2	16,432,437	—	—	—	—	—
合计	880,698,052	100	149,578,016	731,120,036	522,042,038	100	140,506,141	381,535,897
年限	母公司年末数				母公司年初数			
	金额	比例%	坏账准备	账面价值	金额	比例%	坏账准备	账面价值
1年以内	288,498,073	74	27,059,981	261,438,092	289,576,625	72	13,915,156	275,661,469
1—2年	44,861,074	12	44,861,074	—	45,749,772	11	45,749,772	—
2—3年	40,023,455	10	40,023,455	—	68,712,019	17	68,712,019	—
3年以上	16,432,437	4	16,432,437	—	—	—	—	—
合计	389,815,039	100	128,376,947	261,438,092	404,038,416	100	128,376,947	275,661,469

合并欠款金额前五项。(略)

前五名欠款总额为71,300,982元，占应收账款总额8%。

合并年末数中无持公司5%以上股东的股东欠款。

4．其他应收款

其他应收款账龄分析表如附表2-8所示。

附表 2-8　其他应收款账龄分析表

年限	合并年末数				合并年初数			
	金额	比例%	坏账准备	账面价值	金额	比例%	坏账准备	账面价值
1 年以内	56,146,533	41	183,757	55,962,776	279,633,950	23	—	279,633,950
1—2 年	70,688,378	52	—	70,688,378	952,455,232	77	175,015,900	777,439,332
2—3 年	8,822,898	6	2,606,868	6,216,030	4,541,017	—	3,772,087	768,930
3 年以上	797,700	1	—	797,700	31,854	—	—	31,854
合计	136,455,509	100	2,790,625	133,664,884	1,236,662,053	100	178,787,987	1,057,874,066
年限	母公司年末数				母公司年初数			
	金额	比例%	坏账准备	账面价值	金额	比例%	坏账准备	账面价值
1 年以内	1,009,046,475	61	—	1,009,046,475	1,422,288,624	62	—	1,422,288,624
1—2 年	636,737,092	38	—	636,737,092	857,401,565	38	172,409,033	684,992,532
2—3 年	6,066,409	1	—	6,066,409	—	—	—	—
3 年以上	782,000	—	—	782,000	—	—	—	—
合计	1,652,631,976	100	—	1,652,631,976	2,279,690,189	100	172,409,033	2,107,281,156

合并欠款金额前五名情况。(略)

合并年末数中无持有公司 5%以上股份的股东欠款。

5. 预付账款

合并预付账款账龄均为 1 年以内。

合并年末数中无持有公司 5%以上股份的股东欠款。

6. 存货及跌价准备

存货及跌价准备明细如附表 2-9 所示。

附表 2-9　存货及跌价准备明细

年限	合并年末数			合并年初数		
	金额	跌价准备	账面价值	金额	跌价准备	账面价值
原材料	727,298,933	38,461,291	688,837,642	419,342,800	50,997,459	368,345,341
在产品	102,903,931	172,000	102,731,931	70,704,891	—	70,704,891
产成品	1,219,334,489	65,286,425	1,154,048,064	770,305,251	85,729,527	684,575,724
合计	2,049,537,353	103,919,716	1,945,617,637	1,260,352,942	136,726,986	1,123,625,956

7. 长期股权投资

长期股权投资明细如附表 2-10 所示。

附表 2-10　长期股权投资明细

项　目	合并年末数	合并年初数
对联营企业投资	134,358,604	136,626,984
其他股权投资	7,249,050	10,419,066
长期股权投资差额	109,814,270	122,328,578
合计	251,421,924	269,374,628
减：长期股权投资减值准备	79,038,525	71,200,641
长期股权投资净值	172,383,399	198,173,987
对子公司投资	1,235,651,509	986,639,998
对联营企业投资	130,319,332	132,390,025
其他长期股权投资	7,249,050	7,248,851
长期股权投资差额	144,516,300	158,250,936
记录外币报表折算差额	—	−1,814,159
合计	1,517,736,191	1,282,715,651
减：长期股权投资减值准备	59,381,641	59,381,641
长期股权净值	1,458,354,550	1,223,334,010

8. 固定资产、累计折旧及减值准备(合并)

固定资产、累计折旧及减值准备(合并)明细如附表 2-11 所示。

附表 2-11　固定资产、累计折旧及减值准备(合并)明细

项　　目	年初账面余额	本期增加额	本期减少额	期末账面余额
一、原价合计	3,635,836,132	93,389,136	34,369,649	3,694,855,619
其中：房屋及建筑物	1,421,575,318	29,815,260	8,220,774	1,443,169,804
机器设备	1,840,524,621	46,169,142	17,092,571	1,869,601,192
电子设备、器具及家具	305,632,935	11,129,600	5,249,597	311,512,938
运输设备	68,103,258	6,275,134	3,806,707	70,571,685
二、累计折旧合计	1,586,467,593	239,169,062	22,921,321	1,802,715,334
其中：房屋及建筑物	321,003,809	73,882,063	1,539,515	393,346,357
机器设备	1,037,279,093	138,255,105	14,942,860	1,160,591,338
电子设备、器具及家具	188,648,100	21,024,637	3,146,250	206,526,487
运输设备	39,536,591	6,007,257	3,292,696	42,251,152
三、固定资产减值准备累计额	61,375,205	96,742	—	61,471,947
其中：房屋及建筑物	51,692,513	96,742	—	51,789,255
机器设备	9,673,692	—	—	9,673,692
电子设备、器具及家具	9,000	—	—	9,000
运输设备	—	—	—	—
四、固定资产账面价值合计	1,987,993,334	116,310,457	273,635,453	1,830,668,338
其中：房屋及建筑物	1,048,878,996	31,354,775	82,199,579	998,034,192
机器设备	793,571,836	61,112,002	155,347,676	699,336,162
电子设备、器具及家具	116,975,835	14,275,850	26,274,234	104,977,451
运输设备	28,566,667	9,567,830	9,813,964	28,320,533

9. 在建工程(合并)

在建工程(合并)明细如附表 2-12 所示。

附表 2-12　在建工程(合并)明细

工程名称	预算数	年初数	本年增加数	本年完工转入	固定资产年末数	投入占预算比%	资金来源
生产线安装	31,000,000	2,600,000	27,930,000	—	30,530,000	100	自筹
电冰箱实验室	3,480,000	2,783,888	521,979	3,306,867		100	自筹
厂房改建工程	131,800,000	—	67,734,986	—	67,734,986	51	自筹
空调实验室	1,600,000	1,600,000	—	1,600,000		100	自筹
生产线工程	17,015,396	—	9,790,064	—	9,790,064	58	自筹
其他	—	4,339,174	14,099,156	8,648,170	9,790,160	—	自筹
合计	—	11,323,062	120,076,185	13,555,037	117,845,210	—	自筹

10. 无形资产(合并)

无形资产(合并)明细如附表 2-13 所示。

附表 2-13　无形资产(合并)明细

项　　目	年初账面余额	本期增加额	本期减少额	期末账面余额
一、原价合计	412,266,268	786,172,380	—	1,198,438,648
1. 商标权	—	521,857,699		521,857,699
2. 土地使用权	404,997,393	260,865,911	—	665,863,304
3. 软件系统	7,268,875	3,448,770		10,717,645
二、累积摊销额合计	88,520,402	31,115,320		119,635,722
1. 商标权	—	13,046,442		13,046,442
2. 土地使用权	86,064,479	14,500,445		100,564,924
3. 软件系统	2,455,923	3,568,433		6,024,356
三、无形资产减值准备累计	5,734,199	—	—	5,734,199
1. 商标权	—			—
2. 土地使用权	5,214,752			5,214,752
3. 软件系统	519,447			519,447
四、无形资产账面价值合计	318,011,667	755,057,060		1,073,068,727
1. 商标权	—	508,811,257		508,811,257
2. 土地使用权	313,718,162	246,365,466	—	560,083,628
3. 软件系统	4,293,505	—	119,663	4,173,842

其中：年末已抵押的土地使用权金额为 173,153,079 元。

商标权和土地使用权本年增加数包括以应收 RS 集团的款项及支付的办证费用和税费取得的商标权计人民币 521,587,699 元和土地使用权计人民币 260,865,911 元。商标和土地使用权自从 2003 年 10 月起分别按 10 年和 69 年(剩余使用年限)摊销。

11. 资产减值准备(合并)

资产减值准备(合并)明细如附表 2-14 所示。

附表 2-14　资产减值准备(合并)明细

工程名称	年初账面	本期计提	本期减少		期末账面余额
			转回	转销	
一、坏账准备	319,294,128	—	165,005,487	1,920,000	152,368,641
二、存货跌价准备	136,726,986	34,762	3,822,090	29,019,942	103,919,716
三、可供出售金融资产减值准备	—	—	—	—	—
四、持有至到期投资减值准备	—	—	—	—	—
五、长期股权投资减值准备	71,200,641	7,837,884			79,038,525
六、投资性房地产减值准备	—	—			—
七、固定资产减值准备	61,375,205	96,742			61,471,947
八、工程物资减值准备	—	—			—
九、在建工程减值准备	—	—			—
十、无形资产减值准备	5,734,199	—			5,734,199
十一、商誉减值准备	—	—			—
十二、其他	—	—			—
合计	594,331,159	7,969,388	168,827,577	30,939,942	402,533,028

12. 应付职工薪酬(略)

13. 短期借款和长期借款(略)

14. 应付票据

应付票据明细如附表 2-15 所示。

附表 2-15　应付票据明细

项　　目	合并年末数	合并年初数
银行承兑汇票	1,804,580,651	424,914,036
商业承兑汇票	134,054,354	517,677,693
合计	1,938,635,005	942,591,729

15. 应付账款

合并年末数中，无欠持有公司 5%以上股份的股东款项。

16. 预收账款

合并年末数中，无欠持有公司 5%以上股份的股东款项。

17. 应交税费

应交税费明细如附表 2-16 所示。

附表 2-16　应交税费明细

项　　目	合并年末数	合并年初数
所得税	4,722,147	149,452
增值税	−37,784,327	39,369,749
其他	240,721	330,653
合计	−32,821,459	39,849,854

18. 其他应付款

合并年末数，无欠持有公司 5%以上股份的股东款项。

19. 长期应付款

长期应付款部分项目金额如附表 2-17 所示。

附表 2-17　长 期 应 付 款

欠 债 项 目	合并年末数	合并年初数
应付延期支付款	62,778,960	72,822,128
合计	62,778,960	72,822,128

20. 预计负债

预计负债为预提产品质量保证金。公司为已售产品提供为期 3~5 年的质量保证。在质保期内，公司将向有关客户免费提供保修服务。根据行业经验，保修费用是根据所提供的质量保证期限，估计返修率及单位返修费用进行估算并计提。

21. 营业收入

营业收入明细如附表 2-18 所示。

附表 2-18　营业收入明细

项　　目	合并本年数	合并上年数
主营业务收入	6,168,109,963	4,878,257,017
其他业务收入	48,399,942	16,612,542
合计	6,216,509,905	4,894,869,559

22. 投资收益(略)

23. 资产减值损失(合并)

资产减值损失(合并)明细如附表 2-19 所示。

附表 2-19　资产减值损失(合并)明细

项　目	本期发生数	上期发生数
一、坏账损失	−165,005,487	348,207,798
二、存货跌价损失	34,762	68,490,820
三、可供出售金融资产减值损失	—	—
四、持有至到期投资减值损失	—	—
五、长期股权投资减值损失	7,837,884	17,808,719
六、投资性房地产减值损失	—	—
七、固定资产减值损失	96,742	18,849,872
八、工程物资减值损失	—	—
九、在建工程减值损失	—	—
十、无形资产减值损失	—	—
十一、商誉减值损失	—	—
十二、其他	—	—
合计	−157,036,099	453,357,209

24. 营业外收入

营业外收入明细如附表 2-20 所示。

附表 2-20　营业外收入明细

项　目	合并本年数	合并上年数
非流动资产处置利得	1,796,809	58,547
违约金收入	5,749,171	781,874
保险赔偿	1,144,156	1323593
其他	1,712,651	7,777,480
合计	10,402,787	9,941,494

25. 营业外支出

营业外支出明细如附表 2-21 所示。

附表 2-21　营业外支出明细

项　目	合并本年数	合并上年数
非流动资产处置损失	2,629,116	748,140
捐赠支出	2,865,183	3,351,624
合计	5,494,299	4,099,764

26. 所得税费用(略)

27. 每股收益

基本每股收益为 0.20 元，具体计算公式为

$$每股收益 = \frac{净利润 - 优先股股利}{流通在外的普通股加权平均数}$$

$$= 197,890,645 \div 992,006,563$$

$$= 0.2(元/股)$$

七、或有事项

或有事项明细如附表 2-22 所示。

项　目	年末数	年初数
为联营公司提供贷款担保	—	3,975,000
已贴现尚未到期的商业承兑汇票	—	35,270,000
合计	—	39,245,000

八、资产负债表日后事项

根据公司的子公司 FZ2011 年 1 月 24 日董事会批准，FZ 于 2011 年 1 月 28 日与 MTL 公司签订了股权转让协议，将其所持 25%的丙公司股权转让给 MTL，转让对价为港币 3,500,000 元，以及市价相当于港币 20,000,000 元的广告播放劳务。根据协议规定，股权转让也将在对价支付完毕后完成。FZ 与 MTL 于 2012 年 3 月 3 日，签订补充协议，约定转让对价改为现金港币 3,500,000 元，该转让对价于 2012 年 3 月 3 日支付完毕。至此，丙公司的股权转让已完成。截止到 2011 年 12 月 31 日，该股权账面价值为人民币 11,819,203 元，公司已在以前年度对该联营公司投资余额全额计提减值准备。

九、关联方关系及其交易(略)

实践资料二

雅戈尔集团股份有限公司系 1993 年经宁波市体改委批准，由宁波富盛投资有限公司(原宁波青春服装厂)等发起并以定向募集方式设立的股份有限公司。1998 年 10 月 12 日，经中国证券监督管理委员会以"证券发字(1998)253 号"文批准，公司向社会公众公开发行境内上市内资股(A 股)股票 5,500 万股并在上海证券交易所上市交易。1999 年至 2012 年间几经资本公积转增股本、配股以及发行可转换公司债券转股，截至 2010 年 6 月 30 日止，公司股本总额 2,226,611,695 股。其中：有限售条件的股份为 617,689,376 股，占股份总数的 27.74%；无限售条件股份为 1,608,922,319 股，占股份总数的 72.26%。2010 年底，资产总额达 483 亿元，营业收入 145 亿元，实现净利润 29.3 亿元。

公司经营范围：服装制造；技术咨询；房地产开发；项目投资；仓储；针纺织品、金属材料、化工产品、建筑材料、机电、家电、电子器材批发、零售；自营和代理各类商品及技术的进出口业务(国家规定的专营进出口商品和国家禁止进出口等特殊商品除外)。

以下是雅戈尔 2008—2010 年的财务报表：

附表 2-23　雅戈尔 2008—2019 年资产负债表　　　　单位：元

项　目	2008.12.31	2009.12.31	2010.12.31
流动资产			
货币资金	3,983,223,089.71	2,103,247,227.65	4,355,722,568.12
交易性金融资产	819,802.38	893,249,881.06	1,136,590,625.34
应收票据	3,070,273.50	11,583,398.87	2,768,480.00
应收账款	795,883,873.18	666,535,693.00	682,189,607.84
预付账款	1,646,983,950.02	433,325,133.27	1,723,377,378.38
其他应收款	639,776,469.46	1,329,169,513.04	2,028,831,251.45
应收利息	5,244.89	—	7,961,369.87
存货	13,334,950,567.87	18,256,615,495.36	18,727,363,249.05
流动资产合计	20,404,713,271.01	23,693,726,342.25	28,664,804,530.05
非流动资产			
可供出售金融资产	4,672,338,450.18	11,247,021,729.96	12,188,685,053.96

项 目	2008.12.31	2009.12.31	2010.12.31
持有至到期投资	—	—	—
长期应收款	5,831,896.16	7,106,235.01	5,000,507.93
长期股权投资	1,092,565,639.30	1,341,553,987.82	2,176,288,212.21
投资性房地产	53,255,239.57	51,021,506.69	54,141,526.34
固定资产	4,506,866,042.50	4,636,678,902.31	3,840,337,447.29
在建工程	370,305,292.26	409,467,977.52	881,836,485.59
工程物资			
无形资产	368,735,336.39	367,892,951.13	263,658,312.23
商誉	47,814,252.96	47,814,252.96	47,814,252.96
长期待摊费用	37,083,818.20	27,148,829.17	28,006,274.26
递延所得税资产	72,116,403.70	104,526,813.15	112,085,114.82
其他非流动资产	40,464.03	41,588.17	42,346.83
非流动资产合计	11,226,952,835.25	18,240,274,773.89	19,597,895,534.42
资产总计	31,631,666,106.26	41,934,001,116.14	48,262,700,064.47
流动负债			
短期借款	7,455,568,284.18	8,207,684,616.79	11,996,743,137.18
交易性金融负债	3,761,921.48	190,213.02	—
应付票据	347,946,162.29	488,527,063.87	308,030,747.60
应付账款	666,811,807.56	467,421,795.80	1,030,124,801.63
预收账款	5,534,514,768.86	7,717,797,986.59	9,669,381,616.74
应付职工薪酬	346,061,880.84	381,030,262.59	378,250,048.10
应交税费	−293,769,154.84	74,105,393.77	1,132,950,373.62
应付利息	41,372,601.14	16,514,674.82	10,731,617.27
应付股利	49,390,739.33	—	4,666,614.33
其他应付款	904,830,836.17	1,133,545,022.75	1,115,882,572.60
一年内到期的非流动负债	887,865,000.00	448,586,012.00	1,943,681,000.00
其他流动负债	1,903,280,000.00	1,805,486,000.00	—
流动负债合计	17,847,634,847.01	20,740,889,042.00	27,590,442,529.07
非流动负债			
长期借款	2,335,006,252.05	3,389,198,985.07	4,129,045,196.67
应付债券	—	—	—
长期应付款	—	—	114,542,111.17
专项应付款	7,453,958.17	1,355,780.17	
预计负债	—	—	—
递延所得税负债	1,534,101,191.29	2,229,341,412.68	1,221,818,717.24
非流动负债合计	3,876,561,401.51	5,619,896,177.92	5,465,406,025.08
负债	21,724,196,248.52	26,360,785,219.92	33,055,848,554.15
股东权益			
实收资本(或股本)	2,226,611,695.00	2,226,611,695.00	2,226,611,695.00
资本公积	2,306,050,375.48	5,176,852,896.72	3,331,710,917.93
盈余公积	677,535,305.10	916,227,764.99	1,115,566,361.47
分配利润	3,882,983,972.73	6,200,216,711.82	7,448,116,076.97
外币报表折算差额	−82,072,533.13	−85,311,151.65	−114,744,730.40
归属于母公司所有者权益合计	9,011,108,815.18	14,434,597,916.88	14,007,260,320.97
少数股东权益	896,361,042.56	1,138,617,979.34	1,199,591,189.35
股东权益合计	9,907,469,857.74	15,573,215,896.22	15,206,851,510.32
负债和所有者权益合计	31,631,666,106.26	41,934,001,116.14	48,262,700,064.47

附表 2-24 利 润 表 单位：元

项 目	2008.12.31	2009.12.31	2010.12.31
一、营业收入	10,780,310,835.33	12,278,622,223.27	14,513,590,505.84
减：营业成本	6,914,609,282.27	7,562,856,061.37	9,634,579,845.66
营业税金及附加	254,693,176.67	350,015,942.23	971,053,947.10
营业费用	978,248,046.39	1,098,217,781.09	1,139,286,518.75
管理费用	800,610,629.17	813,038,025.79	1,004,004,951.88
财务费用	451,464,408.86	301,151,231.61	420,632,282.73
资产减值损失	1,408,020,988.01	28,074,621.33	−30,511,151.59
加：公允价值变动收益	−1,308,532.06	35,434,412.03	−31,822,477.85
投资收益	2,222,044,343.19	1,979,018,706.93	2,057,854,203.72
其中：对联营企业和合营企业的投资收益	—	2,683,363.41	50,638,664.96
二、营业利润	2,193,400,115.09	4,139,721,678.81	3,400,575,837.18
加：营业外收入	208,826,619.07	61,035,869.28	306,479,966.20
减：营业外支出	27,020,004.10	103,156,289.72	46,332,485.63
其中：非流动资产处置损失	2,341,961.46	17,513,685.82	3,232,857.90
三、利润总额	2,375,206,730.06	4,097,601,258.37	3,660,723,317.75
减：所得税费用	583,675,919.83	603,420,926.53	726,402,800.11
四、净利润	1,791,530,810.23	3,494,180,331.84	2,934,320,517.64

实 践 资 料 三

贵州茅台酒股份有限公司是根据贵州省人民政府黔府函〔1999〕291 号文《关于同意设立贵州茅台酒股份有限公司的批复》，由中国贵州茅台酒厂有限责任公司作为主发起人，联合贵州茅台酒厂技术开发公司、贵州省轻纺集体工业联社、深圳清华大学研究院、中国食品发酵工业研究院、北京市糖业烟酒公司、江苏省烟酒总公司、上海捷强烟草糖酒(集团)有限公司共同发起设立的股份有限公司。公司成立于 1999 年 11 月 20 日，成立时注册资本人民币 18,500 万元。经中国证监会证发行字〔2001〕41 号文核准并按照财政部企〔2001〕56 号文件的批复，公司于 2001 年 7 月 31 日在上海证券交易所公开发行 7,150 万股(其中，国有股存量发行 650 万股)A 股股票，公司股本总额增至 25,000 万股。2001 年 8 月 20 日，公司向贵州省工商行政管理局办理了注册资本变更登记手续。

根据公司 2001 年年度股东大会审议通过的 2001 年年度利润分配及资本公积金转增股本方案，公司以 2001 年年末总股本 25,000 万股为基数，向全体股东按每 10 股派 6 元(含税)派发了现金红利，同时以资本公积金按每 10 股转增 1 股的比例转增了股本，计转增股本 2,500 万股。本次利润分配实施后，公司股本总额由原来的 25,000 万股变为27,500 万股，2003 年 2 月 13 日向贵州省工商行政管理局办理了注册资本变更登记手续。

根据公司 2002 年年度股东大会审议通过的 2002 年年度利润分配方案，公司以 2002年年末总股本 27,500 万股为基数，向全体股东按每 10 股派 2 元(含税)派发了现金红利，同时以 2002 年年末总股本 27,500 万股为基数，每 10 股送红股 1 股。本次利润分配实施后，公司股本总额由原来的 27,500 万股变为 30,250 万股，2004 年 6 月 10 日向贵州省工商行政管理局办理了注册资本变更登记手续。

根据公司 2003 年年度股东大会审议通过的 2003 年年度利润分配及资本公积金转增股本方案，公司以 2003 年年末总股本 30,250 万股为基数，向全体股东按每 10 股派 3 元 (含税)派发了现金红利，同时以 2003 年年末总股本 30,250 万股为基数，每 10 股资本公积转增 3 股。本次利润分配实施后，公司股本总额由原来的 30,250 万股变为 39,325 万股，2005 年 6 月 24 日向贵州省工商行政管理局办理了注册资本变更登记手续。

根据公司 2004 年年度股东大会审议通过的 2004 年年度利润分配及资本公积金转增股本方案，公司以 2004 年年末总股本 39,325 万股为基数，向全体股东按每 10 股派 5 元 (含税)派发了现金红利，同时以 2004 年年末总股本 39,325 万股为基数，每 10 股资本公积转增 2 股。本次利润分配实施后，公司股本总额由原来的 39,325 万股变为 47,190 万股，2006 年 6 月 1 日向贵州省工商行政管理局办理了注册资本变更登记手续。根据公司 2006 年第二次临时股东大会暨相关股东会议审议通过的《贵州茅台酒股份有限公司股权分置改革方案(修订稿)》，公司以 2005 年年末总股本 47,190 万股为基数，每 10 股资本公积转增 10 股。本次资本公积转增股本实施后，公司股本总额由原来的 47,190 万股增至 94,380 万股。2006 年 11 月 17 日向贵州省工商行政管理局办理了注册资本变更登记手续。

公司经营范围：贵州茅台酒系列产品的生产与销售；饮料、食品、包装材料的生产与销售；防伪技术开发；信息产业相关产品的研制、开发。

贵州茅台 2008—2010 年财务报表如下：

附表 2-25　贵州茅台 2008—2010 年资产负债表

项　目	2008.12.31	2009.12.31	2010.12.31
流动资产			
货币资金	8,093,721,891.16	9,743,152,155.24	12,888,393,889.29
交易性金融资产	—	—	—
应收票据	170,612,609.00	380,760,283.20	204,811,101.20
应收账款	34,825,094.84	21,386,314.28	1,254,599.91
预付账款	741,638,536.34	1,203,126,087.16	1,529,868,837.52
其他应收款	82,601,388.17	96,001,483.15	59,101,891.63
应收利息	2,783,550.00	1,912,600.00	42,728,425.34
存货	3,114,567,813.33	4,192,246,440.36	5,574,126,083.42
一年内到期的非流动资产	—	17,000,000.00	—
流动资产合计	12,240,750,882.84	15,655,585,363.39	20,300,284,828.31
非流动资产			
持有至到期投资	42,000,000.00	10,000,000.00	60,000,000.00
长期应收款	—	—	—
长期股权投资	4,000,000.00	4,000,000.00	4,000,000.00
固定资产	2,190,171,911.89	3,168,725,156.29	4,191,851,111.97
在建工程	582,860,996.70	193,956,334.39	263,458,445.10
工程物资	62,368,950.89	24,915,041.53	18,528,802.46
无形资产	445,207,595.72	465,550,825.17	452,317,235.72
长期待摊费用	10,146,520.77	21,469,624.81	18,701,578.16

续表

项　　　目	2008.12.31	2009.12.31	2010.12.31
递延所得税资产	176,680,977.54	225,420,802.14	278,437,938.97
非流动资产合计	3,513,436,953.51	4,114,037,784.33	5,287,295,112.38
资产总计	15,754,187,836.35	19,769,623,147.72	25,587,579,940.69
流动负债			
应付账款	121,289,073.57	139,121,352.45	232,013,104.28
预收账款	2,936,266,375.10	3,516,423,880.20	4,738,570,750.16
应付职工薪酬	361,007,478.77	463,948,636.85	500,258,690.69
应交税费	256,300,257.23	140,524,984.34	419,882,954.10
应付股利	—	137,207,662.62	318,584,196.29
其他应付款	575,906,355.73	710,831,237.05	818,880,550.55
流动负债合计	4,250,769,540.40	5,108,057,753.51	7,028,190,246.07
非流动负债			
专项应付款	—	10,000,000.00	10,000,000.00
非流动负债合计		10,000,000.00	10,000,000.00
负债	4,250,769,540.40	5,118,057,753.51	7,038,190,246.07
股东权益			
实收资本(或股本)	943,800,000.00	943,800,000.00	943,800,000.00
资本公积	1,374,964,415.72	1,374,964,415.72	1,374,964,415.72
盈余公积	1,001,133,829.72	1,585,666,147.40	2,176,754,189.47
未分配利润	7,924,671,271.03	10,561,552,279.69	13,903,255,455.61
归属于母公司所有者权益合计	11,244,569,516.47	14,434,597,916.88	14,007,260,320.97
少数股东权益	258,848,779.48	185,582,551.40	150,615,633.82
股东权益合计	11,503,418,295.95	14,651,565,394.21	18,549,389,694.62
负债和股东权益合计	15,754,187,836.35	19,769,623,147.72	25,587,579,940.69

附表 2-26　利　润　表

项　　　目	2008.12.31	2009.12.31	2010.12.31
一、营业收入	8,241,685,564.11	9,669,999,065.39	11,633,283,740.18
减：营业成本	799,713,319.24	950,672,855.27	1,052,931,591.61
营业税金及附加	681,761,604.71	940,508,549.66	1,577,013,104.90
营业费用	532,024,659.80	621,284,334.75	676,531,662.09
管理费用	941,174,062.44	1,217,158,463.04	1,346,014,202.04
财务费用	−102,500,765.33	−133,636,115.78	−176,577,024.91
资产减值损失	450,078.22	−300,085.01	−3,066,975.05
投资收益	1,322,250.00	1,209,447.26	469,050.00
二、营业利润	5,390,384,855.03	6,075,520,510.72	7,160,906,229.50
加：营业外收入	6,282,035.79	6,247,977.00	5,307,144.91
减：营业外支出	11,366,252.66	1,228,603.08	3,796,643.04
三、利润总额	5,385,300,638.16	6,080,539,884.64	7,162,416,731.37
减：所得税费用	1,384,541,295.05	1,527,650,940.64	1,822,655,234.40
四、净利润	4,000,759,343.11	4,552,888,944.00	5,339,761,496.97
归属于母公司所有者净利	3,799,480,558.51	4,312,446,124.73	5,051,194,218.26
少数股东损益	201,278,784.60	240,442,819.27	288,567,278.71
五、每股收益	—	—	—
每股基本收益	4.03	4.57	5.35
稀释每股收益	4.03	4.57	5.35

附表 2-27　现 金 流 量 表

项　　　目	2008.12.31	2009.12.31	2010.12.31
一、经营活动产生的现金流量			
销售商品、提供劳务收到的现金	11,275,230,701.85	11,756,243,820.83	14,938,581,885.61
收到的税费返还	—	—	181,031.15
收到其他与经营活动有关的现金	242,355,759.12	185,888,008.21	138,196,684.26
经营活动现金流入小计	11,517,586,460.97	11,942,131,829.04	15,076,959,601.02
购买商品、接受劳务支付的现金	1,214,717,814.83	1,557,075,938.70	1,669,804,222.04
支付给职工以及为职工支付的现金	809,386,845.15	1,229,305,038.48	1,492,813,443.35
支付的各项税费	3,666,868,792.10	4,160,350,102.49	4,885,737,303.37
支付其他与经营活动有关的现金	579,124,473.15	771,463,605.18	827,128,112.69
经营活动现金流出小计	6,270,097,925.23	7,718,194,684.85	8,875,483,081.45
经营活动产生的现金流量净额	5,247,488,535.74	4,223,937,144.19	6,201,476,519.57
二、投资活动产生的现金流量			
收回投资收到的现金	21,000,000.00	25,000,000.00	17,000,000.00
取得投资收益收到的现金	2,123,100.00	2,080,397.26	1,731,400.00
处置固定资产、无形资产和其他长期资产收回的现金净额	50,000.00		
收到其他与投资活动有关的现金	—	—	56,315,726.51
投资活动现金流入小计	23,173,100.00	27,080,397.26	75,047,126.51
购建固定资产、无形资产和其他长期资产支付的现金	1,010,735,786.04	1,356,601,530.09	1,731,913,788.52
投资支付的现金	5,000,000.00	10,000,000.00	50,000,000.00
支付其他与投资活动有关的现金	—	—	56,522,892.71
投资活动现金流出小计	1,015,735,786.04	1,366,601,530.09	1,838,436,681.23
投资活动产生的现金流量净额	−992,562,686.04	−1,339,521,132.83	−1,763,389,554.72
三、筹资活动产生的现金流量			
收到其他与筹资活动有关的现金	761,176.07	158,121.82	105,801.61
筹资活动现金流入小计	761,176.07	158,121.82	105,801.61
分配股利、利润或偿付利息所支付的现金	884,671,434.63	1,235,143,869.10	1,292,951,032.41
筹资活动现金流出小计	884,671,434.63	1,235,143,869.10	1,292,951,032.41
筹资活动产生的现金流量净额	−883,910,258.56	−1,234,985,747.28	−1,292,845,230.80
四、汇率变动对现金及现金等价物的影响	—	—	—
五、现金及现金等价物净增加额	3,371,015,591.14	1,649,430,264.08	3,145,241,734.05
加：期初现金及现金等价物余额	4,722,706,300.02	8,093,721,891.16	9,743,152,155.24
六、期末现金及现金等价物余额	8,093,721,891.16	9,743,152,155.24	12,888,393,889.29

附表 2-28　2010 年上市公司财务指标

比　　率	优秀值	良好值	平均值	较低值	较差值
速动比率/(%)	365.5	168.0	73.7	55.0	36.1
现金流动负债比/(%)	55.2	38.8	16.0	−3.5	−16.9
利息保障倍数	25.5	18.5	7.5	2.4	1.4
资产负债率/(%)	16.4	33.7	57.4	66.5	74.3
应收账款周转率	45.7	24.3	13.7	5.0	3.2
存货周转率	12.6	8.9	4.4	1.6	0.6
总资产周转率	1.5	1.2	0.9	0.4	0.3
流动资产周转率	3.2	2.4	1.7	0.6	0.4
营业利润率/(%)	25.5	15.9	7.5	3.3	0.9
总资产报酬率/(%)	13.8	12.0	7.9	3.9	2.4
盈余现金保障倍数	2.5	1.9	1.2	−0.5	−2.2
净资产收益率/(%)	18.9	16.7	12.4	3.4	−0.3
营业收入增长率/(%)	56.0	46.6	37.2	10.4	−3.5
总资产增长率/(%)	78.6	42.4	22.6	8.8	−1.3
营业利润增长率/(%)	60.8	37.9	23.5	−16.6	−38.5

附表 2-29　综合绩效评价指标及权重

指标类别(100)	基本指标及权重(100)
盈利能力状况(34)	净资产收益率(20)
	总资产报酬率(14)
营运能力状况(22)	总资产周转率(10)
	应收账款周转率(12)
偿债能力状况(22)	资产负债率(12)
	利息保障倍数(10)
发展能力状况(22)	营业收入增长率(12)
	总资产增长率(10)

参 考 文 献

[1] 张新民，钱爱民. 企业财务报表分析. 北京：清华大学出版社，2011.

[2] 黄世忠. 财务报表分析：理论、框架、方法与案例. 北京：中国财政经济出版社，2007.

[3] 韦秀华. 企业财务报表分析实训. 成都：西南财经大学出版社，2016.

[4] 李莉. 财务报表阅读与分析. 北京：清华大学出版社，2009.

[5] 徐钰，赵艳秉. 企业财务报表分析. 大连：东北财经大学出版社，2012.

[6] 李昕. 财务报表分析习题与案例. 大连：东北财经大学出版社，2014.

[7] 任立森. 公司财务报表的解读与分析. 北京：经济科学出版社，2014.

[8] 李旭. 图解财务报表. 北京：中国工商联合出版社，2014.

[9] 宋娟. 财务报表分析从入门到精通. 北京：机械工业出版社，2010.

[10] 中国注册会计师协会. 财务成本管理. 北京：中国财政经济出版社，2018.

[11] 中国注册会计师协会. 会计. 北京：中国财政经济出版社，2018.

[12] 中华人民共和国财政部. 企业会计准则. 北京：经济科学出版社，2006.

[13] 中华人民共和国财政部. 关于修订印发一般企业财务报表格式的通知. 2018.

[14] 企业会计准则编审委员会. 企业会计准则详解与实务. 北京：人民邮电出版社，2018.

[15] 中华人民共和国财政部. 企业会计准则. 上海：立信会计出版社，2018.

[16] 中华人民共和国财政部. 企业会计准则应用指南. 上海：立信会计出版社，2018.

[17] 中华人民共和国财政部. 企业会计准则第 14 号：收入的通知. 2017.